21 世纪全国高等院校财经管理系列实用规划教材

国际贸易结算及其单证实务
(第 2 版)

卓乃坚　编　著

北京大学出版社
PEKING UNIVERSITY PRESS

内 容 简 介

本书介绍了国际贸易结算下的票据、常用的结算方法以及结算单据的操作。本书的票据部分以国际贸易涉及最多的汇票为重点，以《中华人民共和国票据法》为主，结合《英国票据法》和《日内瓦统一法》为依据对票据记载和票据行为进行了必要的介绍和讨论。本书的结算方法部分以信用证业务为重点，同时关注了汇付、托收、保函及结算融资等问题。习惯操作方法、相关的国际惯例和国际商会的有关意见是这部分讨论的主要依据。本书的结算单据部分在 UCP 及 ISBP 下重点关注了信用证下的结算单据，然后以此展开并讨论了其他结算方式下的单据。本书附有大量单证样例、实际操作训练题及其参考提示。本书可以作为普通高等院校国际贸易专业、金融专业以及其他相关专业的国际贸易结算以及单证实务类课程的教材，也可以作为外贸工作者和银行国际结算部门工作人员的一本不可多得的参考读物。

图书在版编目（CIP）数据

国际贸易结算及其单证实务/卓乃坚编著. —2 版.. —北京：北京大学出版社，2015.5
（21 世纪全国高等院校财经管理系列实用规划教材）
ISBN 978-7-301-25733-3

Ⅰ. ①国… Ⅱ. ①卓… Ⅲ. ①国际贸易—国际结算—高等学校—教材 ②国际贸易—原始凭证—高等学校—教材 Ⅳ. ①F830.73 ②F740.44

中国版本图书馆 CIP 数据核字（2015）第 084964 号

书　　　名	国际贸易结算及其单证实务（第 2 版）
著作责任者	卓乃坚　编著
责任编辑	莫　愚
标准书号	ISBN 978-7-301-25733-3
出版发行	北京大学出版社
地　　　址	北京市海淀区成府路 205 号　100871
网　　　址	http://www.pup.cn　新浪官方微博：@北京大学出版社
电子信箱	pup_6@163.com
电　　　话	邮购部 62752015　发行部 62750672　编辑部 62750667
印　刷　者	北京鑫海金澳胶印有限公司
经　销　者	新华书店
	787 毫米×1092 毫米　16 开本　20 印张　456 千字
	2011 年 7 月第 1 版
	2015 年 5 月第 2 版　2018 年 7 月第 3 次印刷
定　　　价	42.00 元

未经许可，不得以任何方式复制或抄袭本书之部分或全部内容。
版权所有，侵权必究
举报电话：010-62752024　电子信箱：fd@pup.pku.edu.cn
图书如有印装质量问题，请与出版部联系，电话 010-62756370

作 者 声 明

Reasonable efforts have been made to publish reliable data and information, but the author and the publishers cannot assume responsibility for the validity of all materials. Neither the authors nor the publishers, nor anyone else associated with this publication, shall be liable for any loss, damage or liabilities directly or indirectly caused or alleged to be caused by this book. 为出版可靠的数据及信息,作者和出版商已作了合理的努力,但他们不可能对所有材料的有效性负责任。作者、出版商或任何与本出版物关联的人不对直接、间接或声称由本书造成的任何损失、损害或债务承担法律责任。

Neither this book nor any part of it may be reproduced or transmitted in any form or by any means, electronic or mechanical, including photocopying, microfilming and recording, or by any information storage or retrieval system, without written permission from the author or the publishers. 未经作者或出版商书面许可,本书或其任何部分不可以任何形式或任何电子的或机械的手段,包括复印、缩微拍摄、录制、或通过任何信息储存或检索系统,进行复制或传递。

第 2 版前言

本书第 1 版自 2011 年问世以来，受到了广大读者的厚爱，作者对此深表感谢！

在过去短短的三四年内，虽然国际经济贸易环境有了一些积极变化，但人们对于国际贸易的前景似乎仍持谨慎乐观的态度。为了促进国际贸易和国际贸易结算更好地发展，在此期间有关国际组织和机构相继制定了一系列惯例和规则，比如国际商会（International Chamber of Commerce，ICC）联手环球银行间金融电讯协会（Society for Worldwide Interbank Financial Telecommunication，SWIFT）制定的《银行付款承诺统一规则》(Uniform Rules for Bank Payment Obligations，URBPO)、国际商会与国际福费廷协会（International Forfaiting Association，IFA）合作制定的《福费廷统一规则》（Uniform Rules for Forfaiting，URF）以及国际商会出台的 2013 年版《关于审核跟单信用证项下单据的国际标准银行实务》（International Standard Banking Practice for the Examination of Documents under Documentary Credits Subject to UCP600，2013 Revision，ICC Publication No.745，(ISBP745)）等。对于本书主题而言，后者（ISBP745）更需要国际贸易结算有关人士特别关注，尤其它的不少新增规定和一些对旧版（ISBP681）规定的改变值得重视。

本书的主要目的是在第 1 版的基础上将 ISBP745 的精髓予以充分体现，将它的内容渗透到本书的每一个相关章节，让读者能够对 ISBP745 有清楚的了解。第 1 版附录部分的"了解 UCP600 和 ISBP681"相应改为"了解 UCP600 和 ISBP745"并做成了双百题，和相应的"'了解 UCP600 和 ISBP745'的参考解析"一起，相信能够方便读者对 UCP600 和 ISBP745 的精神有一个准确的把握。

本书还相应更新了一些知识点和相关数据，如新版 FORM E 的规定等；删除了 2011 年 10 月 24 日后已不再签发使用的输欧纺织品产地证等内容；增加了一些单据示例和制作，如熏蒸证明、中国—瑞士自贸区产地证等。第 1 版附录 1 的《中华人民共和国票据法》在本书中不再出现，因为如今在互联网上很容易获得，无需占用本书篇幅。

最后，编者者对卓书帆在本版修订过程中所做的资料搜集，整理等大量工作表示特别的感谢。

编　者
2015 年 3 月

第 1 版前言

多年来,国际贸易对我国的经济发展起到了极其重要的作用。源于美国次贷危机的世界范围内的金融危机虽然相当程度地影响了国际市场的需求,一定程度上冲击了各国的对外贸易,但是数据表明,我国的对外贸易已经在逐步复苏。

在对外贸易的各个环节中,国际贸易结算始终是值得有关人士重视的一个环节。政府相关部门需要制定更适合我国对外贸易发展的贸易结算政策和法规,从而能够使我国的外贸企业在当前的国际经济背景下克服困难,从而战胜危机,把握机遇;贸易公司相关人员需要更好地了解和把握不同国际贸易结算方式下的可操作性和风险性,从而能够建立更合适的合同支付条款,更好地把握结算环节,顺利地履行合同;银行相关人员也应该更多地关注和把握不同结算方式下可能产生的错综复杂的问题,从而能够为外贸企业提供更好的服务,同时银行本身也可以获得更大的收益。

更应该值得关注的是,近年来国际商会不少有关国际贸易及贸易结算的国际惯例相继更新、颁布并实施,比如,Incoterms® 2010,UCP600、ISBP681、URR725 以及 URDG758 等等,它们对国际贸易结算无疑带来了重大影响。通常,一个新的国际惯例的问世虽然都经过了国际商会有关专家组的研究和论证,经过了国际商会的各国成员深入的研讨,但惯例的实施(尤其是初期)往往会出现不少对惯例的理解和操作上的质疑,国际商会银行委员会需要对那些经各国成员提交的质疑提出自己的看法和意见。显然,那些意见对如何正确理解国际惯例以及把握那些惯例下的操作规则非常重要。

本书作者力图在本书中充分反映有关国际结算惯例以及国际商会意见的影响。全书分三个部分。第一部分的国际结算票据是为第二部分的国际贸易结算方式及第三部分的结算单证实务服务的,而掌握第二部分结算方式相关知识才能够把握第三部分结算单证的操作。由于信用证业务相对比较复杂,涉及的规则较多,本书的重心摆在信用证上——了解关于信用证操作的国际惯例,理解信用证条款的要求,把握信用证下的单证操作。掌握了以信用证下的结算单据为基础的知识,就不难掌握其他结算方式下的单据缮制。

本书各章附有思考和判断题,多数章节还附有操作训练题。全书附有大量的单证式样以方便读者学习和操练。本书附录中各章思考题、判断题以及操练题的参考提示相信能够使读者更方便地理解和掌握各章的知识点;附录中的《中华人民共和国票据法》、SWIFT 部分电文格式、关于 UCP600 和 ISBP681 的判断题及其参考解析等,相信能够使读者更好地把握本书所介绍的知识。

最后,作者特别感谢卓书帆在制作和处理本书大量单证中所做的重要贡献。

作　者
2011 年 4 月

目　　录

第一部分　国际结算票据

第1章　票据概述 ... 3
第一节　票据的含义和作用 ... 4
　　一、票据的基本概念 ... 4
　　二、票据的特性 ... 4
　　三、票据的作用 ... 6
第二节　票据法概述 ... 6
　　一、票据法调整的对象 ... 6
　　二、票据法简介 ... 7
第三节　票据的权利 ... 8
　　一、票据权利的取得 ... 8
　　二、票据权利的时效 ... 9
　　三、票据抗辩 ... 9
本章小结 ... 10
习题 ... 10

第2章　汇票 ... 12
第一节　汇票的定义和内容 ... 13
　　一、汇票的定义 ... 13
　　二、汇票的当事人 ... 13
　　三、汇票上的项目及其他记载 ... 14
第二节　汇票的种类 ... 16
第三节　汇票的票据行为 ... 18
　　一、出票 ... 18
　　二、背书 ... 18
　　三、提示 ... 19
　　四、承兑 ... 20
　　五、付款 ... 21
　　六、追索 ... 21
　　七、保证 ... 22
本章小结 ... 22
习题 ... 23

第3章　本票和支票 ... 25
第一节　本票 ... 26
　　一、本票的定义 ... 26
　　二、本票的必要项目 ... 26
　　三、本票和汇票的区别 ... 26
第二节　支票 ... 27
　　一、支票的定义 ... 27
　　二、支票的必要项目 ... 27
　　三、支票出票人和付款人的票据责任 ... 28
　　四、支票的提示期 ... 28
　　五、支票的种类 ... 28
　　六、支票的止付 ... 29
　　七、支票和汇票的区别 ... 29
本章小结 ... 30
习题 ... 31

第二部分　国际贸易结算方式

第4章　国际贸易结算概述 ... 35
第一节　国际贸易结算的基本概念 ... 36
第二节　国际银行间清算系统 ... 37
　　一、SWIFT 简介 ... 37
　　二、CHIPS 简介 ... 38
　　三、CHAPS 和 TARGET2 等简介 ... 39
第三节　银行间的资金划拨 ... 39
　　一、代理银行及账户代理行 ... 40
　　二、资金划拨方式 ... 40
本章小结 ... 41
习题 ... 42
实际操作训练 ... 42

第5章　汇付和托收 ... 43
第一节　汇付 ... 44
　　一、当事人及业务流程 ... 44
　　二、采用汇付方式需要注意的问题 ... 46
第二节　托收 ... 46

一、托收的定义 46
  二、跟单托收的当事人及业务流程 ... 47
  三、托收申请书及托收指示书 48
  四、托收方式下出口方应该注意的
    问题 50
 本章小结 54
 习题 54
 实际操作训练 55

第6章 信用证 56

 第一节 信用证概述 57
 第二节 关于信用证的国际惯例 58
  一、《跟单信用证统一惯例》 58
  二、《UCP下电子交单的增补规则》 ... 59
  三、《关于审核跟单信用证项下
    单据的国际标准银行实务》 60
  四、《跟单信用证项下银行间偿付
    统一规则》 62
 第三节 信用证的一般业务流程 64
  一、建立买卖合同 65
  二、申请开证 65
  三、开立信用证 66
  四、通知信用证 66
  五、审证和装运 67
  六、制单、交单议付或承付 67
  七、寄单、索偿和付款 69
  八、申请人付款赎单 70
  九、提货 70
 第四节 信用证的当事人 70
  一、申请人 70
  二、受益人 70
  三、开证行 71
  四、通知行 71
  五、议付行 71
  六、保兑行 72
  七、承付行 72
  八、转让行 72
  九、第二受益人 73
  十、交单行 73

  十一、索偿行 73
  十二、偿付行 73
 第五节 信用证的内容 74
  一、信用证本身的说明 74
  二、信用证当事人 75
  三、信用证金额和汇票条款 76
  四、货物条款 77
  五、运输条款 77
  六、单据条款 79
  七、其他规定 84
  八、开证行责任文句 86
  九、电开信用证的密押或信开信用证中
    的授权人签名 86
 第六节 信用证的类型 86
  一、可撤销信用证和不可撤销
    信用证 86
  二、跟单信用证和光票信用证 87
  三、保兑信用证和非保兑信用证 87
  四、即期付款信用证、延期付款信用证、
    承兑信用证和议付信用证 87
  五、循环信用证 88
  六、可转让信用证 88
  七、对背信用证 89
  八、对开信用证 89
  九、预支信用证 90
 第七节 审核信用证 90
  一、银行审证 90
  二、受益人审证 91
  三、需要引起注意的信用证
    条款示例 92
 本章小结 100
 习题 101
 实际操作训练 101

第7章 银行保函和备用信用证 102

 第一节 银行保函 103
  一、银行保函的基本概念 103
  二、直接担保和间接担保 104
  三、保函的内容 104

目录

四、有关银行保函的国际惯例 105
第二节 备用信用证 107
 一、备用信用证的基本概念 107
 二、备用信用证的内容 107
 三、备用信用证适用的惯例 107
本章小结 108
习题 108

第8章 贸易结算融资 110
 一、通过未到期票据融资 111
 二、通过授信额度获得融资便利 112
 三、通过信用证获取融资 112
 四、通过物权单据获取融资 112
 五、通过信托收据获取融资 113
 六、通过债权转让获取融资 113
本章小结 117
习题 118

第三部分 结算单证实务

第9章 结算单证概述 121
第一节 国际贸易中的结算单据 122
第二节 单证操作基本程序 123
 一、建立买卖合同 124
 二、备货 124
 三、催证 124
 四、审证 124
 五、商检 124
 六、申请签发产地证及/或许可证 124
 七、订舱托运 125
 八、投保 125
 九、备齐报关单据 125
 十、报关 125
 十一、装运 125
 十二、发装运通知 126
 十三、制单 126
 十四、单据签证 126
 十五、交单 126
 十六、收汇核销 126
 十七、申请退税 126

第三节 单据缮制的一般要求 127
 一、正确 127
 二、完整 127
 三、及时 127
 四、整洁 127
本章小结 128
习题 129

第10章 汇票 130
第一节 信用证下的汇票 131
 一、出票条款 131
 二、受票人 132
 三、出票人 132
 四、收款人 132
 五、付款期 133
 六、汇票编号 133
 七、汇票金额 133
 八、出票日 134
第二节 托收下的汇票 134
本章小结 135
习题 136
实际操作训练 136

第11章 发票 137
第一节 商业发票 138
 一、首文部分 139
 二、本文部分 140
 三、结文部分 144
第二节 其他类型发票 144
 一、海关发票 144
 二、形式发票 146
 三、证实发票或签证发票 147
 四、领事发票 147
 五、制造商发票 147
本章小结 153
习题 153
实际操作训练 154

第12章 运输单据 155
第一节 海运提单 157

一、海运提单((marine/ocean bill of lading, B/L))概述 157
　　二、托运货物并获取提单的一般程序 157
　　三、海运提单的类型 158
　　四、海运提单的正面内容和缮制 159
第二节　租船合约提单 168
第三节　多式联运单据 168
第四节　空运单据 169
　　一、空运单据的基本概况 169
　　二、航空运单的基本内容及缮制 170
第五节　承运货物收据 173
本章小结 183
习题 184
实际操作训练 184

第13章　保险单据 185
第一节　国际货物运输保险概述 186
　　一、国际货物运输保险的基本原则 186
　　二、保险单据的种类 187
　　三、保险单据的获取 188
第二节　保险单据的内容与缮制 188
本章小结 194
习题 195
实际操作训练 195

第14章　公务证明 196
第一节　检验证书 197
　　一、检验证书的作用和种类 197
　　二、检验证书的内容及其缮制 197
第二节　产地证明书 200
　　一、一般产地证 201
　　二、普惠制产地证 203
　　三、自由贸易区协议下的产地证 204
　　四、输土耳其纺织品产地证、丝麻制品产地证 206
　　五、出口商产地证或制造商产地证 206
本章小结 222

习题 222
实际操作训练 223

第15章　其他单据 224
　　一、包装单据 225
　　二、受益人证明 228
　　三、装运通知或投保声明书 229
　　四、收据(Receipt) 231
　　五、承运人证明(Carrier's Certificate) 232
　　六、快邮收据或邮包收据 232
本章小结 233
习题 233
实际操作训练 234

第16章　审单 235
第一节　出口企业审单 236
　　一、单据审核要求 236
　　二、审单程序或方法 238
第二节　银行审单 239
第三节　进口企业审单 240
本章小结 240
习题 241
实际操作训练 242

附录1　某些SWIFT电文格式 243
附录2　了解UCP600和ISBP745 249
附录3　"了解UCP600和ISBP745"的参考解析 259
附录4　标准表格式信开信用证 285
附录5　自由格式信开信用证 287
附录6　SWIFT电开信用证 289
附录7　普通电传式电开信用证 292
附录8　信用证案例 294
附录9　各章附题的参考提示 297

第一部分

国际结算票据

在国际贸易有关款项的结算中,人们往往可能使用票据作为结算工具,比如基础合同的债权人可能通过出具商业汇票向债务人索款,或者债务人通过购买并汇出银行汇票向债权人汇兑。那么,国际贸易结算中常见的票据有哪些?它们到底能起什么作用?票据的记载和票据行为应该受哪国法律约束?在这些法律框架下票据记载和票据行为如何受到调整?这些问题构成了本书讨论的基础,而且应该是国际贸易结算当事人需要了解的基本问题。

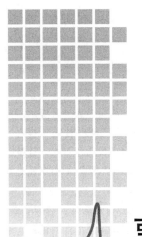

第1章 票据概述

本章教学要点

知识要点	掌握程度	相关知识
票据的特性	熟悉	设权证券、文义性、要式性、无因性、流通性
票据基本当事人之间的关系	熟悉	票据关系、基础合同关系；债权人、债务人
票据的作用	了解	信用工具、支付工具、流通工具、汇兑工具
票据法的适用	掌握	《中华人民共和国票据法》、《英国票据法》、《日内瓦统一法》
票据的权利、时效及抗辩	了解	善意持票人、票据时效/票据行为时限、对人/对物抗辩；利益返还

本章技能要点

技能要点	熟练程度	应用方向
票据法的适用	掌握	票据记载和票据行为

导入案例

上海的 A 公司收到位于英国的 B 公司出具的一张用以支付货物尾款的定日付款远期汇票，汇票的收款人是 A 公司，付款人是在苏州的 C 公司。后者购买了 B 公司提供的电子配件。A 公司后又将该汇票背书给苏州的 D 公司，用以支付另一笔交易下的欠款。D 公司于汇票到期日向 C 公司做付款请求提示，但遭 C 公司拒付。其拒付理由是：B 公司提供的配件大多都存在严重质量问题，他们已经和 B 公司接洽但尚无结果。另外，C 公司的财务经办人员指出，该汇票大小写金额不一致。按照我国票据法规定，这是一张无效票据。因此，C 公司出具了退票理由书并建议 D 公司直接向 B 公司索取款项。由于 A 公司此时也正陷入资金周转难的困境，无奈，D 公司径直向 B 公司提出了索款请求，但被 B 公司拒绝。B 公司认为，A 公司出口的产品也存在一些质量问题，何况它和 D 之间没有任何交易存在，D 公司只能向 A 公司追索。

那么，该汇票到底是否无效？B 公司和 C 公司到底是否能否对抗持票人 D 公司？票据上的记载是否应该按照我国票据法来认定？如果你是 D 公司，那么你应该怎么处理？(学完本书第 2 章后，能否指出 D 公司应该在这件事中得到什么教训？)

第一节 票据的含义和作用

一、票据的基本概念

票据是由出票人签发的，承诺自己或委托指定他人于给定的时间，无条件地向收款人或持票人支付确定金额的证券。

因此，票据通常有 3 个基本当事人：出票人(drawer)、付款人(payer，又称为受票人，即 drawee)和收款人(payee)。在常见的 3 种类型票据(汇票、本票和支票)中，本票的出票人和付款人为同一个人，支票的付款人是提供支票本的出票人的存款银行。如果收款人将票据权利转让，那么他作为转让人(transferor)是受让人的前手(prior party)，而受让人(transferee)则是他的后手(subsequent party)。在相应的基础合同债权债务关系上，出票人是付款人的债权人(creditor)，而付款人是出票人的债务人(debtor)；通常，收款人是出票人的债权人，而出票人则是收款人的债务人(不过，在国际贸易结算中，商业汇票的收款人常常被做成代出票人索款的银行)。受让人是转让人的债权人，而转让人是受让人的债务人。一旦付款人对票据付款，票据下所有债权债务关系都得以清偿。此时，持票人必须签收并交出所持汇票。至此，票据的生命即告终止。有人称之为票据的"返还性"。

票据的付款是无条件的，票据上任何对付款附加的约束条件将使该票据成为无效票据。付款人应该在给定的时间付款，该时间可以设定为即期的，即付款人见票即付；也可以设定为远期的，即付款人在指定的一个将来时间付款。

尽管票据产生的原因可能是源于某种货物的交易或者某项服务的提供，但票据本身以支付确定的金钱为目的。

二、票据的特性

票据附有票据权利。按《中华人民共和国票据法》，所谓票据权利，是指持票人向票据债务人请求支付票据金额的权利，包括付款请求权和追索权。票据持票人可以将票据的权利转让给他人或者将一定的票据权利授予他人行使(比如,委托他人收款)。票据权利由票据行为所设定,出票人签发票据以及背书人做背书等,都是在对票据下的权利和义务进行设定。所以,票据被称为设权证券。

票据具有文义性,即,票据的权利和当事人的票据关系完全由票面记载文义确定,不能以票据之外的其他证明或单据来改变或定义票据上的记载。但是如果对票据的形式、记载内容和使用没有严格的规范,票据关系人的票据权利和票据行为就无法规范。因此,票据的形式和记载必须严格符合法律的规定,否则票据无效;票据行为也必须按照法律规定的程序和方式进行,否则行为可能不合法,或持票人的权利将产生缺陷。所以,票据也被称为要式证券。

票据的出具以及转让都会源于一定的基础原因。出票人出具票据并交付给收款人,一般是因为他们之间存在着债权债务关系。作为债务人的出票人通过票据来清偿他和作为债权人的收款人的债务关系。出票人指定某人作为票据的付款人一般也是因为他是他和指定付款人交易中的债权人,而后者是债务人。如果票据的收款人需要清偿他的债权人,他可以转让该票据。无论如何,票据关系一经成立,即独立于票据的基础关系。即使基础关系无效或被撤销,票据关系仍然有效。票据债务人不得以基础关系的缺陷对抗无直接基础关系的善意持票人。因此,如果付款人不曾在票据上署名,他即不是票据的债务人,当然可以拒付;但如果他已记载认可了票据关系(比如,署名、承兑了票据),就不能因为出票人和收款人间,或他与出票人间的基础合同的债权债务关系产生了缺陷而到期不予以付款。票据的受让人通常也不会因转让人和前手债权债务的缺陷而失去追索权。所以,票据又被称为无因证券。

票据的要式性和无因性使得票据几乎可以像现金那样流通使用。要式性使得受让人能够识别票据本身是否有效以及他前手的票据行为表面上是否合法。无因性使得票据的转让无需通知票据的其他债务人,并且善意并支付对价而获得合格票据的持票人不受其前手票据权利缺陷的影响。所以,票据还被称为流通证券。

有必要注意,"可以流通的(negotiable)"指的是票据权利可以仅凭交付或通过背书转让,并且转让时无须通知有关责任当事人。对于符合要式的票据,受让人只要善意获得并支付了对价,即受让了票据的所有权利,并且其权利将优于前手,不受前手权利缺陷的约束。"可转让的(transferable)"的权利要受已经存在的其他权益约束。物权单据是可转让的,转让时尽管也不需要通知有关责任当事人,但受让人必须受前手权利缺陷约束。比如,某人受让了一张他人拣来的已做空白背书的正本提单,尽管他受让时不知前手权利的缺陷(即,对拣来的提单不拥有权利),而且也支付了对价,但是如果该提单权利的真正拥有者主张对该提单的权利时,法律将要求该受让人交出提单。"可让渡的(assignable)"所有权的变更必须通过书面让渡,并通知有关责任当事人。比如,股权证书所有权(比如,国有股,法人股股权)的变更必须填写让渡证书,并向发行公司登记过户后才能够转让给新的所有人。因此,票据是可流通的,提单是可转让的(尽管习惯上常称正本提单为"negotiable bill of lading",但严格说它只是"准可流通的(quasi-negotiable)",即,这是以其前手权利没有缺陷为条件的。同时应该注意,贸易结算中习惯常称"副本单据"为"N/N(non-negotiable)documents",尽管很多单据(如发票、装箱单等)的正本本身就无所谓"negotiable",而股权证书是可让渡的,中文对这些单证所有权的变更都可以统称为"转让"。

三、票据的作用

票据具有信用作用。远期商业汇票的出票人实际为付款人提供了信用，承兑人通过承兑汇票向持票人做出了信用担保，而贴现人相信票据债务人的信用才会贴现票据。已承兑的未到期票据的持有人可以用票据做信用担保，向银行或金融机构做质押贷款或其他的融资。通常，出票人、承兑人或背书人信用越好，票据所含的信用就越高。另外，票据可以通过背书转让得以流通。背书次数越多，对票据负责的人也越多，提供信用的人也越多，因此票据所含的信用也可能越高。

票据可以用于支付。和现金支付相比，在单边支付中采用票据支付可以避免运送、清点现金以及误收假币等麻烦和风险。这在国际贸易结算中尤为明显，因为国际贸易涉及金额往往都比较大。由于票据出票人是票据付款人的债权人，票据收款人又可以是出票人的债权人，因此，出票人可以通过票据抵消三方在两个基础合同下的债权债务关系，收款人也可以通过转让票据来实施支付。所以，票据可以用以实施多边支付，而且这种多边支付作用随着票据的流通转让更加明显。付款人的付款将使得票据下所有债务人的债务得以清偿。

票据还具有流通作用。除非出票时添加了限制转让的记载，票据可以经背书转让流通，票据也可以做成凭交付转让(如，做成空白(指示)抬头、空白背书等。不过，按我国目前的票据法，票据还不能做成"空白抬头"或被"空白背书"。)，这样，在票据到期之前，只要其信用含量很高，票据的使用就几乎像使用一张大面额的钞票那样方便。利用票据还可以很方便地进行汇兑。汇款人如需汇款，可以通过邮寄票据得以实现。银行间也可以通过邮寄票据来实现资金的划拨转移。

当然，票据的作用通过行使票据权利体现，因此票据作用一般是以票据关系的真实性为基础，以票据记载的要式性为前提的。即使涉及的是知名银行的票据，如果存在假票据、变造过的票据或空头支票等，也就可能无所谓"票据"作用了。

第二节 票据法概述

一、票据法调整的对象

票据的要式性要求票据必须服从有关法律的约束，否则票据无效或票据行为不合法。票据法就是用以约束规范票据文义以及票据行为的法律。它实际上是关于票据的种类、格式、内容和有关当事人的权利义务等的法律规范的总称，是一种以票据关系为规范对象的特别规定。因此，票据法以规范票据自开立起至清偿止的各个票据行为为任务，以调整票据权利义务关系中的矛盾和冲突为对象。

应该注意的是，在票据流转过程中，如果当事人的票据关系不真实，他将不受票据法调整，但是如果他违反民法的，必须承担相应的民法责任。比如，某人伪造他人在票据上署名，由于他并没有在票据上留下自己的真实姓名，不具有真正的票据关系，所以在票据法上是无法要求其承担票据责任的，但是这并不意味着，该伪造者无须承担法律责任。构成票据诈骗的，他将承担刑事责任；给对方当事人造成经济损失的，他应当承担民事责任。

同样，伪造者的后手如遭拒付，如果在伪造者之前，票据上有真实签章的人，他可以向该签章人行使票据的追索权。他不能够对伪造者行使票据权利，要求伪造者履行票据义务。不过，由于他和伪造者之间肯定有基础关系，他可以要求伪造者承担相应的民事责任。

二、票据法简介

世界各国都需要票据法来调整票据当事人之间的债权债务关系，规范票据内容和票据行为。有的国家的票据法是单行法，如中国、英国、德国和日本等；有的国家的票据法则属于商法典的一部分，如法国、比利时和美国等。也有的国家将票据法合并在债务法典内。

欧洲大陆各国的票据制度于 17 世纪末开始陆续进入成文法时期。1673 年法国路易十四的《商事敕令》和 1807 年《法国商法典》，曾先后对汇票，本票作了某些规定。此后，在欧洲逐渐形成三大法系：法国法系、德国法系和英国法系。各国票据法因立法时间、经济水平、商业习惯以及法制思想不同而有些差异。为了有利于票据作为国际流通工具，1930 年 6 月国际联盟在日内瓦召开的票据法统一会议上通过了《关于汇票本票的统一法公约》(Convention Providing a Uniform Law for Bill of Exchange and Promissory Notes，1930)，同时缔结的还有《关于解决汇票和本票的某些法律抵触的公约》和《关于汇票和本票的印花税公约》。以上 3 个公约于 1934 年 1 月 1 日生效。这 3 个公约的目的是为了协调各国票据法中的不同规定，消除票据在国际流通中的障碍。1931 年 3 月 19 日，国际联盟在日内瓦召开的第二次票据法会议上又通过了《关于支票的统一法公约》(Convention Providing a Uniform Law for Cheques，1931)，《关于解决支票的某些法律抵触公约》和《支票印花税公约》。目前，大多数欧洲大陆国家、日本和某些拉美国家已在不同程度上采用了国际联盟的关于票据的公约(简称《日内瓦统一法》)，但英美法系国家则持保留态度，英国只批准了关于印花税的公约，从而形成了当今世界上关于票据法的两大法系并存的局面。

英国的票据法(《1882 年汇票法》，即 Bill of Exchange Act 1882，简称 BEA，下文统称为《英国票据法》)颁布于 1882 年，该法集历来的习惯法、特别法以及各种判例编制而成。最初，《英国票据法》仅规定了汇票与本票，将支票包括在汇票之内。1957 年，英国又另外规定了 8 条支票法。《英国票据法》是英美法系中的票据法的代表，它的特点是：注意票据的流通作用和信用功能，保护正当的持票人。其具体表现为把票据关系与基本关系严格区分开来，即不问票据产生或转让的原因如何，凡依法取得票据的善意受让人均可受到法律上的保护，不受任何人的对抗。《英国票据法》并不以在票据上载明对价文句为票据有效的必要条件，而且允许签发无对价的融通票据。

美国独立前是英国的殖民地，适用英国法律。在当时英国还没有票据法时，英国法院历年的判例已经形成了不成文的票据法而传入北美，成为独立后美国很多州的票据法。因此，当时美国各州的票据法规并不统一。1896 年，纽约律师克罗福特(Crawfood)以习惯法和判例为基础，起草了包括汇票、本票和支票在内的《统一流通证券法》(Uniform Negotiable Instruments Law)。该法于 1897 年首先在纽约州施行，后来其他州也相继采用。1952 年，美国联邦政府汇编制定了一套《统一商法典》(Uniform Commercial Code，UCC)，票据法为该《法典》的第三篇。现在美国各州均接受了这个统一的《法典》，它较英国票据法有了不少发展，但基本仍属于英国法系。

随着我国经济建设的迅猛发展，我国于 1995 年 5 月 10 日颁布了《中华人民共和国票据法》(以下简称《票据法》)。该法后来进行了修正并于 2004 年 8 月 28 日经全国人民代表大会常务委员会通过。

我国《票据法》的制定考虑到了我国的国情，参照了《日内瓦统一法》和英美法系票据法中的合理规定。它规范了票据行为，保障了票据活动中当事人的合法权益，维护了我国的社会经济秩序，促进了社会主义市场经济的发展。该法第 2 条明确规定："在中华人民共和国境内的票据活动，适用本法。"中国人民银行还曾依照《中华人民共和国票据法》以及有关法律、行政法规，制定了《支付结算办法》，以便更好地规范国内的票据支付结算行为，保障支付结算活动中当事人的合法权益，加速资金周转和商品流通。

在涉外票据方面，为了解决不同的票据法中存在的法律冲突，我国《票据法》第 95 条规定："中华人民共和国缔结或者参加的国际条约同本法有不同规定的，适用国际条约的规定。但是，中华人民共和国声明保留的条款除外。本法和中华人民共和国缔结或者参加的国际条约没有规定的，可以适用国际惯例。"

目前，中国还没有加入业已生效的关于票据的国际公约，因此，在处理涉外票据时，应该按照我国《票据法》第 96 条至 101 条的规定，"票据债务人的民事行为能力，适用其本国法律。票据债务人的民事行为能力，依照其本国法律为无民事行为能力或者为限制民事行为能力而依照行为地法律为完全民事行为能力的，适用行为地法律。""汇票、本票出票时的记载事项，适用出票地法律。支票出票时的记载事项，适用出票地法律，经当事人协议，也可以适用付款地法律。""票据的背书、承兑、付款和保证行为，适用行为地法律。""票据追索权的行使期限，适用出票地法律。""票据的提示期限、有关拒绝证明的方式、出具拒绝证明的期限，适用付款地法律"及"票据丧失时，失票人请求保全票据权利的程序，适用付款地法律。"

第三节　票据的权利

一、票据权利的取得

随着出票人按票据法要求和基础合同的约定开立票据，并将票据交付给收款人，收款人即可能获得票据的权利。对于未加转让限制的票据，持票人可以通过背书将票据权利转让给被背书人。因此，合格票据的收款人或被背书人可以拥有票据的权利。所谓合格的票据，应该是未过期或未曾被拒付的并且记载符合要式的票据。如需真正取得票据的权利，收款人或被背书人在取得票据时必须无恶意或重大过失。如果收款人明知出票人已经失去出票资格仍接受了票据，或被背书人明知背书人权利上存在缺陷仍受让了票据，他们不能拥有票据的权利。

按我国《票据法》(第 10、11 条)以及《英国票据法》(第 27 条)，如果想要获取票据所附的所有权利，取得票据时还应该给付对价。因此，善意并给付了对价的合格票据的持票人被称为正当持票人(holder in due course)或善意持票人(bona-fide holder)，他将拥有票据文义给定的全部权利，不受前手权利缺陷的影响。如果获取票据时未给付对价(比如前手所赠)，持票人的票据权利不得优与其前手。

二、票据权利的时效

票据权利的时效指的是票据权利实体存在的时限,超过时效意味着票据权利在实体上的消灭。需注意的是,不可将票据时效与票据行为行使期限混淆。超过票据行为行使期限,票据仍有效,票据主债务人(或从债务人)仍不能免除付款责任,但票据持票人可能将丧失部分票据权利。比如,按我国《票据法》,汇票未在规定时限内提示承兑的,持票人丧失对前手的追索权。

按我国《票据法》,远期汇票的持票人对出票人或承兑人主张权利的时效为票据到期日起 2 年;即期汇票和本票的持票人对出票人主张权利的时效为自出票日起 2 年;支票持票人对出票人的权利时效为自出票日起 6 个月。持票人对前手的追索权,自被拒绝承兑或拒绝付款日起 6 个月;持票人对前手的再追索权,自清偿日或被提起诉讼日起 3 个月。

按《日内瓦统一法》,持票人对承兑人的权利,自到期日起 3 年;持票人对背书人和出票人的权利,自在适当期限内做成拒绝证书日起或如不需要做拒绝证书,自到期日起 1 年;持票人的再追索权,自清偿日或被提起诉讼日起 6 个月。《英国票据法》虽然没有直接规定票据时效,但按该国债权债务的相关法律,票据下的债权债务时效为 6 年。

法律给定的时效往往相对较长,但不排除出票人做出缩短票据时效的记载。比如国内银行出具的银行汇票往往印就"This draft is valid for one year from the date of issue"。

为了避免"不当得利",按我国《票据法》第 18 条,"持票人因超过票据权利时效或者因票据记载事项欠缺而丧失票据权利的,仍享有民事权利,可以请求出票人或者承兑人返还其与未支付的票据金额相当的利益。"不过,这种民事权利也必须在民事诉讼时效内诉请。

三、票据抗辩

票据抗辩实际就是票据债务人对票据债权人拥有的债权抗辩的行为。票据债务人提出有关相应事由,拒绝履行其债务责任。我国《票据法》规定,票据债务人不得以自己与出票人或与持票人前手间的抗辩事由,对抗持票人。但是如果存在下列情况,抗辩仍然是允许的。

如抗辩的原因是票据本身存在问题,比如,票据形式要件不完全或不合格,或票据尚未到期,或票据时效届满等,这称之为对物抗辩。票据付款人因票据上背书不连续而拒付;背书人因背书时记载了"不可转让"而对抗其被背书人后手的追索等,均属此类。

如抗辩的原因是票据债务人和特定票据债权人之间存在问题,比如,两者间直接的基础原因发生缺陷,或持票人取得票据时存在重大过失或存有恶意,或持票人取得票据时未曾给付对价等,这称之为对人抗辩。因此,出票人因其与收款人的基础合同产生缺陷在后者向他追索时可以抗辩。收款人的后手如为"善意持票人",可以"绕过"收款人向出票人追索,但如果出票人能够举证收款人和该后手存在恶意串通或恶意受让,那么出票人仍然可以对抗该收款人的后手。

本章小结

本章首先介绍了票据的基本概念、票据的特性、票据的作用;然后,简要地介绍了票据法的作用以及它们的适用;最后,讨论了票据的权利、票据权利的获取、票据权利的时效,以及票据的抗辩。国际贸易结算的当事人需要清楚地知道,涉外票据的记载及相关票据行为应该适用什么法律。

关键术语

出票人 drawer 付款人 payer
受票人 drawee 收款人 payee
转让人 transferor 受让人 transferee
前手 prior party 后手 subsequent party
债权人 creditor 债务人 debtor
可以流通的 negotiable 可转让的 transferable
可让渡的 assignable 准可流通的 quasi-negotiable
关于汇票本票的统一法公约 Convention Providing a Uniform Law for Bill of Exchange and Promissory Notes
关于支票的统一法公约 Convention Providing a Uniform Law for Cheques
1882年汇票法 Bill of Exchange Act 1882
中华人民共和国票据法 Law of the People's Republic of China on Negotiable Instruments
正当持票人 holder in due course 善意持票人 bona-fide holder

知识链接

赵新华. 票据法问题研究. 北京: 法律出版社, 2007.

于莹. 票据法. 北京: 高等教育出版社, 2008.

苏宗祥, 徐捷. 国际结算. 5版. 北京: 中国金融出版社, 2010.

卓乃坚. 国际贸易支付与结算及其单证实务. 2版. 上海: 东华大学出版社, 2011.

习 题

1. 简答题

(1) 简述票据的基本特性。
(2) 简述我国票据法关于涉外票据适用法律的规定。
(3) 如何判断票据所含的信用?
(4) 试举例说明票据中出票人、收款人和付款人之间的基础合同关系。

2. 判断题

(1) 对于持票人所持的合格票据,票据债务人不得以任何理由抗辩( )。
(2) 即使是善意持票人,他的票据权利将受其前手的票据权利缺陷制约( )。

(3) 票据法规定的票据时效是强制性的，出票人不能做出不同于该时效的规定(　　)。
(4) 任何在票据上留有真实签名的人都应该是票据的债务人(　　)。
(5) 正本提单上如注明"negotiable"，其善意受让人将不受前手权利缺陷约束(　　)。
(6) 票据时效已过的汇票持票人将丧失该票据下的所有利益(　　)。
(7) 位于上海的公司不应通过空白背书转让汇票(　　)。
(8) 如果A仿冒B公司的公章，伪造B公司的授权人签名出具票据。如票据被拒付，A将不承担票据责任(　　)。

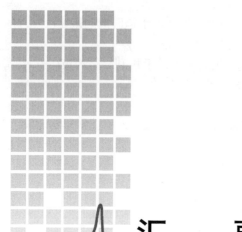

第 2 章 汇票

本章教学要点

知识要点	掌握程度	相关知识
汇票的记载	重点掌握	必须记载的项目、相对应记载的项目、可以记载的项目
汇票的票据行为	掌握	出票、背书、提示、承兑、付款、保证、追索
汇票种类	了解	光票/跟单汇票、商业汇票/银行汇票、即期汇票/远期汇票、商业承兑汇票/银行承兑汇票、国内汇票/涉外汇票

本章技能要点

技能要点	掌握程度	相关知识
汇票的记载	重点掌握	出票、背书、承兑、保证
汇票的票据行为	了解	相关票据法对汇票票据行为的要求

第 2 章 汇 票

导入案例

国内某进出口公司在缮制一份信用证下的汇票时遇到以下问题：信用证规定的金额为"about USD50 000.00"，货物为"about 200 metric tons"，单价为"USD250.00/ metric ton"。该公司在信用证规定的时限内实际发货200公吨。公司制单员是新手，在缮制汇票时为了追求"单证相符"，将汇票金额填写成"about USD50 000.00"。在填写汇票大写金额时，该制单员还不慎将"UNITED STATES DOLLARS FIFTY THOUSAND ONLY"中的"FIFTY"打成"FIVE"，后及时发现做了更改，并加盖了公司的更改章。汇票的收款人做成该进出口公司，在向银行交单时将同时提交的海运提单一起都做了空白背书。请思考，信用证下该汇票的作用是什么？该公司制单人员这样缮制和处理汇票会带来什么问题？为什么？(请记住这个"about"，在学完本书第6章信用证后，你会对它有更深刻的了解。)

第一节 汇票的定义和内容

一、汇票的定义

汇票(bill of exchange，B/E，draft)，按我国《票据法》规定，是出票人签发的，委托付款人在见票时或者在指定日期无条件支付确定金额给收款人或者持票人的票据。《英国票据法》对汇票的定义为："A bill of exchange is an unconditional order in writing addressed by one person to another, signed by the person giving it, requiring the person to whom it is addressed to pay on demand or at a fixed or determinable future time a sum certain in money to or to the order of a specified person, or to bearer"。可见，两者区别之一是，一个称之为"委托"(我国《票据法》中译为"authorize")，另一个称之为"order"(命令)，不过从票据法角度来说，这不是本质的区别；两者区别之二是，一个把远期付款定为"指定日期"(英文译为"on a specified date")，另一个定为"at a fixed or determinable future time"(在一个将来固定的或可确定的时间)，后者的范围似乎更大些。

以下的讨论以我国《票据法》的规定为主展开，同时对比观察《日内瓦统一法》和《英国票据法》的一些相应规定。

二、汇票的当事人

汇票基本当事人有出票人、付款人(受票人)和收款人。如果收款人以背书方式转让汇票，他即为背书人(endorser)，受让人即为被背书人(endorsee)。如果为远期汇票，付款人如果在汇票上做出到期付款的承诺，他即被称为承兑人(acceptor)。如果有汇票债务人以外的人对汇票的债务承担保证责任，他即为汇票的保证人(guarantor)。如果付款人承兑时在汇票上指定(或要求出票人出票时注明)由某人(通常是付款人的账户行)实施付款，该人即被称为担当付款人(domiciled payer)。

《日内瓦统一法》中有"参加承兑"(acceptance for honour supra protest)或"参加付款"(payment for honour supra protest)的规定。这指的是票据被拒付后，与票据原无关系的人在持票人获得拒付证书后，取得持票人同意，代替当事人或付款人承兑或付款的行为。因此，他们被称为"参与承兑人"或"参与付款人"。《英国票据法》也有"参与承兑"或

"参与付款"的类似规定，但没有关于"保证"的规定，因此在该票据法下，无所谓"保证人"。

三、汇票上的项目及其他记载

1. 必须记载的项目

这里所谓必须记载的项目，指的是按票据法的规定，汇票上必须记载的项目。如果汇票上缺少这些项目，将构成无效汇票。

1) 标明"汇票"字样

汇票上需要出现"bill of exchange"，"exchange"或"draft"之类的词汇，以区别于本票和支票。《日内瓦统一法》也有这样的规定，但《英国票据法》并无此要求。

2) 无条件支付的委托

这是一条反向规定。汇票上不得出现对付款设置的条件，即付款人得以对抗持票人的付款条件，如，"payable if the goods are up to the British Standard"，或"pay from the account received from the sales under Contract No.1234"等。有条件支付的汇票为无效汇票。

3) 确定的金额

汇票以支付金钱为目的。汇票上的金额必须是确定的值。如果汇票上记载的金额为"about USD500"（"about"含义不明且非确定值），或如果为涉外票据，记载"$500"（"$"定义不明），或汇票附有同时支付利息的条款却未说明利率，或汇票记载按另一种货币支付却未说明兑换率等，都为不合格的记载。按我国《票据法》，汇票大小写金额记载必须一致，而《日内瓦统一法》和《英国票据法》都规定，汇票大小写金额不一致时，以大写金额为准。

值得注意的是，国际商会2013年修订的《关于审核跟单信用证项下单据的国际标准银行实务》(ISBP745，见第6章第二节)改变了前两版关于信用证下汇票"大写必须准确地反映小写表示的金额"的说法，认为汇票大小写金额"如不一致，须将大写作为索偿金额审核"。

我国《票据法》还规定，票据的金额不得更改(出票日期和收款人也不得更改)，否则票据无效。

4) 付款人

汇票上必须明确付款人的名称。如果付款人为法人公司，通常应该写明它的全称。必要的情况下，还需要注明付款人的地址，以方便持票人提示。

5) 收款人

汇票的收款人又被称为汇票抬头人。汇票上通常做成记名抬头，如"Pay to John Smith"；或记名指示抬头，如"Pay to the Order of John Smith"，或"Pay to John Smith or Order"。这类抬头的汇票可以由记名人做背书转让。

如果记明收款人的同时加上限制性词汇，即构成限制性抬头，如"Pay to John Smith Only"或"Pay to John Smith Not Transferable"等。限制性抬头的汇票不得转让。

如果汇票收款人仅记载为"Pay Bearer"或"Pay Holder"，或汇票收款人栏不作记载，则被称为来人抬头、持票人抬头或空白抬头。《英国票据法》允许汇票做成此类抬头，但我国《票据法》和《日内瓦统一法》不允许这样的记载。

从事国际贸易的人员须注意，我国《海商法》允许提单做成来人抬头。另外还应注意记名抬头的票据和记名抬头的提单的区别。前者可以经记名人背书转让，而后者只能由记名人提货，不可转让。

6) 出票日期

即期汇票权利的时效从汇票出票日算起。从汇票的出票日期还可以判断出票人出票时行为的合法性。如果证据表明，出票人在该日期还不具备出票资格或已经破产倒闭，他的出票行为本身就已不合法。另外，对于出票后定期付款的汇票，出票日是确定到期付款日的要素；对于即期汇票以及见票后定期汇票，出票日被用以确定提示付款期限或提示承兑期限的起算日。不过，《英国票据法》允许出票人出票时不记载出票日期，在这种情况下，应由持票人加载出票日期。

7) 出票人签章

出票人必须在其出具的汇票上签章，以表明他愿意承担该汇票必被承兑或付款的责任。

2. 相对应记载的项目

票据上相对应记载的项目指的是那些如果不做记载可以通过票据法的规定来确定的项目。

1) 票期(tenor)

汇票可以做成即期汇票或远期汇票两大类。即期汇票即见票即付(payable at sight 或 payable on demand)的汇票。按我国《票据法》，如汇票不记载付款日期，则视为见票即付。银行即期汇票一般就没有票期栏目。商业汇票通常留有票期栏目。不过，在外贸实务中，工商企业身份的出票人如果出具即期汇票，一般都在票期栏填上一排星号、减号或其他符号，以免他人做添加，从而更改票期。(参见式样 2.3)

按我国《票据法》和《日内瓦统一法》，远期汇票可以做成定日付款的，即，按约定的具体付款日，如 11 月 22 日，注明"on 22nd November fixed"，这样票期的汇票被俗称为"板期汇票"。远期汇票也可以做成出票后定期付款的，即按约定期限，如 60 天，注明"at 60 days after date"。远期汇票还可以做成见票后定期付款的，即按约定期限，如 60 天，注明"at 60 days after sight"。

按《英国票据法》，远期付款可以指在将来一个可确定的时间付款。因此，它允许以某一必然会发生的事件作为票期的起算日，比如注明"at three months after the death of Mr. XX"。在对外贸易实务中，有时合同会约定或信用证会要求汇票在"海运提单(或装运日，或运输单据日)后若干天付款"，比如"at 60 days after the date of bill of lading"。需要注意的是，国际商会的《关于审核跟单信用证项下单据的国际标准银行实务》中指出，除见票即付或见票后定期付款的汇票，汇票的到期日必须能够从汇票自身数据确定。因此，此时信用证下汇票的票期栏不能够简单地填写"at 60 days after the date of bill of lading"，应该通过在汇票正面注明该提单日等方法来满足该要求(详见第 10 章)。

2) 付款地

汇票上应该注明付款地。如果未记载付款地的，按《票据法》的规定，以付款人的营业场所、住所或经常居住地为付款地。

3) 出票地

汇票上也应该注明出票地。如果未记载出票地的,按《票据法》的规定,以出票人的营业场所、住所或经常居住地为出票地。

万一出现票据争议,可能需要通过认定汇票的付款地或出票地来判断所应该适用的法律。

3. 其他记载

我国《票据法》第 24 条规定:"汇票上可以记载本法规定事项以外的其他出票事项,但是该记载事项不具有汇票上的效力。"当然,这些记载虽不具有票据法上的效力,但可能产生其他的法律(如民法)上的效力。比如,汇票上记载的出票条款,虽然不发生票据法上的效力,但是可以在民法上起到效力,必要时可以用以说明出票人和付款人之间的基础合同关系。同样,汇票上加载的汇票编号虽然也不是票据法所要求,但作为识别参照号,在票据业务顺利运转中会起很大的作用。

其他的这类记载有,出票人出票时注明"protest waived"(免做拒绝证书),以避免因汇票被拒付,遭持票人追索时,还要承担关于拒绝证书的费用;出具了两联正本的汇票上分别标明"付一不付二"和"付二不付一"(此时,意味着出票人出具了两份同等效力的正本汇票,若其中一份正本被支付,另一正本汇票自动失效)等。

第二节　汇票的种类

按出票人是银行、工商企业或个人,汇票可以分为银行汇票(参见式样 2.1,2.2)和商业汇票(参见式样 2.3,2.4)。前者的付款人也是银行,常用于基础合同的债务人向债权人汇兑;后者的付款人可以是银行,也可以是企业或个人,常用于基础合同的债权人向债务人索款。在实际使用中,前者因作为结算工具的汇票与款项同向从债务人流向债权人,常被称为"顺汇";后者因汇票先从债权人流向债务人,然后款项再从债务人流向债权人,常被称为"逆汇"。

按流通时是否需附货运单据,可以分跟单汇票和光票(汇票)。前者常作为跟单信用证或跟单托收下的支付凭证。有人认为,它似乎不符合票据法下无条件支付的要求。不过,跨国贸易中双方信用可能无法充分把握,因此凭付款或承兑才交出商业单据,或凭符合要求的商业单据才承兑或付款的方式在国际贸易中被广泛接受。不过,无论如何,汇票上不得记载"凭符合要求的单据付款"。

按汇票的票期可以分为即期汇票和远期汇票。前者见票即付,后者在未到期之前(通常在被承兑之后),持票人可以要求汇票贴现,或做其他融资。

如果是远期汇票,按它的承兑人是银行企业或个人,可以分为银行承兑汇票和商业承兑汇票。一般由于银行信用高于商业信用,所以银行承兑过的汇票比较容易被接受而给予贴现,或用以质押等来获取融资。

按汇票行为地都在国内还是既涉及国内又涉及国外,可以分国内汇票和涉外汇票。前者票据行为和票据关系完全受本国的票据法调整,后者受有关国家票据法、有关国际公约或国际惯例制约。如果某国家未加入有关国际公约的,按本国票据法中涉外票据的规定来调整其票据行为和票据关系。本书中关注的应该是涉外汇票。

XYZ INTERNATIONAL BANK, LTD.
18 Park Street, Singapore
BANKER'S DRAFT

No.: X-GR536/86
Date: AUG.28, 2014

USD 585.00

TO: BANK OF CHINA, SHANGHAI

PAY TO: SHANGHAI DONGXU IMPORT/EXPORT COMPANY OR ORDER

THE SUM OF: UNITED STATES DOLLARS FIVE HUNDRED AND EIGHTY FIVE ONLY

****

For XYZ INTERNATIONAL BANK, LTD.,SINGAPORE

Steven Zhuo

Authorized Signature

908856/568 xyz International Bank

式样 2.1　银行汇票示例 1

Bank of China 中国银行

This draft is valid for one year from the date of issue

16 - 51 - 01

333998

Issuing Office: SHANGHAI BRANCH 3

Date JAN 09 2014

PAY SIMON. C. HARLOCK

THE SUM OF STERLING TWO HUNDRED AND NINETY POUNDS ONLY.

£ 290. 00

Amount of pounds in words, Pence as in figures

BEMROSE BOOTH 9606

PLS DEBIT OUR H. O. ACCOUNT

To: BANK OF CHINA, LONDON BRANCH
90 CANNON STREET
LONDON EC4N 6HA

李藏 C59168　黄加菌 C59166

Authorised Signatures

⑈333998⑈ 16⑈510⑆ : 11600905⑈

式样 2.2　银行汇票示例 2

Drawn under XYZ INTERNATIONAL BANK, LTD., SINGAPORE L/C No. 262618

Dated 20 JAN. 2014

No. DA1234 Exchange for USD 76 000.00 Shanghai, 10 MARCH 20 14

At ****** sight of this FIRST of Exchange (Second of Exchange being unpaid) Pay to the order of BANK OF CHINA, SHANGHAI the sum of

SAY UNITED STATES DOLLARS SEVENTY SIX THOUSAND ONLY

To:
XYZ INTERNATIONAL BANK, LTD.,
SINGAPORE

上海东旭进出口公司
SHANGHAI DONGXU I/E COMPANY
书帆

式样 2.3　商业汇票示例 1

```
Place/ Date      NEW YORK, OCTOBER 10, 2014              USD 5600.20
At  ******  Please pay against this  SOLE  Bill of Exchange (    ) being unpaid)
To the order of      UNIVERSAL BANK INC.,  NEW YORK
SAY US DOLLARS FIVE THOUSAND SIX HUNDRED AND CENTS TWENTY ONLY
Drawn under L/C No.   X10-US7859B           Dated  15TH SEPTEMBER 2014
of      XYZ INTERNATIONAL BANK, LTD., SINGAPORE
To: XYZ INTERNATIONAL BANK, LTD.         GLOBAL TEXTILES
    18 PARK STREET                  123 Bushwick Avenue, New York, USA
    SINGAPORE                            Rey
                                         Authorized Signature
```

式样 2.4　商业汇票示例 2

第三节　汇票的票据行为

按我国《票据法》，票据行为包括出票、背书、提示、承兑、付款、追索以及保证。

一、出票

所谓出票(to draw，to issue)，指的是出票人出票并签章后将汇票交付收款人的行为。出票人出票设定了收款人和付款人，因此，出票设定了最初的票据关系。出票人在汇票上的签章表明，他将承担他出具的汇票必定被承兑或付款的责任。当然，如果指定的付款人和出票人之间并无实际的债权债务关系，付款人将因不认同这样的票据关系而拒付。

二、背书

所谓背书(to endorse)，指的是持票人在汇票背面或者粘单上按要求做记载后，将汇票交付受让人的行为。通过背书，背书人可以全部或部分地转让票据权利(比如下文将提到的"委托收款背书")，但无论如何，票据金额不允许部分或分批背书转让。

做首次背书的人必须是汇票记载的收款人。背书人一旦背书签章，他即对其后手承担票据必定被承兑或到期必定被付款的责任。已拒付汇票不得再通过背书进行转让。我国《票据法》规定，每次背书的后手必须对其直接前手的签名真实性负责，但《日内瓦票据法》和《英国票据法》无此规定。

汇票上的背书一般做成"记名背书"，即背书人背书时除了署名签章，还注明被背书人，比如，"Pay ABC Co."或"Pay ABC Co. or order"。记名背书的汇票如无限制性记载，受让人可以再通过背书进行转让。按《日内瓦统一法》和《英国票据法》，汇票上允许做成"空白背书"，即背书人背书时仅签署自己的名字，但不记载被背书人。空白背书的受让人如果要再转让汇票，可以直接通过交付转让，也可以在前手空白背书上将他的受让人记载成被背书人后再交付转让，还可以在前手空白背书上将自己记载成被背书人后再背书转让。不过应该注意，我国《票据法》规定，票据背书必须记载被背书人，即不允许空白背书。虽然在国内的司法实践中，有的法院允许持票人自己对"空白背书"做某种程度的"补记"，做成记名背书。(不可混淆的是，一般《海商法》都允许对提单做"空白背书")。背书人也可以做"限制性背书"，即在做记名背书时加上"不得转让"(如"not transferable"或"only"等)的记载。这样，如果他的受让人再转让该汇票，他将不受他的受让人的后手追索。

背书的目的通常是转让票据的权利，从而完成对后手的支付或从后手得到融资。背书时如果加上委托收款的记载(如，"For collection")，背书人只是做出了委托被背书人代收款项的请求。此时，被背书人只拥有代背书人收取票面款项的权利，因此他不得自行将汇票拿去贴现，也不能做除委托收款背书外的其他背书转让。背书时如果记载"For Pledge"并注明质押事宜，被背书人取得的是质权，不是债权。在注明的质押期内，被背书人不拥有票据权利。

背书时如果附加了付款条件，即为条件背书。按我国《票据法》和《日内瓦统一法》，所附条件不具有汇票上的效力。《英国票据法》也认为，如汇票上的背书带有条件，付款人对该条件可以不予理会。背书时如果只转让部分票面金额，或将票面金额分别转让给数人，将被视为无效背书。

在福费廷(Forfeiting，参见第 8 章)业务中，出口商通常把票据背书给包买商时，会注明"Without Recourse"(不可追索)，以表明包买商是买断票据的，以后不得对出口商实施追索。当然，这种记载似乎并没有从票据法中得到明确支持。"不可追索"的约束实际依赖于"包买协议"。

汇票上的背书必须连续。第一个背书人必须是汇票记载的收款人，以后做背书的背书人必须是上一背书的被背书人。

如果汇票上的背书为伪造，伪造背书的背书人因为并未使用自己真实的名字，故并不承担票据法下的责任(比如，持票人如遭拒付，不可能做成拒绝证书去向伪造者追索)，但伪造背书的前后，在票据上有真实签名的人仍要承担票据责任。按我国《票据法》、《日内瓦统一法》和《英国票据法》，付款人付款时并不要求鉴别汇票上背书人签名的真伪，但按《英国票据法》，付款人对存在伪造背书的汇票付款却不能免除他对真正权利人(被伪造人)的付款责任。不过，如果付款人在真正的权利人要求下再次付款后，可以向此前受款的持票人要求返还已付票据金额。

三、提示

为要求付款人承兑或付款，持票人应该在规定的时限内，在汇票的付款地或通过银行或票据交换所向付款人提示(to present)。信用证下的汇票及其他单据的提示期限须按的信用证交单期限和交单地点确定(见第6章)。

关于承兑提示的时限，我国《票据法》规定，见票后定期的汇票应该在出票日起一个月内提示，而其他类型的远期汇票可以在到期日前提示，也可以不经提示承兑，在到期日直接提示付款。不过，由于远期汇票如经承兑，表明付款人认可了其票据关系，持票人如需融资贴现，相对比较方便。按《日内瓦统一法》规定，汇票提示承兑的时限为出票日起一年，但出票人出票时可以做缩短或延长该时限的规定，而背书人背书时可以缩短该时限。《英国票据法》没有规定具体提示时限，持票人可以在"合理时限"内提示承兑。

至于付款提示的时限,我国《票据法》规定,即期汇票应该在出票日起一个月内提示,而远期汇票应该在到期日起10日内提示。按《日内瓦统一法》规定,即期汇票须在出票后一年内提示付款,而远期汇票的付款提示时限为到期日及其后2个营业日内。《英国票据法》则规定,即期汇票须在"合理时限"内提示付款,远期汇票应该在到期日当天提示付款。

超过提示时限,持票人或将失去对其前手追索的权利(承兑提示),或需要做出必要说明(付款提示),但他仍具有提示付款或承兑的权利,不过他也必须对由此可能对付款人或承兑人造成的经济损失承担不超过票面金额的责任。

四、承兑

承兑(to accept)指的是远期汇票付款人承诺在汇票到期日支付汇票金额的行为。汇票在承兑前,出票人为主债务人(primary debtor);一经承兑,承兑人成为主债务人,出票人成为从债务人(secondary debtor)。

按我国《票据法》规定,付款人承兑时应当在汇票正面记载"承兑"字样,加注日期并签署后交还持票人或承兑后留下汇票并出具承兑通知书。见票后定期的汇票在承兑时,还应该记载付款日期。《日内瓦统一法》规定,承兑应该记载"承兑"(accepted)字样并由付款人签名。见票后定期的汇票,或特别约定提请承兑期限的汇票,承兑人应当记载承兑日期。按《英国票据法》,仅有付款人签名而未写"承兑"字样,也构成承兑。

定日付款及出票后定期汇票可以不经承兑,在到期日直接提示付款,但实践中,持票人往往先提示承兑,以确定付款人的票据关系,并方便需要时的转让或贴现。

见票后定期的汇票或出票记载规定"必须提示承兑"的汇票必须先经承兑,然后于到期日提示付款。前者须通过承兑确定到期日;后者出票人做如此的记载,往往是出票人和付款人间存在某种约定

如果,在出票时记载"禁止提示承兑",持票人则不得提示承兑,只能到期直接提示付款。出票人做此记载往往可能是出票时他和付款人的债权债务关系尚未理顺。

如果汇票尚未提示承兑,持票人得知付款人已经死亡、逃匿、破产或依法被停业,则该汇票无需再提示承兑。持票人可以直接做成拒绝证书,向前手实施追索。

承兑时,承兑人如果附加付款条件(conditional acceptance),或只对部分票面金额承兑(partial acceptance),或更改了付款期限(time qualified acceptance),或另行注明仅在某特定地点付款(local acceptance)等,构成"限制性承兑"(qualified acceptance)。按我国《票据法》,限制性承兑被视为拒绝承兑。按《日内瓦统一法》规定,除部分承兑,限制性承兑将被视为拒绝承兑。按《英国票据法》规定,持票人可以不接受限制性承兑,如果出票人或背书人未明示许可的情况下他接受了限制性承兑(但部分承兑时,持票人必须通知出票人和背书人),他将在汇票万一被拒付时,不能向出票人或背书人追索。未做上述限制的承兑是正常的承兑,一般被称为"普通承兑"(general acceptance)。

一般票据法都给予了付款人期限,以便他考虑是否同意承兑。按我国《票据法》,该期限为汇票被提示日起3日内;按《日内瓦统一法》,付款人可以要求持票人于第一次提示的翌日做第二次提示;按《英国票据法》,承兑应在持票人提示的次一个营业日内做出。

五、付款

付款(to pay)指的是付款人支付汇票金额，以结束票据关系的行为。

持票人在规定的提示期限内做付款提示后，付款人应该在规定的付款期限内按汇票面额支付，持票人应该在汇票上签收后将汇票交给付款人。至此，汇票上所有债权债务关系全部得以清偿，汇票完成其票据使命，不得再作为金融票据流通使用。

对于出票后定期、见票后定期或提单日后定期等定期付款的远期汇票，首先必须清楚汇票到期日计算方法。关于起算日，出票后定期的汇票从出票日后起算；见票后定期的汇票从承兑日后起算，如它曾被拒绝承兑，则从做成拒绝证书日后起算。对于按日计算的票期，应该"算尾不算头"。此外，描述票期时，英语中"30 days from …"和"30 days after …"为同一意思。比如，票期为"出票后30天付款"的汇票，如果出票日为5月1日，则从5月2日起算，第30天，即5月31日到期。对于按月计算的票期，按到期月的对日计算，"月"为公历月，如无对日的，取月末日为到期日。比如，"出票后一个月付款"的汇票，如果出票日为1月31日，到期日平年为2月28日，闰年为2月29日。如果到期日为节假日者，到期日应该顺延至节假日后的第一个营业日。

其次，必须了解票据法是否给予付款人付款期限。按我国《票据法》规定，付款人应当在持票人提示的当日付款。《英国票据法》曾给予付款人三天宽限期(days of grace)，但《1971年英国银行金融交易法》已经将此宽限期取消。

至于付款金额和货币，按我国《票据法》，付款人须足额付款。但是按《英国票据法》，如付款人部分付款，持票人可拒绝，也可接受后对未付部分追索，而按《日内瓦统一法》，如付款人部分付款，持票人必须接受，然后对未付部分追索。一般，除了汇票当事人另有约定的，付款人应该按照付款日的市场汇价，折成本币支付。

最后，必须注意的是，付款人付款时需要审核汇票是否符合法定要式，包括背书是否连续。按我国《票据法》，付款人付款时还应当审查做付款提示人的合法身份证明或者有效证件。当然，如果付款人付款时存有恶意或存在有重大过失，必须自行承担责任。

六、追索

汇票到期被拒绝付款，或到期前汇票被拒绝承兑，或承兑人或者付款人失去偿付能力的(如承兑人或付款人死亡、逃匿，或承兑人或付款人依法被宣告破产或停业，等等)，持票人可以向其所有前手实施追索(to exercise recourse)。任何在汇票上签过名的人都是票据的债务人，持票人可以向全体前手追索，也可以先向其中某个前手追索。实践中，由于他和直接前手有基础关系，所以先向直接前手追索的情况比较多。不过，如果存在回头背书，持票人如果也是背书人的，他将不能向他曾经的后手追索；持票人如果是出票人的，他只能向承兑人追偿，直至提起诉讼。

要行使追索权，持票人持有的必须是合格的票据，并且已经在票据法规定的期限内实施了提示。持票人行使追索权时，应当提供被拒绝承兑或拒绝付款的拒绝证书(protest)。付款人拒绝承兑或拒绝付款后出具的退票理由书可以作为拒绝证书。应持票人要求，公证机构向付款人再行提示被拒付后出具的证书也可以作为拒绝证书。如果付款人失去偿付能力，持票人可以提供相应法院出具的关于付款人破产的法律文书，或主管当局出具的停业行政处罚决定，或医院出具的付款人死亡证明等作为拒绝证书。除非出票人要求免做拒绝证书的，追索时如果无法出示这类证书的，持票人将丧失对前手的追索权，但承兑人或出票人仍得对持票人承担责任。

为了行使追索权，持票人应该在规定的期限内向被追索人发出拒付通知。按我国《票据法》，持票人应在收到拒绝证书日起 3 日内发出拒付通知，而前手应在收到拒付通知日起 3 日内向他的前手发出拒付通知。未在规定期限内发出通知的，持票人仍有追索权，但得承担由此延误可能造成的不超过票面金额的损失。按《日内瓦统一法》，持票人应在做成拒绝证书后 4 天内，前手应在接到拒付通知后 2 天内发出拒付通知。不能按此期限通知者并不因此丧失其权利，但也需对怠于通知造成的损害进行不超过票面金额的赔偿。按《英国票据法》，追索者如不发拒付通知，出票人和背书人即解除对汇票的责任。如果持票人前手在同一城市的，他应该在做成拒绝证书的第二天通知到该前手；如果其前手在异地的，拒付通知应该在做成拒绝证书的第二天发出。

持票人可以追索的金额应该为汇票票面金额加上利息和实施追索所产生的费用，比如，做拒绝证书的费用和发拒付通知的费用。被追索人清偿债务后，可以向其前手追索已清偿的金额以及有关利息和费用。

七、保证

保证(to guarantee)指的是，非汇票债务人对出票、背书、承兑等行为所发生的债务予以担保的行为。

按我国《票据法》，保证时，保证人应当在汇票或粘单上记载"保证"字样、注明保证人名称和地址、被保证人名称以及保证日期。保证人必须对保证签章。

如果未记载被保证人的，汇票主债务人为被保证人。通常，对背书记载的当事人的债务保证记载在汇票的背面或粘单上。

按《日内瓦统一法》，票据保证应记载"保证"之类字样，由保证人签名。"凡仅由保证人在票面签名者视为保证成立，但付款人或出票人签名除外"，"未经载明被保证人者，视出票人为被保证人。"

按我国《票据法》，保证不得附有条件；附有条件的，不影响对汇票的保证责任。

汇票一经保证，保证人和被保证人对持票人承担相同的债务责任。汇票到期得不到付款的，持票人有权向保证人请求付款。保证人清偿汇票债务后，可以行使持票人对被保证人及其前手的追索权。

 本章小结

本章介绍了国际贸易结算中使用最广的票据——汇票，并以我国《票据法》为主，同时观察对比《日内瓦统一法》和《英国票据法》的相应规定，讨论了汇票的记载和汇票的票据行为。本章还从不同角度对汇票的分类进行了介绍，其中国际贸易中用以索款的商业汇票和用以汇兑的银行汇票是本书之后章节经常提及的汇票类型。

关键术语

汇票 bill of exchange, B/E, draft
被背书人 endorsee
保证人 guarantor
大写金额 amount in words
票期 tenor
商业汇票 commercial draft
光票 clean draft
远期汇票 time draft, usance draft
出票 draw, issue
委托收款背书 endorsement for collection
空白背书 blank endorsement
提示 present, make presentation
主债务人 primary debtor
付款 pay, make payment
拒付 dishonour
追索 exercise recourse

背书人 endorser
承兑人 acceptor
担当付款人 domiciled payer
小写金额 amount in figures
银行汇票 banker's draft
跟单汇票 documentary draft
即期汇票 sight draft, demand draft
贴现 discount
背书 endorse, endorsement
质押背书 endorsement for pledge
不可追索 without recourse
承兑 accept, make acceptance
从债务人 secondary debtor
宽限期 days of grace
拒绝证书 protest
保证 guarantee

知识链接

赵新华. 票据法问题研究. 北京：法律出版社，2007.
于莹. 票据法. 北京：高等教育出版社，2008.
苏宗祥，徐捷. 国际结算. 5 版. 北京：中国金融出版社，2010.
卓乃坚. 国际贸易支付与结算及其单证实务. 2 版. 上海：东华大学出版社，2011.

习 题

1. 简答题

(1) 简述商业汇票和银行汇票在国际贸易支付与结算中的作用。
(2) 简述汇票背书的类型和作用。
(3) A 公司在将汇票背书转让给 B 公司时，注明"not negotiable"。B 公司事后又将汇票背书给 C 公司。如果 C 公司遭拒付，他可以向谁追索？

2. 判断题

(1) 按《英国票据法》，汇票的大小写金额必须一致(   )。
(2) 收到的任何国外汇票，如没有"Bill of Exchange"或类似的关于是"汇票"的表述，都属于无效汇票(   )。
(3) 按我国《票据法》，承兑汇票时如附加了条件，构成拒绝承兑(   )。

(4) 按我国《票据法》，对汇票背书时如附加了条件，背书无效(　　)。

(5) 按我国《票据法》，对汇票保证时如附加了条件，保证不能生效(　　)。

(6) 式样 2.2 所示的银行汇票是远期汇票，票期为一年(　　)。

(7) 只要被拒付，持票人就可以向前手实施追索(　　)。

(8) 出票条款说明了汇票出具的基础原因，但不具备票据法下的效力(　　)。

第 3 章

本票和支票

本章教学要点

知识要点	掌握程度	相关知识
本票	了解	本票的记载，本票和汇票的比较
支票	了解	支票的记载、划线/未划线支票、支票和汇票的区别、止付

本章技能要点

技能要点	掌握程度	相关知识
本票识别	了解	本票的记载
支票识别	了解	普通划线支票，特殊划线支票

■ 导入案例

国内 A 公司接到一个美国新客户的订单。客户要求用支票支付货款，出口方收到支票后立即将货物空运，并要求空运单的收货人做成该客户。考虑到公司近来订单不多，现涉及总金额也只有1万多美元，A 公司与该客户建立了合同，并在收到客户出具的纽约花旗银行为付款行的支票后即把货物发出，同时委托本地的中国银行收款。数天后该银行告知，客户已经要求付款行止付，而 A 公司还得知货物运抵美国后早已被该客户提走。对此，A 公司应该做什么反思呢？(在以后章节的学习中，请关注货物通过航空运输发运可能带来的问题。)

第一节 本 票

一、本票的定义

本票在英文中一般被称为"promissory note"。我国《票据法》第73规定："本票是出票人签发的承诺自己在见票时无条件支付确定的金额给收款人或者持票人的票据。本法所称本票，是指银行本票。"因此，我国《票据法》中实际只规定了即期银行本票。

《英国票据法》对本票的定义是："A promissory note is an unconditional promise in writing made by one person(the maker)to another(the payee or the holder)signed by the maker engaging to pay on demand or at a fixed or determinable future time a sum certain in money to or to the order of a specified person or bearer."因此，按照《英国票据法》，本票可以是即期的，也可以是远期的，并且出票人并未限定是银行。

《日内瓦统一法》未对本票直接定义，但是根据该法的条文，本票可以有即期或远期的，出票人也未限定是银行。银行本票有的冠名为"Cashier's Order"，"Money Order"也是英国和美国常见的一种本票，通常由银行或邮政部门出具。(参见式样3.1)

二、本票的必要项目

1. 必须记载事项

按我国《票据法》及《日内瓦统一法》，本票上必须表明"本票"或类似字样；表明是无条件支付的承诺；记载确定的金额、收款人名称和出票日期，并须有出票人签章。《英国票据法》未规定本票上必须表明其为本票。

2. 相对应记载事项

本票上相对应记载事项为付款地和出票地。如果本票上未记载付款地或出票地的，出票人的营业场所为付款地或出票地。《日内瓦统一法》和《英国票据法》允许有远期本票，按这两部法律，如果本票未记载付款期限的，应视为即期本票。

三、本票和汇票的区别

本票和汇票相比，有以下几点不同：

(1) 本票是一种无条件支付的书面承诺，而汇票是一种无条件支付的书面委托。

(2) 本票的付款人就是出票人(maker)自己，因此，本票实际只有两个基本当事人。虽然汇票允许做成对己汇票，但是，汇票一般都有3个基本当事人。

(3) 本票的出票人即付款人，始终是主债务人。即期汇票的出票人也始终是主债务人，但远期汇票的出票人在出票时是主债务人，但如果汇票被承兑，承兑人即成为主债务人，出票人成为从债务人。可见，即使是和本票相似的对己汇票，它的付款人并不必然是汇票的债务人。

(4) 由于本票本身就是出票人的无条件支付的承诺，因此，即使按国外法律允许使用远期本票，本票也无须承兑，而远期汇票一般需要先承兑。

(5) 本票一般只出具一张正本，银行汇票一般也只出具一张正本，但我国公司出具的商业汇票一般为两联正本，以方便债权人或委托收款的银行分批寄单索偿。

第二节　支　　票

一、支票的定义

我国《票据法》对支票的定义为："支票是出票人签发的，委托办理支票存款业务的银行或者其他金融机构在见票时无条件支付确定的金额给收款人或者持票人的票据。" 1957年补充的《英国票据法》中关于支票的规定将支票定义为："……以银行为付款人之见票即付汇票。"《日内瓦统一法》中关于支票的统一法规也指出："……支票必须对持有出票人存款的银行发出……限于见票即付……"。因此可见，支票的付款人应该是(出票人存款)银行，支票都是即期的。

在支票使用中，有出票人将支票的出票日记载为将来的某一日(post-dated cheque)，以期达到"远期"的效果。虽然在实践中，银行会拒付出票日未到的支票，但《票据法》对这种做法并没有做出规定。

二、支票的必要项目

1. 必须记载事项

按我国《票据法》及《日内瓦统一法》，支票上必须表明"支票"或类似字样，并表明为无条件支付的委托。支票上必须记载确定的金额、付款人名称和出票日期。支票上还必须有出票人签章。支票上的金额允许出票时暂不记载，由持票人在提示付款前按出票人授权补记。这就是俗称的"空白支票"。

2. 相对应记载事项

支票上相对应该记载的事项为付款地、出票地以及收款人名称。支票未记载付款地的，付款人的营业场所为付款地；支票未记载出票地的，出票人的营业场所、住所或者经常居住地为出票地；支票上未记载收款人的，经出票人授权可以补记，但补记前不得背书转让。出票人也可以在支票上记载自己为收款人。

三、支票出票人和付款人的票据责任

1. 出票人的责任

出票人出票并在支票上签字，表明他向持票人做出了付款担保。出票人不得开立空头支票(kite cheque)，支票上的签章必须与他申领支票本时在银行预留的签章样本相符。

2. 付款银行的责任

如持票人在提示期限内提示，付款行应该核对出票人签章；如果有背书，则还应该检查背书是否连续；如不是空头支票，除非付款行事先已收到出票人的破产通告，否则应于提示当日按支票记载足额付款或按要求划账。

四、支票的提示期

按我国《票据法》，同城使用的支票应该在出票日起 10 日内提示，异地使用的支票按中国人民银行另行做出的规定期限提示。按《日内瓦统一法》，出票和付款在同一国家的应该在出票日起 8 日内提示；出票和付款在不同国家但在同一洲的，应该在出票日起 20 日内提示；出票和付款在不同国家且又不同在一洲的，应该在出票日起 70 日内提示。按《英国票据法》，支票应该在"合理时限"内提示，不过，出票日后 6 个月的支票在英国通常会被认为是"过时支票"(out-of-date cheque)而遭拒付。

五、支票的种类

根据支票的付款方式，按我国《票据法》，支票可以分为普通支票、现金支票和转账支票。现金支票上印有"现金"字样，只能用于支取现金；转账支票上印有"转账"字样，只能用于转账；支票上未印有"现金"或"转账"字样的为普通支票，普通支票可以用于支取现金，也可以用于转账。在普通支票左上角划两条平行线的，为划线支票，划线支票只能用于转账，不得支取现金。

按国际上的习惯做法，支票可以分为划线支票(crossed cheque)和未划线支票(uncrossed cheque)(参见式样 3.2，3.3)。未划线支票可由持票人直接提款，划线支票只能通过银行入账。未划线支票可以通过在其正面加划两道平行线的方法做成划线支票。划线支票可以分为普通划线支票(general crossed cheque)和特殊划线支票(special crossed cheque)。普通划线支票的两道平行线间可以不做加注，或可以加注"& Co.","Account Payee","not negotiable"，或"not negotiable & Co."，收款人可以委托任何银行向付款行收取款项；特殊划线支票的两道平行线间需加注收款银行名称，它只能通过划线间指定的银行向付款行收款。有的国外银行提供已经印就划线的支票本(参见式样 3.2)，出票人可以按需要在划线内加注。使用这样的支票本，出票人可以将"cash"作为收款人记载，并在印就的划线内加注"pay cash"同时签字证实，向银行提取现金。

由银行分行间或分行和总行间分别作为出票人和付款人的支票被称为"banker's cheque"，有人将其等同为"banker's draft"。当然，票据法对支票和汇票记载或行为的不同规定，应该对被称为"cheque"和"draft"的票据产生不同的影响。

第3章 本票和支票

六、支票的止付

支票止付(countermand of payment)实际是出票人撤销其对支票担保和授权的行为。《英国票据法》允许出票人通知付款银行对支票止付，但《日内瓦统一法》禁止在有效期内止付支票。我国《票据法》仅允许出票人或持票人在支票挂失后，要求付款银行暂停支付支票，然后通过向法院申请公示催告或提请诉讼来实施最终止付。

值得注意的是，有的国家允许付款行对划线支票付款后，出票人有约7至10日的退票期，因此，收款人只有过了退票期才算真正收到款项。比如，英国银行家协会(British Banker's Association)等组织曾制定的商业银行操作规则(The Business Banking Code)就规定，支票的清算通常需要在见票后6个银行工作日(见票后翌日起第6日)内完成。虽然收到支票日(见票日)翌日起第二天，银行即从出票人账上划款并开始计息，但在见票后6日的期限未过，支票仍可能遭退票(bounce)，款项仍可以从收款人账上扣回。

七、支票和汇票的区别

支票和汇票的主要区别如下：

(1) 汇票的付款人理应是他与出票人间的基础合同下的债务人，支票的付款人则必须是出票人的支票账户开户行。

(2) 汇票可以有远期汇票和即期汇票，而支票只有即期付款的。

(3) 远期汇票被承兑后，承兑人即成为主债务人，出票人成为从债务人；而支票因为只有即期的，没有承兑，所以支票的出票人始终是主债务人。

第2章关于票据法对背书、付款、追索等汇票行为的规定，除以上提及的外，也适用于本票和支票。需要注意的是，国际贸易中如果不得不涉及使用本票或者支票来支付款项，由于本票的出票人或支票的付款银行通常和收款人不在同一国家，收款人往往需要委托自己的往来银行去收取款项，这无疑需要较长的一段时间。收款人有必要留心是否存在假票、伪造或变造过的本票或支票，也有必要关注支票可能出现的止付退票。当出票人是工商企业，收款人更应该关注企业信誉和信用。如果是货款结算，如有必要，出口人应该设法控制好物权。

```
            XYZ INTERNATIONAL BANK, LTD.
               18 Park Street, Singapore
                   CASHIER'S ORDER
                              Singapore, AUG. 28, 2014
Pay to the order of    ABC CO. LTD, SINGAPORE
    The sum of   US DOLLARS EIGHTY THOUSAND AND EIGHT HUNDRED ONLY

  USD 80,800.00          For XYZ International Bank, Ltd.
                         Manager    S.F. Chapline
```

式样3.1 银行本票

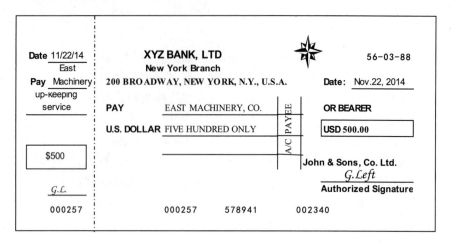

式样3.2 划线支票

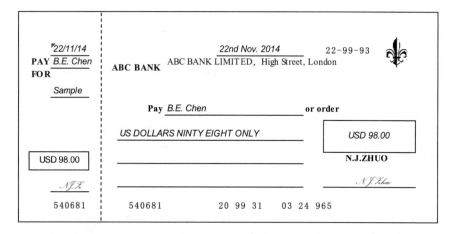

式样3.3 未划线支票

本章小结

本章介绍了国际贸易结算中可能涉及的另外两种票据——本票和支票，介绍了它们的记载以及它们和汇票的区别。国际贸易结算中，由于本票和支票的付款地通常与收款人所在地不在同一国，票据的伪造、变造以及支票的止付等问题需要收款人加以关注。

关键术语

本票 promissory note　　　　　　　　支票 cheque

空头支票 kite cheque　　　　　　　　过时支票 out-of-date cheque

划线支票 crossed cheque　　　　　　　未划线支票 uncrossed cheque

普通划线支票 general crossed cheque　　特殊划线支票 special crossed cheque

支票止付 countermand of payment　　　退票 bounce

(本票)出票人 maker

知识链接

赵新华. 票据法问题研究. 北京：法律出版社，2007.
于莹. 票据法. 北京：高等教育出版社，2008.
苏宗祥，徐捷. 国际结算. 5 版. 北京：中国金融出版社，2010.
卓乃坚. 国际贸易支付与结算及其单证实务. 2 版. 上海：东华大学出版社，2011.

习　　题

1. 简答题

(1) 如果国际贸易的货款用本票或支票支付，出口人需要注意什么问题？
(2) 简述本票和汇票以及支票和汇票的区别。

2. 判断题

(1) 如果是国外的远期本票，受让人受让前最好要求前手先向付款人提请承兑(　　)。
(2) 对出口方来说，买方以其出具的，并以某知名大银行为付款人的支票来支付货款要比以无名小银行为付款人的支票有保障(　　)。
(3) 本票和支票的出票人在基础合同出现缺陷时都可以对持票人实施止付(　　)。
(4) 划线支票只能够转账，未划线支票只能提取现金(　　)。
(5) 通常，本票或支票的收款人可以通过背书的方式转让对票据的权利(　　)。
(6) 出票时尚未注明大小写金额的支票被称为"空头支票"(　　)。
(7) 我国《票据法》只规定了即期银行本票(　　)。
(8) 收到国外商户寄来用以支付款项的商业远期本票应该退回，因为我国《票据法》没有商业远期本票的规定(　　)。

第二部分

国际贸易结算方式

　　显然，这一部分是本书的重点之一。不同的结算方式对贸易当事人的风险、费用和资金占用情况都不一样。当然，对于贸易当事人，在建立合同时就应该充分考虑这些问题。在结算过程中，贸易当事人以及参与结算的银行需时时关注结算中的每个细节，包括国内相关外汇管理政策的调整和国际相应国际惯例的约束。各方当事人的业务能力对于自己所服务的公司、机构或银行的利益至关重要。

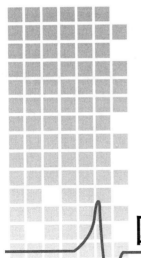

第 4 章 国际贸易结算概述

本章教学要点

知识要点	掌握程度	相关知识
银行间清算系统	了解	SWIFT、CHAPS、CHIPS、TARGET
银行间资金划拨	了解	代理行、账户行、共同账户行、碰头行

本章技能要点

技能要点	掌握程度	相关知识
SWIFT 电文格式(1)	了解	MT103、MT202、MT205、MT900、MT901
SWIFT 电文格式(2)	掌握	MT700、MT701、MT705、MT707

导入案例

国内 A 公司和中东某国客户 B 达成交易。按约定，A 公司业务员到开户银行办理向客户 B 汇付 5 000 美元。收款银行为客户指定的该国某银行 C。A 公司业务员发现，涉及汇款费用大大高于预算。由于买卖双方事先已约定，汇付费用由 A 公司承担，公司收益会受到一定影响。从开户银行提供的汇款线路图发现，国内银行要经在美国纽约的 D 银行划款给德国法兰克福的 E 银行，再由 E 银行贷记 C 银行在 E 银行的账户，然后 C 行再划款给 B。后得知，D 行是 E 行的美元账户行，E 行是 C 行的美元账户行，银行担心该中东国家会被列入美国政府制裁清单，故不得不绕个圈子。并且，银行在发往 D 行的"调头寸"电文中还避免提及 B 和 C 的所在国，以免资金可能会遭冻结。

第一节 国际贸易结算的基本概念

不同国家之间发生的货币收付业务叫国际结算，而发生在国际贸易方面的结算即为国际贸易结算。国际贸易结算是国际结算中最重要的组成部分，它所涉及的对象主要有支付手段、结算方式和主要以银行为中心的划拨清算。因此，处于不同国家的国际贸易当事人之间，因债权债务而产生的货币收付结算方式以及结算的时间、依据、地点和信用等是国际贸易结算所关注的内容，其中时间和信用是最主要的条件。资金在银行间的划拨路线和方式也是应该关注的问题，因为它将影响国际贸易结算的效率和费用。

最原始的交易结算方式是在交易发生的地点和成交的同时，交易者之间直接以货易货。随着金银以及后来货币的出现，贸易转而用它们来结算。随着物权单据的出现以及贸易术语的国际惯例的完善，国际贸易中的交货方式大量采用了象征性交货，并且由于贸易支付结算方式中跟单信用证和跟单托收的广泛应用，结算单据的重要性日益被人们认识。在结算工具方面，金融票据的产生和票据立法的不断完善使票据成为国际贸易的重要结算工具。随着金融电算化和电子货币的出现，作为普通买卖交易支付工具的现金也将逐渐退出流通领域。随着银行业的发展，贸易双方一般不再直接进行交易支付和结算。银行以其良好的信誉和雄厚的财力成为买卖双方所信赖的中介。银行间遍布全球的分行、代理行和账户行，大大方便了国际贸易中产生的跨国资金划拨。银行间采用的国际财务电讯系统的完善，大大提高了国际贸易结算的效率。因此，当代国际贸易支付一般通过银行完成结算。另外，随着计算机及网络技术的普及，以及电子商务的发展，EDI 技术将进一步进入国际贸易以及贸易结算领域。为此，许多国际惯例作了相应的修改或增补。相信在不久的将来，这些技术的发展和应用将给国际贸易结算带来巨大的变革。

应该注意的是，银行卡的使用，国际互联网下催生的提供支付结算服务的各种第三方支付平台不断涌现以及国际快速汇款公司逐步进入中国市场等，正冲击着传统的银行间个人外汇付款业务。但对于国际贸易而言，由于受当前国家外汇管理制度、出口退税制度等的约束，国际贸易货款的结算一般仍然通过银行实施。

还应该注意的是，随着金融电子化、网络化迅猛发展的冲击，随着相关的国际惯例、法律法规的不断完善，随着国际贸易发展的实务需要，新型贸易结算方式正在"孕育"，它们必将对传统的汇付、托收和信用证结算方式带来影响，或促其变革。其中最值得关注的应该是"银行付款承诺"(Bank Payment Obligation, BPO)。这最初是由下文将提及的 SWIFT 组织为促进供应链融资而研发并推出的一种新型的贸易金融工具：承诺行(obligor bank)通过 SWIFT 的"贸易服务设施"(Trade Service Utility, TSU)电子平台，向接收行(recipient bank)做出独立的，不可撤销的即时或延期付款承诺。一旦接收行发出的电子信息通过 TSU 与双方约定的基础信息(baseline)匹配，或虽不匹配但承诺行愿意接受，承诺行即按约定付款。因此就贸易而言，买卖双方可以通过自己的银行，利用 BPO 完成赊账(Open Account, O/A)交易，使得买方获得融通，卖方获得保障，而电子数据匹配技术又使得贸易结算更为快捷，成本更低。2011 年 9 月国际商会和 SWIFT 组织正式签署了合作协议，2013 年 4 月国际商会银行委员会在里斯本会议上通过了《BPO 统一规则》(Uniform Rules for Bank Payment Obligations，URBPO)。该规则于同年 7 月正式实施，对 BPO 的操作进行了很好的规范。随着 ISO 20022 新的信息传递标准建立和 URBPO 的实施，通过和 TSU 平台对接，全球不少银行正纷纷加入采用 BPO 的行列。BPO 在我国仅处于起步的初级阶段，采用 BPO 对我国银行和企业来说虽然存在一定的风险和不利，但也存在相当的有利之处，因此它的发展非常值得关注。

需要指出的是，随着我国外汇管理制度的逐步放开，出口退税制度的完善，及我国建立人民币清算关系的国家或地区不断增加，随着人民币成为普遍接受的结算货币，上海自由贸易区的试水并逐步推进且走向成功，国内的相关法律和法规一定会更加完善和成熟，我国的国际贸易结算体系也一定会更多元化、更健全和更完善。

第二节 国际银行间清算系统

国际结算业务上，某种货币的最终清算都需要在该货币的发行国完成。银行间一般通过清算系统实施资金清算。影响最大的清算系统是"环球银行间金融电讯协会"(Society for Worldwide Interbank Financial Telecommunication，SWIFT)。美国纽约的"交换所银行同业收付系统"(Clearing House Interbank Payment System，CHIPS，又译作为"纽约银行同业电子清算系统")可以方便各国银行间的美元清算。除此之外，英国的"交换所银行自动收付系统"(Clearing House Automated Payment System，CHAPS)和欧元区的"泛欧自动实时总额清算系统"(Trans-europe Automated Real-time Gross Settlement Express Transfer，TARGET)也有相当的影响力。当然，如今这些系统提供的服务已不仅仅局限于货币清算和资金划拨。

一、SWIFT 简介

环球银行间金融电讯协会创建于 1977 年，总部位于比利时的布鲁塞尔。严格说，SWIFT 只是一个可以在两个金融机构间传送金融电文的载体或平台，它并不为客户存储资金，管理账户。通过设在各地区的数据转换中心，SWIFT 为其成员提供资金划拨、汇款结算以及信用证传递等网络服务。截至 2014 年 6 月，约有 215 个国家和地区的 10 500 家以上银行、证券等机构利用该系统传递金融电讯。2014 年 6 月，该系统的月电文交换量达 468 638 551 手，日均交换量 22 860 417 手。2014 年 1 至 6 月，日均交换量 22 184 767 手。系统 2014 年 4 月 30 日的日交换量达 24 325 166 手，为前 6 个月峰值。

可以说，SWIFT 系统网络是影响力最大的国际银行间清算网络，SWIFT 成员一般都拥有机构识别代码(Business Identifier Code，BIC)，该代码由机构、国家和地区、城市和分行几部分构成，可以在 SWIFT 电文中使用。在 SWIFT 的官方网站上，通过 BIC Search，很容易查找具名银行的 BIC 代码，或查询已知 BIC 代码对应的具体银行的名称和地址。需要注意的是，使用 SWIFT 系统必须严格按照 SWIFT 手册操作，否则，将会被系统自动拒绝。SWIFT 手册给出了各种电文的规范格式，其中常用的格式有：MT103 用于为单笔客户汇款(即发出 Payment Order，P.O.，银行为非金融业客户间汇付划拨用的"支付授权书")。MT202 和 MT205 用于银行间资金划拨(俗称"调头寸"，即发出 Bank Transfer，B.T.，即银行间资金划拨用的"银行划账拨单")，其中 MT202 可用于跨国银行间资金划拨，MT205 用于同一国家内银行间的资金划拨。MT700 和 MT701 用于开立信用证(其中 MT701 格式在信用证电文较长的时候配合 MT700 应用)，MT707 用于修改信用证。MT900 和 MT910 分别用于发借记报单和贷记报单等。这些 SWIFT 格式的详细代号和格式要求可参见附录1。

值得注意的是，为了增加划款透明度和适应国际间反洗钱需要，SWIFT 组织开发了 MT202cov 和 MT205cov 电文格式，它们是在 MT202 和 MT205 格式的基础上加上 MT103 的 50a、59a 域两个必选项和 33B、52a、56a、57a、70、72 域六个可选项作为电文第二部分，专门用于为实施 MT103 客户汇款的银行间资金划拨。

SWIFT 系统的使用非常安全可靠。每一则电讯都由 SWIFT 系统自动做出发妥或未发妥证实。对于未发妥的电文，系统会出具原因分析报告。该系统还能够自动存储信息，自动编押或核押，自动进行电文分类，并可以进行电文密码处理等。另外，SWIFT 线路速度为普通电传的 48~192 倍，费用却比普通电传低，所以该系统非常快捷、高效和安全。

二、CHIPS 简介

CHIPS 属纽约清算所协会所有并由其经营。由于凡涉及美元的清算，最终都要在美国完成，故它是国际清算中的一个非常重要的系统。可能由于欧元体系的建立，美元在国际贸易中的地位受到一定的影响，CHIPS 成员数从二十世纪八九十年代的 100 多家减少到 2014 年的 51 家。中国银行、交通银行、中国建设银行、招商银行、中信银行和中国工商银行都是 CHIPS 的成员。受金融危机影响，2009 年 CHIPS 年交易金额曾比 2008 年下降了 7.8%，但随着后来美国宽松的货币政策推出以及经济的部分复苏，交易量和金额都在回升。2014 年 1 至 6 月，该系统的日均清算/结算金额达 1.57 万亿美元，日均交易量为 424 943 手。

CHIPS 系统为每个客户编制了六位数代码，即，"Universal Identification Number"，简称 UID，以方便系统自动处理收付款项。在 CHIPS 官方网站的 UID SEARCH 下可以通过 UID 代码查询银行的名称和它的 SWIFT 系统的 BIC 代码，也可以通过 SWIFT 的 BIC 代码查询银行的相应 UID 代码。CHIPS 电文中还常涉及"美国银行协会号码"(American Bankers Association Number，简称 ABA No.)。以上号码齐全的电文被称为"qualified payment"，享受优惠的使用费率。发送电文时，如果没有借记方或贷记方的 UID 号码，可以使用其在 CHIPS 成员银行的账号或其 SWIFT 银行识别代码。

为了有效地管理该系统，CHIPS 专门制定了约束规则和管理规程"CHIPS Rules and

Administrative Procedures",并且根据需要不定期更新,目前最新版本为 2013 年 3 月版。该规则和规程对适用的法律、成员的所在地、网络接口和主机及备份电脑设施要求、提交、存储、发出和接收支付电文及电文格式、成员的预付余额账户、起始资金头寸,以及结算程序和管理规程等作了详细的规定。

CHIPS 只进行纽约同城清算。在纽约以外的其他城市的收付清算,需要通过美联储系统(Federal Reserve's Wire Transfer System,简称 FEDWIRE)进行。

三、CHAPS 和 TARGET2 等简介

CHAPS 是 1984 年在伦敦建立的电子收付系统,它也是世界上最大的实时总额清算(real-time gross settlement(RTGS))系统之一。CHAPS 采用双重清算体制,一般商业银行先通过在 CHAPS 系统成员的清算银行账户进行清算,然后在每天营业结束时,再由英格兰银行和成员清算银行间进行清算。2014 年为 CHAPS 的直接成员有 21 家银行,约有 5 000 家非直接成员利用代理协议,通过 CHAPS 直接成员清算。CHAPS 为大额英镑清算提供了快速和安全的服务,2014 年 6 月的处理量达三百万手,涉及金额约 5.7 万亿英镑。日均处理量 143 732 手,日均处理金额 2 740 亿英镑。CHAPS 还可以通过欧洲其他的实时总额清算系统连接来完成欧元清算。因此,它实际上是前身为 TARGET 的 TARGET2 外的第二大跨国欧元清算系统。

TARGET 是 1999 年启用的欧元清算系统。它是在欧元启用后,欧盟为了加强欧元支付体系的竞争力,通过将欧元区各国及丹麦、瑞典和英国等国央行下的实时总额清算系统连接而建立。该系统极大地方便了欧元区金融市场内国与国之间的大额清算。欧洲中央银行(European Central Bank,ECB)曾规定,欧元区内所有货币市场的交易必须通过该系统进行。尽管 TARGET 对贯彻欧元区货币政策,促进欧元区货币市场的整合,降低支付系统风险发挥了很大作用,但由于它是通过连接各国当时已有的实时总额清算系统而成,所以存在一些技术设计上的不协调。欧洲中央银行于 2002 年 10 月起开始着手建立第二代 TARGET 系统,即 TARGET2,该系统于 2007 年 11 月 19 日启用。从 2008 年 5 月 16 日起,TARGET 停止运行。由意大利银行、法兰西银行和德国联邦银行推动建立的 TARGET2 下的单笔共享平台(Single Shared Platform,SSP)提供了多种支付和清算模块,大大方便了各国央行实施国内款项清算和跨国款项清算。值得注意的是,为了满足系统和成员间通讯的标准化,TARGET2 利用了 SWIFT 标准和网络系统。

除了上述系统外,欧元银行协会(Euro banking Association,EBA)下的 EBA Clearing 也为欧洲地区银行提供欧元支付和清算平台。该系统也使用 SWIFT 网络系统,拥有 200 多家银行或组织成员,中国银行是该协会非用户成员。

第三节　银行间的资金划拨

国际贸易结算过程中银行需要根据商业客户要求将款项汇付给指定的公司,银行也需要根据业务需要进行偿付以及资金融通等,这将涉及银行间的资金划拨。要实现跨国银行间的资金划拨,银行必须使用其在海外的分支机构、代理行或账户行等银行。

一、代理银行及账户代理行

相互建有代理关系的银行称为代理行,通常也叫做往来行(correspondent bank)。代理行间应订有代理协议,详细规定双方间的款项划拨和清偿方法、融资便利的安排、相互代理业务的种类等,双方还应该交换控制文件(control documents),其中包括授权人印签样本、电讯密押规则和费率表等。印签样本是银行识别他行邮寄信函、文件及票据真伪的一种重要工具。除了传统的印章或签名外,如今银行还普遍使用数字签名,以加强文件或票据运转的安全性。密押则是银行间电讯业务往来时用以核实电讯件真实性的重要工具。每笔业务的密押是唯一的,接收方银行按双方银行约定的方法和相关的数据计算,只要计算结果和电文中的密押一致,即可认定电文的真实性,而电文发出方不得予以否认。如果两家银行间没有往来关系,又不是分行间或分行和总行的交往,那么它们之间将没有双方的控制文件。因此,它们可能不得不通过自己的总行查询,或通过和双方都有往来关系的银行转递指示,以此来保证安全。当然,由于 SWIFT 系统能够自动加押并自动核押,SWIFT 成员之间即使没有代理关系,仍可以通过 SWIFT 系统进行电文交换。

应该指出,银行间建立代理关系有利于银行间清算,方便资金划拨,同时由于存在双方间的往来关系,在处理银行业务问题方面可以获得良好的合作。如果双方还相互开有往来账户,它们将被称为账户代理行,通过代理协议允许的账户透支额度,资金融通方面会更加便利。

二、资金划拨方式

银行是通过账户来进行资金划拨的。如果某银行在另一家银行开立账户,则另一家银行即称为该行的账户行。外汇银行通常都在各国货币清算中心地的往来银行开立账户以便对该国货币清算。如果两家银行都在某银行开立了账户,该银行即为这两个银行的共同账户行。通常对某银行而言,它称自己在其他银行开立的账户称为往账(Nostro Account,或 our account);它称其他银行在它那里开立的账户称为来账(Vostro Account,或 your account)。在发出的资金划拨电文中可以看到这两个词被大量应用,如:

"You are authorized to debit the sum of …to our account with you." 或,

"In cover, we have credited the sum of …to your account with us." 或,

"In cover, we have instructed … Bank to debit our account and credit your account with them." 等。

因此,双方有账户关系的银行间进行资金划拨,可以通过账户直接入账或出账。如果汇出行和汇入行为账户代理行,汇出行可以授权汇入行借记它在汇入行的往账,并要求借记后向它发借记报单(debit note);汇出行也可以贷记汇入行在它那里的来账,然后向汇入行发出贷记报单(credit note)。

如果汇出行和汇入行间没有往来账户但存在共同账户行,汇出行可授权共同账户行借记它在共同账户行的账户并向它发借记报单,然后将款项贷记汇入行在该共同账户行的账户并向汇入行发出贷记报单。

如果汇出行和汇入行间既无往来账户,又无共同账户行,汇出行可以通过和汇入行双方的账户行间的共同账户行进行款项划拨。这个共同账户行俗称为"碰头行"。有时可能需

要经过账户行的账户行才能找到碰头行，不过应该理解，划款线路越长，涉及银行越多，资金划拨的时间就越长，费用可能就越高。设计划款路线时，银行可能会过多考虑自己系统内因素，比如，一味通过自己的分行/总行来划款。贸易商也可能会过多考虑便利因素，比如，一味要求使用自己约定的银行划款。虽然这些考虑不无道理，但是否属于最佳路线，贸易商还应该好好权衡。他(包括提供服务的银行)还得关注，如果贸易对手或其所在国正受他国政府制裁，参与结算的银行不应该是在制裁国的代理行或账户行。

不得不指出的是，我国目前仍实行比较严格的结售汇外汇管理制度，比如，《中华人民共和国外汇管理条例》第七条规定，"经营外汇业务的金融机构应当按照国务院外汇管理部门的规定为客户开立外汇账户，并通过外汇账户办理外汇业务。经营外汇业务的金融机构应当依法向外汇管理机关报送客户的外汇收支及账户变动情况"。因此，后续章节提及的各种结算业务中，外贸企业一般都需要在为它们提供外汇结算服务的银行开立外汇账户。国家有关机构会根据国家有关宏观经济、金融等具体形势要求，调整有关政策和法规。因此，在国际贸易结算中，不管是银行界还是贸易界的相关人士有必要时时关注国家外汇管理局，中国人民银行等机构颁布的有关信息。

本章小结

本章介绍了国际贸易结算的基本概念，常用的银行间结算清算系统以及银行间资金划拨的基本方式。SWIFT是一个非常重要的系统，它的常用电文格式，尤其是开立信用证的MT700和MT701是学习国际贸易结算的人员需要认真掌握的。

关键术语

结算 settlement
清算 clearing
环球银行间金融电讯协会 Society for Worldwide Interbank Financial Telecommunication，SWIFT
(纽约)交换所银行同业收付系统 Clearing House Interbank Payment System，CHIPS
(伦敦)交换所银行自动收付系统 Clearing House Automated Payment System，CHAPS
泛欧自动实时总额清算系统 Trans-europe Automated Real-time Gross settlement Express Transfer，TARGET
机构识别代码 Business Identifier Code，BIC
通用识别编号 Universal Identification Number，UID
美国银行协会号码 American Bankers Association Number，ABA No.
支付授权书 Payment Order，P.O.　　　　银行资金划拨 Bank Transfer，B.T.
美联储电讯划拨系统 Federal Reserve's Wire Transfer System，FEDWIRE
往来行 correspondent bank　　　　　　密押 test key
往账 Nostro Account, our account　　　来账 Vostro Account，your account
借记报单 debit note　　　　　　　　　贷记报单 credit note

知识链接

http://www.swift.com
http://www.chips.org

http://www.chapsco.co.uk/
http://www.ecb.int/paym/t2/html/index.en.html
http://www.abe-eba.eu/
http://www.ebaclearing.eu/
http://www.safe.gov.cn

苏宗祥，徐捷. 国际结算. 5版. 北京：中国金融出版社，2010.

卓乃坚. 国际贸易支付与结算及其单证实务. 2版. 上海：东华大学出版社，2011.

习 题

1．简答题

(1) 简述银行间没有账户关系时，资金如何划转。

(2) 简述银行如何识别收到的他行指示的真伪。

(3) 仔细观察附录1所附的SWIFT电文格式标准，简述什么情况下使用MT701格式？MT700和MT701有哪些可能的组合？

2．判断题

(1) SWIFT电文中日期141012指的是2014年10月12日(　　)。

(2) MT700格式中代号31C(信用证开证日期)是必要项目(　　)。

(3) 发出MT700电文的银行通常就是开证行(　　)。

(4) 按MT700格式，信用证下不一定涉及汇票(　　)。

(5) 按MT700格式，信用证必须要有单据条款(Documents Required)(　　)。

(6) 任何货币的最终清算都得在该货币的发行国完成(　　)。

(7) 对于出口人来说，通常货款划拨涉及银行越少，收款时间和费用就可能越少(　　)。

(8) 控制文件是往来行之间识别往来电文或信件真伪的重要工具(　　)。

实际操作训练

1．登录SWIFT官方网站，查询以下信息：

(1) 中国银行上海分行、中国农业银行北京总行的BIC代码；

(2) PUSBKR2PXXX，BOTKJPJTOSA是哪两家银行？

(3) 本年度SWIFT关于开立信用证的电文格式MT700和MT701的标准是否有更新？

2．登录国家外汇管理局网站，查询国家有哪些现行的关于国际贸易结售汇的政策和法规？如感兴趣，不妨抽空阅读一下。

第 5 章

汇付和托收

本章教学要点

知识要点	掌握程度	相关知识
汇付	掌握	电汇、信汇、票汇
托收	掌握	光票/跟单托收、即期/远期付款交单、承兑交单、URC522

本章技能要点

技能要点	掌握程度	相关知识
跟单托收申请书和托收委托书缮制	掌握	URC522、常见商业单据名称、合同支付条款

导入案例

国内 A 出口公司和中亚某国新客户 B 建立的合同规定，货物由国际铁路联运方式发运，支付方式是 D/P AT 45 DAYS SIGHT。A 公司按合同规定发货后，制备好汇票、发票和装箱单，连同铁路局签发的国际铁路联运单一起，委托银行 C 托收。后因寄单邮程上的问题，C 行寄出的单据丢失。货运抵目的地后被 B 凭当地铁路局的到货通知提走，以后 B 销声匿迹。A 公司是否可以追究 C 行的责任？对此，A 公司应该汲取什么教训？

第一节 汇 付

国际贸易结算中，汇付(remittance)是指银行应其所在国的客户(汇款人)的要求，通过银行网络系统将款项划拨给指定的国外客户(收款人)的结算方式。

一、当事人及业务流程

汇付业务中有四个当事人，即汇款人(remitter，要求把款项汇出的人)、汇出行(remitting bank，汇款人所在地实施汇款的银行)、汇入行(receiving bank，通常为汇出行的往来行，又称解付行，paying bank)以及收款人(payee，又称受益人 beneficiary)。

汇付有三种方式：信汇(Mail Transfer，M/T)、电汇(Telegraphic Transfer，T/T)和票汇(Remittance by Banker's Demand Draft，D/D)，它们的业务流程如图 5.1 和 5.2 所示。

应该注意的是，尽管沿用至今的电汇名称中含"Telegraphic"(电报的)，实际电报已经极少被使用，有的国家甚至已经对公众取消了电报服务。在美国，人们对电汇还使用"wire-transfer"一词，那是因为晚期的电报系统都已经采用了电缆(wire 或 cable)形式传递报文。尽管如此称呼，美国实际是最早取消电报服务的国家之一。因此，如今电汇中使用的传递信息手段通常是电传，或更多见的是通过 SWIFT 系统。传真不能用在这种场合，因为一来它较难证实，二来传真正本难以较长期的存档。

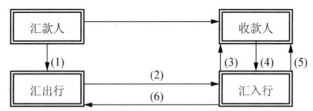

(1) 申请、缴款缴费；(2) 发出付款授权书；(3) 通知；(4) 表明身份，出具收据；(5) 验明收款人身份后付款；(6) 发付讫通知。

图 5.1 信汇或电汇流程示意图

在信汇流程中，汇出行通常用航空邮寄方式发出付款授权书(Payment Order)；在电汇流程中，汇出行用电传方式发出付款授权书，也可以通过 SWIFT 系统的 MT103 格式发出指示。

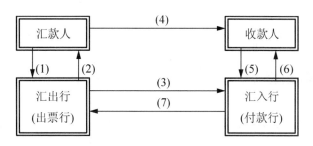

(1) 申请、缴款缴费；(2) 出具银行即期汇票；(3) 寄出汇票票根；(4) 寄出汇票；(5) 提示；(6) 验讫付款；(7) 发付讫通知。

图 5.2　票汇流程示意图

票汇方式下，出票行出票后一般要将票根寄给付款行。如果涉及金额较大，出票行应该向付款行发出加押证实电文。汇票的收款人通常直接做成收款人，如果做成汇款人，那么在寄出汇票之前，收款人还必须按要求背书。

应该注意的是，在上述流程中，资金如何从汇出行流向汇入行取决于第四章第三节所述的银行间的账户关系，也就是说，有时这两家银行间有可能会涉及多家中间银行。比如，为了完成汇付操作，汇出行通常可能需要发出 MT202cov 等报文，根据代理行、账户行、共同账户行甚至碰头行等关系进行款项划拨。

我国是国际反洗钱组织(Financial Action Task Force on Money Laundering，FATF)成员，根据该组织关于防止恐怖分子融资的专门规定(FATF Special Recommendations on Terrorist Financing)第七条(FATF SRVII)，汇款行发出的电汇付款电文中需要如实记载汇款人的地址及账号(如有)，以便付款行加以审核和甄别。SWIFT 系统开发的 MT202cov 和 MT205cov 电文标准包含了汇款当事人的基础电文信息，就是为了增加银行间款项划拨的透明度。

在中国办理汇款申请时，汇款公司经办人(汇款人)除了需要填写汇款申请书，他可能需要按规定提交国家外汇管理局的有关对外付汇批文、进口付汇核销单等(如需)；如果涉及进口国家许可管制目录下的商品，汇款人一般还需要提交有关商务主管部门的批文；如果汇款人需要汇出行从公司本币账上扣款的，他需要填写并提交扣款授权书。当然，汇款人还有必要关注相关的即时汇率，因为这也会影响他的汇款成本。外汇汇出后，汇款人还需要按照国家的相关规定办理付汇核销手续。

如果汇款在中国解付，在银行一般只对收款公司办理入账。如果收款人为出口方，银行一般按国家规定，将收到的外汇按当日牌价折成本币记入出口人账上，这俗称"结汇"。出口人一般需要办理出口收汇核销，为此他应该持出口收汇核销单和汇款通知书到解付行办理相应的结算结汇手续。

如果收款人要求退汇，在信汇或电汇方式下，收款人应该向汇入行说明原因，银行查实同意后，退还原汇出行。票汇方式下，收款人可以自行将汇票寄回汇款人请其向出票行申请汇票注销。

如果汇款人要求退汇，在信汇或电汇方式下，汇款人应该通过汇出行通知汇入行撤销汇款。如果款项已经解付，可请汇入行接洽收款人处理，或如汇入行不愿办理，汇款人只能直接与收款人联系处理。在票汇方式下，如汇票尚未寄出，汇款人可以直接退票注销，但是如果汇票已经寄出，出票行为了自己的信用，不可能撤销汇票，此时，汇款人只能直接与收款人接洽处理。

另外我国银行一般规定，如果因电汇或信汇的收款人名称、账户及地址不清等原因而无法解付汇入款超过3个月的，银行将主动退汇。

二、采用汇付方式需要注意的问题

相对其他结算方式，在汇付方式下，银行无须处理单据，银行手续也比较简单，因此其费用相对也比较低。但是，汇付属于商业信用。在汇付流程中，银行仅提供了服务并未提供信用。因此，鉴于汇付可能存在的风险，在我国外贸实践中，汇款方式通常仅用于货款尾数、定金、佣金等费用的支付或涉及货款不大的场合。当然，跨国公司内部交易中可以采用汇付方式实现资金移动以减少结算成本。

如果汇付方式用于买卖合同中的货款支付，风险由谁承担取决于货款结算的时间和方式。如果采用货款预付(payment in advance)，进口商的资金占用时间较长，并将承担几乎所有风险；如果货到付款，比如赊购(open account，O/A)，风险将由出口商承担，而且其资金负担较重。为了减少风险，双方可以视所涉金额的大小，约定采用分期交货、分期付款，或预付及到付组合等方式来支付。

另外，采用汇付方式结算货款还应注意以下问题：票汇方式下，汇款人可能会使用假汇票或者变造过的汇票。他还有可能将办好的银行汇票传真或将扫描件用电子邮件发给收款人，诱使收款人释放物权后，再向出票行请求注销汇票。在信汇或电汇下，汇款人也有可能将办理好汇款手续的银行电汇或信汇收据传真或传真扫描件电邮给收款人后，再在款项解付前向汇出行提出撤销汇款的要求。因此，作为收款人，在款项收取入账前，一定要认识到这种风险的存在。如果指定的解付行不在收款人所在地时，收款人将不得不通过自己的往来行去收取款项，这时这样的问题似乎应该更加值得关注。

第二节 托 收

一、托收的定义

所谓托收(collection)指的是，接到委托指示的银行处理金融单据及/或商业单据以便取得承兑或付款，或凭承兑或付款交出商业单据，或凭其他条件交出单据。

这里的金融单据指汇票、本票、支票或现金付款凭证等；这里的商业单据指发票、运输单据或其他类似单据，或一切不属于金融单据的其他单据。不附带商业单据的托收称为光票托收(clean collection)；附带商业单据的托收称为跟单托收(documentary collection)。

光票托收是银行的一项传统国际结算业务，比如，托收行应客户的委托，将票据寄付款行所在地的往来账户行向付款行代收票款。上节提及的票汇中，如果收款人和付款行不在同一城市，收款人可能就需要通过自己所在地的银行进行"光票托收"。如果付款行在国外的，更应该注意，因为各国的代收行处理光票托收的方法可能有所不同。如果托收行的托收面函未明确托收方式，有的国家的代收行会先将应收票款临时贷记托收行账户，如果付款行退票，款项再被扣回；有的国家的代收行按标准的托收方法，待票款收妥后再将款项划到托收行的账上。因此，前者到账不等于收妥。我国银行一般采用"立即贷记"和"收妥贷记"两种方法处理光票托收，前者收汇快、费用低，但存在退票风险。通常银行对存有疑问的票据建议客户采用后者方式操作。

跟单托收中的付款人一般是工商企业，托收时通过控制物权单据来约束付款人付款。跟单托收是国际贸易中最常用的一种货款托收方式，因此本书将针对它进行讨论。

二、跟单托收的当事人及业务流程

1. 当事人

跟单托收业务中的基本当事人有委托人(principal，即卖方)、托收行(remitting bank，即接受委托人委托向代收行寄单并发出托收指示书的银行)、代收行(collecting bank，即按托收指示书操作的银行。代收行一般应该在付款人所在地，并且是托收行的往来行)以及付款人(payer，即买卖合同的买方)。向付款人提示单据的银行称为提示行(presenting bank)。如果代收行与付款人不在同一城市，代收行可能会指示一个和付款人在同一城市，并和它有往来关系的银行提示单据，收取货款。如果委托人托收申请时指定的代收行不是托收行的往来行，托收行一般也只能将该行做成提示行，同时指定在收款地(或收款国)和该行有往来关系的自己的往来行作为代收行。另外，在托收流程中，委托人还可以指定一个需要时的代理(representative in case of need)，以便万一被拒付，可以由他代理处理已发出的货物，或做必要的安排，当然此时委托人在申请时必须明确该代理的权限。

2. 业务流程

按交单条件不同，跟单托收可以分为付款交单(Documents against Payment，D/P)和承兑交单(Documents against Acceptance，D/A)。按付款期限不同，付款交单又可分为即期付款交单(D/P at sight)和远期付款交单(D/P after sight)。不过要注意的是，有些国家的法律会要求将远期付款交单视作承兑交单处理。另外，如果票期设置不当，可能会发生货到但付款日不到，付款人不能付款赎单，以致不能及时清关提货而受到损失。因而，国际商会在1995年修订的《托收统一规则》，国际商会第522号出版物(Uniform Rules for Collection，International Chamber of Commerce，Publication No. 522，URC522)中不鼓励采用远期付款交单①。至于承兑交单，当然都应该是远期的。

托收的基本业务流程如图5.3~5.5所示。应该说明的是，对于我国的出口人(委托人)和进口人(付款人)，仍然需要关注汇付流程中曾提及的政府外汇管制、进口限制(如有)等问题。

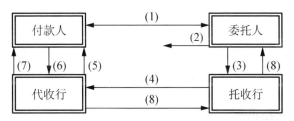

(1) 建立合同，规定以即期付款交单方式支付；(2) 按合同装运；(3) 制单(可以包含即期汇票)、申请托收；(4) 寄出按申请书缮制的托收指示书以及单据；(5) 提示付款；(6) 审；如接受，付款；(7) 交单；(8) 款项划拨。

图5.3 即期付款交单流程示意图

---

① 见 URC522 第 7 条 a 款。

在远期付款交单下，如果货物已抵达目的地，但汇票尚未到期，如有可能，付款人会寻求通过出具信托收据(Trust Receipt, T/R)向代收行"借单"提货。代收行作为信托人，他有权随时取消信托，收回商品。如商品已售出，他有权收回货款。不过，万一进口商(付款人)倒闭，信托人对货物或货款是否有优先处置权，各国法律的规定并不一致。因此，如果未经托收委托人同意的"借单"，代收行将承担风险。所以一般代收行只会对信誉良好的客户，通过扣减授信额度的方式，凭信托收据把单据"借出"。

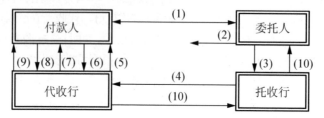

(1) 建立合同，规定以远期付款交单方式支付；(2) 按合同装运；(3) 制单(包括远期汇票)、申请托收；(4) 寄出按申请书缮制的托收指示书以及单据；(5) 提示承兑；(6) 审单。如接受，承兑汇票并退还汇票及单据；(7) 到期提示付款；(8) 付款；(9) 交单；(10) 款项划拨。

图 5.4　远期付款交单流程示意图

按 URC522 第 12 条，代收行需确定收到的单据和托收指示书是否一致，如发现缺少，它必须毫不延迟地通知发出指示的一方。

另外，按 URC522 第 13 至 15 条，银行没有义务处理货物，对单据的有效性免责，对寄单途中的延误、丢失以及专门术语的翻译错误免责，对不可抗力造成的后果免责。根据 URC522 第 26 条，如果付款人拒付，代收行将毫不延迟地通知托收行。如 60 天内未收到托收行单据处理的指示，代收行可将单据退回，不负任何责任。

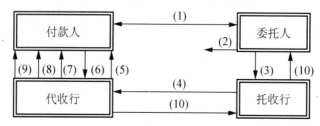

(1) 建立合同，规定以承兑交单方式支付；(2) 按合同装运；(3) 制单(包括远期汇票)、申请托收；(4) 寄出按申请书缮制的托收指示书以及单据；(5) 提示；(6) 审单。如接受，承兑并退还汇票；(7) 交单；(8) 到期再提示汇票；(9) 付款；(10) 款项划拨

图 5.5　承兑交单流程示意图

三、托收申请书及托收指示书

从以上托收业务流程可知，出口人作为托收委托人在办理托收业务时需要填写托收申请书(参见式样 5.2)。托收行在受理托收业务后，需要按托收申请书的要求缮制托收指示书。关于托收申请书并没有什么统一的规定，但 URC522 对托收指示书的内容和做法有不少规定。因此，了解托收指示书的要求后，很容易了解托收申请书填写时需要注意的问题。

第5章 汇付和托收

1. 托收指示书的内容和缮制要求

按URC522第4条b款规定,托收指示书(参见式样5.3)应该恰当地载有下列内容:

(1) 发出托收指示的银行的详情,包括全称、邮政及SWIFT地址、电传、电话、传真号码及关系号。

(2) 委托人详情,包括全称、邮政地址、电传、电话和传真号码(若有)。

(3) 付款人详情,包括全称、邮政地址或提示所在地、电传、电话和传真号码(若有)。

(4) 提示行(若有)详情,包括全称、邮政地址、电传、电话和传真号码。

(5) 金额及货币。

(6) 所附单据及每一种单据的份数。

(7) 据以取得付款及/或承兑的条款和条件,或据以交单的条件(付款及/或承兑,或其他条件)。

(8) 对应收费用,注明是否可以放弃。

(9) 如有应收利息,应注明下列内容:利率、计息期及所适用的计息基础(比如,一年是360天还是365天)。应注明利息是否可以放弃。

(10) 付款方法及通知付款的方式。

(11) 发生拒绝付款、拒绝承兑及/或与其他指示不符时的指示。

URC522在同一条款中还指出,做出托收指示书的一方有责任确保交单条件表达清楚、意思明确,否则银行将对此产生的一切后果不负责任。如果托收指示书上的付款人或提示所在地地址不完整或不准确,代收行可尽力查明其确切地址,但自身并不承担任何义务或责任,并且代收行对指示书所提供的地址不完整或不准确造成的延误不承担任何义务和责任。

URC522第7条指出,如果托收含有远期付款的汇票,托收指示书应注明商业单据是凭承兑交付还是凭付款交付。如未注明,商业单据仅可凭付款交付。

另外,URC522第20及21条规定,除非托收指示书注明"不得放弃(No Waiving)",如果要求付款人承担利息或代收费用,但付款人只愿支付货款却不愿承担这些利息或费用时,提示行可以视情况自行收下货款扣除该得的费用后,再把余下款项划拨托收行;提示行也可以将此作为付款人拒付处理。

URC522第24及25条还规定,托收指示书中应该明确说明,万一被拒付是否需要做成拒绝证书(protest),否则银行没有义务做拒绝证书。如果委托人要求指定需要时的代理,托收指示书中应该明确注明此项代理权限,否则银行将不接受该代理的任何指示。

需要注意的是,国际商会的《托收统一规则》只是一个国际惯例。一般情况下,银行印就的空白托收指示书的表格上都会明确说明将"subject to Uniform Rules for Collection",以期对当事人产生约束力。但更需要注意的是,按URC522第1条a款,只有托收业务与一国、一州或地方所不得违反的法律没有抵触,则URC对有关当事人才具约束力。

如果托收行接受了委托人的申请,在缮制托收指示书时除了注意上述原则之外,还应该严格按照申请书的内容操作。如果需要,单据可以分两批寄出,以免单据丢失使业务受阻。通常,第一批单据应该至少包含所有单据中的一份,如果某单据只有一份正本,那么这份正本应该在第一批中寄出。即便如此，由于银行对寄单邮程中单据的丢失和缺损免责，委托人本身有必要对所有单据留有副本或复印件备份。

2. 托收申请书的基本内容

托收申请书没有统一的格式要求，为满足URC522对托收指示书的要求，托收申请书的基本内容一般可以分成三个部分(参见式样5.2)：

第一部分可以说明托收金额、付款人详细的名称地址、托收交单条件和商品的名称等。如果需要指定代收行，应该给出其详细的名称、地址以及电讯联系方式。

第二部分应该具体列出托收项下单据的名称及份数。

第三部分可以按需要列明托收的其他条件，比如是否要求付款人支付代收行费用；是否向付款人计收利息；对于要求付款人支付的利息及/或费用是否不得放弃；如被拒付，是否需要拒绝证书；是否需要指定需要时的代理，其权限如何等。国内的公司收汇后需要银行办理结汇，因此通常委托人应该提供其账号、核销单编号等。

委托人提交申请书时应该在申请书上签章。

四、托收方式下出口方应该注意的问题

因为托收仅涉及商业信用，银行在托收业务中只收取手续费，提供服务，所以出口方务必重视对买方信用和信誉的调查，涉及金额不宜过大。信誉和信用不佳的买方，往往会在商品行情下跌时，资金无法周转时，或为了额外获利时，借口拒付。

由于托收常常受有关国家的法律法规影响，并且不同的国家对托收的做法或理解可能不完全一致，因此出口方有必要对进口国的有关法律法规以及操作方法进行了解以避免风险。必要的话，双方应在买卖合同中用明确的文字说明合同下的托收方式的含义。

对进口及外汇管制较严的国家出口，出口方应该在确定进口人已经获得有关进口许可或外汇额度后再发货，以免进口人因为无法清关或者无法付汇而拒付。

采用托收方式支付时，出口人应该争取采用CIF术语成交。如果采用FOB术语，信誉不好的买方有可能勾结不良承运人进行无单放货(即，不凭正本运输单据签发提货单)等欺诈。采用买方办理保险(或CIF下，合同如果要求保险单的被保险人做成买方)的贸易术语，根据保险利益原则，保险公司将不承担装运前的保险责任，而且如果装运后发生货损货失并且买方又拒付的情况，保险公司也不会对不是被保险人的出口方进行赔付。不过，有些国家的法规规定，进口商必须通过本国的保险机构办理保险，因此，如想成交且为了避免上述风险，出口方如有必要，应该投保"卖方利益险"。在该险种下，出口方支付的保险费通常只是相应级别正常保险费的四分之一。在买方拒付，不受让单据且货物在承保责任范围下灭失，出口方可以以被保险人的身份从保险公司获得补偿。在建立合同时，出口方可寻求将该费用转嫁到合同价款中。

采用托收支付方式，原则上应该使用海运提单、多式联运单据等运输单据并且做成能控制物权的抬头，以便约束买方付款或承兑。如果涉及的是航空运单、国际铁路联运单之类不是物权单据的运输单据，除非单据的收货人做成代收行，否则委托人无法指望通过单据来约束付款人，跟单托收将失去意义。不过，代收行一般不愿接受这样的做法。按URC522第10条，银行没有义务处理货物。另外，即使使用海运提单，一般不应做成记名买方抬头，因为有些国家法规允许承运人对记名提单的收货人，无需正本即可放货。

第 5 章 汇付和托收

最后，出口方在填写托收申请书时应该注意，要求应该明确，信息应该完整，并且如果涉及，应该注意关于费用、利息、拒绝证书以及需要时代理的权限的说明，否则可能会产生无法预料的后果。

境外汇款申请书
APPLICATION FOR FUNDS TRANSFERS (OVERSEAS)

致： 中国银行
TO: BANK OF CHINA

日期 Date _____

	□ 电汇 T/T □ 票汇 D/D □ 信汇 M/T	发电等级 Priority	□ 普通 Normal □ 加急 Urgent	
申报号码 BOP Reporting No.	□□□□□□		□□□□□	
20 银行业务编号 Bank Transac. Ref. No.		收电行/付款行 Receiver/Drawn on		
32A 汇款币种及金额 Currency & Interbank Settlement Amount		金额大写 Amount in Words		
其中	现汇金额 Amount in FX		账号 Account No./ Credit Card No.	
	购汇金额 Amount of Purchase		账号 Account No./ Credit Card No.	
	其他金额 Amount of Others		账号 Account No./ Credit Card No.	
50a 汇款人名称及地址 Remitter's Name & Address		个人身份证号码 Individual ID NO.:		
□ 对公 组织机构代码 Unit Code □□□□□□□□-□		□对私 □中国居民个人 Resident Individual □中国非居民个人 Non-Resident Individual		
54/56a 收款银行之代理行 名称及地址 Correspondent of Beneficiary's Bank Name & Address				
57a 收款人开户银行 名称及地址 Beneficiary's Bank Name & Address	收款人开户银行在其代理行账号 Beneficiary's Bank A/C No.			
59a 收款人名称及地址 Beneficiary's Name & Address	收款人账号 Beneficiary's Bank A/C No.			
70 汇款附言 Remittance Information	只限140个字位 Not Exceeding 140 Characters	71A	国内外费用承担 All bank's charges if any are to be borne by □汇款人 OUR □收款人 BEN □共同 SHA □ □ □	
收款人常驻国家（地区）名称及代码	Resident Country/ Region Name & Code			
请选择： □预付货款 Advance Payment □货到付款 Payment against Delivery □退款 Refund □其他 Others			最迟装运日期	
交易编码 BOP Transac. Code	□□□□□□	相应币种及金额 Currency & Amount		交易附言 Transact. Remark
是否为进口核销项下付款	□是 □否	合同号		发票号
外汇局批件/备案表号		报关单经营单位代码		□□□□□□□□□□
报关单号		报关单币种及金额		本次核注金额
报关单号		报关单币种及金额		本次核注金额
银行专用栏 For Bank Use Only		申请人签章 Applicant's Signature		银行签章 Bank's Singnature
购汇汇率 Rate	@	请按照贵行背页所列条款办以上汇款并进行申报 Please effect the upwards remittance, subject to the conditions overleaf:		
等值人民币 RMB Equivalent				
手续费 Commission				
电报费 Cable Charges				
合计 Total Charges				
支付费用方式 In Payment of the Remittance	□现金 By Cash □支票 By Check □账户 From Account	申请人姓名 Name of Applicant 电话 Phone No.		核准人签字 Authorized Person 日期 Date
核印 Sig. Ver.		经办 Maker		复核 Checker

填写前请仔细阅读各联背面条款及填报说明

式样 5.1 汇款申请书示例

OUTWARD COLLECTION APPLICATION FORM

To: XYZ INTERNATIONAL BANK, LTD.   **Date:** 29 JULY 2014

Invoice No. KK0396	Amount: US DOLLARS FOUR THOUSAND EIGHT HUNDRED AND FIFTY ONLY (USD 4 850.00)
Nominated Bank BANK OF CHINA, SHANGHAI, CHINA	
Drawee: SHANGHAI DONGXU I/E CO.,123 DONGXU RD.,SHANGHAI,CHINA	
Payment Terms: D/P AT SIGHT	**Merchandise** 3PKGS OF CONTAINER LOCKS

DOCUMENTS

DRAFT	COMM INVOICE	CUST/ CONSUL INV	PACKG/ ~~WT~~ LIST	CERT OF ORIGIN	GSP FORM A	QLTY/ ~~QNTY/ WT~~ CERT	INSP CERT
2	5		2			1	
E/L VISA INV	INS POLICY/ DECLAR	B/L ~~AWB CR~~	N/N B/L	TLX/ CABLE/ FAX COPY	BENE LETTER/ CERT		
	2						

REMARKS

* THE COMMISSION AND CHARGES OF THE COLLECTING BANK, IF ANY, ARE FOR DRAWEE'S ACCOUNT. NO WAIVING.

*IN CASE OF NON-PAYMENT, PLEASE DO NOT PROTEST.

GOLD LOCK CO.,
246 HAVELOCK ROAD,
SINGAPORE

DRAWER: *B.E. Chen*

注：上表中 COMM INVOICE 为商业发票，CUST INV 海关发票，CONSUL INV 领事发票，PACKGLIST 装箱单，WT LIST 重量单，CERT OF ORIGIN 产地证，GSP FORM A 普惠制格式 A 产地证，QLTY CERT 质量证明，QNTY CERT 数量证明，WT CERT 重量证明，INSP CERT 检验证书，E/L 出口许可证，VISA INV 签证发票，INS POLICY 保险单，INS DECLAR 投保声明书，B/L 提单，AWB 航空运单，CR 承运收据，N/N B/L 副本提单，BENE CERT 受益人证明。

式样 5.2 托收申请书

XYZ INTERNATIONAL BANK, LTD.
18 Park Street
SINGAPORE

P.O. BOX 144
CABLE ADDRESS: XYZSGP
TLX NO. RS 13384 XYZ BK

Singapore, JULY 30, 2014

To:
BANK OF CHINA,
SHANGHAI, CHINA

Dear Sirs,

We enclose herewith the following documents for COLLECTION subject to the Uniform Rules for Collections.

KINDLY ACKNOWLEDGE RECEIPT

OUR REF. NO.	Drawers	GOLD LOCK CO., SINGAPORE		
D010E206	Drawees:	SHANGHAI DONGXU I/E CO., 123 DONGXU RD., SHANGHAI, CHINA		
Draft No.:	Tenor	Date of Draft	Amount	
KK0396	D/P AT SIGHT	29/7/2014	USD4,850.00	

Drawn under:

Shipment of __3PKGS__ of __CONTAINER LOCKS__ effected by __CHANGHE, VOG. 456__
from __SINGAPORE__ to __SHANGHAI__ under __B/L No. RD1234__

Documents	Draft	Invoice		Packing List	Bill of Lading		Ins Pol /Cert	Cert ~~QTY &~~ QLY
			Comm.		Neg.	Non-Neg.		
1ST LOT	1/2	3/5		1/2	1/2		1	
2ND LOT	1/2	2/5		1/2	1/2			

INSTRUCTIONS MARKED "X"

(X) Deliver documents against PAYMENT.
( ) Deliver documents against ACCEPTANCE.
( ) Acceptance/ Payment may be deferred pending arrival of vessel carrying goods.
(X) Your commission and all charges, if any, are for account of drawee. NO WAIVING.
( ) Please collect for our account interest at   % p.a. from
( ) Acceptance to be advised by airmail / TLX.
(X) Payment to be advised by ~~airmail~~ / TLX.
(X) In case of non-acceptance/ non-payment DO NOT PROTEST but advise us by ~~airmail~~ / TLX.
( ) In the event of dishonour, please store and insure goods for our account.
( )

DISPOSAL OF PROCEEDS
(Please always quote our reference number when remitting the proceeds).
( ) Please remit proceeds to us by airmail transfer/ telegraphic transfer.
( ) Please credit proceeds to our account with you under advice to us by airmail/ TLX.
( ) Please remit proceeds by T/T to:
              for credit to our account, quoting our Ref. No. under advice to us.
(X) Please authorise us to debit your head Office, Beijing, USD a/c with us by TESTED TELEX
      quoting our No. D010E206.

For XYZ INTERNATIONAL BANK, LTD.
     18 PARK STREET, SINGAPORE

Stephen Chaplin
Authorized Signature

式样5.3 托收指示书

本章小结

本章介绍了国际贸易结算中的汇付和托收业务的类型及流程，以及选用这些方式结算货款时，贸易当事人(尤其是出口方)需要考虑的问题。通过对托收申请书和托收指示书的讨论，读者可以观察它们的缮制方法，了解一些国际结算单据的名称以及URC522的一些相应规定。本书后续章节将会对这些单据进行讨论。

关键术语

汇付 remittance　　　　　　　　　　　汇款人 remitter
汇出行 remitting bank　　　　　　　　汇入行 receiving bank
收款人 payee　　　　　　　　　　　　信汇 Mail Transfer，M/T
电汇 Telegraphic Transfer，T/T；Wire transfer
票汇 Remittance by Banker's Demand Draft，D/D
国际反洗钱组织 Financial Action Task Force on Money Laundering，FATF
付款授权书 Payment Order　　　　　　预付 payment in advance
赊购 Open Account，O/A　　　　　　托收 collection
光票托收 clean collection　　　　　　跟单托收 documentary collection
委托人 principal　　　　　　　　　　托收行 remitting bank
代收行 collecting bank　　　　　　　　付款人 payer
提示行 presenting bank　　　　　　　需要时的代理 representative in case of need
付款交单 Documents against Payment，D/P　承兑交单 Documents against Acceptance，D/A
即期付款交单 D/P at sight　　　　　　远期付款交单 D/P after sight
《托收统一规则》，国际商会第522号出版物 Uniform Rules for Collection，International Chamber of Commerce，Publication No. 522；URC522
信托收据 Trust Receipt，T/R　　　　　授信额度 credit line
托收申请书 collection application form　托收指示书 collection order

 ## 知识链接

International Chamber of Commerce, Uniform Rules for Collections, 1995 Revision, ICC Publication No.522.
朱亚，李金泽. 票据结算与托收法律风险防范.北京：中信出版社，2004.
卓乃坚，西蒙．哈罗克. The Practice of Foreign Trade in Textiles and Apparel.上海：东华大学出版社，2008.
苏宗祥，徐捷. 国际结算.5 版. 北京：中国金融出版社，2010.
卓乃坚. 国际贸易支付与结算及其单证实务.2 版. 上海：东华大学出版社，2011.

习　题

1. 简答题

(1) 简述信汇、电汇和票汇的业务流程，以及在中国的公司通过银行汇付货款时通常办理的手续。

(2) 简述即期付款交单、远期付款交单和承兑交单的托收业务流程。

(3) 如果委托人希望代收行的费用必须由付款人支付,办理托收申请时他应该如何处理?否则可能会有什么结果?

2. 判断题

(1) 同托收相比,采用汇付结算对出口人费用较小,风险较低( )。

(2) 跟单托收下的运输单据原则上应该是能够控制物权的单据( )。

(3) 即期付款交单下,付款人可以寻求通过信托收据"借单"提货( )。

(4) 如果托收指示书要求付款人支付代收行费用但付款人只肯付货款,拒付费用,代收行只可以按付款人拒付处理( )。

(5) 如果托收涉及远期汇票,但托收指示书未说明是付款交单还是承兑交单,按URC522银行只能按付款交单处理( )。

(6) 委托人在申请托收时不得指定代收行( )。

(7) 只要托收指示书写明要遵守URC522,该规则将对所有国家的托收当事人有强制约束力( )。

(8) 远期付款交单下使用商业汇票,票汇下使用银行汇票( )。

实际操作训练

第DX10-A234号合同下500件女风衣(ladies' coats)于6月22日装DAXING轮156航次发往韩国釜山(PUSAN),买方是首尔"Golden Sun Textiles, Co. Ltd., 368 HAP JUNG-DONG, MAPO-KU, SEOUL, KOREA"公司。出口公司上海东旭进出口公司(SHANGHAI DONGXU I/E CO.)按约定缮制了商业发票(编号DX12345)、装箱单各一正三副,即期汇票两联正本以及海运提单三份正本,向上海的银行提出以即期付款交单方式托收2500美元货款。出口方希望代收行的费用由买方支付,但由于合同未曾约定,出口方也愿接受买方不愿支付代收行费用的事实。请填写以下托收申请书。

APPLICATION FOR COLLECTION

To: XYZ Bank, Shanghai   交单日期:

请贵行依照国际商会《托收统一惯例》(URC522)和我公司下列要求处理所附单据:									
代收行:					委托人:				
付款人:					托收金额:				
发票号:		交单条件:			汇票日期:			票期:	
单据	汇票	发票	装箱单	提单	空运单	保险单	检验证书	产地证		
正本										
副本										
备注:										
						委托公司印签:				

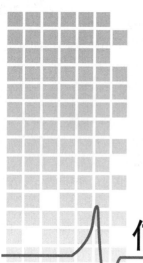

第6章 信用证

本章教学要点

知识要点	掌握程度	相关知识
信用证性质和特点	熟悉	银行信用、第一性付款、纯单据业务、独立于合同的自足文件
关于信用证的国际惯例	熟悉	UCP、ISBP、eUCP、URR
信用证的内容	重点掌握	本身说明、当事人、金额/汇票条款、货物条款、运输条款、单据条款、附加条款、开证行责任文句、密押或印签
信用证分类	了解	撤销/不可撤销、光票/跟单、保兑/非保兑、议付/承付、循环/非循环、可转让/不可转让、对背、对开、预支

本章技能要点

技能要点	掌握程度	相关知识
阅读信用证	重点掌握	信用证条款、UCP适用条款、国际标准银行实务、国际商会银行委员会意见、ISBP
审核信用证	重点掌握	与合同的不符点、可操作性、风险性、软条款、额外费用

第6章 信 用 证

导入案例

在金融危机下,不少小型出口公司也开始要求国外客户用信用证方式支付货款。由于其中一些公司习惯于汇付方式结算,总以为信用证含有银行信用而万无一失。国内A公司和某国外客户B建立合同后,B开来信用证。A按信用证要求将货物发运并直接寄B一份记名B的正本提单时。临向银行交单时,A方人员才发现,信用证要求提交的普惠制产地证已经(而且必须)显示发票号,但信用证却规定除发票外的所有单据不得显示发票号。A交单后被银行拒付,而B早已凭收到的提单将货提走,并且再也联系不上。在这个案例中,你认为A公司应该汲取什么教训呢?

第一节 信用证概述

信用证(letter of credit,L/C,或仅称为 credit)是开证行应开证申请人请求,向受益人开立的,在一定条件下保证付款的凭证。按国际商会制订的 UCP600,信用证是一项不可撤销的安排,无论其名称或描述如何,它构成开证行对相符交单予以承付的确定承诺。所谓"交单"指的是将信用证项下的单据提交到开证行或指定银行的行为,或该行为下提交的单据;所谓"相符交单"(complying presentation)指的是与信用证条款、UCP600 的相关适用条款以及国际标准银行实务要求一致的交单;所谓"承付"(honour)指的是对应该即期付款的信用证即期付款,对应该延期付款的信用证做出延期付款承诺并到期付款,以及对承兑信用证承兑受益人出具的汇票并到期付款。

在信用证支付方式下,银行提供了信用。开证行以自身的信用作保证,承担第一性的付款责任。因此,即使开证申请人在开证后丧失偿付能力,只要受益人能够满足相符交单,开证行必须付款。无疑,开证行本身的信用是否良好非常重要。如果另有银行受指定对信用证实施了保兑,则该银行(即保兑行)将同开证行一样,对信用证承担第一性的付款责任。开证行和保兑行(如有)的付款是终局性的,付款后即使发现存在"交单不符",也不能向受益人或索偿行追索。因此,以信用证作为支付方式对于出口人安全收汇相对有利。当然,采用信用证方式并未否定原买卖合同下买卖双方之间应该持有的商业信用。如果受益人(卖方)在信用证下因"交单不符"未获银行付款,而货物已因某种原因被申请人(买方)提走(比如货物通过空运直接发给了申请人),信用良好的买方仍应在买卖合同下支付相应的货款,否则,受益人可以通过仲裁或司法诉讼主张自己的权利。

信用证业务是纯单据业务,信用证下银行只处理单据。只要受益人在规定的时限内按要求提交的单据能够在表面上"交单相符",即满足信用证条款、UCP 适用条款要求以及符合国际标准银行实务,银行就得履行信用证下的责任。银行对"单据的形式、完整性、准确性、内容真实性、虚假性或法律效力,或对单据中规定或附加的一般或特殊条件,概不负责;对单据所代表的货物、服务或其他履约行为的描述、数量、重量、品质、状况、包装、交付、价值或其存在与否,或对发货人、承运人、货运代理人、收货人、货物的保险人或其他任何人的诚信与否、作为或不作为、清偿能力、行为能力或资信状况,也概不负责。"[①] 因此,信用证下的申请人应该能够很好地把握受益人的信誉,以避免信誉不好的

---

① UCP600 第 34 条

受益人用伪造或变造的单据骗取信用证下的款项。另外，由于银行只处理单据，申请人在申请开证时，应该以单据条款或指向单据的条款形式向受益人提出要求。对于受益人，应该充分理解信用证下单据的重要性，不断提高自己的业务素质和制单水平，准确理解和把握国际惯例关于单据制作和审核的规定，熟悉有关法律、法规以及行业操作习惯。

信用证是独立于买卖合同的自足文件(self-sufficient instrument)。买卖双方经过贸易磋商达成的基础合同是信用证开立的基础，申请人理应根据合同条款申请开立信用证。然而，银行并没有参与买卖合同的签订，它不是这类合同的当事人，不可能受这类合同的约束。因此在信用证业务中，银行的权利和义务只限于信用证条款和相关国际惯例的规定，各有关当事人只受信用证条款和相关国际惯例约束，即使信用证条款的规定和基础合同条款规定不一致，即使有的信用证中会规定"参照某号合同"(as per Contract No. ××)。银行不可考证受益人是否按合同行事，也不会审核合同。因此，受益人收到信用证后必须对照合同，仔细审核信用证，如有不能接受的条款，必须联系申请人修改信用证。如果接受了信用证条款，则必须严格按信用证要求操作。

第二节　关于信用证的国际惯例

一、《跟单信用证统一惯例》

信用证在二十世纪初就已成为国际贸易中经常使用的支付方式，但由于各国的法律不同，各国的银行操作习惯不一，各方当事人对信用证条款理解的差异，很容易导致当事人间因为利益冲突而产生争端。为了避免这种状况，国际商会曾在1929年制定了《商业跟单信用证统一规则》(Uniform Regulations for Commercial Documentary Credits)，并在此基础上，于1933年颁布了《商业跟单信用证统一惯例》(Uniform Customs and Practice for Commercial Documentary Credits)，对跟单信用证的定义、有关术语、操作要求以及当事人的权利和义务等作了统一的解释和规定。以后，随着国际贸易的发展，新的运输和通讯方式的运用，以及该惯例使用过程中暴露的问题，国际商会对它作了多次修改。自1962年修订的版本起，该惯例更名为《跟单信用证统一惯例》(Uniform Customs and Practice for Documentary Credits，UCP)。

这些版本中，曾影响很大的有1993年5月通过，并且于1994年1月1日实施的UCP500。UCP500分为七个部分：总则和定义、信用证的形式与通知、义务和责任、单据、其他规定、可转让信用证及款项让渡，共计49个条款。由于UCP500对信用证下当事人的权利和义务，对信用证的操作要求以及信用证下的运输单据、保险单据、商业发票和其他单据内容作了专门的规定，因此在十多年的应用实践中对规范信用证业务的操作起到了极其重要的作用。不过，由于UCP500某些条款过于原则或某些措辞似乎过于笼统，以致修改它的呼声越来越高。为了对UCP500下的单证操作做出更好的说明和解释，2002年国际商会在其秋季年会上通过了作为国际商会第645号出版物的《关于审核跟单信用证项下单据的国际标准银行实务》(ISBP645)。同时，国际商会银行委员会专门组成了UCP600起草组，并且由来自全球26个国家和地区的银行、运输、保险和法律界的41位专家组成了顾问小组。起草组广泛征询了专家意见，回顾了600多条银行委员会的观点、DOCDEX(Documentary

Instruments Dispute Resolution Expertise，即国际商会的"跟单票据争议专家解决规则"）决议和相关的法院裁决，收集和分析了 5 000 多条来自全球 40 个国际商会国家委员会的意见，据说一共提交了 15 稿以供讨论。经过各方三年多的努力，2006 年 10 月 25 日，国际商会巴黎会议上全票顺利通过了 UCP600。

UCP600 于 2007 年 7 月正式开始生效，它的全称为《跟单信用证统一惯例，2007 年修订本，国际商会第 600 号出版物》(Uniform Customs and Practice for Documentary Credits, 2007 Revision, International Chamber of Commerce Publication No.600)。它共有 39 个条款，并且在条文开始部分专门设置了"定义(definitions)"和"解释(interpretations)"条款，以便更好地对某些易混淆的术语进行明确。在 UCP600 中，UCP500 所规定的银行审单并发出拒受或是接受通知的时限从"不超过七个银行工作日的合理的时间内"修改为在"五个银行工作日内"。另外，UCP600 允许指定银行对承兑信用证和延期付款信用证贴现或融资，接受带有"除外条款"的保险单，删除了运输单据条款中关于"没有注明载运船只仅以帆为动力"的过时规定，摒弃了 UCP500 中多处使用的"合理的""表面的"之类的模糊表述。需要注意的是，某些在 ISBP645 下的条款在 UCP600 中得到充分体现。毫无疑问，UCP600 会对信用证业务产生巨大影响。因此，正确理解 UCP600 的各项规定对于信用证下的各方当事人至关重要。

应该认识到，UCP600 是一种国际惯例，因此，只有信用证表明适用 UCP600，它才能够对当事人具有法律上的强制约束力。另外，也正因为它是一种国际惯例，当事人可以在信用证中订立与 UCP600 规定不同的条款，或用信用证条款排除 UCP600 某个条款的适用。

二、《UCP 下电子交单的增补规则》

随着电子商务的迅猛发展，使用电子单据、采用电子交单方式的信用证在一些国家出现。因此，国际商会银行委员会在 2001 年通过了《UCP500 下电子交单的增补规则》(Supplement to UCP500 for Electronic Presentation，eUCP)，版本号为 1.0。该规则于 2002 年 4 月 1 日生效。国际商会在制定 UCP600 后，相应颁布了 eUCP 的 1.1 版，即 eUCPv1.1。1.1 版除了将关于 UCP500 的表述调整为关于 UCP600 的表述，以及在第 12 条更强调了银行关于电子记录的表面真实性审核为其免责条件外，和 1.0 版几乎相同。

eUCP 共 12 条，涉及 eUCP 适用范围、eUCP 和 UCP 的关系、术语定义、电子记录格式、电子记录提交、审核、拒绝通知、正本和副本、出单日期、运输、交单后电子记录的损坏和 eUCP 电子交单的额外免责等方面。

eUCP 规定，采用电子交单的信用证必须表明 eUCP 适用版本。受 eUCP 约束的信用证也受 UCP 约束。eUCP 对其所用的"电子记录"(electronic record)、"电子签字"(electronic signature)、"格式"(format)、"纸质单据"(paper document)及"收到"(receive)等术语做了定义。其中，关于"收到"，eUCP 认为，这指的是以系统可接收的格式做成的电子记录进入收件人信息系统的时间，关于"收到"的确认并不意味对于电子记录的接受或拒绝(acceptance or refusal)。为了使 UCP 适用于 eUCP 信用证下的电子交单，eUCP 对 UCP 中使用过的术语，如"表面内容"、"单据"、"交单地点"、"签字"、"附加的"、"批注"或"签章的"等术语作了进一步的定义，使它们具备电子交单下明确的含义。

eUCP 规定，eUCP 信用证中必须注明要求提交的电子记录的格式，否则受益人可以以任何格式提交。电子记录可以分别提交，提交时必须注明交单地点。如涉及纸质单据，提交时必须注明纸质单据的交单地点。受益人有责任向接收交单的银行提供表明交单完毕的通知(notice of completeness)，提交时必须注明所属的 eUCP 信用证，同时必须使提交的电子记录能够被鉴别，否则都将被视为未曾交单。

eUCP 还规定，信用证的到期日和允许的最后交单日可由于接受交单的银行系统不能接受电子记录顺延至该行系统能够接受电子记录的第一个工作日。

关于电子记录的审核，eUCP 规定，所提交的电子记录如果包含与外部系统的超级链接(hyperlink)，则该链接的电子记录也需要审核。如果审核时，该链接无法读取，则构成不符点。被指定的银行按指示传送电子记录，表明它已审核了电子记录的表面真实性。开证行或保兑行(如有)不能审核 eUCP 信用证规定格式的电子记录，或当信用证未规定格式时不能审核提交的电子记录，都不能构成它拒付的理由。审单期限从收到受益人交单完毕通知的工作日的下一银行工作日开始；如涉及交单的顺延，则从收到交单完毕通知的第一个银行工作日起算。如果开证行或保兑行(如有)拒绝所收到的单据，它应该发出拒绝通知。如果拒绝通知发出后 30 日内未收到被拒绝方的指示，如有纸质单据，它应该退还给交单人；至于电子记录，它可以以任何认为合适的方式自行处理。

另外，eUCP 规定，无论 eUCP 信用证要求提交的电子记录是一份还是多份，是正本还是副本，提交一份电子记录即可。电子记录中可以表明具体出单日，否则以出单人发送日为出单日；如果电子记录没有显示明显的日期，收到日期将被视为发送日。关于运输的电子记录如没注明装运日，出单日视为装运日；如电子记录载有表明装运日期的批注，该日期将被视为装运日。显示附加信息的批注无需签字或证实。如果银行收到的电子记录看来已经损坏(appears to have been corrupted)，它可以通知交单人重新交单。审单计时应因此暂停，待收到重新提交的电子记录时恢复。如该行是保兑行外的指定银行，它必须向开证行和任何保兑行发出要求重新交单的通知(notice of the request for re-presentation)。交单人必须在 30 日内重新提交，并且不得因系统等问题顺延。

eUCP 最后规定，银行审单时对于电子记录发送人的身份、信息来源不承担责任，对电子记录的是否完整或被更改也不负责，除非所收到的电子记录上的这些问题通过使用商业上能够接受的电子记录接收、认证及识别的数据处理后能够明显显示。

三、《关于审核跟单信用证项下单据的国际标准银行实务》

尽管制定 UCP500 时，国际商会的联合工作组已经根据当时国际贸易和结算的需要，充分参考了国际商会关于 UCP500 的前身——UCP400 使用中产生的质疑所做的意见和案例研究等一系列出版物，广泛收集了各国银行委员会的意见，做出了严谨、完整的修改。尽管 UCP500 第 13 条 a 款明确规定了"银行必须合理审慎地审核信用证规定的一切单据，以确定是否表面与信用证条款相符合。本惯例所体现的国际标准银行实务是确定信用证所规定的单据表面与信用证条款相符的依据"，但当事人对 UCP500 条款的理解以及各国银行对于单据审核的标准不完全一致等问题仍然存在，而且当时实际并不存在公认的所谓国际标准银行实务。大量的信用证下的单据在第一次交单时被认为存在不符点而遭拒付，这影响了国际贸易的发展，导致了争议甚至诉讼。2000 年 5 月，国际商会银行委员会设立了工作组，负责将适用 UCP500 的跟单信用证项下审核单据的国际标准银行实务整理成文。在

2002年的秋季年会上,国际商会通过了《关于审核跟单信用证项下单据的国际标准银行实务》(International Standard Banking Practice for the Examination of Documents under Documentary Credits,ISBP)并作为国际商会645号出版物(ISBP645)正式颁布。ISBP645有11个部分,共200个条款,针对"先期问题""一般原则""汇票和到期日的计算""发票""海洋/海运提单(港对港运输)""租船合约提单""多式联运单据""空运单据""公路、铁路或内河运输单据""保险单据"以及"原产地证书"等问题作了详细的说明,并给出了一定的示例。

当然,正如ISBP645前言所述,它并"没有修改UCP",也不可能"穷尽在UCP下所做的解释以及UCP所反映的标准做法",举例也不可能"详尽无遗",但是它"反映了国际商会各国委员会和国际商会个体会员所提供的当前跟单信用证的实务做法",因此它将在"很大程度上用于今后UCP的修改"。由于UCP中本来就默示要求遵循公认的国际银行实务做法,ISBP认为,不宜在跟单信用证条款中对它再做援引。显然,ISBP并非独立于UCP的国际惯例,但它对于如何正确理解和应用UCP条款极为重要。

UCP600制定后,国际商会对ISBP645进行了更新。针对UCP600的新ISBP在2007年4月的国际商会新加坡会议上通过,以国际商会第681号出版物形式对外颁布(ISBP681)。它仍然包含原来的11个部分。那些已经在UCP600中得以体现的ISBP645条款被删除,原来的200个条款缩减为185个条款。根据UCP600使用的措辞和反映的精神,ISBP681在个别条款做了适当的调整,ISBP645中提及的UCP500条款更改为UCP600相应条款,并且将"国际商会银行委员会关于确定正本单据的政策声明"设置成附件。

应该说,ISBP681实际是为使ISBP适应UCP600而对ISBP645做的一个"仓促"调整。作为审核信用证下单据的国际标准银行实务似乎应该涉及更多单据类型的审核规范,UCP600和ISBP681实施后反映的不少质疑和意见似乎也需要在ISBP中明确体现。为此,国际商会于2010年2月组成了ISBP681的修改小组。历时3年多的努力,2013年4月国际商会银行委员会里斯本会议上新版的ISBP(ISBP745)顺利通过,并于同年7月正式启用。

ISBP745细化了ISBP681中的很多概念,同时引入了很多新的规定,更涉及了ISBP681中未阐述的不可转运海运单、装箱单、重量单、受益人证明书和分析检验类证明。但也应该注意到,某些ISBP681的内容在ISBP745中不再出现。

ISBP745的内容概括如下:先期考虑事项部分,7段;总则部分A,41段;汇票部分B,18段;发票部分C,15段;多式运输单据部分D,28段;提单部分E,28段;不可转让海运单部分F,25段;租船提单部分G,27段;空运单据部分H,27段;公路、铁路或内陆水路运输单据部分J,23段;保险单据部分K,23段;原产地证书部分L,8段;装箱单部分M,6段;重量单部分N,6段;受益人证明部分P,4段;检验证明部分Q,11段。

ISBP745体现的原则或精神将在本书后续章节介绍,本书附录中的习题及其参考解析提示将有助于读者对ISBP745有更深刻的理解。如果本书后续部分仅提及ISBP而未说明出版物号,这表明该项精神在各版ISBP中均能体现。

需要指出的是,虽然UCP600中所提及的"国际标准银行实务"并不仅限于ISBP,但是毫无疑问,ISBP为理解信用证条款以及审核信用证下的单据提供了一个准则,因此了解ISBP对于信用证下的单据操作人员,不管是银行界的还是贸易界的,都非常重要。

四、《跟单信用证项下银行间偿付统一规则》

"偿付"在 UCP 下指的是银行间的款项划拨。可以理解的是，如果开证行和索偿行间没有直接账户关系，开证行往往会指定它和索偿行的共同账户行或"碰头行"提供偿付服务。

国际商会制定的《跟单信用证项下银行间偿付统一规则》(Uniform Rules for Bank-to-Bank Reimbursement under Documentary Credit，URR)对开证行的偿付授权(Reimbursement Authorization)、偿付行的偿付承诺(Reimbursement Undertaking)和索偿行的索偿请求(Reimbursement Claim)等做了明确的规定。和 ISBP 不需在信用证中援引不同，根据 UCP600 第 13 条 a 款的规定，如果信用证下的偿付需要遵守 URR，信用证必须明确说明信用证下的偿付受其约束。

URR 先前的版本为 URR525，为了配合 UCP600 的实施，国际商会银行委员会对 URR525 进行了调整，并在 2008 年 4 月会议上通过，且作为国际商会第 725 号出版物正式颁布，即 URR725。

URR725 于 2008 年 10 月 1 日起正式实施。严格说，URR725 并不是对 URR525 的修订，它只是为了在措辞及表达上和 UCP600 保持"同一口径"的一种调整，比如它使用了 UCP600 所采用的"承付(honour)"术语。URR725 第 6 条 d(iv)款和第 8 条 b 款把原 URR525 相应处的"freely negotiable"调整为"freely available"。URR 725 第 9 条 g 款"A reimbursing bank is irrevocably bound to honour a reimbursement claim as of the time it issues the reimbursement undertaking"是新增添的内容，它主要为了反映 UCP600 关于"开证行的承诺"和"保兑行的承诺"的第 7 条 b 款和第 8 条 b 款的精神。URR725 第 11 条 e 款的措辞调整为"A reimbursing bank assumes no liability or responsibility if it honours a reimbursement claim indicating that a payment, acceptance or negotiation was made under reserve or against an indemnity, and shall disregard such indication"，因此它强调了索偿行在担保下有保留的付款、承兑或议付只是索偿行和担保人之间的事，与偿付行无关。偿付行本来就无须审单以及无需确定是否为相符交单。最后，URR725 的第 14 条"关于电文传递的免责"和第 15 条"不可抗力"相应于 UCP600 有关条款的措辞进行了调整，比如，在"不可抗力"下增加了"恐怖分子行为"等。

1. 总则和定义

URR725 的第 1 条强调了它只适用于偿付授权书明示遵守它的场合，除非偿付授权书对它明文做出修改或排除，它将制约所有有关当事人。可以注意的是，SWIFT 从它的 2006 年更新标准起，在用于开证的 MT700 和用于发偿付授权的 MT740 电文格式中都增添了可以说明是否遵守 URR 等规则的必选项。URR 的第 2 条对"偿付行"、"索偿行"、"偿付授权"、"偿付承诺"和"索偿要求"等做了定义。在第 3 条中，URR 强调了偿付授权独立于信用证，偿付行与信用证无关，不受信用证条款制约。

2. 责任和义务

URR725 的第 4 条指出，除非偿付行发出偿付承诺，它没有义务对索偿请求偿付。

URR725 的第 5 条规定，开证行有责任在信用证和偿付授权中提供所需信息，并对未能满足该要求的后果承担责任。

3. 偿付授权、更改及索偿要求的形式和通知

1) 不涉及偿付承诺时偿付授权的要求

URR725 对开证行所发的偿付授权做了明确的规定，它要求任何偿付授权及其更改必须用加押电文或署名的信函形式发出。如果所涉及的信用证及其更改是用电讯方式发出，偿付授权及其更改也应用加押电文发出。该电文即被视为有效的偿付授权或偿付授权的更改，任何邮寄的确认书将不予置理。开证行不许向偿付行寄送信用证或其更改的副本，如果偿付行收到这类副本，它可以置之不理；除非偿付行同意，开证行不允许一则报文发出多份偿付授权。开证行的偿付授权中不许要求提交相符证明。偿付授权书除了要说明遵守 URR 外，必须说明信用证编号、金额及币种、附加金额或容差(如涉及)、索偿行(如不说明，意味可向任何索偿行偿付)、索偿行和偿付行费用的支付方等。如果要求偿付行承兑并支付远期汇票，偿付授权还必须说明票期、出票人、承兑和贴现(如涉及)费用的承担方等。开证行不应要求提交以偿付行作为付款人的即期汇票。

URR725 特别指出，除了经偿付行明示同意外，偿付授权不应规定索偿提交期限。如果偿付授权还给出所涉及的信用证到期日，偿付行对此没有任何责任，将不予理会。对于未使用的信用证金额，开证行必须立即通知偿付行以取消该部分金额的偿付授权。

除了开证行要求偿付行发偿付承诺并且后者已经发出，开证行可以随时更改或取消偿付授权，并将此通知偿付行。开证行还得向与信用证下偿付指示有关的指定银行发出有关通知。如果偿付授权是在信用证到期日前取消的，开证行还得向那些指定银行发出新的偿付指示。在偿付行收到取消或更改偿付授权通知前，开证行必须支付偿付行已偿付的索偿请求或已承兑的汇票。

2) 偿付承诺的要求以及涉及偿付承诺时的偿付授权

开证行要求偿付行做出偿付承诺的偿付授权是不可撤销的，并且必须包含以下内容：信用证编号、金额及币种、附加金额或容差(如涉及)、索偿行全称及地址、索偿提交期限(包括远期票期)、费用(索偿行及偿付行的银行费用和偿付承诺的费用)承担方。如果要求偿付行承兑并支付远期汇票，偿付授权还得说明：票期、出票人、受票人(如果不是偿付行)、承兑和贴现(如涉及)费用的承担方等。开证行仍不应要求提交以偿付行为付款人的即期汇票。

偿付行的偿付承诺必须说明：信用证编号和开证行名称、偿付授权的金额和币种、附加金额或容差(如涉及)、偿付承诺的金额和币种、索偿提交期限(包括远期票期)以及偿付承诺费用承担方(如非开证行)。偿付行还必须说明将要从索偿金额中扣取的偿付行费用。

如果最迟索偿提交日恰逢不可抗力之外原因造成的偿付行休息日，该提交日可以顺延至下一个银行工作日。偿付行一旦发出偿付承诺，它不可撤销地受约束以偿付索偿请求。未经偿付行同意，不可撤销的偿付授权不可更改或撤销。如果开证行更改不可撤销的偿付授权，已发偿付承诺的偿付行可以相应更改偿付承诺，如果它不打算更改，必须立即如是

通知开证行。不可撤销的偿付授权更改通知一旦发出,开证行将不可撤销地受其约束。在偿付行通知开证行接受更改前,原偿付授权条款对偿付行仍然有效。偿付行必须告知开证行,它是否接受对不可撤销的偿付授权的更改,但在偿付行得知索偿行是否接受偿付承诺的更改之前,不要求偿付行做出是否接受对不可撤销的偿付授权的更改。未经索偿行同意,偿付承诺不得更改或取消。一旦发出偿付承诺的更改,偿付行不可撤销地受其约束。在索偿行通知是否接受偿付承诺的更改前,原偿付承诺中的条款仍然有效。索偿行必须告知偿付行是否接受偿付承诺的更改。

3) 索偿请求的标准

URR725 对索偿请求标准也做了规定。它认为,索偿请求应该用电讯方式发出,如果偿付授权中禁止,则用正本书信形式发出。索偿请求必须明确标明信用证编号和开证行名称(以及偿付行参照号),必须分别标明索偿金额和应付的其他金额及费用。不可用发给开证行的议付或承付通知的副本作为索偿请求。同一封电文或信函下不可发出多份索偿请求。如果存在偿付承诺,则索偿请求必须符合偿付承诺的条款。

如果含有以偿付行为付款人的汇票,索偿行必须连同索偿请求一起提交。只要合适,索偿请求必须包含有关商品、服务或行为的统称、原产地、目的地或行为地,以及装运日和装运地(如果交易包含商品的装运)。

4) 索偿请求的处理

URR725 还对索偿请求的处理做了规范,比如,偿付行必须在收到索偿请求之日后的三个银行工作日内处理好索偿请求(如开证行要求发预借记通知,发该预借记通知的时间应该除外)。如果偿付行决定不偿付,它必须在上述期限内用电讯(如不可能,用其他最快捷方式)向索偿行和开证行发出通知,如果存在偿付承诺,该通知必须说明不偿付的理由。偿付行不处理索偿行关于索偿请求日前起计息的要求。在没有偿付承诺且非即期偿付下,索偿请求必须说明预先约定的偿付日。索偿请求不应在约定偿付日的 10 日前提交,否则偿付行可以不予理会,当然它必须立即以电讯方式或其他快捷方式告知索偿行。如果约定的偿付日是偿付行收到索偿请求日后的三个银行工作日后,那么在约定偿付日前,或在收到索偿请求后的第三个银行工作日结束并且外加发预借记通知的时间段内(以最晚的时间规定为准),偿付行无义务发出不予偿付的通知。

4. 其他规定

URR725 还对于外国法律的约束、电文或信函传递中的延误、丢失、残损等方面的免责、不可抗力的免责等做出了规定,并且对偿付有关费用的承担以及关于利息和价值损失的索偿做了说明。

第三节 信用证的一般业务流程

信用证的业务流程因信用证类型不同而有一定的区别,但流程中的基本环节一般都包括申请开证、开证、通知、交单、付款和赎单等。这些环节可以参见图 6.1。

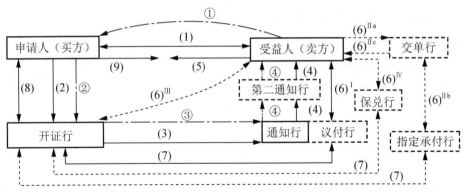

(1) 建立买卖合同；(2) 申请开证；(3) 开证；(4) 通知；(5) 审证、装运(如需改证，则①联系申请人；②申请修改信用证；③如接受，发更改通知；④通知)；(6)^I 制单、交单；议付(如为议付信用证)；或(6)^{IIa} 如为付款信用证或承兑信用证，交单；(6)^{IIb} 即期付款(即期付款信用证)；或发付款承诺，到期再付款(延期付款信用证)；或承兑远期汇票，到期再付款(承兑信用证)；(6)^{IIc} 划款；或(6)^{III} 直接向开证行交单，付款；或(6)^{IV} 如有保兑行，交单，议付或承付；(7) 寄单索偿、到期付款；(8) 付款赎单；(9) 提货。

图 6.1 信用证一般业务流程图

一、建立买卖合同

尽管信用证是独立于合同的自足文件，但是买卖合同是信用证开立的基础。合同是买卖双方磋商建立的，如果合同规定用信用证方式支付，合同的支付条款应该明确买方开证或到证的时间、信用证种类、到期日及到期地点和交单期等。如有必要，还可以明确开证行、受益人和信用证金额，也可以指定通知行等。买方理应按照合同条款及时申请开立信用证。

二、申请开证

一般来说，买方在申请开证前应该先落实应付外汇额度。如有必要，需要落实进口配额或进口许可证。银行一般可能会要求审核贸易合同、进口批文及外汇管理部门规定的文件。首次在某银行开证，该银行会要求提供工商营业执照、允许经营进出口业务的批文等，还会要求办理保证金账户等。代理进口时，开证人应该落实委托方的保证金或委托方银行的保函。申请开证时，需要填写开证申请书(参见式样 6.1)。开证申请书的背面一般印有申请人和开证行间的协议条款，以规定双方的权利和义务。申请书正面表格内填写的内容将相应反映在待开立的信用证上。ISBP 明确指出，开证申请人需"承担其开立或修改信用证的指示不明确所导致风险"。另外，申请人应该注意，填写的内容应该不赘不繁。过多烦琐复杂的细节可能会使受益人难以操作而要求修改，也可能会使银行审单非常困难；其次应该注意，信用证下的任何要求应该以单据条款或指向单据的条款的形式出现。对于非单据化的条件，UCP600 第 14 条 h 款认为："银行将对此种条件视作未规定，对其不予理会"。ISBP745 的 A26 段对此解释道："当信用证包含一项条件但未规定表明该条件得以满足的单据('非单据化条件')时，无需在任何单据上证实以满足该条件。然而规定单据上所含有的数据不应与非单据化条件相矛盾"；再者还应该注意，措辞必须非常明确，不可含糊，以避免银行审单时无法把握，或带来难以预料的后果。比如，不要用"套证"方法(即通过援引曾开立过的信用证编号来规定新证某条款,如,"documents required similar to L/C No.1234");另外,按 ISBP 规定,如果信用证没有规定被通知人细节,受益人提交的运输单据的相应栏目可以以任何方式显示被通知人细节,这或许不利于申请人。最后应注意,如果需要排除 UCP 某条款的适用,则应该仔细斟酌这样规定的可操作性,必要时需要同时明确说明自己的替代要求。

DOCDEX 专家的第 277 号决议曾处理过一个案例:信用证要求提交"arrival advising report from shipping company",受益人提交了提单上所表明的船公司出具的,名称为"arrival advising report"的单据,遭开证行拒付,其理由是该单据只有在船只抵达后才可能出具。DOXDEX 专家们一致认为,单据没有不符。如果开证行要求船抵目的港后才能签发此单据,信用证必须如是说明。申请人和开证行必须承担信用证条款不清的责任,这符合 ISBP "申请人承担其开立或修改信用证的指示模糊不清带来的风险"的精神。

当然,原则上申请人应该按照买卖合同申请开证,否则受益人审证时可能会以信用证与合同规定不符为由提出修改信用证的要求。这将会增加费用,并可能延误装运。

由于信用证下开证行必须承担第一性的付款责任,所以开证行在接受买方开证申请时,按照申请人资信状况、有关货物种类以及所包含的单据是否能够控制物权等,要求买方提供信用证金额的百分之百或一定比例的开证保证金,即开证押金(margin)。保证金通常不计利息,存入银行指定的保证金存款账户。对于资信很好,业务前景不错的申请人,银行可以按审核贷款的原则为其核准一个授信额度(credit line),在授信额度内开证可以不收取押金。另外,为开立信用证,申请人还需要交纳有关银行费用。

三、开立信用证

开证行如接受申请,即按照开证申请书的要求开立信用证。ISBP745 认为:"除非申请人明确作出相反指示,开证行可以用必要或合适的方式补充或细化申请人的开证指示,以便信用证或有关的修改书得以使用,开证行应确保所开立的信用证或修改书的条款与条件没有模糊不清或相互矛盾"。通常,开证行先将一份副本交申请人确认,之后再按申请书要求用航空邮寄或电讯传递的方式发给在出口地的通知行。

邮寄发送的信用证称为信开信用证(参见附录 4 和 5),上面须有开证行授权人的签章。信开信用证常见的格式有按照或参照国际商会 516 号出版物规定的标准格式,也见有某些银行自己的类似信函的格式。前者布局规范,阅读方便;后者内容布局有时交错,上面加盖的任何印戳都可能构成信用证附加条款,阅读时应格外小心。

电讯发出的信用证称为电开信用证(参见附录 6 和 7)。电开信用证必须载有开证行的密押。通过 SWIFT 开立的信用证采用 SWIFT 的标准格式,而用普通电传文本格式开立的信用证,内容布局没有统一规定,受益人阅读时也必须小心。另外,如电开信用证载有"详情后告"(full details to follow)之类声明时,该信用证不能被视为有效信用证文件,只能视为信用证简电通知书。由于 SWIFT 系统安全高效,SWIFT 信用证现得已到广泛使用。

四、通知信用证

通知行应该是开证行的联行或往来行,它应该拥有开证行授权人的签字及印章样本和数字签名规则,以及开证行的密押规则,以此,它可以审核信用证的表面真伪。如果通知行无法鉴别信用证的表面真实性,它必须立即告知开证行;如果它仍决定通知受益人,它必须如实相告。按UCP600第9条b款,如不特别说明,通知行通知信用证或其修改书的行为即表明了它已经确认了信用证或其修改书的表面真实性。

通常,通知信用证时,通知行先缮制一份信用证通知书(见式样6.2),连同正本信用证一起通知受益人。通知书一般注明信用证编号、当事人以及总金额,并加注通知行的参照号,以便归档和查询。如果通知行保兑了所通知的信用证,它应该在通知书上明确说明。如果信用证以通知行为收件人(addressee),通知行一般还可能以自己的格式按原信用证内容将信用证转发给受益人。

如果买方在申请开证时应卖方要求指定了通知行,而该通知行恰好不是开证行的联行或往来行,这时,信用证一般需要先发给在出口地和开证行以及指定通知行分别都有往来关系的银行,将该行作为(第一)通知行,由它鉴别信用证表面真伪后转递给指定通知行,该指定通知行在UCP600下被称为"第二通知行"(second advising bank)。

五、审证和装运

尽管国内通知行通知信用证前通常为客户初步审核信用证,如发现不妥处,往往会附上加盖"如不同意,请修改"之类提示章的信用证复印本以提醒客户,但这种审核一般只是偏重于常规的信用证操作问题而且通知行并不为此承担责任。受益人收到信用证后,一方面应该认真研究通知行的审核意见,另一方面仍必须对照合同以及业务操作的具体要求仔细审核信用证。

如果受益人发现信用证中含有不能接受的与合同不符的条款或者不能接受的要求,他应该立即联系申请人指示开证行修改信用证。信用证的修改必须由申请人提交修改申请书,如果开证行同意,它将在收取一定的费用后按要求做成信用证修改通知书(参见式样6.3)并按原证传递路线转交受益人。信用证是否已修改必须以修改通知书为准。按UCP600第10条f款,修改通知书中如果设定受益人拒绝接受的时限,受益人可以对此置之不理。通常,受益人收到修改通知书后应该发出接受或拒绝该修改书的通知,如果受益人没有发出此类通知,那么交单时单据如果和修改书要求相符,则被视为其接受了信用证的修改。受益人不可仅接受修改书中的部分条款。如果受益人按原证交单,则被视为其不接受修改。

如果受益人接受信用证或其修改,他必须严格按照信用证或其修改书的规定装运、制单和交单。

六、制单、交单议付或承付

受益人装运后应该及时缮制并备齐信用证下所需单据,当然,某些单据可能装运前就已经制好或已经获取。如信用证要求提交汇票,受益人还需相应开立汇票。然后,如是议付信用证,受益人需填好议付申请书,将所有单据连同信用证以及修改通知书(如有)正本,在信用证规定的交单期和到期日(有效期)内,按要求向信用证指定的议付行提示交单。在外贸实践中,通知行很可能充当议付行。国内有的银行向客户提供的是"出口信用证交单委托书",它除了要求填写开证行名称、信用证编号、发票编号,列明所提交的单据名称及份数,给出受益人公司开户行名称及公司账号、核销单编号以及受益人公司的联系人和联系方法等外,还需要受益人做出如存在不符点时如何处理的选项以及是否要求银行叙做押汇或福费廷等说明。

按UCP600规定,所谓议付,是"指定银行在相符交单下,在其应获偿付的银行工作日当天或之前向受益人预付或者同意预付款项,从而购买汇票(其付款人为指定银行以外的其他银行)及/或单据的行为"。通常对于即期议付信用证,议付行在相符交单的前提下,收下受益人提交的单据,并按信用证下允许的该次提示所要求支取的金额,扣除向开证行寄单索偿所需的一个来回邮程时间的利息以及银行手续费,将货款"垫付"给受益人。议付实际是议付行在信用证指示下对受益人的一种押汇融资,如果事后单据因存在不符点遭开证行拒付,议付行可以向受益人追索。当然,如果议付行同时又是保兑行,按UCP600第8条a(ii)款,它将不具有追索权。

受益人交单议付时为了获取融资,一般需要签署总质押书(General Letter of Hypothecation)或在议付申请书(式样6.4)上做出承诺,保证在议付行无法从开证行处索得款项时归还议付行所垫的款项。

议付时,议付行有自收到单据翌日起5个银行工作日的审单期。如果发现单证不符,如时间许可,议付行可通知受益人改正或换单。但是,有的单据可能已无法更改替换,或者时间已经不允许。这时,如果不符点并不严重,受益人可以联系申请人放弃不符点并授权开证行付款,然后请求议付行凭受益人出具的保函(letter of indemnity)议付,这通常被称为"凭保议付"(不过有的信用证会明确规定:"negotiation under reserve or guarantee is not permitted")。在涉及金额相对很小,并估计所涉商品不会被拒收的情况下,请求议付行将不符点列明在寄单面函上,请求开证行征求申请人同意付款,这通常被称为"表提"。如果不符点较为严重,请求议付行先电告开证行,征得开证行同意后再议付、寄单,这习惯上被称为"电提"。当然,如果开证行不同意付款,因为货已发出,一般受益人可能不得不改用跟单托收方式,委托银行收取货款,这被称为"有证托收",这样操作的风险甚至大于普通托收。

目前还有不少议付行采用的是"收妥结汇"的方式,它们收到受益人提交的单据后不叙做押汇,待寄单索得款项后再将货款划拨给受益人。严格说,这样的做法实际只是一种交单代收行为。

如果是付款信用证或承兑信用证,单据一般可能经过交单行提交到信用证指定的承付行。开证行也可能自己承付。决定按指定行事的承付行也必须在5个银行工作日内完成单据审核。如果认为交单不符,它必须在该审单期限内向交单人发出拒付通知。如果认为交单相符,对于即期付款信用证,它应该即期付款;对于延期付款信用证,它应该发出付款承诺,到期再实施付款;对于承兑信用证,它应该先承兑信用证下的远期汇票(如不涉及贴现,可以不需在汇票上做承兑记载而是留下单据、汇票,直接向交单人发出已承兑通知),并且通知交单人,然后汇票到期再实施付款。应该注意,UCP600允许承付行在延期付款信用证和承兑信用证下为受益人提供融资,比如贴现已承兑的汇票等。还应该注意,识别延期付款信用证下指定承付行收取单据后发出的通知是否真正构成付款承诺,这对受益人极其重要。因为,按UCP600第12条c款,"非保兑行的指定银行接受、审核并寄送单据的行为,既不会使得该指定银行具有承付或议付的义务,也不构成承付或议付"。

按 UCP600 第 6 条 a 款,"可以在指定银行兑用的信用证也可以在开证行兑用"。因此,即使信用证指定了议付行或承付行,仍允许受益人直接向开证行交单。受益人通过非指定银行的自己往来行向开证行交单,实质上就相当于他自己直接向开证行交单。当然,单据必须在信用证规定的期限内到达开证行,并且寄单邮程上的风险将由受益人自己承担。

七、寄单、索偿和付款

虽然 UCP 并没有给出指定银行向开证行传递单据的时限,议付行或指定的承付行审核单据并且议付或承付后,应及时将单据按信用证指示寄给开证行,以索偿行身份向其索偿。对于付款信用证或承兑信用证,信用证中也可能不另行指定承付行,因为开证行本身就是信用证下负第一性付款责任的银行,单据这时(通常需要经交单行)应该寄给开证行。

银行寄单时应该缮制好寄单面函(covering schedule),如果发生受益人因节假日交单顺延,寄单面函中必须说明。寄单还应该按照信用证要求的邮寄方式和批数,寄给开证行指定的部门。如果要求分两批寄单,并且有的单据如有多份正本,它们应该分开寄出,不过第一批寄出的单据通常至少应该包含所有单据的一份正本,如果某单据仅需提交副本,则该单据的那一份副本也应该在第一批寄出,以便开证行及时审单。不过,如果到期地点在开证行,必须确保第二批单据在规定时限到达开证行。如果信用证指定了寄单方式(如,by registered airmail 或 through courier service 等),寄单银行应该严格按照指定方式寄单。分两批寄单会使得信用证下操作成本增加,但单批寄单会存在寄单遗失的风险。虽然如今这种风险非常小,但是按 UCP600 第 35 条,这种风险将由开证行(最后由开证人)承担。只要指定银行认定受益人交单相符,即使单据因非寄单行原因在途中遗失,开证行仍必须承付。为了解决万一单据在寄单途中丢失带来的开证行无法审单的问题,有的信用证会声明:"如果指定银行认为相符的单据在寄单途中遗失,开证行有权要求该指定银行邮寄所有丢失的认为相符的单据的副本,并且有权通过这些副本确定它们是否相符"。因此,寄单银行对所有寄出的单据通常都应该留有复印本,以备万一。国际商会的意见 TA.639rev(注:本书所提及的国际商会意见都指的是国际商会银行委员会所做意见,TA 开头的为尚未正式发表的意见,R 开头的是已正式发表的意见,它们对于正确理解有关国际惯例可以起到极好的参考作用)中对于这样的操作也予以理解和认可。如果信用证另外指定了偿付行,索偿行向开证行寄单后应该向指定的偿付行索偿。

开证行以及做出承兑、付款或保兑承诺的银行必须严格审单,因为汇票的承兑以及付款或保兑承诺不可能撤销,付款一旦实施也不可追索。有些银行为了避免风险,审单后往往向申请人发出"进口信用证到单通知书",列明审单意见和发现的不符点(如有),获得申请人明确意见(如放弃不符点的承诺)后,再对外实施付款。不过,开证行有独立的决断权,开证行正确的做法应该是发现不符后在审单期限内先行对外拒付,然后可以再征求申请人是否放弃不符点。按 UCP600 第 16 条,有关银行必须在其收到单据的翌日起 5 个银行工作日内独立做出判断,决定是接受还是拒绝接受单据。如果银行决定接受单据,它必须按照信用证规定的方式和路线将款项划给交单行。如果银行决定拒绝接受,它必须在上述期限内不得延误地以电讯方式(如不可能,则以其他快捷方式)向交单行一次性发出通知,说明银行拒绝承付或议付,列明所有不符点,告知交单行单据将如何处理。否则,银行将失去拒付的权利。

八、申请人付款赎单

如单据无误,申请人必须付清货款以及有关费用,以赎取单据。申请人和开证行信用证下的契约关系至此终止。如确属受益人交单不符并且事先未做过放弃不符点承诺,申请人有权拒付。

九、提货

申请人获取单据后,货到以后即可凭正本运输单据办理提货手续。不过应注意,如果涉及的是航空运输单据之类非物权单据,并且如果运输单据被做成申请人抬头,申请人可能在付款赎单之前就已经提取了货物。同样,如果涉及的是"空白(指示)抬头,空白背书"的提单之类物权单据,并且信用证要求将其中一份正本在装运后直接寄给申请人,那么申请人收到受益人按此寄来的单据,即可在向开证行付款赎单前提取货物。

第四节 信用证的当事人

一般认为,信用证下的基本当事人有:申请人、受益人和开证行。UCP600允许开证行因业务需要,主动开立信用证,在这种情况下,基本当事人只有受益人和开证行。信用证下的其他关系人包括通知行(以及可能出现的第二通知行),议付信用证下的议付行,保兑信用证中的保兑行,承兑信用证或付款信用证下的承付行,转让信用证中的转让行和第二受益人,按开证行偿付授权实施偿付的偿付行,议付或付款后向开证行或指定银行索偿的索偿行等。信用证业务下常见一个银行充当几种关系人的身份。关系人的身份由开证行在信用证下指定,但这种指定并不构成被指定的银行承诺,除非它明确表示同意并且告知受益人。

一、申请人

申请人又被称为开证人,在信用证中常被称为"applicant","accountee","principal","accreditor","opener"或"orderer"。对于最后一种称呼,应该格外小心。曾有受益人将信用证要求提单抬头人为"to orderer"(即,做成记名申请人抬头)误做成"to order"而被拒付的案例。有的信用证中用英语短语来说明申请人,常见表达有:"We hereby issue the credit at the request of …",或"…by order of …","…for account of …","…on behalf of …"等。

申请人一般为基础买卖合同的买方,但不一定是进口商。申请人是信用证业务流程的发起者,也是信用证下最终付款人。

二、受益人

受益人(beneficiary)应该是买卖合同的卖方(seller)。他可以是出口商(exporter)或供货商(supplier)。信用证中还常见用"We issue the credit in favour of…"点出受益人。

三、开证行

开证行在信用证中常被称为"opening bank"、"issuing bank"或"establishing bank",它承担信用证下的第一性付款责任。只要是相符交单,开证行必须首先付款,不管此时申请人是否已经失去支付能力(insolvency)。一般来说,除通知行用自己格式转开的信用证外,信用证中的第一人称代表开证行。

四、通知行

通知行(advising bank/ notifying bank)是按开证行指示,通知受益人信用证或信用证修改书的银行。按 UCP600,通知行通知信用证或信用证修改书的行为本身表明,它已经确认了所通知的信用证或信用证修改书的表面真实性。通常,通知行应该是开证行的联行或往来行,这样,它才能够通过所持有的开证行的印签样本或密押规则来检验信用证的表面真伪。另外,如上节所述,信用证业务中还可能会涉及"第二通知行"。

正因为通知行一般和开证行有往来关系甚至账户关系,信用证业务中开证行常常指定通知行为议付行、承付行、转让行甚至保兑行。

五、议付行

信用证兑用方式(availability)包括议付和承付。议付行(negotiating bank)是按议付信用证指示实施议付的银行,因此议付行是受开证行委托的代理人。按 UCP500,"议付"(negotiation)应"对汇票及/或单据付出对价"(giving of value for draft(s)and/or documents),而 UCP600 认为,议付行在相符交单下,应该在其应获偿付的银行工作日当天或之前向受益人预付或者同意预付款项。但应该指出,提供了融资押汇的非保兑行的议付行的"垫付"使之成为汇票及/或单据的善意持有人,因此它的权利优于前手。万一遭开证行拒付,它拥有向受益人追索的权利。

如议付信用证中未限定议付行,或规定可以由任何银行议付,该证即为公开议付信用证(freely negotiable L/C),任何银行可以议付该信用证。实务操作中,为了减少风险,即使为公开议付,开证行一般仍会限制由出口国的任何银行议付而不是由世界上任何银行议付。比如,信用证规定"…available by negotiation with any bank in China",这表明该证可以由在中国的任何银行议付。

如信用证中限定了议付行,该证为限制议付信用证(restricted negotiable L/C),只有指定议付行可以议付该证。信用证中诸如"…available by negotiation with ABC bank"、"Negotiation under this L/C is confined to ABC Bank",或"All Documents must be presented to ABC Bank for negotiation"等都表示只限于在 ABC 银行议付。要注意的是,如果议付信用证规定"…available by negotiation at our counter",实际要求直接在开证行柜台上交单,这就是所谓的"straight L/C"。按 UCP600,议付行不能是汇票的付款人,而且开证行无所谓"议付"可言,如交单相符,开证行应做承付。受益人如果接受这样的信用证,就应该能够把握因寄单而带来的单据遗失及/或时间延误的风险,并且失去了原本议付信用证下的融资押汇的可能。

在限制议付信用证下，如果不通过指定议付行议付，称为"局外议付"，这将被视作通过"局外行"受益人自己向开证行直接交单。单据必须在信用证规定的交单期以及有效期内寄达开证行，并且由于"局外行"不是信用证中指定的银行，它不能享有 UCP600 第 35 条下的免责，开证行对"局外行"寄单过程中产生的延误、遗失等不负责任。

六、保兑行

保兑信用证下，保兑行(confirming bank)承担独立于开证行的第一性付款责任，因此，信用证被加以保兑，对于受益人是一种"双重保险"。装运后，他可以向开证行交单，也可以向保兑行交单。如果审核信用证时受益人发现开证行资信不佳或不详，或开证行所在地政治、经济形势不稳定，受益人应要求开立保兑信用证。保兑行如在受益人所在地对受益人有利，他可以向保兑行直接交单。而且，保兑行付款后是不能追索的。

实践表明，有的开证行因认为自身资信足够好而不会接受开立保兑信用证的要求，因此作为申请人的买方，在建立买卖合同时，如果接受了这样的银行为开证行，不应该再接受开立保兑信用证的要求。

由于保兑行议付或付款后不能追索，保兑行只有在充分把握开证行的资信下才会接受保兑要求。保兑行向开证行交单索偿时，如果开证行发现交单不符，开证行可以拒付，这就是为什么保兑行一般非常重视提高单据操作人员的业务素质，并且审单也格外严格的原因。

七、承付行

在付款信用证或承兑信用证下，开证行可能会指定承付行。按指定行事的承付行在相符交单的条件下，对即期付款信用证实施即期付款；对延期付款信用证先发出付款承诺然后到期付款；对承兑信用证先承兑信用证下的远期汇票并向交单人发出已承兑通知，然后到期付款。不管哪种情况，承付行一般接受单据后需要向开证行寄单并且索偿。和议付信用证一样，允许在任何银行承付的付款信用证或承兑信用证，任何银行都将可能成为指定的承付行。当然，承付虽可收取一定的手续费，但它也存在一定的风险。指定的承付行如果没有明确允诺并通知受益人，它收下单据、审核并寄送单据的行为并不构成"承付"，除非它同时又是保兑行。实践中，开证行自身常常充当承付行。开证行在信用证下指定其他银行为承付行可能有多种原因，通常可能为了节省银行资金划转的费用和时间或为了融资的便利等。

UCP600 允许按指示行事的承付行在信用证下对受益人提供融资。

决定按指示行事的承付行本身的审单非常重要，如果它向开证行提交的单据存在实质性的不符点将可能遭开证行拒付，但已付款项却无法追索，即便是汇票的承兑和付款的承诺也不可能撤销。

八、转让行

转让行(transferring bank)经开证行授权，可以按可转让信用证(transferrable L/C)受益人(第一受益人)的指示，将信用证的全部或在允许分批装运的情况下，部分转让给另一个或数个受益人(第二受益人)。转让行一般是可转让信用证的通知行,如果开证行授权并且它本身接受,它也可能同时是可转让信用证的保兑行。按 UCP600,开证行自己也可充当转让行。已转让信用证(transferred L/C)下单据必须通过转让行交单。

九、第二受益人

第二受益人(second beneficiary)是可转让信用证的受让人。一般来说,在可转让信用证下第一受益人为中间商,而第二受益人是实际供货商。

十、交单行

任何向开证行、承付行或保兑行寄单的银行都可称为交单行(presenting bank)。议付行就是交单行。在付款信用证或承兑信用证下,如果承付行在国外,受益人一般需要通过国内的交单行向承付行提示单据。这类信用证下的交单行如果向受益人提供类似议付的买单融资,将仅仅涉及它和受益人之间的融资协议,与信用证无关。

和限制议付相似,付款信用证或承兑信用证中如果限定了交单行,受益人应该通过指定的交单行寄单。

十一、索偿行

索偿行(claiming bank)指的是按信用证指示进行议付或付款后向开证行或指定的银行索款的银行,比如信用证下的议付行、保兑行或承付行等。

十二、偿付行

当开证行和索偿行没有直接账户关系时,开证行可能会在信用证中指定一个和索偿行的共同账户行来实施款项划拨,这个银行称为偿付行(reimbursing bank)。此时的索偿和偿付流程如图 6.2 所示。偿付行实际只提供"划账"服务,它没有义务审单。因此,UCP600 和 URR725 都认为,信用证不可要求索偿行向偿付行提交"相符证明"(Certificate of Compliance)。

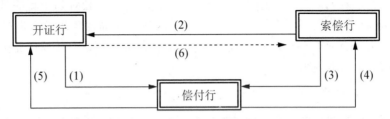

(1) 发出偿付授权;(2) 议付或付款后寄单;(3) 发出索偿请求;(4) 划账后发出贷记通知;(5) 发出借记付讫通知;(6) 如交单不符,发出拒付通知并要求退还已付款项

图 6.2 涉及偿付行的索偿流程图

需要说明的是,commentary on UCP600 一书提及的国际商会意见 TA.569 中认为,议付行应该只有审单并认为交单相符后才可以向偿付行索偿。议付信用证通常不应该指定偿

付行或授权议付行直接从开证行在议付行的账上扣款。议付信用证通常应该规定议付行"向开证行寄单，开证行一旦确认交单相符，即按议付行指示偿付"——这可能是因为议付行不应该使用开证行资金"议付"的缘故吧。

第五节 信用证的内容

信用证业务下的当事人，尤其是受益人，了解信用证内容并且理解信用证条款非常重要，否则审证、制单和审单根本无从说起。信用证通常包括以下几方面的内容，当然并非所有这些内容都必须在每份信用证上出现。观察附录 1 的 SWIFT 下的 MT700 开证格式可以知道，标明"O"(optional，选择项)的项目在信用证上都可能会不出现。

一、信用证本身的说明

1. 信用证类型

首先应该了解信用证的兑用方式。UCP600 第 6 条 b 款明确规定，信用证必须清楚地表明该证适用于即期付款、延期付款、承兑或议付。如果信用证表明"available by payment at sight"，指的是即期付款信用证；表明"available by deferred payment at ..."，指的是延期付款信用证，at 后应该注明延期付款期限；表明"available by acceptance of drafts at ..."，指的是承兑信用证，at 后应该注明汇票远期付款期限。承兑信用证的远期付款期限也可以在规定所需汇票的票期时给出；表明"available by negotiation"，指的是议付信用证。如需汇票，根据汇票的票期，可以知道议付信用证为即期还是远期。

其次，根据信用证条款或措辞，可以判断信用证的其他类型说明，比如，未注明是可以撤销的(revocable)都为不可撤销信用证；注明"irrevocable standby"的为不可撤销的备用信用证(备用信用证的介绍可参见第 7 章)；注明"transferable"的为可转让信用证；信用证或信用证通知书中明确"经保兑的"(confirmed)为保兑信用证等。

在 SWIFT 信用证中，信用证兑用方式和兑用银行在 41a 域下说明，延期付款信用证的付款时间等必须在 42P 域下明确，承兑信用证和远期议付信用证的付款期限在 42C 域的汇票票期中给出。如果 41a 域下规定的是混合付款方式，必须在 42M 域下说明具体的付款时间、金额及/或方法。信用证可否撤销、可否转让以及是否为备用信用证等将在 40A 域下给出。49 域给出开证行是否要求通知行保兑的信息，当然通知行是否接受保兑指示应该在它的信用证通知书中明确说明。

2. 信用证参照信息

信用证的编号及开证日是信用证重要的参照信息，信用证下的往来函件上以及某些单据中都需要注明该编号和日期。普通信函格式信用证的开证日类似信函：日期一般出现在信用证开证行信头下的右上角或左上角，编号常做成标题；普通电传格式信用证的开证日一般就是位于双方电传号下的电传发出日(包括时间)，编号可做成标题或在电文开场句中给出；标准格式信用证的开证日和编号往往有专门的位置，其中，SWIFT 信用证编号在 20 域下给出。如没用 31c 域给出开证日，可以从电讯发出时间和日期判断开证日。以一段时间为有效期，但没有规定起算日的信用证以开证日为有效期的起算日。按 UCP600 第 14 条 i 款，除非另有规定，银行接受出单日早于开证日的单据。

3. 信用证下的交单期(period for presentation)

申请人授权开证时，一般会要求信用证中规定交单期，比如，"Documents must be presented within 15 days after shipment"。值得注意的是，按 ISBP681 关于"within 2 days after 某事件"的用法解释，该表达指"该事件发生之日起至该事件发生后的两日内"，因此上述交单期表述还包括了允许装运日交单。不过 ISBP745 却删除了该诠释，从它的 A15 款"'从……起(from)'和'在……之后(after)'这两个词语当用于确定装运日、事件日或单据日后的付款期(maturity)或交单期时，该日将不计入内"，上述交单期的表述应该排除了在装运日交单。不过根据不管新版还是旧版的 ISBP，交单期的截止日都是一样的。

规定交单期是为了约束受益人在装运后及早交单，以避免申请人迟迟收不到经银行传递过来的单据，无法及时清关提货而遭受不必要罚款(如海关滞报金)或承担额外的费用(如逾期仓储费，保险费)。运输路程越短，指定的交单期一般也可能越短。如果信用证中没有指定交单期，在需要向银行提交 UCP600 第 19 至 25 条的运输单据正本的信用证下，受益人最迟不可超过装运后 21 天交单，并且不得迟于信用证到期日。如果信用证没指定交单期，并且只要求向银行提交副本运输单据或提交非 UCP 第 19 至 25 条的运输单据(即使正本)，受益人在信用证有效期内交单即满足要求。某些格式信用证的交单期在"附加条款"中给出，SWIFT 信用证在 48 域下给出交单期。

4. 到期日及到期地点(date and place of expiry)

受益人交单除了受制于交单期，还不可迟于信用证到期日，即有效期。信用证到期日一般和信用证指定兑用方式下交单有关。按 UCP600 第 6 条 d.i 款，信用证载明的承付或议付到期日将被视为交单到期日。比如，除非另有说明，议付信用证到期日指的是受益人满足交单期的同时向议付行交单议付的期限，而承兑信用证到期日指的是受益人满足交单期的同时向承兑行交单并要求承兑的期限。到期地点在出口地对受益人比较有利，如果在申请人所在地，受益人必须考虑寄单所需要的时间以及邮程上的风险。因此应该理解，付款期为两年后的延期付款信用证并不意味信用证的到期日(有效期)必须也在两年后。

国际商会的意见 TA.717 曾列出表格，给出兑用地和到期地不同的信用证下可以满足信用证交单期、到期日及到期地点的多种交单情况，不过在后来的 TA.717rev2-final 意见中，国际商会认为，UCP 所希望的是信用证兑用地和到期地应该相同。原表中的一些信用证规定方法属于不良的银行实务做法，国际商会对它们提出应对意见并不合适。无疑开证行应该避免开立兑用地和到期地不同的信用证。

二、信用证当事人

除基本当事人外，不同类型的信用证涉及不同的当事人，不同的当事人将影响信用证的操作流程。比如，如涉及另外指定的付款行或保兑行等，汇票的受票人一般要求做成该银行；如信用证限定议付行甚至交单行，则应该避免经局外行(非指定银行)议付或交单。

在 SWIFT 中，开证行一般就是发电文银行，通知行一般为接收电文的银行；申请人和受益人分别在 50 和 59 域下给出；兑用银行(议付行或承付行)在 41a 域下规定；如指定偿付行或第二通知行，它们分别在 53a 或 57a 域下给出；指定转让行或限制交单行(除兑用行外)，则通常在 47A 或 47B 域中说明。

三、信用证金额和汇票条款

除非另有说明，信用证金额为信用证下受益人可以支取的最大金额。因此，如果涉及汇票，受益人开出的汇票总金额不得超过信用证金额。这在信用证数量允许容差，而金额没有容差的情况下需要特别注意，否则将发生发票金额超过信用证金额的情况。此时如果开立的汇票金额也超支，必将遭开证行拒付；如果将发票金额超证部分做托收扣减后(可参见第 11 章相关描述)，只要信用证下汇票金额满足信用证要求，并且议付行议付了单据，或保兑行接受了单据，只要单据没有其他不符，开证行就不得拒付。

常见的信用证金额表达有：①"…about USD 5000.00"；②"…for the sum of USD 5000.00 with 5% more or less allowed"；③ "…for a sum not exceeding USD 5000"；④ "…for the sum of USD 5000 CIF London" 等，其中，按 UCP600 第 30 条 a 款，①式表明信用证金额可有 10%的增减。

并非信用证金额越大越好。按 UCP600 第 30 条 c 款，除非信用证另有规定，如果信用证金额未允许有容差，如果信用证不允许分批装运，并且如果已按信用证数量/单价(如已规定)发货，支取金额不能低于信用证金额的 95%。

也并非所有信用证都需要受益人出具汇票。一般来说，延期付款信用证不需要汇票；远期议付信用证和承兑信用证应该要求相应的远期汇票；即期议付信用证或即期付款信用证如需要汇票，则一定是即期汇票。信用证下常见的汇票条款表达如图 6.3 所示。一般信用证下汇票的出票人必须是信用证的受益人；付款期多为即期或见票后定期，如 "at sight" 或 "at 60 day's sight"，当然，也不排除会规定出票后定期付款，如 "at 60 days after date"；定日付款，如 "at November 22nd fixed"，或提单日后定期付款，如 "at 60days after B/L date" 等。如未规定票期，通常被理解为即期。汇票金额如要求为发票金额的百分之九十几，常发生在交易存在暗佣的场合。远期信用证下的远期利息实际由卖方承担，一般不需说明，当然，也可注明为 "free of interest"。在远期信用证即期付款的买方远期信用证(假远期)下，远期利息由买方承担。这时，信用证应该相应做出说明，受益人开立汇票时应该将该利息说明在汇票上相应加注。至于汇票收款人，信用证一般很少指定。汇票的出票条款一般在信用证 "附加条款" 或开证行责任文句中另行说明。

SWIFT 信用证中如需要汇票，应该在 42C 和 42a 域下规定票期和受票人。汇票的出票条款、加注要求一般在 47A 或 47B 域中给出。以申请人为付款人的汇票在信用证下不能作为 "票据" 使用，信用证不可凭这类汇票兑用，因为信用证下银行应该承担第一性的付款责任。SWIFT 信用证中，如果涉及这类汇票，应该在 46A 或 46B 域 "单据条款" 下说明。

第 6 章 信 用 证

…available by ①…'s draft at ②…sight on ③…((payable)to ④…)for ⑤…,(⑥…)

① 出票人；② 付款期；③ 受票人；④ 收款人(通常不规定)；⑤ 汇票金额：如，a)for the full invoice value；b)for 95% of the invoice value；⑥ 利息说明：如, a) free of interest；b) payable at sight, and xx day's interest is for the applicant's account. (一般出现在买方远期信用证，即，假远期信用证中。)

图 6.3　常见汇票条款图示

四、货物条款

信用证的货物条款指向发票，它一般包含货物名称、规格、单价和数量，也可能包含包装方式、唛头以及有关合同号等。按 UCP600，发票上的货物描述必须得和信用证的货物条款相符。应该注意到，在涉及多款商品的信用证中，货物条款可以分成"共性"内容，如商品的统称、包装方式和有关合同号等，以及关于各款商品的"个性"内容，如各款的款号、规格、单价和数量等。如果允许分批装运，各批货物的发票都应该包含"共性"内容，而"个性"内容只需出现在有关各批的发票上即可。SWIFT 信用证 45A 或 45B 域下给出货物条款。

五、运输条款

信用证的运输条款一般包含运输起讫地、途径地(如有)、最迟装运日以及可否分批或转运等。运输方式一般通过信用证要求的贸易术语或运输单据类型反映。

1. 装运时间

信用证中装运时间的表达用得最多的是最迟装运日，如"not later than…"或"latest on…"(最迟于……)。根据 UCP600 下各运输单据条款的要求，所谓"装运日(date of shipment)"，按提交的运输单据不同，应该理解为"装船(loading on board)日"(海运方式下)，"收妥待运(accepted for carriage)日"(空运方式下)，"发送、接受监管或装船(dispatched, taken in charge 或 shipped on board)日"(多式联运下)，"收讫待装运、待发运(received for shipment, dispatch or carriage)日"(公路、铁路或内河运输下)，"邮戳日(date of post receipt)"(邮寄方式下)或"收件日(date of pick-up or of receipt)"(快件方式下)等。如果信用证用"迅速"，"尽快"等笼统词语规定装运日，银行将不予理会；如果使用"on or about"某日，则表示该日的前后各 5 日之内；如果用"to"，"until"，"till"，"from"，"between"某日，则该日包括在内；"before"，"after"某日，则该日不包括在内。"first half of"某月，表示为该月 1 日至 15 日；"second half of"某月，表示为该月 16 日至该月月末日；"beginning of"某月，"middle of"某月和"end of"某月分别表示为该月 1 至 10 日，11 日至 20 日以及 21 日至月末日。SWIFT 信用证代号 44C 下给出"最迟装运日"或代号 44D 下给出"装运期"。

要注意，信用证规定的最迟装运日和信用证到期日为同一天的"双到期"的情况，受益人如果接受，必须能够在最迟装运日前一段时间实施装运，以便有足够的时间制单和交单。

如果是分期装运的信用证，信用证应该分别规定各期装运的时间段。此时不能简单地用最迟装运日来规定各期的装运时间。ISBP745 的 C15 段规定，当信用证规定在给定的时间段(given periods)内分期支款或分期装运,而任何一期未在所允许的时间段内支款或装运,信用证对该期及后续任何各期均告终止。给定时间段应该可确定每期的开始时间和结束时间。当信用证仅以一些最迟日规定支款或装运的时间安排,不属于 UCP600 的分期,UCP600 第 32 条不适用。

2. 运输起讫地

信用证给出性质不明确的运输起讫地(如 from Shanghai to Singapore)时,常需要根据所要求的运输单据的类型来判断,这些地点是收货地还是装货港,卸货港还是交货地等。如果要求提交海运提单,这些地点应该指装货港和卸货港;如果要求提交多式联运单据,根据具体的单据要求,这些地点应该指收货地或装货港以及卸货港或交货地;如果要求提交空运单,这些地点应该是出发地和到达地机场。如果忽略了这点,制单就会出问题。自 2006 年 10 月起,SWIFT 的 MT700 格式中,用 44E 和 44F 域分别给出装货港或起飞地机场和卸货港或到达地机场;用 44A 域给出接受监管地、发货地或收货地;用 44B 域给出最终目的地、运输抵达地或交货地。因此,如果起讫地性质明确,这也应能够确定运输单据类型或审核该运输单据所适用的 UCP 条款。

信用证给出运输起讫地时应该尽可能明确,笼统的"中国港口"之类的表达就可能带来意想不到的后果。国际商会意见 TA.770rev2 关于"信用证要求货物从'任何中国港口'发运,货物可否从香港发运"的看法是,按 UCP 第 14 条 a 款根据单据表面审单的原则,发自或发往中国任何港口包含将中国香港作为装货港或卸货港。然而申请人和受益人应该知道,中国香港和中国内地港口分属不同的海关体系,因此如果当事人意图并非包含香港,信用证应该明确货物仅允许发自或发往中国内地的港口。

3. 分批装运/转运

按 UCP600 第 31 条 a 款,只要信用证没有禁止,则允许分批装运。按该条 b 款,即使信用证禁止分批装运,同一运载工具、同一航程、同一目的地的不同装运地(经信用证许可或在信用证规定地理范围内的)、不同装运日(满足信用证装运期限规定的)的运输不属分批。如果货物装载在两件或以上运输工具上出运,即属分批装运。换而言之,如果信用证禁止分批装运,货物至少必须用同一件运载工具(one means of conveyance)发运。按国际商会意见 R478,卡车加拖车属"同一件运载工具";国际商会另一则意见 R369 认为,同一列火车下的多个车厢也属"同一件运载工具"。

按 UCP600,只要信用证没有禁止转运,受益人可以实施转运,但提交的运输单据必须覆盖信用证规定的起讫地;即使信用证禁止转运,只要同一运输单据包括全程,港至港海运方式下只要使用集装箱、滚装或子母船,或空运、铁路、公路、内河运输方式下只要使用同一种运输方式,或采用多式联运方式,受益人仍然可以转运。因此,申请人如果要完全禁止转运,必须在信用证中(通常在特殊条款处)排除相应的 UCP600 第 20 条 c(ii)款、第 21 条 c(ii)款、第 23 条 c(ii)款或第 24 条 e(ii)款的适用。不过,多式联运下,转运不可避免,排除 19 条 c(ii)款适用后的禁止转运,信用证将无法操作。

SWIFT 信用证在 43P 和 43T 域下给出分批装运和转运的规定。

应该指出,信用证关于分批和转运的限制只是针对信用证运输起讫地间的行为。比如,货物装两只集装箱，从南京用两辆卡车运往上海，再装上同一艘船直运汉堡。如果信用证要求提交的是上海至汉堡的海运提单，则上述操作不涉及分批和转运。但是，如果信用证要求提交的是南京至汉堡的多式联运单据，分批和转运都不可避免。

如果是要求分期装运的信用证，按ISBP745的C15段，当信用证允许分批装运，每期之内都允许任意次数的支款与装运。

六、单据条款

信用证是纯单据业务，因此，信用证的单据条款至关重要。一般，单据条款包括所需单据的正本及副本份数、单据名称以及制单要求。SWIFT信用证的46A或46B域给出单据条款的内容。

1. 正本及副本单据份数

所需单据的份数通常用数词加量词表示，如，"…in three copies"，"…in three fold"或"three copies of…"；也常用固定短语来表示，如，"in duplicate"（一式两份），"in triplicate"（一式三份），"in quadruplicate"（一式四份），"in quintuplicate"（一式五份），"in sextuplicate"（一式六份），"in septuplicate"（一式七份），"in octuplicate"（一式八份），"in nonuplicate"（一式九份）及"in decuplicate"（一式十份）等。

除非另有规定，按UCP600第17条a款，信用证下的单据应该至少提交一份正本。因此，如果信用证要求某种单据但没说明份数，则应该提交一份正本；如果某种单据要求提交多份并且没有说明正副本数时，可以提交一份正本，其余副本。另外，除非另有规定，按UCP600，运输单据中的多式联运单据、海运提单、不可转让的海运单和租船合约提单以及保险单据如果本身表明出具了多份正本，应该提交所有正本。

ISBP745的A29段示例，如果信用证要求"Invoice"、"One Invoice"、"Invoice in one copy"或"Invoice-1 copy"，受益人应该提交一份正本发票；如果信用证要求"Invoice in 4 copies"，可以提交一份正本，三份副本来满足。需注意的是，ISBP681第30段c款的"'One copy of Invoice'可以通过提交一份副本或一份正本发票来满足"的说法在ISBP745中不再出现。

信用证中对单据需多份正本的要求，如，两份正本发票，一般可以用"two originals of commercial invoice…"或"commercial invoice two in original…"等表示。关于运输单据中的多式联运单据、海运提单、不可转让的海运单和租船合约提单正本份数的要求，常用"Full set of(或A complete set of)"来表示，这是要求受益人提交这些运输单据本身表明的承运人出具的所有正本(一份也可，只要单据表明确实只出具了一份正本)。ISBP745的D15段a款、E11段a款、F10段a款和G10段a款都明确要求，多式联运单据、提单、不可转让海运单和租船合约提单应表明已出具的正本份数。信用证单据条款有时还用"3/3"或"2/3"表示需要提交的这些运输单据的正本份数，这时分母的数字表明要求承运人出具(单据上"正本份数"栏显示)的正本单据份数，而分子的数字表明要求向银行提交的正本单据份数。

按国际商会银行委员会1999年7月2日关于正本确定的决定，除非单据本身表明不是正本，表面载有出单人原始签署或印戳的，或打印在出单人原始信纸上的，或标注为"正本"的单据可视为正本(除非该标注表面看来不适用该提交的单据，比如某单据加盖"正本"章可以构成正本单据，再将其复印，该复印件不能视作正本，因为复印出来的"正本"章只说明原来被复印的那份为正本,不说明复印件为正本)。UCP600 第 17 条 c 款反映的就是这些精神。

除非信用证另有规定,银行将接受标有副本字样或没有说明为正本的单据作为副本单据。如果信用证要求提交副本单据,UCP 和 ISBP 都允许提交正本来替代,但是必须注意不能和信用证处置正本的要求矛盾(比如,信用证要求所有正本提单直接寄申请人,向银行提交一份副本。受益人如提交一份正本,则显然不符)。还必须弄清信用证是否有不同形式的副本要求。如,"photocopy" 和 "carbon copy" 实际为两种不同形式的副本,前者在复印机上复印而成,后者用复写纸或在碳素纸单据上套打而成(所以又被称为"拓印"副本)。"duplicate copy" 一般是第二联的拓印副本,通常还印有 "duplicate"(第二联)字样。不过,按 ISBP,标明为 "duplicate"(或 "triplicate")的运输单据也可以被用作正本,但它必须满足 UCP 相应运输单据条款的要求。

信用证如需要汇票,其汇票条款往往在单据条款外给出,并且信用证的汇票条款一般不说明所需份数。按实务操作需要,受益人通常向银行提交两联正本汇票,以便银行分批寄单。若提交的汇票上本身标明"付一不付二"或"付二不付一",更应提交两联正本。

应该注意,信用证单据条款中的单据份数要求指的是,信用证下提交银行的正副本单据数。信用证下申请人为了及时办理进口手续,或者为了预先审单、预先了解装运细节等业务需要,往往会要求受益人在指定时间直接向他寄送(或通过指定货代转递)一些单据。这样的要求一般得通过在信用证下提交受益人寄单证明或指定货运代理关于收到受益人单据的证明等要求来反映,因此这类不经银行传递的单据的名称和份数可以从对这类单据的要求中识别。

2. 信用证单据条款中的单据要求

从单据条款中的表达往往可以初步判断所需单据的缮制要求。信用证下常涉及的单据的通常表达方式如下所述。

1) 商业发票

商业发票条款常见的表达如图 6.4 所示。如果信用证没有要求发票签署,发票可以不签署;要求"签署"(signed)不一定需要"手签"(hand signed)。按国际商会关于正本的决议,摹本签名可以视为手签。另按 ISBP,如没有要求,发票可以不标注日期。

如果要求发票表明(showing 或 indicating)的内容用引号框出,引号框起的部分应该照样加注在发票上;如果为名词,应该把该名词代表的具体内容加注在发票上。比如,要求"showing '5% commission has been deducted'",则"5%...deducted"需要显示在发票上;要求"showing freight and insurance",则应该在发票上注明具体的运费和保险费;要求"showing H.S.Code",则应该将商品具体的协调制编码标注在发票上。

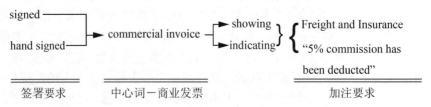

图 6.4　常见商业发票条款(份数要求已略去)图示

2) 海运提单

信用证常见的提单条款如图 6.5 所示。按 UCP600 第 20 条 a(ii)款以及第 27 条,除非信用证另有规定,即使信用证提单条款中没有"清洁的,已装船的"(clean on board 或 clean shipped 等)及类似字样,受益人仍然必须提交表明货物已经装船的清洁提单。信用证是否规定提单出具人(即 issuer。应该注意的是,狭义的出具人指的是单据上方"信头"部分所示的公司),往往视买卖合同是否涉及指定船公司或承运人而定,比如采用 CFR 术语但要求使用买方指定的货代或船公司。FOB 术语合同下的信用证有时也会做出这类要求。信用证是否会要求受益人向银行提交副本提单,主要视买方具体业务操作需要而定。

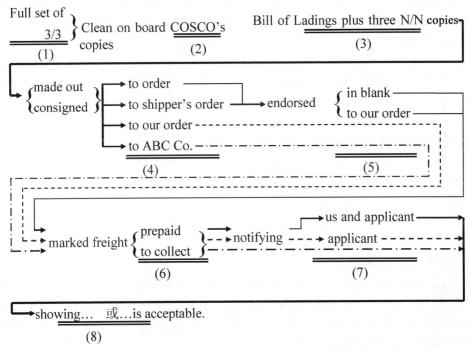

(1) 正本份数要求;(2) 提单出具人要求;(3) 副本份数要求;(4) 提单抬头人要求;(5) 背书要求;(6) 运费标注要求;(7) 被通知人要求;(8) 其他要求。

图 6.5 常见提单条款图示

信用证下提单的抬头人(即收货人)通常要求缮制成指示抬头,直接发货给某公司的记名提单(straight bill of lading)在业务中较少使用,因为记名提单只有记名抬头人才可以提货,不得背书转让。本书托收章节也曾提及,按某些国家的法律,记名提单的收货人甚至可以不凭正本提单提货。实务中,要求提单做成空白(指示)抬头(to order)或凭发货人指示(to shipper's order)抬头的较多。涉及这类抬头的提单时,即使信用证提单条款没有规定背书要求,受益人交单时仍必须加上发货人的空白背书(注意:受益人不一定是发货人)。这类抬头再加发货人的空白背书将使得提单下物权的转让只要通过"交付"提单即可实施。受益人如果将这样的提单正本直接寄给申请人,物权即流向申请人。凭开证行指示(to our order,这里的第一人称 our 在信用证中通常指的是开证行)抬头的提单便于开证行控制物权,这在开证行没有全额收取开证押金的情况下显得比较重要。申请人即使收到直接寄给他的这样抬头的提单，必须经开证行背书后才能办理清关提货手续。当然，开证行原则上会要求申请人做出放弃不符点承诺后才肯背书。不过，如果受益人交单时因单证不符不得不改为托收收款，而开证行仍对申请人从受益人处收到的正本提单背书并且还拒付信用证下的款项，此时受益人将难以通过现有的 UCP 条款(甚至 URC 条款)处理，他可能只能通过所适用的法律来主张自己权利，因为是开证行造成了物权的流失，它应该对受益人承担责任。国际商会未正式出版的 UCP500 下的意见 TA.580rev 曾对这样的案例给出过如上观点。

运费标注要求一般和采用的贸易术语有关。采用 CIF 或 CFR 术语，通常应该要求提单注明"运费已付"(freight prepaid)；采用 FOB 术语，通常应该要求提单注明"运费待付"(freight to collect)，如果信用证仍要求注明"运费已付"，则受益人必须先要求落实运费事宜，比如要求申请人证外先行电汇运费，或要求改证以允许在信用证金额外支取运费等，因为受益人如要获取注明"运费已付"的提单，必须先行支付运费。

除记名提单外，信用证理应规定提单的货到被通知人，以便船公司货到目的地后通知有关方面提货。按 ISBP 规定，如果信用证未规定被通知人细节，提单上该栏目可以以任何方式填写任何被通知人的细节，当然，如果此时申请人信息，包括其地址和联系细节，作为被通知人时，其名称、地址和联系细节不应与信用证给出的申请人信息相矛盾。因此，申请人申请开证时理应明确该栏需如何填写，而受益人在信用证未规定的情况下，一般最好先接洽申请人，尤其当申请人是中间商时。

提单条款中的其他要求，往往视买卖双方业务操作需要而定，比如，"short form bill of lading is not acceptable"(简式提单不可接受)；"combined transport bill of lading is acceptable"(联合运输提单可以接受)；"showing detailed freight and charges"(表明详细的运费和费用)；或"costs additional to freight are not acceptable"(运费以外的额外费用不可接受)等。当然，并不是每份信用证都会有这类要求。

信用证下其他类型运输单据的基本表达方式和海运提单相似。当然，不同类型的运输单据受制于 UCP600 中不同的条款(第 19 至第 25 条)，ISBP 关于它们的相应说明也有一定的不同，因此在了解它们的基本表达后，仍有必要参照国际惯例对信用证下的不同类型运输单据的要求进行理解和把握。

3) 保险单据

通常在 CIF 或 CIP 术语下，信用证才会要求受益人提交保险单据。常见的保险单据条款表达如图 6.6 所示。如果买卖合同没有限定保险公司，信用证中一般也不会指定保险单据的保险人或出具人。信用证中有时还用"with..."引出对保险公司的指定。

保险单据的抬头人即指保险单据下的被保险人。信用证中一般不指定被保险人，受益人办理保险时以自己作为被保险人，交单时再加以背书，使得保险索赔权随付款人付款后得以转让。在 CIF 或 CIP 术语下，这样的操作方法一般可以使得保险单下的货物得到"仓对仓"(warehouse to warehouse)的保险。如果信用证指定的被保险人是受益人，或当信用证未指定被保险人而受益人把自己做成被保险人，即使信用证没有背书要求，他交单时必须做空白背书。

如果指定的被保险人为买方，货物灭失后卖方因为不是被保险人而无法在该保险单下获得保险公司的赔偿；货物在装船前发生灭失，保险公司也不会赔付买方，因为装运前他还不具有保险利益。如果指定买方(申请人)为被保险人，又要求背书，这一般很难操作，因为第一次对保险单背书的人必须是保险单上的被保险人。因此，如果信用证指定的被保险人是买方，受益人接受信用证前应该充分考虑由此可能带来的问题。当然从道理上说，只要申请人在信用证下赎单，他随时都可以背书。开证行此时如因保险单未作背书而拒付理由似乎是不充分的。

信用证中也可能将附加险和主险并列给出。保险公司对易碎易损商品一般会规定免赔率，免赔率的要求一般视具体商品而定。绝对免赔率(excess)又称扣减免赔率，如果实际损失不到该百分比，保险公司不予赔付；如果实际损失高于该百分比，保险公司扣减后再实施赔付。如果保险单据规定了相对免赔率(franchise)，保险公司只有在实际损失超过该百分比后，再按实际损失赔付。实务中，也有采用指定免赔金额的，这时相应称它们为绝对免赔额或相对免赔额。按 ISBP，如果信用证规定不计免赔率(irrespective of percentage，即 I.O.P.)，保险单据上不得显示保险责任受免赔率或免赔额约束的规定。

保险金额的规定往往以加成率的形式给出。如果信用证没有规定，根据 UCP 和 ISBP，至少需要按 CIF 或 CIP 金额的 110%投保。如果信用证要求的加成率过高，即使允许在信用证下超额支付保险费，受益人也应该先征得保险公司同意后再接受，以免万一发生损失后，保险公司以"补偿原则"为由，拒绝按保险单据赔偿。

不是每份信用证的保险单据条款都会有加注要求，不过应该注意，有时这种加注会影响实际操作。比如，如果信用证要求保险单加注在目的地的保险公司理赔代理，这可以由保险公司出单时盖章注明。但是如果要求加注申请人指定的公司为理赔代理，保险公司一般可能不会接受这样的要求，如此受益人也无法提交符合该信用证条款的保险单据。

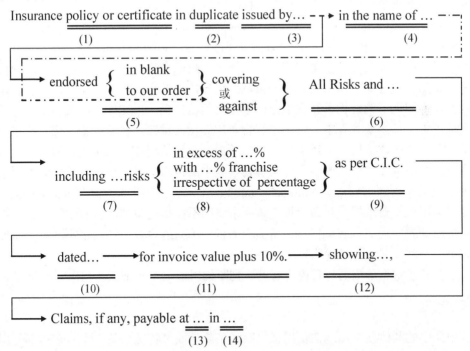

(1) 单据类型；(2) 份数要求；(3) 出具人要求；(4) 抬头人规定；(5) 背书要求；(6) 险别要求；(7) 附加险规定；(8) 免赔率规定；(9) 保险条款规定；(10) 条款颁布日；(11) 保险金额要求；(12) 加注要求；(13) 赔付地点规定；(14) 赔付货币要求

图 6.6　常见保险单据条款图示

4) 受益人证明

由于信用证是纯单据业务，申请人如果要指示受益人在信用证下办理某事，他通常要求受益人提交已实施该指示的证明。信用证中关于受益人证明的条款常见有以下两种表达：

(1) Beneficiary's certificate certifying that a full set of non-negotiable shipping documents has been sent to the applicant by DHL within 3 days after shipment, and the relative DHL receipt is required. 即，直接用后置分词定语的形式给出所要求的受益人证明内容。按 ISBP745 的 A19 段 a 款，这个条款中的"shipping documents"(货运单据)不仅仅指运输单据(transport document)，它应该理解为信用证中要求的除汇票、电讯传送报告、证实单据寄送的快递数据、邮政收据或邮寄证明以外的所有单据。还应该注意，上述条款还提出了向银行提交一份正本 DHL(敦豪)快件收据的要求。

(2) A full set of non-negotiable shipping documents has been sent to the applicant by DHL within 3 days after shipment and Beneficiary's Certificate to this effect, together with the DHL receipt, is required. 即，先提出实施某事的要求，然后再规定提交关于已实施该事项的受益人证明以及寄单的快件收据。

信用证如果要求船公司证明或货代证明时，条款的表达结构基本上与述受益人证明的表达结构相似。

5) 其他单据

其他单据要求常见的结构为"单据名称(+出具人)(+加注要求)"，比如：

"Certificate of Origin from the China Council for the Promotion of International Trade" 及 "Packing List showing details of colour/ size/ quantity and carton dimensions" 等。

必须牢记，信用证下关于单据的要求，不仅仅反映在单据条款中。必须仔细阅读信用证全文，找出信用证中任何指向单据的条款，这样才能够正确审核信用证，正确制单并审单。比如，信用证下的运输条款毫无疑问地指向运输单据。再比如，有关包装的要求如果出现在信用证"货物条款"中，因为"货物条款"指向发票，包装的描述应该严格反映在发票上，并且如果该信用证下还需提交包装单据，即使信用证包装单据条款中并未说明具体要求，提交的包装单据的内容不可与货物条款中的包装要求相违；有关包装的要求如果仅出现在信用证"附加条款"(additional conditions)，或称为"特殊条款"(special conditions))中，如果信用证不要求提交包装单据，该要求将因不能指向单据而将被银行置之不理，但是如果信用证要求提交包装单据，则所提交的包装单据的内容应该与之不冲突，即使信用证包装单据条款中并未另做说明。

了解并熟悉常见单据的栏目内容有助于判断信用证下哪些条款将指向哪些单据。

七、其他规定

信用证中的其他规定出现在信用证"附加条款"或"特殊条款"中，在银行使用自己格式开立的信开信用证中，它们还可能出现在信用证加盖的印戳中。其他规定常见的内容如下，要注意的是它们可能不仅仅出现在 SWIFT 信用证 47A 或 47B 域下。

1. 汇票出票条款

比如，"The number and date of this L/C and the name of this bank must be quoted on all drafts"。如果信用证没有规定汇票出票条款，受益人出具汇票时，一般应该填上信用证开证行名称、信用证编号和开证日。标准表格式信开信用证的汇票出票条款出现在信用证下部的开证行责任文句内(见附录4)。

2. 银行费用

如今很多信用证中会规定所有开证国以外的银行费用由受益人承担，比如，"All banking charges outside Germany(指开证行所在国)are for beneficiary's account"。信用证下将涉及一定的银行费用，开证、改证、通知、议付、保兑、偿付、转递等都需要向银行支付费用，因此申请人往往通过上述条款，要求受益人分摊部分银行费用。如果这种分摊在买卖合同中已经商定，受益人应该按此条款承担相应的银行费用。不过，按UCP600第37条关于指示他人提供服务的一方承担风险和费用的精神，信用证在申请人的指示下开立，因此申请人理应承担所有银行费用，当然在贸易中不排除双方磋商另行约定。SWIFT信用证一般在71B域下给出交付银行的费用说明。

3. 不符点费用

不少信用证中会规定不符点费用条款，以弥补开证行审出不符点后，发电函给申请人，商洽放弃不符点等的处理费用，比如，"A USD 60.00 fee plus all relative cable charges will be deducted from the reimbursement claim for each presentation of discrepant documents"。如果买方确实需要受益人提供的商品，不愿仅因对其影响不大的单证不符而拒收，信用证就可能会规定不符点费用条款。

4. 电汇索偿条款

电汇索偿条款，如"T/T reimbursement is allowed"，授权索偿行在寄单的同时，电告开证行交单相符并指示开证行以电汇方式立即偿付。对受益人来说，电汇索偿条款虽然涉及费用较高，但是一般能够减少开证行无理挑剔拒付。这在涉及空运单据时，可能有一定意义。当然，如果提交的单据确实存在实质性不符点，开证行仍有权要求索偿行退还所偿付的款项。不过应该说，在SWIFT系统广泛得以使用的今天，信用证下允许电索似乎已经成为一种默认的做法，通常无需说明。URR725就认为："索偿请求应该用电讯方式发出，如果偿付授权中禁止，则用正本书信形式发出"，它的"开证行不应要求提交以偿付行作为付款人的即期汇票"规定可能反映的就是这一种精神。

5. 扣佣要求

在涉及暗佣的情况下，信用证往往会含有扣佣条款，以指示议付行在议付款项中扣除暗含的佣金，比如，"Negotiating bank should pay beneficiary less two percent of the full invoice value being the amount of commission along with instructions on covering schedule to pay ABC Co., New York."。这类条款也可能出现在给银行的指示条款中。如果涉汇票，暗佣的扣除也可以在汇票条款处通过限定汇票金额为发票金额的一定百分比方式操作。

6. 船籍或航线限制条款

这类条款常见于阿拉伯国家开出的信用证中，比如，"Shipment per Hellenic line

prohibited"。类似的要求可能还有限制不能悬挂以色列国旗、不能曾停泊以色列港口等。这类条款也可能会出现在信用证提单条款中或以承运人证明的形式给出。

7. 唛头

唛头可能在信用证货物条款中给出，也可能在附加条款中给出，比如，"ABC/ SC123/ HAMBURG/ CTN NO.1-UP"。这里的"/"表示换行，"UP"在制单时应该换成实际最大包装序号。按 ISBP，信用证如果规定了唛头细节，单据上唛头部位必须反映这些细节。因此，应该仔细观察信用证中的唛头细节，包括字母的排列、大小写等，以便相应制单。不过按 ISBP745 的 A32 段，单据唛头中数据的顺序，无需与信用证或其他规定单据上所显示的相同。

8. 给银行的指示

信用证中给银行的指示一般包括保兑的授权、寄单指示、偿付方法和路线、扣佣指示以及议付背批要求等。允许分批装运的公开议付信用证下，开证行会要求议付行将每次议付金额批注在正本信用证反面。SWIFT 信用证在 78 域下给出"给银行的指示"。

八、开证行责任文句

UCP 明确了开证行的责任，所有信用证应该明示受 UCP 约束，比如，"It is subject to the Uniform Customs and Practice for Documentary Credit…"。UCP 仅为国际惯例，信用证如果没有明确说明，它对信用证当事人将没有强制约束力，这对受益人会非常不利。SWIFT 信用证下必须用 40E 域说明该信用证所遵循的国际惯例。

九、电开信用证的密押或信开信用证中的授权人签名

信用证上必须具有密押(电开)或开证行授权人签章(信开)，通知行能够据此鉴别信用证的表面真伪。如是 SWIFT 信用证，系统会生成 12 位 16 进制字符的 CHK 报尾，校验报文的正确性；生成 8 位 16 进制字符的 MAC 报尾，进行身份鉴别和发方不可否认服务。

第六节 信用证的类型

从不同的角度，可以对信用证进行以下分类。

一、可撤销信用证和不可撤销信用证

按 UCP600 第 2 条和第 3 条规定，信用证应该都是不可撤销的(irrevocable)，这表明了当前信用证业务中可撤销的(revocable)信用证极少使用。但是这并不意味不可能再出现可撤销的信用证。就连 SWIFT 的最新的标准中，MT700 开证格式下的 40A 栏中仍含有"REVOCABLE"选项。因此，如果信用证明示可以撤销，这将排除了 UCP600 的上述规定，该信用证应该被视为可撤销的信用证。

不可撤销的信用证未经开证行、保兑行(如有)和受益人同意，不得撤销或修改，因此，它对于受益人相对比较安全。对于可撤销的信用证，开证行可以随时修改或撤销，不必事先通知受益人。不过，一旦有指定银行作为善意第三者在相符交单下按信用证要求议付或承付，开证行就不得再撤销信用证。

二、跟单信用证和光票信用证

跟单信用证(documentary L/C)是国际贸易中货款结算广泛使用的类型。跟单信用证下开证行付款的条件是受益人的相符交单。因此在跟单信用证下，信用证中指向单据的要求、单据的缮制以及提交都至关重要。UCP600中大多数条款以及ISBP中几乎所有条款针对信用证下的单据要求及其提交作了详细的规范，因此单据操作人员必须了解和掌握这些条款中的相应规定，以避免风险和损失。

光票信用证(clean L/C)下，开证行仅凭受益人出具的汇票或收据予以付款。在国际贸易中，光票信用证一般仅用于小额非贸易费用的结算及贸易公司联号间货款的清偿，或配合跟单托收等结算方式使用。

三、保兑信用证和非保兑信用证

保兑信用证(confirmed L/C)是指经开证行以外的另一家银行(保兑行)加具保证兑付承诺的信用证。要求被保兑的信用证应该是不可撤销的。由于保兑行承担和开证行一样的、第一性的不可追索的付款责任，信用证经保兑相当给了受益人双重保险。但如果不能察觉实质性的不符而被开证行拒付，保兑行将承受很大风险，所以一般保兑行审单似乎更为苛刻。

没有银行参与保兑的信用证为非保兑信用证。

四、即期付款信用证、延期付款信用证、承兑信用证和议付信用证

UCP600第6条b款规定，信用证必须说明兑用方式是即期付款、延期付款、承兑还是议付。

付款信用证一般不需受益人开立汇票。开证行或指定的付款行根据交单人提交的符合信用证条款的单据实施即期或在指定的将来一个时间付款。前者为即期付款信用证(sight payment L/C)；后者为延期付款信用证(deferred payment L/C)。延期付款信用证的付款行收到并接受单据后，一般应该及时向交单人发出付款承诺，明确到期日，并在到期日实施付款。实务操作中，延期付款信用证常常用于大宗资本货物交易下的支付，付款期一般较长，因此一般不适合使用远期汇票，因为付款期过长的汇票风险很大，在金融市场上一般不能被贴现，除非当事人有做福费廷的打算。

承兑信用证(acceptance L/C)下，付款行在收到符合信用证要求的单据及远期汇票后，先承兑汇票，到期后再实施付款。承兑过的汇票可以按收款人或持票人的指示贴现。即期付款的买卖合同下，如果申请人找到承兑费用和贴现利息低于贷款利息和费用的银行，他可能会要求指定该行为承兑行，并要求承兑行承兑汇票后向交单人即期全额付款，由他承担有关贴现利息和费用。这就是"假远期信用证"(usance L/C payable at sight)，或称"买方远期信用证"(buyer's usance L/C)。当然，如果承兑行将该汇票再贴现，并且如果承兑行到期日前倒闭，作为出票人的信用证受益人将会受到汇票正当持票人的追索。

和保兑行一样，付款行或承兑行在受益人所在地的，对受益人比较有利。他可以直接向它们交单，一般不必顾虑寄单所需时间和单据在邮程中遗失的风险。并且，如果发现单证不符，可能还有时间换单。信用证中如未另行指定付款行或承兑行，则由开证行充当付款行或承兑行。

议付信用证(negotiation L/C)下，一般先由议付行"买下"受益人符合信用证要求的单据，"垫付"货款，然后再向开证行寄单索偿。议付相当于给予受益人融资，有利受益人资金周转。如果单据因交单不符遭开证行拒付，议付行可以向受益人追索。信用证指定议付行的称为限制议付信用证，反之为公开议付信用证。同样如果不能把握，受益人应该坚持要求以出口方所在地的银行为议付行。

五、循环信用证

信用证附加条款中规定，在一定条件下，当信用证的金额部分或全部被提取后，可恢复至原金额使用的信用证为循环信用证(Revolving L/C)。在涉及分期交货的大宗交易时，采用循环信用证可避免申请人一次支付很高的开证押金或扣减很大的授信额度，有利他周转资金，拓展业务。相比开证人开出多批信用证，采用循环信用证可以使受益人免除多次审证之劳。

受益人按信用证规定交单兑用后，无需开证行指示即可恢复原额使用的信用证为自动(automatic)循环信用证。在兑用后规定时间内，如开证行不发出停止循环通知才可恢复原额使用的信用证为半自动(semi-automatic)循环信用证；兑用后必须经开证行通知才可恢复原额使用的信用证为非自动(non-automatic)循环信用证。

六、可转让信用证

明示"可转让"(transferable)的信用证为可转让信用证(如图 6.7 所示)。可转让信用证的第一受益人有权要求指定的转让行将信用证全部，或在允许分批装运时，部分转让给一个或多个第二受益人。第二受益人不得再将信用证转让给除第一受益人以外的其他人。转让时，第一受益人可以降低单价以赚取差额，可以增加投保加成以满足原证需要，可以缩短交单期以便有时间换单交单。第一受益人还有不许转让行把信用证修改通知书通知第二受益人的权利。

可转让信用证的申请人由于可能不了解实际供货商，存在相当的风险。另外，对于第二受益人，除非转让行保兑了信用证，他只有在开证行付款后才算真正地在信用证下得到货款。

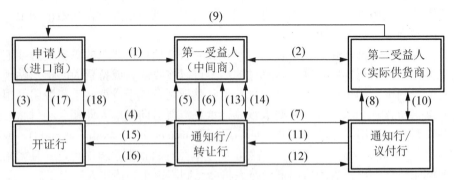

(1)/(2) 建立合同；(3) 申请开证；(4) 开证；(5) 通知；(6) 指示转让；(7) 转让通知；(8) 通知；(9) 发货；(10) 交单议付；(11) 寄单索偿；(12) 议付，或付款(如转让行已保兑)；(13) 通知换单；(14) 换单、议付，或支付差额(如转让行已保兑)；(15) 寄单索偿；(16) 如交单相符，付款；(17) 通知；(18) 付款赎单。

图 6.7　(以议付为兑用方式、以通知行为转让行的)可转让信用证业务流程图示

七、对背信用证

在涉及中间商并且进口人不愿开立可转让信用证的情况下,中间商往往作为第一份不可转让信用证的受益人,以该证作抵押,要求他的往来行开立另一信用证给实际供货商。这就是对背信用证(back to back L/C),其业务流程如图 6.8 所示。

由于对背信用证和原证是两份信用证,为了避免原证下交单不符遭开证行拒付,同时对背信用证申请人又失去清偿能力带来的问题,对背信用证的开证行一般要求对背信用证的申请人除以原证作抵押外,还要提交一定的押金。

和可转让信用证相似,对背信用证的申请人申请开证时一般可能会按和供货商的合同,调整单价、金额、投保加成及交单期,甚至要求供货商装运后把某些单据直接寄来,以便他能够及时在原证下交单。

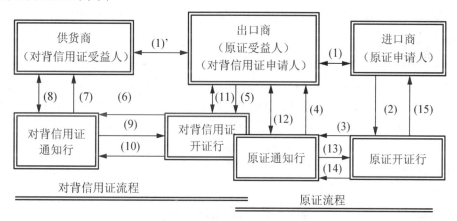

(1)/(1)' 建立合同;(2) 申请;(3) 开证;(4) 通知;(5) 申请开立对背信用证;(6) 开证;(7) 通知;(8) 装运后交单议付;(9) 寄单索偿;(10) 如交单相符,付款;(11) 付款赎单;(12) 换单、交单,议付;(13) 寄单索偿;(14) 如交单相符,付款;(15) 付款赎单

图 6.8 (兑用方式为议付的)对背信用证业务流程图示

八、对开信用证

对开信用证(reciprocal credit)是互相制约的两张信用证。一证的开证人、开证行、通知行及受益人分别为另一证的受益人、通知行、开证行及开证人。对开信用证一般应用于易货贸易(barter transaction)或对口进料加工业务(processing imported materials)中,其开证流程如图 6.9 所示。

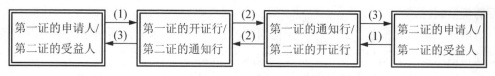

(1) 申请开证;(2) 开立信用证;(3) 通知信用证。

图 6.9 对开信用证开证流程图示

可见，在对口进料加工业务中，如果原料进口方(加工方)开立远期信用证，成品进口方开立即期信用证，这对于进料加工方比较有利，因为他可以在进口原料的信用证下单到后，通过信托收据等方法，把单据借出并将进口材料提出，加工成成品。如果时间计划得当，他可以待成品出口并从即期信用证下获得货款后，再支付进料的远期信用证下的款项。

九、预支信用证

预支信用证(anticipatory L/C)授权受益人装运前凭光票支取部分款项用以备货。装运后议付时，议付行将相应扣减预支金额及利息。如果信用证授权议付行预支，议付行垫付预支款项后，受益人无法装运，或因单证不符无法获得货款时，开证行必须偿还议付行的垫款及利息，当然最终将由申请人承担。申请人为了避免受益人预支款项后又不正常履行交货义务带来的风险，往往会要求在证中规定，受益人预支时需要提交银行保函或备用信用证。为了醒目，过去这类信用证的预支条款往往用红字标明，所以预支信用证曾称为"红条款信用证"。

除以上信用证类型外，还可以从其他不同的角度来定义信用证类型，比如，按照开立方式，分出电开和信开信用证；按付款期，分出即期和远期信用证；如果基本当事人都在同一国家，该信用证又称为当地信用证(local L/C)或国内信用证等。我国国内信用证的运作要受相应的国内法规约束，国内信用证的种类和对单据的要求等和上述信用证都有不同。它的主要功能是融资而非结算因此对贸易背景真实性的审核要求比较高。本书将不对国内信用证进行讨论。

第七节 审核信用证

对于受益人来说，信用证整个业务流程中的审核环节非常重要。如果不能正确判断信用证条款的可操作性，无法识别信用证条款中潜在的风险，受益人将可能遭受极大的经济损失。

一、银行审证

UCP600明确规定，通知行审证责任只是关于信用证的表面真伪。不过为了争取客户，不少通知行在通知信用证前还做以下审核。

开证行及保兑行(如有)的资信。提供受益人开证行或保兑行资信状况可以帮助受益人正确判断，并采取相应措施，把握风险。当然受益人也可以通过自己的往来行来了解这些银行的资信状况。

信用证中的限制条款。通知行按照信用证的常规操作要求，判断信用证中的限制条款是否使得信用证可能无法生效，是否会使受益人增加额外的费用等。对于可能会产生问题的条款，通知行往往在信用证复印件上做出标记，提醒受益人关注。

偿付路线。如果开证行以外的银行费用由受益人承担，偿付路线越长以及偿付环节中

第6章 信用证

涉及银行越多,将使受益人承担越高的银行费用和利息损失。如果偿付路线不合理,通知行可以向受益人提出可行性建议。

除了关于信用证的真实性,通知行做出其他方面审证意见时,一般标明"仅供参考,不负责任"。因此,受益人应该清楚地认识到,自己审证的必要性和重要性。

二、受益人审证

通知行并不了解买卖合同的具体情况,也并非有关具体业务和商品的专家,因此,对于受益人,即使通知行已做一定的审核,受益人为了自己的利益,在收到信用证后有必要对照合同,充分考虑业务可操作性和风险性,对信用证做进一步审核。

受益人审证一般可以从以下几方面入手。

1. 找出与合同不符点

买卖合同是买卖双方经磋商后建立的,因此买方有义务按合同规定申请开证。如果发现信用证条款的规定与合同条款规定不符,受益人有权要求申请人指示开证行修改信用证。当然,并不是只要信用证规定和合同规定一致,受益人就必须接受信用证(不过如果因受益人而改证,申请人可能会要求受益人承担修改信用证的费用),也不是只要信用证规定和合同规定不符,受益人就必须要求申请人修改信用证。还应该注意到,并不是信用证中的所有条款都会在合同中有规定,比如信用证的单据条款。所以受益人还必须进行以下几方面的审核与斟酌。

2. 找出难以实施的条款

从业务操作要求出发,判断信用证的要求实施起来是否有相当的难度,以致无法在规定的时间内完成,或因此带来无法把握的风险。比如,要求在装运后很短的时间内寄单或交单;要求将提单做成凭申请人指示抬头又要求做空白背书;或要求发票由进口国领事签证但当地并无该国领事馆或获取这种签证需要很长时间而可能无法在规定的时间内交单等。受益人必须充分把握跟单的实际操作难度。

3. 找出无法操作的条款

信用证中无法操作的条款指的是那些实际根本无法实施的要求。如果审证时因疏忽未找出这类条款,今后就无法在信用证下交单。比如,要求除发票外的所有单据不得显示发票编号,但信用证下的单据却涉及必须显示该编号的原产地证书或出口许可证;或非普惠制下的受惠商品却要求提交普惠制产地证;或不适用纺织品产地证的纺织品却要求提交纺织品原产地证书等。

4. 找出高风险条款

有些信用证条款虽然表面上操作起来似乎并不困难,但却可能会给受益人带来很高的风险。受益人必须充分考虑具体情况,如申请人信用和信誉、承运人信誉以及单据的具体要求等。比如，要求装运后将一份空白抬头、空白背书的正本提单直接寄给申请人，或要求将提单做成申请人记名抬头等。

5. 找出将额外增加费用的条款

常见的这类条款有：要求受益人承担事先并未约定的银行费用；采用 FOB 术语，但却要求提单上标明"运费已付"；采用 CFR 术语却要求提交保险单据等。

6. 找出"软条款"

所谓"软条款"，一般指的是能够使得不可撤销的信用证无法生效的条款，当然，也包括能够使得信用证下的某些承诺可能无法"兑现"的条款。"软条款"最常见的形式是要求提交申请人(或开证行)出具或副签的单据。这样，如果申请人(或开证行)不出具或者不及时出具所要求的单据，受益人将无法在信用证规定的时间内交单。ISBP745 的 VII 指出，"信用证或有关的修改书不应要求提交由开证申请人出具、签署或副签的单据。尽管如此，如果开立的信用证或修改书仍含此类要求，那么受益人应考虑其是否合理，并判断满足该要求的能力，或寻求适当的修改"(A credit or any amendment thereto should not require presentation of a document that is to be issued, signed or countersigned by the applicant. If, nevertheless, a credit or amendment is issued including such a requirement, the beneficiary should consider the appropriateness of such a requirement and determine its ability to comply with it, or seek a suitable amendment)。当然，并非任何这类条款都不可操作，这主要取决于受益人是否能够充分把握风险。纺织品服装出口中要求提交"客检证书"并非罕见，不过出口方应该对客户的信誉有所把握，并且在检验期间客户技术员应该常驻出口地(通常要求客户在出口国有办事处)。

申请人(或串通开证行)恶意设立的"软条款"常被称为"陷阱条款"。

三、需要引起注意的信用证条款示例

以下是一些曾遭遇过麻烦的信用证条款。如能按照以上分析，了解这些条款的问题所在，将有助于受益人理解和把握风险。

1. This credit will become operative provided that the necessary authorization is obtained by the applicant from the Exchange Authorities.(软条款。如果申请人无法获得外汇管理当局的授权，信用证就无法生效。因此信用证没有生效前，绝不能因为装运期紧迫，仓促发货。)

2. Documents must be presented to us at the date of shipment.(运输单据一般很难在装运日签发并向银行提示。除非信用证要求的单据确实都可以在装运前制备，否则该条款无法操作。)

3. One set of N/N shipping documents has been sent to the opening bank and the bank's telex confirming the receipt is required.(开证行如不发出，或不及时发出电传确认书，受益人无法交单。建议以前述 ISBP 条款为由，要求改为提交相应的受益人证明。)

4. Sample Receipt issued by the applicant certifying that the shipment samples have been received.(同样，申请人如果不出具，或不及时出具船货样品收据，受益人将无法交单。受益人也可以前述 ISBP 条款为由，要求改为提交相应的受益人寄单证明。)

5. We confirm this L/C subject to the opening bank's sufficient deposit in our bank.(这可能是"假保兑"。如果开证行在保兑行没有足够的存款，保兑无法生效。受益人很难知道，开证行在保兑行的存款是否"足够"，何况账户上的存款额时时可能会变化。)

6. 90% of the total L/C amount is payable at sight and 10% will be payable when the applicant issue a no objection certificate.(如果申请人不签发无异议证明，受益人将无法获取剩下的10%的货款。)

7. Beneficiary's Certificate stating that one(1/3)original bill of lading has been airmailed to the applicant one day after shipment.(需结合提单条款观察。如果是空白指示抬头或凭发货人指示抬头的正本提单，且如果已经空白背书，申请人获得后即可提货。如果受益人交单发生问题，申请人信誉不好，受益人将钱财两空。其实信用证有这样的"提单直寄"条款，对银行和申请人也未必不是风险。申请人收到寄来的提单并提货后倒闭，在受益人相符交单下的未收足开证保证金的开证行将可能遭受经济损失；或者信誉不好的受益人实际将该份正本提单另售他人并通过不实单据获得信用证项下的款项，致使申请人在信用证下付款赎单后无货可提。因此，除非买卖双方相互信赖，有必要核查提单抬头的要求。通常如果信用证要求提单抬头为"凭开证行指示"，那么上述风险可以大大减少。因为只有开证行背书后，提单持有人方可办理提货手续。另外，装运后一日内交单也非常仓促。承运人可能无法及时签出提单，即使仓促签出，如以后向银行交单前发现单据有误，一份正本提单寄出后，受益人将无法要求承运人更改其余提单。因为具有同等效力的三份正本如要更改，必须同时更改。)

8. At the time of negotiation, 5% commission to be deducted from the invoice value and shall be remitted by the negotiating bank in the form of a bank draft in favour of ABC Co.(国际贸易中，一般应该争取采用"收妥付佣"的原则。议付行的议付，并不等于开证行付款，除非议付行是保兑行。在没有收取"对价"的情况下，议付行一般也不会先行开立自己的银行汇票。)

9. L/C amount represents 50% of the value of shipment, while the remaining 50% on D/P 60 days after sight. 5% commission of invoice value to be deducted form the amount negotiated under this L/C.(D/P 下仅涉及商业信用，如果佣金在托收下扣除，有利于约束代理人督促买方支付 50%托收下的货款。)

10. …bill of lading made out to order and blankly endorsed, showing ABC Co., Hong Kong, as shipper…(这里的香港 ABC 公司指的是信用证申请人。正如前面分析所提及，空白背书需要由发货人做出。这样的规定操作起来很困难，因为提单出具后可能需寄给申请人，由他背书后再寄回，受益人才能交单。如果发货人做成申请人，受益人将失去提单下的发货人应有的权利。不过国际商会意见 R593/TA554 关于信用证要求发货人为申请人、做成空白抬头但未要求背书的提单是否需要背书时认为,开证行不能因提单未背书提不符。因为一旦付款赎单,申请人便可以做背书。)

11. Except the commercial invoice and draft, documents presented can not show the invoice number.(有些官方或半官方单据要求必须显示有关发票的编号及出具日期,比如出入境检验检疫局签发的产地证。因此,如果信用证还涉及这类单据,本条款无法操作。有些商业单据,比如保险单,尽管也有"发票编号"栏目,但保险公司可以按受益人要求留空。因此可见,审证人熟悉单据的栏目内容以及填写要求非常重要。)

12. Insurance Policy …showing Denny & Jones Co. as the survey agent.(信用证指定了保险检验代理。如果保险公司和该公司没有代理业务关系,绝不会在保险单上指定它为代理人。)

13. All banking charges outside of Austria are for the beneficiary's account.(这里的奥地利指的是开证行所在国。开证国以外的费用可能包括通知费、保兑费、转递费、议付费、转让费、偿付费和付款费及承兑费(如果指定了开证国外的银行付款或承兑)等,除此之外,受益人可能还要承担一些邮电通讯费用。一般来说,议付费可能为议付金额的 0.125%,保兑费为保兑金额的 0.2%,转让费为转让金额的 0.1%,付款费为付款金额的 0.15%,承兑费为承兑金额的 0.1%。如果信用证下这些费用都涉及,加起来绝不是一个小数目。受益人应该根据具体情况,如事先有无约定,具体费用大小等,酌情考虑应该接受还是要求修改。当然,受益人还应该注意到 "All banking charges except L/C opening charges are for beneficiary's account 和 All charges outside issuing bank's counter are for beneficiary's account" 以及以上例句的区别。)

14. Inspection Certificate issued and signed by two experts nominated by the applicant, the specimen signatures of the individuals who were authorized to sign the certificate were being kept by us.(申请人指定的专家如不出具并签署检验证明,则受益人无法交单。即使出具并签署了检验证书,由于受益人手中并没有指定专家签名的样本,无法判断提交的检验证明会不会被开证行以签名不符而拒付。)

15. Shipment:from Shanghai to Singapore;shipment date and the vessel will be informed later.(这显然是 FOB 术语合同下的信用证。应该注意的是,信用证是否能够生效还不得而知。有必要设专人跟单,敦促申请人尽快发 "Shipping Instructions" (装船须知)。)

16. We hereby issue this documentary credit in your favour available by negotiation at our counter not later than 26 April, 2010.(在开证行柜台"议付"到期对受益人不利,受益人如果接受本条款,将失去正常"议付"下的融资可能,并且他必须能够把握寄单的时间和邮程风险。何况在 UCP 下,开证行应做"承付"而非"议付"。)

17. 32B Currency Code, Amount:　　USD　4,000.00

…

45A Description of Goods:200 Metric Tons of Sun Flower Seeds,FAQ China, with 10 percent more or less, at USD 20/ MT FOB Shanghai.(注意,尽管数量有10%的容差,但信用证

金额却没有容差。所以装运时，只能装 180 公吨至 200 公吨，不可多装。)

  18. 44E Port of Loading / Airport of Dispatch：China Port

    44B Place of Final Destination/ For Transportation to/ Place of Delivery：Chicago

  ……

  45A Description of Goods：2000 pcs of Ladies' Coats at USD35.00/pc CIF Seattle

          as per S/C No.010-DHN3456

  46A Documents Required：+…

      + Full set of clean shipped bill of lading made out to order and endorsed in blank marked freight prepaid notifying us and applicant.

(货物要求从中国港口运往芝加哥，虽然按 UCP 运输单据"无论如何命名"的原则，可以提交实际为多式联运的海运提单，但商品价款中未含西雅图至芝加哥的运保费。)

  19. Issuing Bank is not responsible for any delayed payment due to matters related with OFCA list. (有必要核查一下美国财政部下的海外资产管制办公室(OFCA)网页 http://www.treasury.gov/resource-center/sanctions/Pages/default.aspx 下给出的制裁清单。如客户或所在国落入制裁范围，美元收款会有风险。同样，涉及受某货币发行国制裁的当事人的信用证如果使用该货币，结算通常也会有麻烦。因此，在建立买卖合同时就应该充分考虑这个问题。)

  当然，这类条款不胜枚举。把握好国际惯例，掌握综合的国际贸易相关知识对于做出正确判断，采取合理对策至关重要。因此，信用证措辞稍有不同，处理方法就可能不一样。比如，同一商品的协调制编码(H.S.Code)前六位在国际上是统一的，而第 7 至第 10 位由各国海关根据需要自行设定。如信用证仅要求发票(或所有单据)显示 H.S.编码，那么相应单据显示前六位编码即可，以保证双方进出口报关顺利；如果信用证仅要求发票显示某指定的 10 位数 H.S.编码，那么只要交银行结算的发票如此显示，用于出口报关的发票不显示即可；如果信用证要求所有单据都必须加注某指定的 10 位数 H.S.编码，如果涉及报关所必需的单据或者官方或半官方出具的含 H.S.编码的栏目的单据(参见本书第 14 章关于"公务证明"下产地证的讨论)，受益人在审证时有必要先确定有关商品在国内是否确实按这个编码归类，或出证机构是否允许这样的加注，以免后续工作无法进行。

  审核信用证时，仔细阅读所有条款，综合分析才能做出正确的判断。比如，如果信用证没有禁止分批，信用证下的货物在规定的装运期内可以任意分几批发出。实际最后一批即使没有将该期规定的量发足，银行仍然不得拒付。当然如果某期总量没有发足，将影响该信用证下的下一期(如存在)的装运和支款。就比如信用证货物条款规定 5 月份 10 公吨货物，分两批装运(in two lots)，6 月份 15 公吨也分两批装运。即使没有规定每批的量并且即使允许分批，5 月份的货物只能在 5 月份内分两批发运，而且第二批的量须能够在允许的容差内补足总量，即至少 9.5 公吨，否则 6 月份的信用证将无法使用。

APPLICATION FOR IRREVOCABLE DOCUMENTARY CREDIT

XYZ INTERNATIONAL BANK, LTD. 18 Part Steet, Singapore	Mark "x" in appropriate boxes
	Date of application Credit No.
Please issue ☐ by full telex ☐ by airmail ☐ with brief telex advice	Date and place of expiry
Applicant(name and address)	Beneficiary(name and address)
Advising bank	Amount in figures and words
Confirmation of the Credit: ☐ not requested ☐ requested ☐ Insurance covered by us	Credit available with Nominated Bank: ☐ by payment at sight ☐ by deferred payment at
Partial shipments Transhipment ☐ Allowed ☐ Not allowed ☐ Allowed ☐ Not allowed	☐ by acceptance of drafts at ☐ by negotiation
Dispatched/Shipped from: to latest on	Against the documents detailed herein ☐ and Beneficiary's draft(s) drawn on:

Documents required
☐ Commercial Invoice _____ signed original and _____ copies.
Transport Document:
☐ Multimodal Transport Document, covering at least two different modes of transport
☐ Marine/Ocean Bill of Lading covering a port-to-port shipment
☐ Air Waybill, original for the consignor
☐ Other transport document
☐ to the order of
☐ endorsed in blank
☐ marked freight   ☐ prepaid   ☐ to collect
☐ notify:

Insurance Document:
☐ Policy ☐ Certificate ☐ Declaration under open cover, Covering the following risks:
Other Documents

Evidencing shipment of

Price terms
Special terms and conditions

Documents to be presented within___days after the shipment but within the validity of the credit
It is understood that this letter of credit issued by you at our request is subject to the terms and conditions of the Agreement of Pledge signed by us with you and the Uniform Customs and Practice for Documentary Credit(2007 Revision), ICC Publication No. 600.

Chop and authorized signature of the applicant

式样6.1　信用证申请书

第6章 信用证

SHANGHAI BRANCH

ADDRESS:
CABLE: 信用证通知书
TELEX:
SWIFT: BKCHCNBJ300   **Notification of Documentary Credit**
FAX:

To:	WHEN CORRESPONDING PLEASE QUOTE OUR REF. NO.	
		(DD/MM/YY)
Issuing Bank 开证行	transmitted to us through: 转递行	
L/C No. 信用证号 Dated 开证日期	**Amount 金额**	

Dear Sirs, 敬启者
We have pleasure in advising you that we have received from the a/m bank a(n)
兹通知贵司，我行收自上述银行
( )telex issuing   电传开立   ( )uneffective   未生效
( ) pre-advising of   预先通知   ( ) mail confirmation of   邮件确认
( ) original   正本   ( ) duplicate   副本
letter of credit, contents of which are as per attached sheet(s).
This advice and the attached sheet(s) must accompany the relative documents when presented for negotiation.
信用证一份，现随附通知。贵司交单时，请将本通知书及信用证一并提示。
( ) Please note that this advice does not constitute our confirmation of the above L/C nor
    does it convey any engagement or obligation on our part.
    本通知书不构成我行对此信用证之保兑及其他任何责任。
( ) Please note that we have added our confirmation to the above L/C, presentation is restricted
    to ourselves only.
    上述信用证已由我行加具保兑，并限向我行交单。

Remarks: 备注：
This L/C consists of   sheet(s), including the covering letter and attachment(s).
本信用证连同面函及附件共   纸。
If you find any terms and conditions in the L/C which you are unable to comply with and/or any error(s), it is suggested that you contact applicant directly for necessary amendment(s) so as to avoid any difficulties which may arise when documents are presented.
如本信用证中有无法办到的条款及/或错误，请迳直与开证申请人联系进行必要的修改，以排除交单时可能发生的问题。

                                                        Yours faithfully

                                                  For   BANK OF CHINA

式样 6.2   信用证通知书

August 20, 2009 Content of SWIFT message as below.   Non-negotiable Copy

	SWIFT TAG	RAW DATA
1		DC15054100DC8 090819 6081100 ABCBKHKHHAXXX ABC BANK HONG KONG 707 090819 090819 063812 SJIBAJOAMXXXIRVTCNSH 002993301500140UT301
2	20	20/2009/604M
3	21	L/C DEPT
4	31C	090805
5	30D	090819
6	26E	01
7	59	SHANGHAI DONGXH IMOROP/EXPORT COMPANY 123 DONGXH ROAD,SHANGHAI, CHINA
8	31E	091130
9	44C	091110
10	79	1-UNDER FIELD(59) BEFICIARY'S NAME & ADDRESS AMEND TO READ: SHANGHAI DONGXU IMPORT/EXPORT COMPANY 123 DONGXU ROAD, SHANGHAI, CHINA 2-UNDER FIELD (47A) ADDITIONAL CONDITIONS ITEM NO.(3 AND 4) ARE DELETED. 3-UNDER FIELD (45A) FOR TERMS OF PRICE TO DELETE: 'CFR HONG KONG' AND TO INSERT: 'CIP HONG KONG'

11	72	+ ALL OTHER TERMS AND CONDITIONS IN THE ORIGINAL L/C
		  REMAIN UNCHANGED
		+ PLS CONFIRM TO US BENEF'S AND YR
		  ACCEPTANCE OF THIS AMENDMENT BY SWIFT
		+ BENCON

注：代号72下是发电文的银行给接收电文银行的指示，其中可以涉及三个代码：BENCON，要求接收电文的银行告知受益人是接受还是不接受更改；PHONBEN，要求接受电文的银行电话联系通知受益人；TELEBEN，要求该行用最有效的电讯方式通知受益人。

式样6.3 信用证更改通知书

Application for Negotiation

To: _____ No.: _____

Address: _____ Date: _____

Dear Sirs,

    We send you herewith for negotiation our drafts No. _____
for _____ drawn under Letter of Credit No. _____
issued by _____ .

Accompanied by the following documents:

( ) Invoice _____ ( ) Packing List _____
( ) Insurance Policy _____ ( ) Consular Invoice _____
( ) Bill of Lading _____ ( ) Customs Invoice _____
( ) Certificate of Origin _____ ( ) Import Licence _____
( ) Certificate of Inspection _____ ( ) Letter of Transfer _____

Other documents _____

    In consideration of your negotiation of the above mentioned documentary draft(s), we undertake to hold you harmless and indemnified against any discrepancy which may cause non-payment or non-acceptance of the said draft(s), and we shall refund you in original currency the whole or part of the draft(s) amount with interest or expenses that may be accrued or incurred in connection with the above upon receipt of your notice to that effect.

    In consideration of your so doing we hereby agree to accept above mentioned terms and conditions.

In case of queries,   Authorized Signature and Chop

please contact

_____   Address _____

                             Telephone _____

                             Telex No. _____

式样 6.4 议付申请书

本章小结

本章介绍了国际贸易结算中的信用证的性质、特点及业务流程，介绍了有关的国际惯例。信用证的内容是本章的重点，以期帮助读者在看懂信用证的基础上学习如何审核信用证，进而在以后的章节理解如何缮制并审核信用证下的单据。本章还简要介绍了信用证的类型。

关键术语

信用证 letter of credit，L/C　　　　　　承付 honour
第一性付款责任 primary liability for payment　　相符交单 complying presentation
跟单信用证统一惯例，2007年修订本，国际商会第600号出版物 Uniform Customs and Practice for Documentary Credits，2007 Revision, International Chamber of Commerce Publication No.600
UCP下电子交单的增补规则 Supplement to UCP for Electronic Presentation，eUCP
关于审核跟单信用证项下单据的国际标准银行实务 International Standard Banking Practice for the Examination of Documents under Documentary Credits，ISBP
跟单信用证项下银行间偿付统一规则 Uniform Rules for Bank-to-Bank Reimbursement under Documentary Credit, URR

偿付授权 reimbursement authorization　　　偿付承诺 reimbursement undertaking
索偿请求 reimbursement claim　　　　　　不可抗力 force majeure
授信额度 credit line　　　　　　　　　　议付 negotiation
申请人 applicant　　　　　　　　　　　　受益人 beneficiary
开证行 opening /issuing /establishing bank　 通知行 advising / notifying bank
议付行 negotiating bank　　　　　　　　 限制议付信用证 restricted negotiable L/C
公开议付信用证 freely negotiable L/C　　　保兑行 confirming bank
承付行 honouring bank　　　　　　　　　受指定的银行 nominated bank
转让行 transferring bank　　　　　　　　第二受益人 second beneficiary
交单行 presenting bank　　　　　　　　　索偿行 claiming bank
偿付行 reimbursing bank　　　　　　　　不可撤销的 irrevocable
交单期 period for presentation　　　　　　分批装运 partial shipments
转运 transshipment　　　　　　　　　　 电汇索偿 T/T reimbursement
不符点 discrepancy　　　　　　　　　　 跟单信用证 documentary credit
光票信用证 clean credit　　　　　　　　 保兑信用证 confirmed L/C
即期付款信用证 sight payment L/C　　　　延期付款信用证 deferred payment L/C
承兑信用证 acceptance L/C　　　　　　　议付信用证 negotiation L/C
循环信用证 revolving L/C　　　　　　　 可转让信用证 transferable credit
对背信用证 back to back L/C　　　　　　对开信用证 reciprocal credit
预支信用证 anticipatory L/C

知识链接

国际商会. UCP600 ICC 跟单信用证统一惯例(2007 年修订本). 北京：中国民主法制出版社，2006.
国际商会中国委员会. 国际商会跟单信用证项下银行间偿付统一规则. 北京：中国民主法制出版社，2008.
国际商会中国委员会. UCP600 评述-Commentary on UCP600(ICC680). 北京：中国民主法制出版社，2009.
李金泽. UCP600 适用与信用证法律风险防控. 北京：法律出版社，2007.
卓乃坚. 国际贸易支付与结算及其单证实务. 2 版. 上海：东华大学出版社，2011.
林建煌. 品读 ISBP745. 厦门：厦门大学出版社，2013.
www.iccwbo.org
www.collyerconsulting.com

习 题

1. 简答题

(1) 简述信用证的性质和特点，并且简要分析在这些特点下出口人应该注意的问题。
(2) 简述议付信用证、即期付款信用证、延期付款信用证和承兑信用证的一般业务流程。
(3) 请分析如果信用证要求将一份正本提单直接寄给申请人可能会存在的问题。

2. 判断题

(1) 付款到期日在两年后的延期付款信用证的到期日至少应在银行到期付款后(　　)。
(2) 托收下使用商业汇票，信用证下使用银行汇票(　　)。
(3) 信用证下必须使用能够控制物权的运输单据(　　)。
(4) 一般情况下，可转让信用证都可以分别转让给多个第二受益人(　　)。
(5) 开证行向偿付行发出的偿付授权都是不可撤销的(　　)。
(6) 信用证指定由 A 行议付，但受益人却向 B 行交单议付，这是不允许的(　　)。
(7) 议付是一种融资行为，议付信用证下，任何银行的议付都应该可以追索(　　)。
(8) 银行对信用证下不能指向单据的条款应该不予理会，除非提交的单据信息与此冲突(　　)。

实际操作训练

1. 完成附录 2 关于 UCP 和 ISBP 的判断题(可阅读附录 3 的解析，加深理解)。
2. 仔细读懂附录 4 至附录 7 的信用证，指出每封信用证的兑用方式，分别说明所需要向银行提交的以及直接寄申请人的单据的名称及正副本数，说明各封信用证中有哪些条款操作时需要格外关注。
3. 使用本章学习过的知识，以 UCP 和 ISBP 为依据，分析附录 8 给出的案例。

第 7 章 银行保函和备用信用证

本章教学要点

知识要点	掌握程度	相关知识
银行保函	了解	见索即付保函、担保、反担保、URDG758
备用信用证	了解	ISP98、UCP600、URDG758

本章技能要点

技能要点	掌握程度	相关知识
银行保函的填写	了解	基础合同,国际惯例

第 7 章 银行保函和备用信用证

导入案例

国内 A 公司的国外新客户 B 愿以高于市价 10%的价格和 A 签订进口合同，货款用信用证支付，但要求 A 按货款 10%的金额开立一份见索即付的银行履约保函，原因据 B 称是担心花费了开证费用并且缴纳了开证保证金后，万一 A 不履约，他会受到很大损失。A 公司咨询了自己的往来行。银行建议 A 对 B 的资信做一调查，因为涉及的货物并非紧俏商品，B 许以优惠是否还有其他原因。见索即付保函的单据条件一般相对很简单，如果 B 信誉不好，很容易在保函下取得索赔。何况按 B 所在国的法律，需由该国银行做担保，而国内银行只能做反担保。除非能够掌握 B 实施欺诈的有力证据，一旦国外担保行赔付，在反担保下国内银行很难不实施赔付。后经调查发现，B 前称为 C 公司，曾以同样的手法诈骗过国内多家公司。看来，银企联手合作能够一定程度减少甚至避免国际贸易结算中的诈骗。

第一节 银 行 保 函

一、银行保函的基本概念

银行保函(banker's letter of guarantee, Letter of Guarantee，L/G)指的是担保银行(保证人)应某一当事人(申请人，即委托人)的请求向受益人开立的书面承诺。如果委托人未对受益人履行某项义务，由担保银行承担银行保函中规定的付款责任。从这点意义上说，担保行在保函下的付款是第二性的。

如果委托人未履约需通过是否符合保函中列明的一系列条件来进行判断，这样的保函一般被称为附有条件的保函(accessory guarantee)；如果仅凭受益人提交的书面请求或符合保函中所规定的单据来赔付，那样的保函被称为"见索即付"保函(demand guarantee)。显然，前者对担保人很不利，因为根据条件来判断委托人是否违约，很容易使得担保人陷入委托人和受益人之间基础合同纠纷的漩涡；后者显然对委托人不甚有利，信誉不好的受益人可以很容易地"造"出保函所要求的单据，在保函下索得款项。

需要一方提交保函的场合常有：投标人要求银行向招标人开立投标保函(tender guarantee)以保证投标人如果开标前撤标或单方面修改标书，或中标后拒绝与招标人签约，由担保行按保函的规定向招标人赔付；在赊购或到货后付款的情况下，按买卖合同规定，进口方要求银行开立进口付款保函；在涉及预付的情况下，工程的承包商或买卖合同的卖方被要求开立预付款保函；在补偿贸易下，引进设备和技术的一方通过银行保函，保证万一无法成品返销以补偿提供设备和技术方时，由担保行实施赔付。在国际贸易中还可能涉及其他保函，比如无单提货保函、质量(维修)保函、临时进口海关关税保函、租赁保函等，甚至在为保全资产而向法院提出对被告的资产冻结的司法诉讼时，法院为保证被告的利益不受损害可能会要求原告提供诉讼保函。

总之，保函通常可以作为对基础交易受损害方的补偿工具，也可以作为对基础交易违约方的惩罚手段。

二、直接担保和间接担保

直接担保下,担保行接受委托人申请后,收取保证金(或扣减授信额度)和费用,直接向受益人开立保函。不过在国际贸易中,委托人和受益人一般不会同处一地,担保行需要通过在受益人所在地的往来行(通知行)来转递保函。

由于不同国家对保函的法律原则不尽相同,受益人为了防止对方违约时索偿受到限制,可能不愿接受国外银行开立的保函,因此,这时他会要求委托人通过其所在地银行开立以受益人所在地银行为受益人的保函(即反担保,counter guarantee),然后,受益人所在地的银行凭委托人方银行开立的反担保向受益人开立保函。这样的保函开立形式称为间接担保。

直接担保和间接担保的开立流程可参见图 7.1 和 7.2。

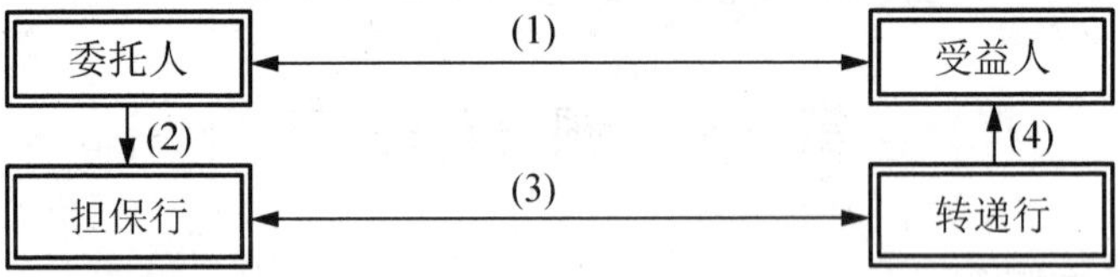

```
┌─────────┐  (1)   ┌─────────┐
│ 委托人  │◄──────►│ 受益人  │
└─────────┘        └─────────┘
    │(2)               ▲(4)
    ▼                  │
┌─────────┐  (3)   ┌─────────┐
│ 担保行  │───────►│ 转递行  │
└─────────┘        └─────────┘
```

(1) 达成基础交易;(2) 申请担保;(3) 开立保函;(4) 通知保函

图 7.1　直接担保开立流程图示

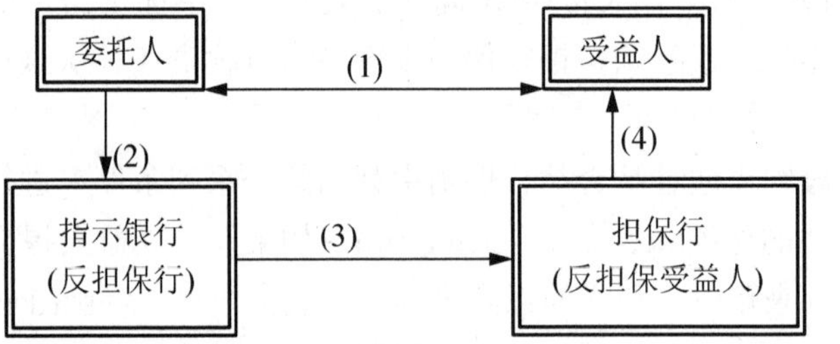

```
┌─────────┐  (1)   ┌─────────┐
│ 委托人  │◄──────►│ 受益人  │
└─────────┘        └─────────┘
    │(2)               ▲(4)
    ▼                  │
┌─────────┐  (3)   ┌─────────────┐
│ 指示银行│───────►│   担保行    │
│(反担保行)│       │(反担保受益人)│
└─────────┘        └─────────────┘
```

(1) 达成基础交易;(2) 申请保函;(3) 开立反担保;(4) 开立保函

图 7.2　间接担保开立流程图示

三、保函的内容

虽然过去人们对银行保函的格式和内容并没有什么统一的规定和要求,但大多数保函的基本内容应该相近。比如,保函必须加注编号,注明开立日期,写明当事人名称和地址等。保函还有必要标明据以开立的有关基础合约或标书的编号、签署日期、工程或标的物的名称。保函的正文应该明确担保人付款的条件、所承担的赔偿最高限额以及担保人按保函规定的条件赔付的承诺,并且正文中还应该规定保函的到期日及/或到期事件。在建筑承包保函中还可以规定减额条款,即规定担保金额随着工程的进展而递减。

值得注意的是,国际商会 2010 年版的"见索即付保函统一规则"(URDG758)的附录中给出了保函的格式指南(见式样 7.1),从中不难了解一封保函所具备的基本内容以及填写的基本要求。

URDG758 还给出了一些可以在上述保函格式中添加的诸如索偿时间的规定、担保金额的变动等的示例,以及受益人索付声明中条款示例。

URDG758 另给出了和上述保函样式相似的反担保保函样式。该样式以 "please issue under our responsibility in favour of the Beneficiary your Guarantee in the following words" 为开场句，用"quote"和"unquote"引出按上述格式做出、要求担保人开立的保函，加上与保函结尾承诺类似的反担保人向担保人做出的承诺声明，列明反担保保函的编号、反担保人、担保人、交单形式、交单地点、到期日或到期事件以及费用承担方等，并做出要求担保人开立保函后向反担保人确认的请求以及反担保遵守 URDG758 的承诺。

四、有关银行保函的国际惯例

国际商会曾颁布过两个关于银行保函的惯例，其中一个是 1978 年 6 月颁布的《合同保函统一规则》(Uniform Rules for Contract Guarantees)，即国际商会的 325 号出版物，简称 URCG325；另一个是于 1992 年 4 月颁布，作为国际商会 458 号出版物的《见索即偿保函统一规则》(Uniform Rules for Demand Guarantees)，简称 URDG458。应该说，URCG325 似乎并不成功，很少有银行愿意提供这类保函，并且在保函中注明受它制约。"见索即偿保函"应用较广，比如，在国际贸易中，跟单信用证对满足相符交单的出口商提供了收款保障，而进口商有时也很需要银行见索即偿保函保护，以制约出口商的不履约等行为。虽然 URDG458 在多年的应用中曾发挥了一定的作用，但它存在条款不够清晰、具体，操作性不够强等缺点。国际商会于 2007 年开始着手对 URDG 进行修改，最后在 2009 年新德里会议上通过了上文提及的 URDG758(ICC Uniform Rules for Demand Guarantee, 2010 revision, ICC Publication No.758)。

URDG758 于 2010 年 7 月启用，共 35 个条款。它采用了与 UCP600 相似的结构，在惯例的开始部分即交代了它的适用、相关术语的定义以及有关表达的释义，在它的结尾部分明确了担保人对不可抗力事件、单据的有效性、传递和翻译以及作为"被指示人"的一系列免责。它规定了担保和反担保的独立性、"纯单据"性，规定了保函申请及保函应该体现的内容，明确了担保人的义务等。

按 URDG758 第 2 条给出的定义，"索付要求"(demand)就是受益人在保函下索款的署名文件。相符交单指交单应首先符合保函条款本身，其次，应符合与保函条款不矛盾的 URDG 规则。如果保函条款和 URDG 均未规定，则交单应符合国际标准见索即付保函实务。URDG758 下担保人 5 个工作日的审单时间和拒付通知必须一次列出所有不符点的规定和 UCP600 非常相似。值得注意的是，URDG758 第 7 条认为，除了日期或时期段的规定，保函不应包含非单据化条件，如果存在非单据化条件，但它无法通过担保人的自身记录(guarantor's own records)或保函规定的指标(index)来判断是否满足，担保人将对该条款不予理会。不过，保函下提交的其他单据的数据和这类非单据化条件内容不得冲突。由此可见，URDG758 下对保函非单据条件虽然设定了补救措施，但非常有限。

可以相信，条款更清晰明确的 URDG758 将更为人们所接受，它将对国际贸易的发展提供更有力的帮助。

Form of Demand Guarantee under URDG 758

(担保人信头或 SWIFT 识别代码)

To: (填受益人名称及有关的联系信息)

Date: (填保函出具日)

TYPE OF GUARANTEE: (说明保函类型,如投标保函、预付保函或履约保函等)

GUARANTEE NO.: (填保函参照号)

THE GUARANTOR: (填担保人名称和保函出具地点,除非信头部分已说明)

THE APPLIACNT: (填申请人名称、地址)

THE BENEFICIARY: (填受益人名称、地址)

THE UNDERLYING RELATIONSHIP: (填可识别的保函所基于的受益人和申请人间基础合同、标书等的参照号或有关信息)

GUARANTEE AMOUNT AND CURRENCY: (填保函可支付的大小写最大金额及币种)

ANY DOCUMENT REQUIRED IN SUPPORT OF THE DEMAND FOR PAYMENT, APART FROM THE SUPPORTING STATEMENT THAT IS EXPLICITLY REQUIRED IN THE TEXT BELOW: (列出除索付声明外的支持索付所需要的单据,如果除索付声明外无需其他单据,本栏空白或标"none"。)

LANGUAGE OF ANY REQUIRED DOCUMENT: (说明所需单据的语言,否则申请人或受益人出具的单据都必须使用保函使用的语言)

FORM OF PRESENTATION: (说明交单是纸质(paper form)还是电子形式(electronic form)。如为纸质单据,标明提交方式;如为电子形式,说明格式、数据传递系统以及交单的电子地址)

PLACE FOR PRESENTATION: (纸质单据交单的担保人的分行地址;如是电子交单则说明诸如担保人的 SWIFT 地址之类的电子地址。如果本栏未规定交单地址,保函出具地址为交单地址)

EXPIRY OF GUARANTEE: (填到期日或描述到期事件)

THE PARTY LIABLE FOR THE PAYMENT OF ANY CHARGES: (填费用承担方)

As Guarantor, we hereby irrevocably undertake to pay the Beneficiary any amount up to the Guarantee Amount upon presentation of the Beneficiary's complying demand, in the form of presentation indicated above, supported by such other documents as may be listed above and in any event by the Beneficiary's statement, whether in the demand itself or in a separate signed document accompanying or identifying the demand, indicating in what respect the Applicant is in breach of its obligations under the Underlying Relationship.

Any demand under this Guarantee must be received by us on or before Expiry at the Place for presentation indicated above.

THIS GUARANTEE IS SUBJECT TO THE UNIFORM RULES FOR DEMAND GURANTEE (URDG) 2010 REVISION, ICC PUBLICATION NO.758.

SIGNATURE(S)(担保人署名)

式样 7.1 保函的基本内容与填写方法

第二节 备用信用证

过去,大多数银行保函不愿引用国际商会制定的规则,而跨国银行保函如无约定,往往按复杂的保函开立地的法律来调整,这很容易导致当事人之间产生纠纷。为了避免银行陷入这些纠纷,保持金融秩序稳定,有些国家从法律上禁止银行开立保函。因此,为了业务需要,备用信用证应运而生。

一、备用信用证的基本概念

备用信用证简称备用证,它是由银行应申请人的请求或以自身名义向受益人出具的保证。它是若申请人未能履约,银行凭受益人提交的符合备用证规定的单据,支付一定数额款项的书面凭证。

备用信用证下开证行对受益人承担了独立的,第一性的付款责任。如果申请人违约,开证行凭受益人在信用证有效期内提交的,符合信用证规定的声明书及其他单据(如有),按信用证规定的金额付款;如果申请人按期履约,受益人无需要求开证行支付款项。

备用信用证的用途和银行保函几乎相同,业务交往的一方担心另一方可能不会履行承诺时,可以要求另一方提供备用信用证,通过银行信用来约束他履约。

二、备用信用证的内容

和普通信用证一样,备用信用证的编号和开证日是当事人有关函件往来的重要参照信息。备用信用证应该表明有关当事人和有效期以及信用证金额等,信用证金额限定了受益人开立汇票的最大金额。备用信用证必须明确说明受益人提交的声明书的内容和要求,如需提交其他单据,也应该明确规定。备用信用证还应该说明其所适用的国际惯例。

三、备用信用证适用的惯例

UCP 自 1983 年的修订本(UCP400)起就规定,备用信用证可以适用该惯例。由于备用信用证的操作相当于见索即付的银行保函,因此当事人也可以在备用信用证中规定受制于 URDG。备用信用证还可以适用 1999 年 1 月 1 日生效的国际商会第 590 号出版物《国际备用证惯例,1998》(The International Standby Practices,ISP98)。

ISP98 的制定参照了当时的 UCP500 和 URDG458 的规定,它根据备用信用证实际操作的特点,对实务中容易产生混淆的概念进行了明确的解释和定义,对一些操作过程作了具体的规定。因此 ISP98 的颁布和实施,规范了备用信用证的操作,减少和避免了可能产生的纠纷和争议。当然,ISP98 也只是国际惯例,只有备用信用证中明确表明受其约束,它才能制约备用信用证下的所有当事人。

应该清楚地知道,UCP、URDG 以及 ISP98 尽管都可以用于备用信用证,但是它们之间存在一些细节上的差别,这可能导致实务中的不同后果。因此对于当事人来说,选用什么约束惯例,就必须熟悉这个惯例。

本章小结

本章简要介绍了银行保函和备用信用证,以及它们可适用的国际惯例。本章还简述了银行保函和备用信用证在国际贸易中的作用以及它们的基本内容,其中关于 URDG758 的简要介绍和它所提供的银行保函样式可以方便读者加深对保函的了解。

关键术语

银行保函 banker's letter of guarantee   保函 Letter of Guarantee,L/G
条件保函 accessory guarantee   见索即付保函 demand guarantee
直接担保 direct guarantee   间接担保 indirect guarantee
反担保 counter guarantee   基础交易 underlying transaction
担保人 guarantor   委托人 principal
受益人 beneficiary   备用信用证 standby L/C,SBLC
合同保函统一规则 Uniform Rules for Contract Guarantees
国际商会见索即付保函统一规则,2010 年修订本,国际商会第 758 号出版物 ICC Uniform Rules for Demand Guarantee,2010 revision,ICC Publication No.758;URDG758
国际备用证惯例 1998,The International Standby Practices,ISP98

知识链接

The International Standby Practices — ISP98 1998,International Chamber of Commerce,Publication No.590

ICC Uniform Rules for Demand Guarantee,2010 revision,International Chamber of Commerce,Publication No.758

习 题

1. 简答题

(1) 简述直接保函和间接保函开立的操作流程。

(2) 简述为什么出具条件保函对担保人十分不利。

(3) 简述银行保函的基本内容。

2. 判断题

(1) 见索即付保函下担保银行无需考量委托人是否实际违约(   )。

(2) 按 URDG758 给出的保函格式,如果保函对单据所用语言未作规定,则提交的申请人或受益人出具的单据必须使用保函所使用的语言(   )。

(3) 见索即付保函规定了担保金额随合同进程递减却未规定相应单据,担保人可以对此不予理会(   )。

(4) 按 URDG758 给出的保函格式,如果保函未规定交单地址,那么出具保函的地址就是受益人交单地址(　　)。

(5) 备用信用证可以适用 UCP600(　　)。

(6) 保函可以以某一指定事件的完成作为到期日(　　)。

(7) 跟单信用证下金额在正常履约下支付,备用信用证下金额在不能正常履约下支付(　　)。

(8) 只有明示受 ISP98 约束,备用信用证的当事人才受它的条款制约(　　)。

第 8 章

贸易结算融资

本章教学要点

知识要点	掌握程度	相关知识
票据融资	了解	贴现，融通票据
授信融资	了解	授信额度、开证额度、信托收据额度、押汇额度
信用证融资	了解	打包贷款、对背信用证、假远期信用证、预支信用证、可转让信用证
物权单据融资	了解	押汇
信托收据融资	了解	信托收据、信托人、受托人
债权转让融资	了解	国际保理，福费廷

本章技能要点

技能要点	掌握程度	相关知识
贴现金额的计算	掌握	贴现利率

导入案例

国内 A 出口公司欲和国外 B 公司签订买卖合同,为了争取客户,货款采用 O/A 方式操作,同时为了规避收款风险,A 公司通过本地的保理商 C 做融资型无追索保理。在 C 核准的信用额度下,A 将部分保理费用转嫁到货物价款中,与 B 签订了合同。A 在合同规定的时间内发货并向 B 寄出了包括全套正本提单在内的货运单据,然后通过 C 交单并获得 80%货款的融资。当 A 正高枕无忧地等候收取余款时,收到保理商发来的通知,得知由于所发货物规格与买卖合同不符,B 拒付并准备提起仲裁,还要求 A 赔偿由此带来的损失。C 也要求 A 公司归还已贷出的款项并要求收取相关的保理费用,否则将提起诉讼。A 经查,的确是自己的业务人员疏忽,发错了商品。至此,A 不得不归还 C 处获得的融资,损失了保理业务下的花费,还不得不联系 B 处理善后,经济上受到很大的损失。可见,即使是无追索的保付代理也很难避免合同下的货物瑕疵带来的损失。

公司之间虽然可以凭信誉进行融资,但较大金额的融资通常通过不动产、商品、未到期票据以及物权单据等做抵押,并且往往通过银行或金融机构获取。本章的结算融资指的是和结算有关并往往通过信用抵押或债权转让,从银行或金融机构获取的融资。

一、通过未到期票据融资

贸易公司可以通过未到期票据做抵押,比如将未到期的远期汇票质押背书给银行,从银行获取贷款。更常见的是,如果持有已承兑汇票(通常银行承兑汇票较容易被接受贴现),还可以通过向银行贴现(discount)的方法获取融资。远期承兑信用证下,汇票被付款行承兑后,受益人如需资金,就可以申请贴现。贴现实际就是一种通过背书转让票据权利的行为。受让人获得票据的付款请求权并且如果被拒付,可以向包括转让人在内的所有前手追索。转让人贴现后获取的是票面金额减去贴现利息的差额,即:

$$贴现所得 = 票面金额 \times (1 - \frac{贴现日至到期日天数 \times 贴现年利率}{360})$$

有些国家的银行(如英国)按 365 天定义"一年",这时上式最后一项的分母将取"365"。

在有些国家,贸易公司还可以利用类似方法,通过融通票据(accommodation bill)来从银行获得融资,不过,这种操作方法不符合我国《票据法》中"票据的取得,必须给付对价"的规定。融通票据的操作流程如图 8.1 所示:

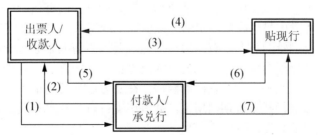

(1) 出票,提示承兑;(2) 承兑;(3) 提示贴现;(4) 支付贴现净额;(5) 到期前支付;(6) 到期提示要求付款;(7) 支付票面金额。

图 8.1 融通票据流程图示

从以上流程图示可知，在融通票据业务中，贸易公司按他和承兑行/付款行的协议出具以自己为收款人的汇票。汇票经承兑行承兑后，收款人交贴现行贴现获得融资。汇票到期前，贸易公司按协议支付票面金额。在汇票到期日，贴现行向付款行提示以获得票面金额。在整个流程中，承兑行/付款行实际并未垫用资金，它仅仅提供了信用。

二、通过授信额度获得融资便利

授信额度一般指银行信贷部门或统一授信评审机构根据客户的资产、经营状况以及信用信誉，经充分考虑借贷人违约的可能性和融资可能带来的其他风险，承诺给予借贷方的融资额度，它是一种存量管理指标。一般来说，在银行有一定外贸结算业务、业务情况及收付汇情况良好、资信可靠、具备一定经济实力，能够提供银行接受的可靠担保、抵押、质押的具有进出口经营权的公司，可以向银行提出申请，要求银行核准授信额度。授信额度一般包括开证额度、信托收据额度以及出口押汇额度。如果授信额度中未分别单独列明，信托收据额度和出口押汇额度将包含在开证额度内。

在开证授信额度内，贸易公司申请开立信用证可减或可免开证保证金。一般情况下，在一笔信用证业务实施完毕后，所占用的开证授信额度可以恢复使用。在信托收据额度内，银行可以给予承兑了汇票的远期付款交单托收业务下的付款人，或远期信用证下做出接受单据承诺的开证申请人以短期进口融资便利，即，允许他以银行受托人的身份，凭信托收据借单提货。在出口押汇额度内，银行可以为贸易公司对信用证项下不符点单据进行押汇。如果交单相符，信用证的出口议付押汇不占用该额度。同样，在出口押汇额度内，银行也可以为贸易公司托收项下的单据进行一定金额比例的押汇。

三、通过信用证获取融资

在信用证业务中，出口方可以以正本信用证做抵押申请贷款，用以履行信用证下的备货和装运义务。因为最初这种贷款专为出口商提供包装费用的，所以这种短期资金融通方式俗称为"打包贷款"(packing loan)。出口方需要和银行签订打包贷款合同，银行应仔细审核信用证条款的可操作性，审核是否存在物权流失风险。贷款后正本信用证将留存在贷款银行，而它必须是信用证下可以议付或承付的银行，这样，出口商装运后向它交单，它可以在议付或承付时，以扣除放款本息的方式收回贷款。

在对背信用证的申请开立过程中，中间商以实际进口商开来的正本信用证作为开证抵押。当然，开证行可以视该实际进口商的资信、原证开证行的资信、中间商的经营状况等考虑是否接受，或者考虑另外收取一定的开证保证金或扣减一定的授信额度。

通过信用证获取融资的场合还有：出口商通过要求申请人开立预支信用证，获取一定的预付款项；在可转让信用证下，第一受益人通过信用证的转让，无需占用资金，即可履行他和信用证申请人以及和实际供货商的合同；在买方远期信用证下，申请人通过贴现利率及承兑费用较低的银行开立远期信用证，并承诺支付有关利息和费用，从而以较低的代价实现即期付款合同下的支付融资等。

四、通过物权单据获取融资

商业公司通过物权单据抵押，获取银行或金融机构贷款的方式俗称"押汇"。在出口信用证业务中，出口方可以在交单时要求交单行"垫付"货款。如果是议付信用证，这种押汇即为符合 UCP 规定的信用证授权下的议付。按 UCP600 第 2 条关于"议付"的定义和第 12 条 b 款，UCP 允许按指示行事的指定银行(议付行或承付行)在信用证下为受益人提供融资。对于远期信用证，指定银行通常在收到开证行确认接受单据的通知后再考虑融资。如果涉及的银行仅为交单行，如果发生押汇，这仅仅是该行根据和出口方的协议，或是在出口方的保证金或授信额度下的普通贷款。在申请出口托收业务时，出口人也可以申请叙做押汇。由于托收仅涉及商业信用，银行一般不愿叙做押汇。不过，如果出口人资信良好，有的银行会考虑在授信额度内叙做不超过托收款项 80%的押汇。

五、通过信托收据获取融资

通过信托收据获取融资的通常是进口商。信托收据实际是进口人将自己货物的所有权转让给银行以获取银行提供短期融通的确认书。在信托收据下，进口商作为银行的受托人代银行保管有关货物，同时保证他将以银行(信托人)名义代办货物的存仓或处理，代办货物加工并在加工后重新存仓，或以银行名义出售货物，并立即或在规定期限内用销售收入支付到期票据或归还银行垫款。

信托收据通常用于远期付款交单或远期信用证业务下货到但付款期未到的场合。使用信托收据通常仍需占用进口人一定的押金或授信额度。

六、通过债权转让获取融资

1. 国际保理(international factoring)

(1) 国际保理的基本概念

国际保理又称国际保付代理。按《国际保理通用规则》，不管是否包含提供融资，国际保理协议至少包括应收账款管理(Receivables ledgering)、催收应收账款(Collection of receivables)或坏账担保(Protection against bad debts)中的一项服务。通常，在国际保理业务中，保理商按照保理协议，为出口商调查进口商的资信(creditworthiness)，核准进口商信用额度(credit lines)，并且在核准额度内可以无追索地买下代表债权的出口供货商的应收账目，同时向出口商提供一定比例的无追索融资。

(2) 国际保理业务的当事人

从保理角度而言，国际保理业务中的当事人应该有供应商(supplier，即出口商)、债务人(debtor，即进口商)以及保理商(factor)。保理商通常是银行或大型金融机构。常见的国际保理业务中，在出口国的保理商(export factor，即出口保理商)往往通过在进口地和与他建有保理业务协议的保理商(import factor，即进口保理商)来完成与出口商之间的保理协议。

(3) 保理的种类

如果整个保理业务仅涉及出口地的保理商，这样的操作方式称为单保理；如果不仅涉及出口地的保理商，还涉及进口地的保理商，这样的操作方式称为双保理。由于进口地的保理商对本国的法律、人际关系、贸易环境和习惯做法等都比较熟悉，获取信息以及追讨债款等都比较方便，国际贸易中大量使用双保理操作方式。

按保理商是否提供融资服务，保理业务又可分为到期保理(maturity factoring)和融资保理(financed factoring)。前者，保理商按债务人付款期限，计算出平均到期日，并于该日对供应商进行付款；后者，保理商通常在收到代表应收账款的单据(如发票)后，即向供应商提供一般不超过应收账款 80%的融资。

如果保理商在收不到应收账目后可以对先前提供的融资实施追索,这样的保理服务称为有追索权的保理。在这种保理服务下,保理商不负责核定进口商的信用额度,不提供坏账担保。但国际贸易中通常使用的是无追索权的保理,保理人先要核准债务人的信用额度,在所给的额度内向供应商提供无追索权的融资以及坏账担保。

另外,根据保理商的收款身份不同,保理业务还可以分为公开型保理(disclosed factoring)和隐蔽型保理(undisclosed factoring)。后者,保理商的参与对外保密,他以供应商的身份向债务人主张债权。

(4) 保理业务的一般做法

通过图 8.2 所示的无追索权的融资双保理的业务流程,可以对保理业务的做法有基本的了解。保理业务通常是在赊帐(O/A)或承兑交单(D/A)等结算方式的基础上展开。由于这两种结算方式对进口商相当有利,这有利于出口商参与市场竞争。不过对于出口商来说,单纯采用这两种方式存在极大的支付风险,并且资金占用时间很长。采用国际保理后,保理商的坏账担保可使出口商规避这类风险,保理商提供的融资也大大方便了出口商开展其他业务。

(5) 采用保理服务应该注意的问题

出口商虽然可以利用保理提供的服务,通过选用赊账或承兑交单等支付条款吸引买家、拓展业务,还可以获得不超过应收账款 80%的融资,但他仍必须注意,在保理业务环节中,保理商只承担核准的信用额度下的财务风险,他并不担保买卖合同下的纠纷。如果因为出口商违约而导致进口商拒付,保理商仍有追还已贷款项的权利。另外还应该注意,在保理方式下出口商需要承担较高的相关费用。一般供货商付给进出口保理商的佣金可达发票金额的 0.6~1.2%,除此之外还要支付有关的单据处理费以及手续费用等。另外,保理业务下的融资利率也较高。因此,出口商在出口报价时应该对此加以充分考虑。

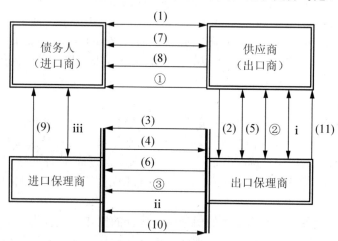

(1) 达成交易意向;(2) 申请买方信用额度;(3) 委托核准买方信用额度;(4) 通知已核准额度;(5) 通知额度,建立保理协议;(6) 通知与出口商的保理协议,取得进口保理的正式批准;(7) 在信用额度下建立合同;(8) 装运。在 O/A 下,①提交正本单据;②提交副本单据,获取融资;③转交单据。在 D/A 下,i. 提交正本单据,获取融资;ii. 转交单据;iii. 提示、承兑交单。(9) 到期收款;(10) 划款;(11) 扣除已贷款项和利息费用,交付余款。

图 8.2 常见融资型无追索双保理业务流程图示

对于保理商，他们也应该注意，保理业务中存在着一系列的信用风险。例如，进口商信用风险、出口商信用风险以及国家信用风险等。进口商信用风险指的是，进口商在保理商核准信用额度后(或虚假的信息下导致核准的额度不实)，经营状况恶化，无力偿还债务。出口商信用风险一般出现在出口商因买卖合同违约导致进口人拒付，并且，出口商又应经营不善，无法清偿保理协议下已贷的款项。国家信用风险往往由于进口国的政治、经济动荡造成，这使得保理商无法收取已经受让的应收账目。由于保理服务实质是一种债权转让，保理商应该注意，有关债权是否合法？(比如，形成债权的进出口合同本身是否合法？当事人是否具有主体资质？所涉及的结算方式是否适合保理？按照《国际保理通用规则》，除备用信用证外的信用证结算方式以及凭单付现等任何以现金为基础的结算方式不适合采用保理。)债权的转让是否有效和完整？(比如，进出口合同中是否禁止债权转让？供应商是否已将实现债权所必须的附属权利一并转让了？这将影响作为受让人的保理商主张自己的权利。)对于受让的债权是否具有优先权？(比如，债权是否已被供应商全部或部分转让他人？供应商是否已将应收账款用作其他借款担保？)问题。

(6) 有关保理商的国际组织以及《国际保理通用规则》

双保理是国际保理业务中最常见的类型，为了更好地提供有效的保理服务，各国的保理商需要由一定的组织进行协调，需要统一的规则来规范其保理行为。比较出名的保理商国际组织有于 1963 年成立，总部设在比利时布鲁塞尔的国际保理商组织(International Factors Group, IFG)。截至 2014 年 6 月，该组织在 58 个国家和地区已拥有 157 个成员。2013 年其成员全球业务量达 2.2 万亿欧元，其中欧洲地区约占 60%，亚洲地区约占 30%。中国的嘉融信国际保理公司(JRF International Factoring Ltd.)、亚洲保理股份有限公司(Asiafactor(CN)Co. Ltd.)、渤海国际保理有限公司(International Bohai Factoring Co. Ltd.)、河南保理网络信息服务有限公司(Henan Factoring Network informational Services Co. Ltd.)、齐鲁银行(Qilu Bank Co.Ltd.)、上海联合商业保理有限公司(Shanghai United Commercial Factoring Co.ltd.)以及中新力合担保有限公司(Uni-Power Guaranty Co. Ltd)等七家企业目前是 IFG 成员。

1968 年 11 月，在荷兰的阿姆斯特丹又成立了国际保理商联合会(Factors Chain International, FCI)，它现拥有 75 个国家和地区的 268 家成员。据 FCI 官方统计，2013 年其成员全球业务量达 22.3 万亿欧元，其中欧洲地区约占 60.7%，亚洲地区占约 26.87%。1993 年 2 月，中国银行加入该联合会。之后，中国进出口银行、中国农业银行、交通银行、中国建设银行、招商银行、民生银行、光大银行、华夏银行、汇丰银行、中信银行、上海银行、上海浦东发展银行、深圳发展银行以及广东发展银行等也相继加入了 FCI。截至 2014 年 6 月，我国内地共有 23 家银行和 2 家保理公司为 FCI 成员。2006 年 11 月，中国保理商协会成立。应该说，FCI 的成立大大便利了各成员之间的合作，促进了保理业务在全球的发展，而中国保理商协会的成立也大大有利于保理业务在中国的发展。

长期以来，国际保理商联合会的法律委员会和秘书处也一直在为国际保理业务操作程序的简单化和合理化而努力。2002 年，国际保理商联合会法律委员会制定了本节前文曾提及的《国际保理通用规则》(General Rules for International Factoring, 简称 GRIF)以取代 1969 年制定的《国际保付代理惯例规则》(Code of International Factoring Customs)。《国际保理通用规则》包括"一般规定"(General Provisions)、"应收账目让渡"(Assignment of Receivables)、

"信用风险"(Credit Risks)、"应收账目的收取"(Collection of Receivable)、"资金划转"(Transfer of Funds)、"争议"(Disputes)、"代表、担保及承诺"(Representations, Warranties and Undertakings)以及"其他"(Miscellaneous)等八个部分。它详细地阐述了国际保理业务中的主要问题,并对这些问题进行规范,以使各成员能够在统一的规则下更好地合作。GRIF 曾经过数次修订,最近一次修订于 2013 年 6 月。值得注意的是,它也得到国际保理商组织的认可。

2. 福费廷(forfeiting)

福费廷又称"包买票据",在国际贸易中是一种特殊的出口融资方式。传统的福费廷业务主要用于付款期较长的延期付款的大型设备贸易。票据包买商(forfeiter)根据和出口商建立的包买协议,买断出口商出具的并经进口商承兑的半年以上至五到六年的远期汇票(或者进口商出具的本票),为出口商提供无追索的中期资金融通。无论采用何种票据均应该先经进口地的银行做付款保证。图 8.3 为包买票据流程示例之一。

如今,国内的包买商也提供远期议付信用证或承兑信用证下的福费廷服务,根据包买协议买断信誉良好的开证行在相符交单下已做承兑或已发出承兑通知的远期汇票。有些包买商甚至还可以在不涉及汇票的延期付款信用证下,凭开证行相符交单下做出的延期付款承诺,买断出口商的应收账款。

为通过福费廷获取融资,出口商和包买商之间先得达成包买协议,明确买断金额、融资期限、贴现率、费用以及为票据加具付款保证的进口地的银行等。由于在福费廷业务中,包买商将承接所有风险,他应该审慎判断包买业务下的风险和费用,仔细审核有关的贸易状况,评估有关货物买卖合同下双方的资信以及担保人的资信。如果他认为做付款保证的银行或开证行(涉及信用证时)资信不足,或那些银行位于可能受他国政府制裁的国家,他将会要求出口商联系进口商另外推举包买商能够接受的银行来实施票据担保,否则可能得放弃该笔业务。当然,如有可能,个别包买商会再寻求通过其他能够买断相关票据或应收账款的外国包买商做转手包买,以期减少风险或绕过制裁。

另外由于福费廷业务占用的一般不是出口商授信额度,包买商当然还得考虑自身所拥有的对进口商所在国家或地区核定的信用额度是否足够。

在出口商不能取得出口信贷的情况下,包买商为延期付款结算下的出口商提供了无追索融资。它的融资期限可以较长,手续不是非常复杂,只是它的融资成本比较高,因为福费廷业务涉及的费用相对较高。对出口商而言,通过福费廷的包买让渡协议,放弃了对所出售债权凭证的一切权益,但将收取债款的权利"卖给"包买商的同时,收款风险和责任也转嫁给了包买商。不过,包买协议一般会规定:按照惯例,承兑/承付/保付银行因法院止付令不能偿付到期款项的情况下,包买商可保留对出口商的追索权。

出口商通常应该在和进口商贸易磋商时,根据包买商初步提供的贴现率以及预期费用,在报价时加以考虑,以期通过合同价款来和进口商分摊费用。

国际福费廷协会(International Forfaiting 制 Association, IFA)于 1999 年 8 月成立,现有多个国家或区域委员会,共约 140 个成员。我国的中国农业银行、中国银行、江苏银行、建设银行、光大银行、招商银行、民生银行、中信银行、中国工商银行和中国贸通公司(China Trade Solutions Ltd.)等都是 IFA 成员。

据国际商会估计,全球福费廷业务每年约有 3 千亿美元以上的市场价值,为了有利于福费廷业务的发展，国际商会联合国际福费廷协会制定了《福费廷统一规则》(Uniform Rules for Forfeiting)并以国际商会第 800 号出版物的形式颁布(UFR800)。UFR800 共计 14 条，分别阐述了"URF 的适用"(Application of URF)、"有关术语的定义"(Definitions)、"释义"(Interpretations)、"不可追索"(Without recourse)、"一级市场福费廷协议"(Forfaiting agreements in the primary market)、"一级市场条件"(Conditions in the primary market)、"一级市场所满足的单据"(Satisfactory documents in the primary market)、"二级市场的福费廷确认书"(Forfaiting confirmations in the secondary market)、"二级市场条件"(Conditions in the secondary market)、"二级市场所满足的单据"(Satisfactory documents in the secondary market)、"支付"(Payment)、"有保留的支付"(Payment under reserve)、"当事人义务"(Liabilities of the parties)以及"通知"(Notices)等。该规则于 2013 年 1 月生效，它为福费廷业务运行提供了标准和规范，从而减少或避免当事人误解或争议，为协调全球福费廷实务操作和发展起到重大作用。

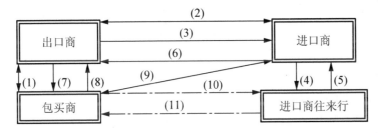

(1) 落实进口商担保行，建立包买协议；(2) 建立买卖合同；(3) 装运，并向进口商开立汇票；(4) 承兑汇票，并要求银行加具付款保证；(5) 加保后交还汇票；(6) 寄回经承兑和保证的汇票；(7) 按包买协议提示票据；(8) 无追索购入票据；(9) 到期提示，进口商付款；(10) 如进口商失去支付能力，向保证行提示；(11) 按保证承诺，付款。

图 8.3　包买票据流程图示

 本章小结

本章介绍了国际贸易结算中常见的一些融资方法。融资对于进出口贸易企业非常重要，它为企业提供了拓展业务所需要的资金；贸易融资对银行和金融机构也很重要，这是它们主要的获利业务之一。本章对贸易结算融资的操作条件、方法和风险进行了一定探讨。

关键术语

贴现　discount　　　　　　　　　　　融通票据　accommodation bill
信用额度　credit lines　　　　　　　　打包贷款　packing loan
国际保理　international factoring　　　保理商　factor
到期保理　maturity factoring　　　　　融资保理　financed factoring
公开型保理　disclosed factoring　　　　隐蔽型保理　undisclosed factoring
国际保理商组织　International Factors Group，IFG
国际保理商联合会　Factors Chain International，FCI

国际保理通用规则 General Rules for International Factoring，GRIF
福费廷 forfeiting
国际福费廷协会 International Forfaiting Association，IFA
福费廷统一规则 Uniform Rules for Forfeiting，URF

知识链接

王立军. 商业银行国际贸易融资及风险控制. 北京：对外经济贸易大学出版社，2006.
原擒龙. 商业银行国际结算与贸易融资业务. 北京：中国金融出版社，2008.
http://www.factors-chain.com
http://www.ifgroup.com
http://www.forfaiters.org

习 题

1. 简答题

(1) 简述授信额度的作用。
(2) 综合叙述贸易商在信用证支付方式下可能采用的融资手段。
(3) 简述融资型无追索双保理的业务流程。
(4) 简述福费廷业务中，包买商一般应该注意的问题。

2. 判断题

(1) 融通票据凭票据承兑人的信用而得以流转(　　)。
(2) 授信额度管理采用的是存量管理方法，只要融资结清，额度可以恢复使用(　　)。
(3) 隐蔽型保理业务的保理商只能通过他人，幕后收取应收账款(　　)。
(4) 在核准的信用额度内，保理商通常可以叙做无追索保理(　　)。
(5) 出口商可以在付款信用证下通过保理来规避收款风险(　　)。
(6) "打包贷款"的贷款行通常应该是指定的议付行或承付行(　　)。
(7) 贴现只是针对远期票据，押汇不一定涉及票据但通常应涉及物权单据(　　)。
(8) 未经承兑或保付的票据是不应该叙做福费廷的(　　)。

第三部分

结算单证实务

在国际贸易与国际贸易结算中,结算单证实务的重要性不言而喻。对于出口商而言,结算单据上的细小错误都可能使他的前期人力、物力和财力的投入付诸东流;对于进口商而言,结算单据把握不当,可能使他陷入欺诈的陷阱而难以自拔;对于银行而言,审单和结算等环节如果操作不当,有可能丧失信誉或遭受经济损失。因此,对国际结算业务中的单证操作人员来说,把握国际惯例、提高自身的业务素养至关重要。

结算单证概述

本章教学要点

知识要点	掌握程度	相关知识
结算单据	了解	票据、商业单据、公务证明、其他单据
单证操作基本程序	了解	出口贸易基本流程
单据缮制一般要求	掌握	正确、完整、及时、整洁

本章技能要点

技能要点	掌握程度	相关知识
单据缮制一般要求	了解	栏目填不下的处理方法
单据内容更改要求	掌握	ISBP 添加和修改的证实要求

导入案例

信用证下要求提交一份经进口国领事签证的商业发票。当然,受益人 A 公司早就了解,该国驻中国领事签证需要花三个多星期。于是接受信用证条件后,A 公司的制单人员抓紧缮制商业发票,但在交进口国领事馆前发现,商品的货号 Art.2543 错打成 Art.2534,制单人员及时做了更改并且加上了公司的更改章。三周后,公司收到该国领事加盖签证章的那份发票。至此,交单期已经所剩无几,A 公司赶快连同其他单据一起向银行提交,但经银行审核后遭拒收。银行的理由是,货号更改处应由进口国领事做更改证实而不能由受益人自己证实。A 公司不同意这样的说法,他们认为,商业发票本身就是受益人公司缮制的,加盖公司更改章天经地义,何况进口国领事的签证章本身就说明他认可了发票上的交易细节。A 公司的想法对吗?从这个案例中我们应该有什么反思?

单证操作(documentation)是国际贸易中一个非常重要的工作。国际贸易中的各个业务环节都可能需要单证来记录、反映或证实。不同的业务部门可能都有专门为适应其业务操作需要的单据,以方便工作的管理和运作。当然,在计算机网络技术日新月异的今天,许多这类工作已经实现了网上操作,纸质单据的使用已经大大减少。不过,这类的网上操作需要有权威、安全且便捷的网络系统。

在所有的单据中,结算单据是特别值得重视的一类单据。在国际贸易实践中,常常有企业因为不能正确理解合同或信用证要求,提交了不合格的结算单据而遭到拒付,无法收汇;也有的企业,因为不了解有关国际惯例,即使提交了实质相符的单据,却接受了银行无理拒付。更有信誉不良的商人利用对方业务素质水平不高,在结算单据环节中设下"陷阱",使得对手前期履约工作前功尽弃,经济上受到巨大损失。因此,单证工作并不是简单的"打单",任何外贸企业必须认真关注结算单证工作。在信用证业务中,提供信用并且实施无追索付款的银行也必须认真对待结算单证工作,以避免经济或信誉受到影响。

随着电子商务的发展,许多国际惯例为了适应电子单据的运用都在做相应的修改,比如,国际商会的《贸易术语解释通则》及《跟单信用证统一惯例电子交单增补规则》等就注意或针对了这些问题。应该说,电子单据的使用可以大大提高操作效率,降低操作成本。但是,由于种种原因,目前,结算业务中大量使用的仍然是纸质单据。

第一节 国际贸易中的结算单据

常见的国际贸易结算单据如图 9.1 所示。跟单托收和信用证支付方式中使用的金融票据为商业汇票。发票除了有商业发票外,有时还可能涉及海关发票、领事发票、厂商发票、证实发票及形式发票等。运输单据视运输方式不同可有多式联运单据、港至港海运提单、空运单据、铁路运单、公路运单、内河运单及邮寄收据等,作为国际结算单据,它们都应该是覆盖全程的。保险单据用得比较多的是保险单。公务证明一般指的是民间或官方的权威机构出具的有关进出口贸易的证明,如原产地证书(产地证)、出口许可证及检验证书等。主动配额下的出口许可证是某些货物出口报关所必须的文件,但非结算单据,而被动配额下的出口许可证(如曾经的纺织品出口许可证)虽然属于结算单据,但只有在双边协议下存在设限的情况时才会被启用。国际结算中有时也可能要求由出口商或生产商出具产地证和检验证书，它们虽然不能属于公务证明，但缮制方法和要求与公务证明中的相关单据非常相近。其他单据可能包括说明包装内产品细节的装箱单之类的包装单据，反映受益人实施过某事宜的受益人证明，还可能包括涉及承运人关于船龄、航线或船籍等的证明等。

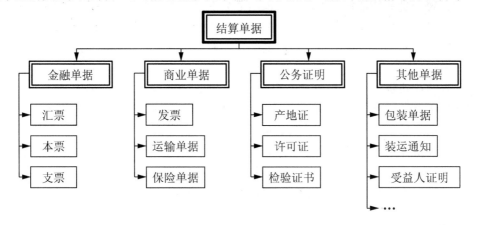

图 9.1　结算单据类型

第二节　单证操作基本程序

图 9.2 是以信用证为支付方式的 CIF 合同履行的基本程序。如果对该程序进行观察，可以了解单据操作的基本内容，并且，通过了解各个操作环节所需要的基本单据，还可以了解各种单据出具的一般先后关系。

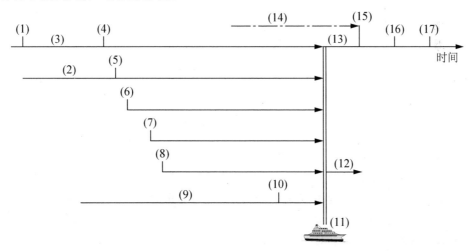

(1) 建立合同；(2) 备货；(3) 催证；(4) 审证；(5) 商检报验；(6) 申请产地证、许可证；(7) 订舱托运；(8) 投保；(9) 备齐报关单据；(10) 报关；(11) 装运；(12) 发装运通知；(13) 制单；(14) 单据签证；(15) 交单结汇；(16) 收汇核销；(17) 申请退税。

图 9.2　单证操作程序图示

一、建立买卖合同

CIF 合同为装运合同。出口方装运后,以提交合格的单据来完成"交货"义务。合同是买卖双方履行义务的依据。虽然采用信用证为支付方式的合同一般不会列明单据条款,但是合同中仍有许多条款内容,直接或间接地与单据操作有关。因此双方,尤其是出口方,在建立合同时,有必要仔细考虑、充分斟酌,以避免尽管买方开来的信用证条款与合同规定相符,但出口方却无法操作或需要支付额外的费用。比如,办理运输时,货物名称的繁简可能会影响运费费率的等级(例如,按一般运价表,"电容器"按 W/M10 级计费,而"陶瓷电容器"按 W/M6 级计费;"柴油机及零件"按 W/M10 级计费,而"拖拉机用柴油机及零件"按 W/M9 级计费等)。如果拟订合同中商品名称时考虑欠周,根据按合同中商品名称开来的信用证操作单据,就可能使出口方支付较高的费用。另比如,危险品和活的牲畜必须装舱面,如果涉及此类商品,但合同中却无相应的规定,信用证也可能不会有接受舱面货提单的规定,但按 UCP600,除非另有规定,银行不接受舱面货提单。

二、备货

合同建立后,出口方应该按合同规定组织货源,及时备齐货物。此时,排好合理的跟单计划非常重要。

三、催证

开立信用证将使买方用作开证押金的资金或授信额度被占用,资金周转较困难的买方可能会有意或无意地延迟开证。因此,出口方在抓紧备货的同时,应该适时提醒或敦促买方及时开证,以便整个合同的顺利履行。

四、审证

出口方收到信用证后必须认真审核信用证。如果信用证中含有无法接受的条款,出口方应该及时联系买方,修改信用证。

五、商检

货物备齐并且落实信用证后,如果属法定检验商品,出口方应持填写好的有关申请单或报验单、出口报关单、发票和装箱单,如需要还应持合同及信用证的复印件,一般至少在报关或装运前 10 天,向出入境检验检疫局报验。如检验合格,检验机构根据出口方申请时的要求,出具检验证书、或放行单、或在报关单上加盖放行章。对于普通商品的装运,检验结论的有效期为 2 个月;对于鲜活商品的装运,有效期仅为 2 周。

如果合同约定客检,出口方有关人员一定要适时、及时地敦促买方派员,及时联系生产厂,争取全程陪同外方检验人员,及时完成检验并获取客检证书。

六、申请签发产地证及/或许可证

如果涉及产地证及/或许可证,除某些产地证外,出口方一般最迟应该在货物报关或出运前 3 天,持填写好的申请书、全套产地证及/或许可证,并提供有关发票、装箱单以及合同和信用证副本，要求有关出证机构签章。申请签发产地证时，如果出口商品含进口成分，出口方还须提供《含进口成分产品加工工序成本明细单》等；如果属来料加工或进料加工出口的货物，出口方还须提供进口凭证、购货合同或加工合同。申请签发许可证时，出口方必须提供有关许可批文——通常，出口方在建立合同前就应该获得有关商品的出口许可。

七、订舱托运

落实货物和信用证并经商检放行后，出口方按实际可出运的货物数量，根据信用证要求，填写"托运单"，委托对外运输公司或通过货运代理订舱托运。订舱期限因船公司、航线和船期的不同而不同。一般，出口方至少应该在装运前7天办理。如果外运公司能够按出口方要求配船、配舱，它将向出口方签发"装货单"(shipping order, S/O)，注明所配的船名及航次。装货单编号一般就是预留的提单编号。

八、投保

运载工具落实后，出口方即可落实保险事宜。一般，可以按具体的货物和信用证的要求填写"投保申请书"(要保单)，向保险公司提出投保申请。向有长期业务关系的保险公司投保，有时可以在发票的副本上按信用证规定加注保险要求来办理申请。保险公司核准后，收取保险费，签发保险单据。保险责任至少应自装运起生效，因此，除非保险单据明确说明，保险单据的签发日期一般不可迟于装运日。

九、备齐报关单据

除了出口报关单，报关前出口方还必须备齐各种报关所需单据，它们包括和货物出口直接相关的商业和货运单据，比如，发票、装箱单、装货单以及出口收汇核销单等基本单据。如货物按国家有关法规属于实施特殊管制的商品，报关时还必须提供有关许可批件等特殊单据。另外，出口方还应备好贸易合同和产地证；如代理出口，还应备好委托单位的营业执照等所谓预备单据，以便海关需要时核查。出口收汇核销单一般先要在网上申领，报关前必须向海关备案，货物出口后可以在网上向外汇管理局(外管局)交单。

十、报关

按我国《海关法》，除海关特许，出口货物应该在运抵海关监管区后，在装运24小时前向海关申报。报关人员应该在报关前通过海关电子自动报关系统进行网上预录入，这样可以大大提高报关效率。海关进行必要的查验，如果放行，在报关单和收汇核销单上加盖"验讫章"，并在装货单上加盖放行章。

十一、装运

海关放行后，货物即可装船。装船时，货方和船方的代表都应在场。装货后，船方代表签发"大副收据"，出口方可以凭该大副收据换取提单。如果装船时，货物或其包装表面有缺陷，船方代表在签发大副收据时就会相应加注，这就是所谓的不良批注。不良批注在以后签发提单时将相应转注在提单上，构成不清洁提单。情况不严重时，有的出口方可能会和承运人协商，寻求以保函换取清洁提单，以便在信用证下交单。

十二、发装运通知

不管信用证有无要求,按《国际贸易术语解释通则》,在常用的贸易术语下,出口方装运后有义务立刻向买方发出装运通知。如合同规定,运输由双方同意的货运代理办理,装运通知也可以约定由卖方发出。

十三、制单

装运后出口方应该及时按信用证要求备齐所需一切结算单据。先前制备过的个别单据,如发票、装箱单等,可能因装运前的货损货失等原因,需要进行调整;有的单据,如提单,受益人寄单证明只能在装运后缮制或获取。

十四、单据签证

如果某些单据按信用证要求必须签证或合法化证实,这些单据必须及早备好并送往指定机构签证或合法化证实。必须注意,有的签证,比如某些进口国领事签证,除了需要不小的签证费用,往往需要很长的时间。因此,如果接受这类签证要求,必须做好相应的计划,以免延误交单。

十五、交单

出口方必须在信用证规定的有效期和交单期内交单。如果信用证未规定交单期,并且如果含有 UCP 下的运输单据正本,出口方必须在装运后 21 天内,并且,不迟于信用证到期日交单。

十六、收汇核销

货物出运后,出口方必须上网将已用于出口报关的核销单信息向外汇管理局交单。出口方需要在预计收汇之日起 30 天内凭外汇银行出具的结汇水单(或收汇通知书)、海关加盖了"验讫章"的收汇核销单以及报关单出口收汇核销专用联到外管局办理出口收汇核销手续。对预计收款日超过报关日期 180 天及以上的远期收汇,出口方应该在报关后 60 天内先网上交单,并凭远期出口合同、报关单和核销单等到外汇管理局备案。外管局核销后,在出口收汇核销单的出口退税专用联上签注核销情况,并退还出口方。

十七、申请退税

收汇核销后,如可退税,出口方凭出口报关单退税专用联、外管局签注的核销单退税专用联、出口商业发票、进货增值税专用发票抵扣联、增值税专用缴款书和销售明细账等,按月或按旬逐批填具出口产品退税申请书,报主管出口退税的税务机关申请退税。提出申请前,出口方应先通过"出口货物退税申报系统"网上申报。办理退税后,税务机关将在报关单退税联上加盖"已退税"章。

第三节 单据缮制的一般要求

一、正确

"正确"是单证操作中最基本的要求之一。在信用证支付方式下,单证操作人员必须仔细判断信用证要求,按照 UCP600 及 ISBP 等国际惯例的要求,按照有关国际和国内相关法律法规要求以及有关行业习惯,缮制及审核单据。向银行提交的单据应该按 UCP600 的审单准则,力求交单相符。托收或其他支付方式下,买卖合同是单据制作的主要依据,一般可以参照信用证下单据的制作方式,根据托收或具体支付方式的特点及合同的要求缮制单据。无论如何,在这种情况下,单据应符合合同条款的要求。

二、完整

这里的"完整",一是指出口方应该按照所要求的名称以及正副本份数提交所有单据,否则将可能会遭到拒付,或至少会给对方带来不便;二是指单据上的信息应该完整,以满足它所应该具备的功能。

阅读信用证,理应能够识别它对单据的名称、正副本份数的要求。在其他结算方式下,合同磋商时双方理应明确卖方所需提供的结算单据名称和份数,以免日后争议。通常货物发运后,卖方应该提供作为所发货物细节清单的发票。如果是包装货物,卖方通常应提供相应包装类单据。货物交承运人后,卖方应该获得并提交至少表明承运人已收取货物的运输单据。如果是卖方为货物运输投保,那么他还需提交保险单据。由于进口商报关需要提供结算单据,因此他需要提供的出口方单据,如海关发票、产地证等,出口商应该及时备齐。如果进口国当局或进口商需要出口地有关方面证实某事,如检验证书、船龄证明等,那么出口方也应按要求备好。无论如何,如希望合同顺利的履行,双方事先及早明确单据要求。

三、及时

对于出口方来说,信用证下他必须在规定的有效期与交单期内制单并交单。及早交单无疑也可使他减少不必要的利息损失,而且及早交单可能使他有较充裕的时间,万一发现单据有问题时,他还可能有机会换单。

四、整洁

缮制单据时,单据内容应该在单据上妥善配置,以使其表面美观。一个公司的单据一定程度上反映了该公司的形象。比如在缮制发票时,如果涉及多款商品,款号、数量、单价及金额应该纵向、横向对齐,单价以及金额的小数点应该纵向对齐。如果单据内容配置没有"章法",反复涂改或颠三倒四,一定可以反映出该公司人员不具备良好的素质。

制单时万一需要更改,可能需要加盖该单据签单人的更改章。国际结算中,很多单据都是由出口方缮制后交有关机构或部门签章的,比如,提单、产地证和许可证等。因此,万一出口方打单时出错，或需重做，或需更改。更改必须要求签单人(或他的代理人，而不是打单的出口公司)证实。

各个版本的ISBP都规定，非受益人制作的单据中的更改应由出具人或其授权人证实；经合法化、签证或类似手续的单据上的更改应由做合法化或签证的人证实；如果单据中有多处更改，每处都须证实；受益人出具的单据上的更改，除汇票外，未经合法化、签证等的单据无需证实；副本单据上的数据更改无需证实。针对各类运输单据上的更改，ISBP都认为，有权签单的人都可以对正本上的更改证实，而且如果代理人做证实，他无需是签单的代理人，但需要表明他作为承运人或船长等的代理人身份。副本运输单据所含的正本上的任何更改无需证实。另外，ISBP认为，同一份单据内使用多种字体、字号或手写，其本身不意味单据内容的修正或变更。不过国际商会意见TA.657中曾针对提交的国际公路运单上收货地点和日期栏缮打了地点和年月，却用蓝墨水手工添加日子但未盖章证实的情况又认为：尽管ISBP规定同份单据中不同字体、字号或手写不属添加或更改，无需证实，但是银行必须能够确定收货日中日期的手工添加是否授权人所为，这需要承运人或其代理人证实。不过国际商会后来的R632/TA657rev否定了这个观点，认为那样的添加不构成不符，无需证实。

证实章通常应该反映证实人公司的名称和身份，通常还可以加上授权人签名。证实章上公司名称如是简称，通常单据上应该有全称指向。证实章上如无公司身份，理应在单据上已能够反映。作为更改的证实章一般还注明"correction approved"之类的字样。授权人签名可以用小签(即，用签名者姓名的首字母签署)。如果更改处只是用加注方式加注了更改证实的实体名称，那么须有相应的签署或小签。有时国外公司使用无框方章只是为了显示公司名称和联系细节并非用于证实，使用此类章证实应该加载授权人签名。有的公司的这类章本身就留有授权人签名栏目，那么使用这样的印章证实，理应在栏目上加上授权人签名。

应该注意，ISBP针对的是信用证下的单据，因此，在其他支付方式下，即使是受益人出具的未经他人合法化或签证的单据上的更改最好都做证实。

还应该注意，有的单据，如海关发票，其更改处应使用签单人的小签而不是用公司更改章证实；有些单据中的某些栏目，如汇票，按照法律不得更改；或如官方出具的产地证，通常按有关法规不得有更改。

如果某一栏目太小以致填不下所需内容，这时不可随意延伸填写在旁边栏目的空白处。按习惯，应该在该栏截断处用一星号"*"结尾，然后再在其他栏目(通常在货名栏)的空白处以另一个星号开头，继续缮打(参见式样12.3的"notify party"栏)。如果再有一个栏目发生同类情况，可以使用两个星号在该栏结尾，然后用两个星号在上述空白处开头，接着缮打，如此等等。

本章小结

本章介绍了结算单证的基本概念、单证操作的基本程序以及单据缮制的一般要求。了解单证操作的基本程序，除了能够了解各个环节中可能涉及的工作，还能够了解相关单据出具的大约先后关系。单据缮制的基本要求中要注意正确、完整、及时和整洁四个方面，特别要注意单据上修改和添加的处理要求。

关键术语

单证操作 documentation
经签证的 visaed
添加或更改 additions or corrections
小签 initial signature

结算单据 documents for settlement
经合法化的 legalized
证实 authentication

知识链接

卓乃坚. 国际贸易支付与结算及其单证实务. 2版. 上海：东华大学出版社，2011.
林建煌. 品读ISBP745. 厦门：厦门大学出版社，2013.

习 题

1. 简答题

(1) 结算单据有哪些？结合对于第6章下关于UCP和ISBP内容的阅读和了解，请指出UCP600和ISBP745下指名对哪些单据做了规范。

(2) 仔细观察式样12.4中对更改或添加的处理方法，简述ISBP对于单据上出现的添加或更改的证实要求。

(3) 仔细观察第12章式样12.3，说明当某栏目填写不下时的处理方法。

2. 判断题

(1) 按ISBP，信用证下所有受益人出具的单据上的更改无需证实(　　)。

(2) 若要证实信用证下单据上的更改，可以在更改处加注证实公司名称即可(　　)。

(3) 按ISBP，同一份单据内使用多种字体、字号或手写，即意味对单据内容的修正或变更(　　)。

(4) 通常对提单更改处的证实只能由提单表明的承运人做出(　　)。

(5) 单据上更改的证实必须由出具人证实(　　)。

(6) 结算单据的缮制应该充分遵照合同的规定(　　)。

(7) 由进口国驻出口国领事签证单据通常需花费较长的时间和较高的费用(　　)。

(8) "小签"指的是用小写字母签署的一种方式(　　)。

第10章 汇票

本章教学要点

知识要点	掌握程度	相关知识
信用证下汇票	掌握	信用证汇票条款、合同支付条款、价格条款、数量条款
托收下汇票	掌握	合同支付条款、价格条款、数量条款

本章技能要点

技能要点	掌握程度	相关知识
商业汇票的缮制	掌握	出票条款、编号、金额、出票日、收款人、付款人、出票人、加注

第10章 汇 票

导入案例

A 公司作为某 SWIFT 信用证的受益人，交单后被银行拒付。银行认为，A 提交的单据中汇票不是由 A 出具，这不符合要求。A 辩称，信用证代号 42C 和 42A 下只规定了汇票票期和付款人，并未规定出票人。按 UCP600 第 14 条 f 款，除运输单据、保险单据和商业发票外，信用证如果未规定单据出具人和单据内容时，只要提交的单据能够实现该单据应有功能且内容与其他单据不矛盾即可。另外，该信用证明确规定 "third party documents acceptable"，所以提交的汇票和发票由实际供货商出具并无不妥。因此，A 公司认为，银行必须付款。请问，A 公司的抗辩是否合理？

国际结算中，如果涉及票汇方式付款，使用的是银行汇票；如果涉及托收或信用证方式支付并且使用汇票，一般使用的是以卖方即受益人为出票人，以买方或银行为受票人的商业汇票。

我国的涉外商业汇票一般出具两联正本(分别标明"付一不付二"或"付二不付一")，以便银行分批寄单。我国企业出具汇票首先必须符合我国《票据法》的要求，必要的项目一条都不能少，金额、出票日期和收款人不得更改。具体的填写还应该符合信用证条款(或托收支付时，符合合同条款)要求。如果要求在汇票上加注，出票时应该按要求加注在汇票上方空白处。比如，假远期信用证中的汇票条款(或在附加条款中)可能会规定 "Payable at sight and …days' interest is for applicant's account" 或类似表述，出票时需要相应加注这些内容。

如果托收和信用证方式结合使用(一般采用跟单托收加光票信用证，两者的金额比例应在合同中有约定。通常，信用证下的款项应该能够足以弥补万一买方拒付托收下单据后，出口人处理货物所遭受的损失和支付的额外费用)，或者如果同一批货涉及两种不同的付款期限(如，50%即期和 50%装运后 45 天付款)，同一批单据下可能需要分别开立两套汇票，一套即期，另一套远期。

第一节　信用证下的汇票

延期付款信用证不需要汇票。即期付款信用证和即期议付信用证可能要求即期汇票，也可能不需要汇票。远期议付信用证或承兑信用证中远期汇票必不可少。仔细阅读信用证汇票条款，留心一切指向汇票的条款，比如，信用证附加条件中是否有出票条款的规定(涉及以保兑行为付款人的汇票中有时会要求同时注明开证行名称和信用证编号以及保兑行名称和保兑行参照号)，汇票金额是否可以在信用证金额外超支等(参见式样 10.1)。

UCP600 中关于汇票记载的直接规定并不多，但 ISBP 中有不少关于汇票的规定，值得单证操作人员重视。

一、出票条款

出票条款给出了汇票出具的基础原因。信用证通常在附加条款或开证行的责任文句中给出出票条款，比如，"Drafts drawn hereunder must show the L/C number, date and name of the issuing bank"。如果信用证没有规定，一般可以在汇票上注明开证行名称、信用证编号以及信用证开证日，比如，"Drawn under XYZ Bank, Singapore(注：开证行)L/C No. 12345 dated Nov. 22，2014"。

二、受票人

受票人即汇票付款人。按 ISBP，汇票必须以信用证规定的人为付款人。信用证的汇票条款中，介词 on 后的即为指定的付款人；SWIFT 信用证的 42a 给出所需汇票的付款人。当信用证仅以银行的 SWIFT 代码指定汇票付款人时，ISBP745 的 B9 段认为，汇票上的付款人可以显示为相同的 SWIFT 代码或该银行的全名。

对于承兑信用证，ISBP745 的 B12 段指出，如果信用证规定将指定银行做成付款人但他决定不按指示行事，受益人可以有以下选择：如果有保兑行，将保兑行做成付款人，或将已做成指定银行为付款人的汇票原样交保兑行；如果是自由兑用信用证，可以将其他愿意按指示行事的银行做成付款人；可以要求将单据按原样转递开证行，无论是否随附以开证行为付款人的汇票。如果信用证规定将保兑行做成付款人，在交单不符的情况下，受益人仍可以要求保兑行将单据按原样转递开证行，无论是否随附以开证行为付款人的汇票。

信用证也不可要求指定的议付行为付款人，因为票据付款是终局性的，这和"议付"性质相违。如果涉及偿付行，URR725 第 6 条 e 款指出"开证行不应要求以偿付行为付款人的即期汇票"，可能这将排除索偿行电索的权利。UCP600 规定，信用证不可要求凭申请人为付款人的汇票兑用。如果信用证要求提交以申请人为付款人的汇票，银行仍须按照 UCP600 第 14 条审核。

如信用证没指定受票人但又要求提交汇票，应以开证行为受票人。

三、出票人

虽然 UCP600 第 14 条 f 款规定，如信用证要求提交运输单据、保险单据及商业发票外的单据，但未规定出具人或单据内容，银行将接受内容表面上能够满足其所需功能的且与其他单据内容不矛盾的单据，这似乎表明在此情况下任何人都可以出具那些单据。不过，ISBP745 的 B8 段明确规定，汇票应该由受益人出票且应注明出具日期。当受益人或第二受益人已变更名称，而信用证提到的是原名，只要汇票上注明该实体"原名为……(信用证给出的名称)"或类似措辞，就可以以新的实体名称出具。即使如果信用证规定了"third party documents acceptable"，但按 ISBP745 的 A19 段 c 款，这指的是除汇票外的单据可以由受益人以外的一方出具。信用证中一般会明确规定"available by beneficiary's draft…"，或"available by your draft…"(直接抬头为受益人的信用证中第二人称指的是受益人)。出票人出票后须加盖出票人公司及授权人的签章。

四、收款人

虽然信用证下的款项是付给受益人的，对于议付信用证，受益人交单议付后，由议付行寄单索款，所以出票时一般都将议付行做成收款人，使他具备汇票下的付款请求权。如果把汇票收款人做成受益人自己，受益人交单时必须背书，将收款的权利转让给议付行。对于保兑信用证、付款信用证或承兑信用证，如保兑行或承付行就在受益人所在地，受益

第 10 章 汇 票

人可以直接向保兑行或承付行交单的,应该将汇票收款人做成自己;如果受益人得通过交单行交单的,那么应将收款人做成交单行,如做成自己,仍得背书。

五、付款期

付款期即票期,应该根据信用证要求缮制。通常对于即期汇票,打三个或六个"*"、"x"或"-"封栏;对于远期汇票,按要求打上规定的票期。按 ISBP745 的 B2 段,信用证下汇票的票期必须与信用证条款一致。如果汇票不是见票即付或见票后定期付款,则必须能够从汇票自身内容确定到期日。为说明这一点,该段对信用证要求汇票票期为"提单后 60 天"的汇票记载方式的示例中提出,该汇票可以以"提单日×年×月×日后 60 天"或"×年×月×日(注:提单日)后 60 天"为票期;或以"提单日后 60 天"为票期,同时在汇票正面其他地方加注"提单日×年×月×日";或将提单日做成出票日,同时把票期做成"出票日后 60 天";或直接将提单日后 60 天的具体到期日填写在票期栏,做成"板期汇票"。在该段后续条款里,ISBP745 特别指出,这时,"装船日应该视为提单日",并且"如果提交的提单显示,所有货物在信用证允许的地理区域中多个港口间转船,并且提单上相应有多个注明日期的装船批注,最早的装船日将用来计算汇票到期日";"如果提单显示货物分别从信用证允许的地理区域中多个港口装上同一艘船,并显示多个注明日期的装船批注,最迟的装船日将用来计算汇票到期日";"如果一张汇票下提交了不止一套提单,则最晚的提单日将用来计算汇票的到期日"。ISBP745 的 B3 段还进一步说明,上述原则适用于涉及其他运输单据的情况。也就是说,某"运输单据日"应该指的是 UCP 对该类单据所要求的"装运日"。

六、汇票编号

这也非信用证或 UCP 的要求,但很多外贸公司采用和发票编号相同的汇票编号,以便日后核查。也有的银行要求使用其提供的寄单面函的 BP 号(bill purchased)作为汇票的编号,以便日后查询。

七、汇票金额

一般来说,汇票金额应该按信用证规定填写,并且除非另有规定,汇票金额不得大于信用证金额。如果信用证汇票条款规定"…for full invoice value",则汇票金额应该和发票金额一致;如果规定"… for 97% invoice value",则汇票金额应该为发票金额的 97%。

ISBP745 的 B13 段指出,汇票金额应当为交单下要求支款的金额。因此汇票金额应该是信用证金额及在信用证或 UCP 允许的容差范围内。

ISBP745 的 B14 段还强调,汇票"如果同时显示大写和小写金额时,则大写应当准确反映小写表示的金额,同时显示信用证规定的币种。当大小写金额显示矛盾时,大写金额将作为支款金额予以审核"。这和我国《票据法》规定不同,但和《日内瓦统一法》以及《英国票据法》规定相吻合。一般来说,汇票的大写金额应该用"SAY…ONLY"框起。如果在大写金额栏顶格缮打,"SAY"也可以不用。也见有用若干星号"*"把大写金额字段首尾封住,以免被他人变造。这在大写金额分置两行时似乎特别有效。

133

大写金额中辅币的表达方法一般见有以下几种：

(1) 在主币后用辅币名称加辅币数值表示，如，"…and cents seventy five"。常用的美元(USD)、加元(CAD)、澳元(AUD)、港元(HKD)和欧元(EUR)等的辅币名称为"cents"；英镑(GBP)的辅币为"pence"；日元(JPY)的辅币为"sen"；瑞士法郎(CHF)的辅币为"centimes"，等。

(2) 在主币后按辅币数值用百分数表示，比如"… and 75%"或"… and 75/100"。

(3) 在主币后按辅币数值用小数点读写的方法表示，比如"…point seventy five"。

以上三种做法，前两种较常用。

八、出票日

出票日一般在装运日后，习惯上填交单日。无论如何，出票日不得超过信用证规定的有效期及交单期。

第二节　托收下的汇票

托收下的汇票应该按照合同条款的要求缮制。汇票的金额通常按发票金额出具，一般不应超过合同规定的金额。托收下使用的汇票通常不印有待填写的出票条款栏目，出票条款可以在汇票上方空白处注明。托收汇票的出票条款可以表明相应的合同号，如果需要还可以说明有关商品，通常应标明"用以托收"(for collection)。比如，"Drawn under S/C No.123 dated April 26，2014，covering 2000 pcs of Ladies' Coats for Collection"。

托收下汇票的受票人(付款人)应该是买卖合同的买方，出票人应该是卖方，即托收的委托人。如有可能，托收汇票可考虑以代收行为收款人。如果卖方出票时把收款人做成自己，交单时必须做记名背书；如果收款人做成托收行，那么托收行寄单前应该把收款的权利委托背书给代收行。

即期付款交单可以不使用汇票，如果使用，应该是即期汇票；远期付款交单和承兑交单应该远期汇票，票期通常都是见票后定期的，并且具体票期应该在买卖合同中已经约定。使用汇票可以让出票人在票据法下多一重保障，并且在可能的情况下方便融资。托收汇票的票期栏前必须按合同约定，注明代收行交单条件，比如"D/P"或"D/A"。(参见式样10.2)

汇票的编号通常采用和发票相同的编号，但有的地方，银行也为了方便查询，要求采用他提供的托收指示书"OC"(outward collection)号作为汇票的编号。

按 URC522 第 24 条，托收指示书应对遭拒付时是否要求做拒绝证书给予明确指示，如果没有此项明确指示，与托收有关的银行在遭拒绝付款或拒绝承兑时没有义务做成拒绝证书。因此，即使不想要拒绝证书，委托人一般也无需在汇票上加注"protest waived"之类的描述。

托收汇票的其他栏目的缮制方法，可参看信用证下汇票的相应说明。

第10章 汇票

```
        B/L DATE 18 MAY 2014
Drawn under    ABC BANK, HONGKONG                L/C No.   LC0357967
Dated  28 APR. 2014   Payable with interest @.................%
No.   AD-H4566     Exchange for  USD7 500.00    Shanghai, 26 MAY 20 14
       30DAYS AFTER
At     B/L DATE    sight of this FIRST of Exchange (Second of Exchange
being unpaid) Pay to the order of       BANK OF CHINA, SHANGHAI
the sum of   UNITED STATES DOLLARS SEVEN THOUSAND FIVE HUNDRED ONLY

                                        上海AAA服装进出口公司
To:   ABC BANK,            SHANGHAI AAA GARMENT IMPORT & EXPORT CORP
      HONGKONG                          书帆
```

式样 10.1 信用证下的汇票

```
            DRAWN UNDER S/C NO.AS08G123 FOR COLLECTION
No.   KC2053    Exchange for  USD 1,600.00   Shanghai, 12TH JULY 20 14
D/P At   45 DAYS   sight of this FIRST of Exchange (Second of Exchange
being unpaid) Pay to the order of   BANK OF CHINA, SINGAPORE   the sum of
****SAY UNITED STATES DOLLARS ONE THOUSAND SIX HUNDRED ONLY*****

      *****************************    上海AAA服装进出口公司
To:                              SHANGHAI AAA GRAMENT IMPORT & EXPORT CORP
      GLOBAL TEXTILES CO,               书帆
      78 FLIGHT STREET, SINGAPORE
```

式样 10.2 托收下的汇票

 本章小结

本章介绍了信用证和托收下使用的商业汇票缮制方法。信用证下的汇票缮制首先得把握好信用证的汇票条款和指向汇票的条款,熟悉 ISBP 的相关规定。托收下的汇票理应把握好合同的相应条款。本书第 2 章介绍的《票据法》下的汇票记载和票据行为,对于正确理解本章讨论的汇票做法非常重要。

 关键术语

出票条款 drawn clause　　　　　　　受票人 drawee
付款人 payer　　　　　　　　　　　出票人 drawer
收款人 payee　　　　　　　　　　　票期 tenor
汇票编号 draft number　　　　　　　汇票金额 amount of a draft

主币　main currency　　　　　　　　辅币　fractional currency
出票日　issuing date　　　　　　　　加注　indication

 知识链接

卓乃坚，西蒙．哈罗克．The Practice of Foreign Trade in Textiles and Apparel．上海：东华大学出版社，2008．
卓乃坚．国际贸易支付与结算及其单证实务．2版．上海：东华大学出版社，2011．
林建煌．品读ISBP745．厦门：厦门大学出版社，2013．

习　　题

1．简答题

(1) 哪些托收方式以及在哪些信用证兑用方式下可能不使用汇票？

(2) 如果50%货款用即期付款交单的托收方式支付，50%用即期信用证支付，那么汇票应该如何出具？

(3) 简述汇票大写金额通常的缮制方法。

2．判断题

(1) 对应每一批发运的货物，不应该要求提交两套(各两联正本)汇票(　　)。

(2) 信用证的汇票出票条款通常出现在汇票条款下(　　)。

(3) 跟单托收下汇票的票期栏前应该加注交单条件(　　)。

(4) 信用证或跟单托收下汇票的付款人都应该是银行(　　)。

(5) 信用证"提单日后30天付款"的要求中，"提单日"指的是提单"出具日"(　　)。

(6) 信用证下汇票出票日必须在装运后21天内(　　)。

(7) 美元、加元、澳元、港元和欧元的辅币名称为"cents"(　　)。

(8) 如果不是见票即付或见票后定期付款，信用证下汇票必须能够从其自身内容确定到期日(　　)。

实际操作训练

请为以下发运货物缮制汇票：

1．假设编号262618信用证(附录4)的货物于最迟装运日按要求装运，所有单据于3月10日交单。

2．假设编号LC0357967信用证(附录6)下所有货物在最迟装运日按要求装运，所有单据于5月26日交单。

3．合同AS08G123下的货物按合同条款装运，货款1600美元，支付方式为见票后45天付款的远期付款交单。出口方上海AAA服装进出口公司于2014年7月12日向银行交单，指定代收行为中国银行新加坡分行。合同买方为"Global Textiles Co.,78 Flight Street, Singapore"。

第 11 章 发 票

本章教学要点

知识要点	掌握程度	相关知识
商业发票	掌握	UCP600第18条、信用证货物条款、分批/转运规定、合同品名/品质条款、数量条款、包装条款、价格条款
其他形式发票	了解	海关发票、形式发票、签证发票、证实发票、领事发票、制造商发票

本章技能要点

技能要点	掌握程度	相关知识
商业发票的缮制	掌握	内容要求和布局、加注方法、首文/本文/结文

导入案例

国内 A 出口公司在信用证下，向信用证申请人 B 公司发出的货物中包含了一台信用证未规定的除湿机，目的是为了通过客户的试用可以在当地市场上推广，从而打开该国市场。由于事先未曾和客户商量，A 公司在发票上注明该除湿机"FREE OF CHARGE"（免费）。A 公司向开证行交单后却被拒付，拒付理由是，发票显示了信用证未规定的货物。A 公司辩称，除湿机是实际发出的货物。因为要过海关，所有货物都得在发票上显示，不过，发票上注明是免费的。何况，UCP 中并没有任何条款限制不得发运信用证以外的货物。银行坚持拒付，A 公司于是和 B 公司联系，希望 B 公司能够指示银行接受单据。B 公司非常不情愿，因为即使是免费的商品，进口报关仍然麻烦。进口国海关并不会承认这台除湿机为"无商业价值"的样品，进口关税不能"免费"。由于发票上没显示除湿机的价值，海关将不得不通过"海关估价"程序确定它的完税价格。恰逢 B 公司的资金链出了一些问题，B 公司借口开证行不同意而回避。A 公司不得已只能将该批货物改为"证外托收"，A 公司以总货款降价 10%代价和 B 公司了结此案。试问，银行拒付到底有没有理由？A 公司从中应该汲取什么教训？

第一节　商业发票

商业发票是货运单据的中心单据。它是实际发运货物的清单，因为它具体给出了按合同或信用证装运的商品细节，比如，实际发运的货物的名称、规格、数量、单价、交易双方当事人的名称和地址及有关合同号等。正因为如此，在信用证下，商业发票中的描述和信用证货物条款的描述不得存在冲突，银行据此判断受益人所交货物是否为信用证下所要求的货物。

商业发票还是买卖双方的记账凭证，双方的财务部门需要发票记账并存档。在不使用汇票的场合，商业发票可以代替汇票作为付款命令。

对于征收从价税的商品，商业发票上的单价是海关确定完税价格的主要依据。一般来说，只有海关认为商业发票单价不能正确反映货物的价值时，才会启动海关估价(customs valuation)程序。正因为如此，即使信用证没有要求，存在预付款时，商业发票上应该做出相应说明。ISBP745 的 C7 段就明确规定，发票可以显示信用证未规定的预付款、折扣等的扣减。ISBP745 的 C6 段 a 款也强调，发票应该显示所装运或交付的货物、或所提供的服务或履约行为的价值。在来料加工的出口业务中，购买成品的信用证一般仅给出工缴费，但是受益人提交的显示所发运的出口成品的商业发票上除了列明工缴费外，通常仍需按来料加工合同的信息列明材料费用以显示成品价值，而非仅仅列出不能反映商品价值的工缴费。另外，如果信用证仅以抽象的货号而不是具体的商品名称给出商品描述，受益人提交的商业发票上一般可以按合同上的商品名称做适当的加注。

应该说，商业发票可能是贸易环节中需用量最大的单据。在信用证下，申请人一般会要求受益人提交多份发票，以满足业务需要。在保险索赔、商检报验、申请产地证或许可证、报关、外汇核销或出口退税时，发票也都是必须提交的单据之一。

各公司的商业发票的格式不尽相同，但发票的基本内容一般都可以分成首文、本文和结文三个部分，它们的缮制方法和原则也基本相同。在信用证下，发票应该严格按信用证缮制(参见式样 11.1)；在其他支付方式下，发票应按合同缮制。

一、首文部分

1. 出具人名称及地址

在信用证下,按 UCP600 第 18 条 a 款,商业发票的出具人必须为信用证受益人;转让信用证下如不换单,发票的出具人可以为第二受益人。需要注意的是,ISBP681 的第 21 段 c 款对"Third party documents acceptable"的释义是:所有单据,除了汇票但包括发票,可以由受益人以外的一方出具。但 ISBPA745 的 A19 段 c 款对该表达的释义改为"……指信用证或 UCP600 未规定出具人的所有单据,除汇票外,都可以由受益人以外的具名个人或实体出具。因此,即使信用证规定"第三方单据可以接受",由于 UCP60018 条 a 款的规定,发票出具人仍必须为受益人。另外,ISBP745 的 C2 段 b 款还特别指出,当受益人或第二受益人已更改名称,而信用证提及的却是原名时,只要发票注明该出具实体原名为信用证提及的受益人或第二受益人(formerly known as…)即可。

其他支付方式下,发票的出具人应该为合同的卖方。

通常,出口公司的空白发票的信头处都已印就出具人名称、地址,甚至联系细节。在信用证下,按 UCP600 第 14 条 j 款,只要单据上的受益人地址中的国名和信用证一致即可,对于受益人地址中的传真号、电话号码及电子邮箱等联系细节银行将不予理会;在其他支付方式下,仍应注意印就的地址和买卖合同中所给的地址相符。无论哪种支付方式,出具人的名称应该和规定的相一致。

2. 发票名称

发票名称一般已在空白发票上印就。通常,信用证单据的名称应该尽量和信用证要求的相符。

按 ISBP,如果信用证要求的是"invoice"并且未进一步定义,除形式发票(pro-forma invoice)和临时发票(provisional invoice)外,受益人提交任何形式的发票,如商业发票(commercial invoice)、海关发票(customs invoice)、税务发票(tax invoice)、最终发票(final invoice)或领事发票(consular invoice)等都可接受(因为前两种发票并不反映实际发运货物的细节)。如信用证要求"commercial invoice",则仅标为"invoice"的单据是可以接受的。ISBP745 的 C1 段 b 款还补充认为,此时即使名为 invoice 的发票上含"供税务使用"(issued for tax purpose)。

3. 发票抬头人

除非另有规定(比如倘若信用证中指定"…invoice in the name of ABC Co."或"…invoice addressed to ABC Co.",发票的抬头人应该为 ABC 公司),在信用证下,发票的抬头人必须为信用证的申请人。如果涉及信用证转让,按 UCP600 第 38 条 g 款,第一受益人可以要求用他的名称替代原信用证中申请人的名称,如此且如没能换单,第二受益人发票的抬头人将是第一受益人。

其他支付方式下,发票的抬头人通常应该为合同的买方。

发票抬头人的名称必须和规定的相符。另外,和发票出具人相似,按 UCP600 第 14 条 j 款的规定,信用证下商业发票的抬头人如果为申请人,只要单据上地址的国名和信用证规定的一致即可，银行将对申请人地址中的传真号、电话号码和电子邮箱等联系细节不予理会。不过应该注意的是，UCP600 上述条款中还指出，如果申请人的地址和联系细节出现在 UCP 下的运输单据的收货人栏或被通知人栏时，必须和信用证严格相符。

在其他支付方式下，抬头人如果是买方，通常应该注意单据上他的名称、地址和买卖合同一致。

4. 发票编号

发票的编号为一个重要的参照号。UCP 和 ISBP 并没有关于发票编号的规定，但是同批发运的货物的其他单据上如出现相同的发票号，很容易使它们相互关联。

制单时，一般公司按自己的规则设置编号。当然，作为重要的参照号，发票编号最好能够给出有关贸易年份、商品、客户或目标市场甚至业务员等重要信息，因此往往可以用有关代号加序列号构成。

5. 发票日期

按 UCP600，除非另有规定，银行接受早于开证日的单据。因此，如果没有限制，信用证下的发票出具日可早于信用证开证日。通常，由于发票是货运单据中最早备妥的单据之一，发票日期一般早于装运日。而且由于申请签发某些单据(比如产地证)时，受益人必须提交发票，所以发票日期逻辑上应该早于这些单据的签单日。不管如何，发票日期不得晚于交单日(即如果汇票出票日做成交单日，发票日不可晚于汇票出票日)。虽然按 ISBP，除非信用证要求(比如，要求 dated invoice)，信用证下的发票无需标注日期，一般公司制单时发票都会加载日期，尤其如果信用证下同时需要提交必须加注发票日期的单据(比如普通产地证和普惠制产地证等)时，更需要注意。

其他支付方式下的发票通常也都应加载出具日。

6. 合约号

除非另有规定，商业发票上一般都注明有关合同号。

7. 其他

有的信用证下的发票上专门留有信用证编号、开证行、运输方式和路线等栏目，因此，可以按实际情况填写。填写时，应该做到和其他单据(如提单，产地证等)相关内容不矛盾，运输路线中的起讫地通常应该为具体的地名和港口。

如果发票上没有这些栏目，信用证又没有要求，这些内容不一定需要给出。不过，如果信用证中有要求(如，信用证规定"All documents must show the H.S.Code")，尽管没有相应栏目，受益人制单时必须在发票上适当的地方加注规定的内容。

二、本文部分

信用证下的发票本文部分应该严格反映信用证货物条款的内容。ISBP 指出，发票中的货物描述必须与信用证规定一致，但并不要求如同镜子反射那样一致。例如，信用证中描述的货物细节可以在发票中的若干地方表示，只要合并在一起时与信用证规定的一致即可。国际商会中国国家委员会在针对 1998 年至 2003 年间关于 UCP500 质疑的汇编中认为，商业发票中货物描述可以比信用证中更具体,或者加载一些信用证中未规定的信息,只要不与信用证规定的货物相矛盾,就可以接受(ICCCR035)。另外,中国国家委员会指出,发票必须比照信用证规定,对货物进行全面描述,不能简略,也不能有额外的可能导致对货物状况和价值产生疑问的不利描述(ICCCR046)。ISBP745 的 C5 段指出,发票显示与信用证规定相符的货物、服务或履约行为描述的同时,也可以显示与此相关的额外数据,只要这些数据看似不会改变原规定描述的性质、等级或类别。为此该段举例,信用证规定为"麂皮鞋子",发票上不可为"仿麂皮鞋子";信用证规定为"液压钻机",发票不可为"二手液压钻机"。

其他支付方式下的发票本文部分应该严格按照合同的有关条款缮制。

1. 商品名称与规格

发票上的商品品名与规格应该与规定的相符。如前所述,如果信用证中未规定具体商品名称,仅给出商品货号,发票上除了注明信用证规定的货号外,最好按照合同中的商品名称做必要的补充。当然这种补充,不能违反上述 ISBP745 的 C5 段的原则。按 ISBP,发票上不得表明含信用证未规定的货物(如广告品),即使注明免费。

在其他支付方式下,应该按照合同品名、品质条款缮制发票这部分内容。

2. 数量、单价和金额

ISBP745 的 C6 段规定,发票应该显示单价(如信用证有规定),发票币种应该和信用证表明的一样,发票还应该显示信用证所要求的任何折扣或扣减。如果涉及分别计价的多种规格的商品,应该将规格、数量、单价及金额对齐统打。尽管 ISBP 认为,银行不检查单据中的数学计算细节,受益人制单时仍应确保发票上的数值、单位及金额和总额的计算结果正确,因为受益人本人很难用 ISBP 这类条款为自己的计算错误寻找免责的理由。发票中商品的数量应该为实际的具体装运量(在涉及分批装运,或允许溢短装的情况下应该注意)。如果没有规定,发票不许显示存在溢装。价格术语是商品价格的组成部分,如果信用证给出的价格术语包含了术语来源(比如指名是哪年版本的 INCOTERMS),发票上必须如是反映。ISBP745 的 C8 段补充认为,如果信用证给出的贸易术语没有说明版本,发票上可以显示为现行版本或任何版本的贸易术语。

按 ISBP,信用证下的发票可以显示信用证未规定的与预付或折扣有关的扣减额。按UCP600,银行可以接受信用证下的发票金额超过信用证金额,但是支取金额(汇票金额)不超过信用证金额并且信用证下指定的银行已经按要求承付或议付。比如,信用证允许(或按UCP600 第 30 条 b 款的默许)商品数量可有溢短装,但信用证金额却未做相应的容差规定。如果受益人按信用证或 UCP600 第 30 条 b 款的许可溢装后,一般不得不在发票上做扣减,以使信用证下支取金额符合信用证规定,超证余额一般只能改做光票托收。当然,余额是否能够收到完全取决于买方。因此,信用证下弄清是否可做增幅容差很重要。

例如,议付信用证金额为 5000 美元,信用证货物条款为 "20 metric tons of Chinese Rice at USD250/MT CIF Hamburg Incoterms ® 2010"。受益人实际发货 20.5 公吨。虽然溢装 0.5 公吨符合 UCP600 第 30 条 b 款的容差规定,但总金额将超过信用证金额 125 美元。因此,在发票上通常应该做如下相应扣减。如果该信用证需要出具汇票,则受益人应该出具两套汇票。一套汇票金额为 5000 美元，在信用证下跟单议付；另一套汇票金额为 125 美元，通过光票托收。

Marks & Numbers	Quantity and Description		Unit Price	Amount
				CIF Hamburg Incoterms ® 2010
N/M	Chinese Rice	20.5 MTS	USD250/MT	USD 5,125.00
			Less excessive value for collection:	USD 125.00
			Net amount under L/C:	USD 5,000.00

除非另有约定，其他支付方式下的发票的数量和单价应该按照合同数量、价格条款和实际发运数量(注意是否允许分批装运)缮制，发票总金额不应该超过合同规定金额。

3. 唛头

包装货原则上应有唛头。如信用证中对唛头细节作了规定，通常应该严格按信用证要求缮制(包括大小写、字距等)，不过从银行审单角度而言，ISBP745 的 A32 段认为，单据唛头中的数据顺序，无需与信用证或其他规定单据上所显示的相同。ISBP745 的 A33 段和 A34 段 b 款进一步明确，单据唛头上可以在信用证给出的唛头之外，额外显示诸如货物种类、处理易碎品的警示或货物毛重、净重之类信息。如果一些单据唛头显示了这类额外信息而另外一些单据唛头没有显示，这并不构成不符。在其他支付方式下，合同如果规定了唛头，应该按照合同缮制。如果信用证或合同上对唛头未做规定，受益人可以参照国际标准化组织建议的标准设置，即，分四行，分别给出收货人代号、参照号(比如可用于区别各批货物的合同号、订单号、许可证号等)、目的地及包装序号。当然，如有可能，设计好的唛头最好先征求买方意见再刷唛。例如：

ABC(收货人代号)

S/C 205(参照号)

HAMBURG(目的地)

CTN Nos. 1-75(包装序号)

参照号可采用合同号，但如果信用证不许在发票外的其他单据上显示合同号(中间商开来的信用证往往会有这样的要求，他通常还可能指定满足进口商的唛头)，必须另选参照号(或不用参照号)。目的港如有重名，应该在其后注明所在国或地区。如果涉及中转，除非集装箱整箱装运，一般应该在目的地后用"VIA"或"W/T"(即 with transshipment at…)说明中转地，如"VIA HONG KONG"。

散装货和用集装箱挂装的服装等，不可能有唛头。集装箱整箱交接，通常按重计量并且品种单一，包装中内容一致的包装货物也可能不用唛头。此时，发票的唛头部位应该缮打"N/M"即"NO MARKS"，或"N/M&N/N"即"NO MARKS AND NO NUMBERS"。

当然，单据上的唛头和包装上刷的唛头应该一致，否则报关验关时可能会有问题。

4. 其他

1) 重量和体积

有的公司发票习惯上往往对计件商品也列明货物的包装总毛重、总净重以及总的体积，不过，除非信用证要求(或在其他支付方式下，除非买卖双方已约定)，不是以重量或体积计量的商品，实际发票上可以不必列出货物的总重量和总体积，因为这些信息应该在其他单据(如，运输单据或包装单据)上已有描述。如果发票上列明这些信息，必须确保这些信息与其他单据上的相关信息相符。

2) 包装

如果包装要求出现在信用证货物条款中，受益人应该按信用证中的描述将包装要求加注在发票上，并且，如果同时还涉及包装单据，货物包装以及包装单据上所反映的信息必须和该包装要求的描述相符。比如，信用证货物条款规定 "packing: …25 pcs to a carton"，发运货物的总数如不能被 25 整除，包装单据的显示将会违反信用证规定。

如果信用证的货物条款中没有关于包装的描述，发票上不必出现包装信息。在其他支付方式下，发票上也不必反映关于包装的具体信息，除非买卖双方曾有约定。

3) 从属合约号或订单号

信用证的货物条款中往往会规定 "as per Contract No. …" 或 "as per P/O Number…" 等，受益人只需按信用证的描述在发票中注明即可。实际上，如果是合同号，它在发票首文部分已经注明。要保证本文和首文部分加注的合同号以及唛头上的合同号(如有)一致。

4) 其他加注内容

信用证的发票条款可能会有发票加注要求，信用证的附加条款中有时也会有所有单据必须加注某信息的要求。为了满足单据操作要求，有时也有必要进行其他加注。关于价格或金额的加注，比如扣除佣金，显示价格中的运保费等，一般应该加注在发票总金额下；其他方面的加注，一般加注在货名栏下的空白处。

例如，信用证金额 4750 美元，信用证货物条款为 "20 metric tons of Chinese Rice at USD250/MT CIFC5% Hamburg"。实际发货 20 公吨。显然，信用证总金额不包含佣金。因此，即使信用证发票条款中未说明需要扣佣，缮制发票时，仍必须先列明 CIFC5%含佣价以满足信用证货物条款的要求，然后在发票金额下扣佣以满足金额条款要求。例如，

Marks & Numbers	Quantity and Description	Unit Price	Amount
			CIFC5% Hamburg
N/M	Chinese Rice	20MTS USD250/MT	USD 5,000.00
			Less 5% commission: USD 250.00
			CIF Hamburg: USD 4,750.00

如前所言，发票上应该显示商品真正的交易价值。如果信用证货物条款为："6093pcs Men's Shirts as per P/C 15245 at USD4.00 per pc.(CMT Charges including freight and insurance)"。受益人应该如下所示，按来料加工合同在发票上补充相应的信息：

Marks & Numbers	Quantity and Description	Unit Price	Amount
GSRT	6093 pcs Men's Shirts as per P/C 15245		CIF Hong Kong
CO2503		USD11.425	USD 69,612.525
MADRID/SPAIN		Less F.C. USD7.425	USD 45,240.525
C/NO.1-128		CMT USD4.000	USD 24,372.000

(CMT Charges including freight and insurance)

CMT 指裁剪、成衣和辅料费用。F.C.指面料成本。来料加工合同的委托方是香港客户，货物在内地加工后经香港转口发往西班牙的马德里。显然，买方是中间商。由于这里的 CMT 费用含有货物运至香港的运保费，因此按来料加工合同的面料成本平摊至每件衬衣后，再加上 CMT 费用，就得每件衬衣的 CIF 香港价格。当然做单时用倒扣的形式，以便列出 CMT 总额。这是受益人需要支取的金额。

三、结文部分

结文部分主要包括单据出具人署名。除非另有规定，信用证下的商业发票可以不签署。应该注意，要求"signed"并不一定要求手签。只有明确要求"hand signed"，才必须由授权人手签。按 UCP600 第 3 条的解释，单据的签署可以以手签、摹本签名、打透花字、印戳、用符号或用任何其他机械或电子证实的方法来完成。在实务操作中，摹本签名用得比较多，即，加盖按授权人签名的笔迹刻制的印章。根据国际商会银行委员会关于正本单据认定的决议，摹本签名等同于手签。

如果签名人的身份在单据信头部分已经表明，签名处可以不必再标注签名人的身份。

第二节　其他类型发票

一、海关发票

非洲、美洲和大洋洲的一些国家按 FOB 价计算进口海关关税，因此与那些国家的交易中，进口商往往可能会要求出口商提供规定格式的海关发票(Customs Invoice)，供进口商凭以报关。海关发票还可被进口国海关据以识别货物原产地，审核是否存在倾销。不同国家的海关发票的格式都不一样，出口商可以事先要求进口商提供空白单据，如果必要，要求告知特殊的制单要求。一般来说，海关发票各项栏目都要求填写，如果某一项目没有发生，该栏目应该填写"N/A"(即，not applicable；或"Nil")。海关发票应该由出口商以个人名义手签，不使用公司印戳。因此，发票的更改处，也不能加盖公司的更改章，应该由出单人在更改处小签(initial signature，即，用姓名的首字母签名)证实。出口贸易中常见的海关发票的基本内容相似，以下以加拿大海关发票为例做简要说明(参见式样 11.2)。

第 1 栏：Vendor。卖方，填出口公司的名称和地址。

第 2 栏：Date of Direct Shipment to Canada。直接运往加拿大的日期，填提单上表明的装运日和提单编号。

第 3 栏：Other References。其他参照号，填写有关合同、订单、发票的号码。

第 4 栏：Consignee。收货人，填写在加拿大的收货人的名称和地址。

第 5 栏：Purchaser's Name and Address。买方的名称和地址，按买卖合同填写。如果和第 4 栏内容相同，可以填"the same as consignee"。

第 6 栏：Country of Transhipment。填写转运地的名称。如果不涉及转运，填"N/A"。

第 7 栏：Country of Origin of Goods。原产国。填"China"，如含进口原料，本栏填"N/A"，然后按要求在第 12 栏说明。

第 8 栏：Transportation: Give Mode and Place of Direct Shipment to Canada。直接运往加拿大的方式和起讫地点，采用"From"起运地"to"目的地"by"运输方式的结构填写。

第 9 栏：Conditions of Sales and Terms of Payment(i.e. Sale, Consignment, Shipment, Leased Goods, ect.)。销售方式(即销售、寄售、租赁等)和支付条款。本栏应该填写贸易术语和支付方式。例如，"CPT Toronto by L/C at Sight"或"FOB Shanghai by D/P at Sight"等。

第 10 栏：Currency of Settlement。结算货币，按商业发票计价货币填写。填缩写即可，如，USD。

第 11 栏：Number of Packages。填写包装件数。

第 12 栏：Specification of Commodities(Kind of Packages, Marks and Numbers, General Description and Characteristics, i.e. Grade, Quality)。货物规格(包装方式、唛头、件数、货物描述和特征，即等级、品质)，按商业发票相应栏目填写。

第 13 栏：Quantity。数量，按商业发票填写实际交货数量。

第 14 栏：Unit Price。单价，一般填写货币、单价数值、计价单位和贸易术语。因为第 9 项已经填写了贸易术语，计价单位又可以按 13 栏的单位理解，也有人仅填货币和数值。

第 15 栏：Total。按商业发票填写商品金额(如涉及多项商品，第 12、13、14、15 栏应该对齐统打)。

第 16 栏：Total Weight。填货物总净重和毛重。注意和运输单据以及包装单据相应数据一致。

第 17 栏：Invoice Total。按商业发票填写发票总额。

第 18 栏：If any of Fields 1 to 17 are included on an attached commercial invoice, check this box。如果从第 1 栏至第 17 栏所填内容都已填写在所附的商业发票中，则在此方格内打"×"，并在下面的横线上填入商业发票号码。

第 19 栏：Exporter's Name and Address。出口人名称和地址，可以按第一栏的内容再填写一遍，也可填"The same as Vendor"。

第 20 栏：Originator(Name and Address)。原产国的负责人，应该先填出口公司的名称地址，然后填写负责人名字，并由其签字。

第 21 栏：Department Ruling。填写加拿大海关当局关于本批货物进口的有关条例。如果没有，填"N/A"。

第 22 栏：If fields 23 to 25 are not applicable, check this box。如果第 23 至 25 栏不适用，在此方格内填上"×"。

第23栏：If included in field 17 indicate amount。如果第17栏已经包含下列项目，注明金额。

(i) Transportation charges, expenses and insurance from the place of direct shipment to Canada。从起运地直接发至加拿大的运费和保险费。如填写，填写运费和保险费总额。

(ii) Cost for construction, erection and assembly incurred after importation into Canada。货物进口到加拿大后，因建造、安装及组装而产生的费用。根据实际情况填写。如无此项费用，填"N/A"。

(iii) Export packing。填写实际包装费用。如无，填"N/A"。

第24栏：If not included in field 17 indicate amount。如果第17栏不包含下列项目，注明金额。

(i) Transportation charges, expenses and insurance from the place of direct shipment to Canada。如第17栏不包括从起运地至加拿大的运费和保险费(比如FOB下)，相应填写。否则，填"N/A"。

(ii) Amounts for commissions other than buying commissions。按实际情况填写购货佣金之外的佣金。如无，填"N/A"。

(iii) Export packing。填写实际包装费用。如无，填"N/A"。

第25栏：Check。如适用，在方格内打上"×"。本栏专用于补偿贸易、来料来件加工装配贸易方式。如仅涉及一般贸易，填"N/A"。

(i) Royalty payments or subsequent proceeds are paid or payable by the purchaser。如含买方已支付的专利费用或售后支付的款项，方格内打上"×"。一般填"N/A"。

(ii) The purchaser has supplied goods or services for use in the production of these goods。如买方为这批商品已提供了货物或服务，方格内打上"×"。一般填"N/A"。

二、形式发票

有的国家的进口管理当局需要进口人凭出口方用形式发票(Pro-forma invoice)做出的报价单来申请进口许可证或外汇额度，因此，出口方可以应买方要求用形式发票报价。如果合同规定货款部分或全额预付，卖方可以在合同规定的时间，凭形式发票要求预付款(这时"Pro-forma Invoice"又被称为"预开发票")。在买方或卖方寄送样品时，往往也需要使用形式发票。

报价用的形式发票的做法和报价单相似。出具人为出口方，抬头人为进口方。在形式发票的货名栏、数量栏、单价栏相应记载所报商品的品名规格、数量、单价等，在货名栏下空白处，根据需要用相应标题记载包装、装运、支付等条款。形式发票发出的一般为"虚盘"，所以，还应该加载有保留的条件(如，"subject to our final confirmation等"，还可以在单据名称下标明"without engagement")(参见式样11.3)。

寄样用的形式发票上的样品单价一般是虚拟的，通常在货名栏下空白处注明"Samples only, no commercial value"(参见式样11.4)。

要求预付款的形式发票可以参照商业发票的做法缮制。

三、证实发票或签证发票

按要求在商业发票上由卖方或指定人做证实的发票即为证实发票(certified invoice)。证实句一般加注在货名栏下空白处,然后由证实人签章。如无规定,通常所用的证实句为"We hereby certify that the above contents are true and correct"。如果要求的证实人就是受益人自己,并且,如果受益人在商业发票上已做签署,证实句下可以不另外签署;如果商业发票未做签署,则受益人必须对证实句签章证实。如果指定证实人不是受益人,证实句必须由指定证实人签章证实,并且如果发票上存在更改,也必须由证实人证实。

签证发票(visaed invoice)和证实发票非常相似,由指定的人在受益人缮制的商业发票上加盖签证章。领事签证发票就是签证发票的一个例子,签证一般花费的时间较长且费用较高。领事签证发票上的更改须由做签证的进口国领事证实。

四、领事发票

某些中东、南美或非洲国家当局为了控制进口贸易,往往要求进口商进口报关时提交出口商提供的领事发票(consular invoice)。领事发票是由进口国驻出口国领事馆出具的专门格式的类似发票的一种单据。

通过领事发票,进口国当局可以核实货物原产地,核查出口是否存在倾销。必要时,领事发票可以用作进口许可证,以控制进口。通过领事发票,进口国海关或政府当局可以进行贸易统计,以便政府制定相应的国际贸易政策。

一般来说,申请签发领事发票的费用比较高,签证费可能高达 CIF 值的 1.5%,因此,如果涉及领事发票,出口商在报价时就应考虑加入该笔费用。另外,和领事签证发票相似,申请签发领事发票也需要比较长的时间,因此,信用证下制单时应该充分考虑这个问题,以免无法在信用证规定的时间内交单。

五、制造商发票

有些进口国要求出口商提供制造商发票(manufacturer's invoice,也被称为"厂商发票")(参见式样 11.5),用以核查出口交易中是否存在倾销。制造商发票的出具人应该是出口产品的生产商,抬头人应该是出口商。制造商发票的计价货币应该为本币,有关价格应该和当地市场价格有关。如果制造商发票上的价格大大低于市场价格,有可能被指控为倾销。

制造商发票应该明确表明出具人为制造商,因此如果单据名称中不能体现,签署时,有必要在签名旁加注"Manufacturer"。这在要求提交"制造商证明"或"制造商检验证书"之类的单据时都必须加以关注。

上海东旭进出口公司
SHANGHAI DONGXU IMPORT / EXPORT COMPANY
123, Dongxu Road, Shanghai, China

To:
GRAND ENTERPRISES CO,
2205 B-C, VICTORIA COMM'L BLDG.,
45-47 CHIN SWEE RD.,
HONGKONG

COMMERCIAL INVOICE

Invoice No.: DC-H4566
Date: 10 APRIL 2014
S/C No.: 14HKMK3033

From: SHANGHAI To: HONG KONG
L/C No.: TST9-01563 Issued by XYZ INTERNATIONAL BANK, LTD., HONGKONG

Marks & Numbers	Quantities and Descriptions	Unit Price	Amount
14HKMK3033 HONG KONG NO. 1-30	1500 DOZEN OF BOYS' COTTON T-SHIRTS, ART.NO.668, SIZE:20,22,24. EQUALLY ASSORTED. COLOUR: WHITE ONLY. BRAND: SWAN. PACKING: EACH PIECE IN A 'SWAN' POLYBAG, 1 DOZEN PER 'SWAN' INNER BOX, 50 DOZEN TO A CARTON ALL DETAILS AS PER S/C NO. 14HKMK3033 & PHONE CONFIRMATION DATED 13/2/2014	CIP HONGKONG USD5.80/DOZ	USD 8700.00

上海东旭进出口公司
SHANGHAI DONGXU IMPORT / EXPORT COMPANY

书帆

式样 11.1　商业发票

Revenue Canada Customs and Excise	CANADA CUSTOMS INVOICE FACTURE DES DOUANES CANADIENNES	Page 1 of 1		
1. Vender (Name and Address) SHANGHAI DONGXU IMPORT/EXPORT COMPANY 123 DONGXU RD., SHANGHAI CHINA	2. Date of Direct Shipment to Canada B/L No. MY99-098 DD 15/4/2014			
:::	3. Other References (Include Purchaser's Order No.) S/C NO. 12345/ ORDER NO. 2628			
4. Consignee (Name and Address) BLACKWOOD & BROTHERS TRADING COMPANY, 111 SHEPPARD AVENUE, VANCOUVER, V3L 3C5 CANADA	5. Purchaser's Name and Address (If other than Consignee) THE SAME AS THE CONSIGNEE			
:::	6. Country of Transhipment N/A			
:::	7. Country of Origin of Goods CHINA	IF SHIPMENT INCLUDES GOODS OF DIFFERENT ORIGINS, ENTER ORIGINS AGAINST ITEMS IN 12		
8. Transportation: Give Mode and Place of Direct Shipment to Canada FROM SHANGHAI TO VANCOUVER, CANADA BY VESSEL	9. Conditions of Sale and Terms of Payment CIF VANCOUVER BY L/C AT SIGHT			
:::	10. Currency of Settlement USD			
11 No. of Pkgs	12. Specification of Commodities (Kind of Packages, Marks and Numbers, General Description and Characteristics, i.e. Grade, Quality	13. Quantity	Selling Price	
:::	:::	:::	14. Unit Price	15. Total
10 CRATES	BLACKWOOD VANCOUVER (CANADA) NO.1-10 MARBLE TILES 30.5 × 30.5 × 1CM AS PER S/C NO. 12345 PACKED IN FIFTY CARTONS, FIVE CARTONS TO A CRATE	325.00 SQM	USD24.00/SQM	USD7,800.00
18. If any of fields 1 to 17 are included on an attached commercial invoice, check this box ☐ Commercial Invoice No.: 88M335 DD 12/4/2014		16. Total Weight		17. Invoice Total
:::	:::	Net	Gross	:::
:::	:::	16.96 MT	17.60 MT	USD7,800.00
19. Exporter's Name and Address (If other than Vendor) SAME AS THE VENDOR	20. Originator (Name and Address) SHANGHAI DONGXU IMPORT/EXPORT COMPANY 123 DONGXU ROAD, SHANGHAI, CHINA 书帆			
21. Departmental Ruling (if applicable) N/A	22. If fields 23 to 25 are not applicable, check this box ☐			
23. If included in field 17 indicate amount: (i) Transportation charges, expenses and insurance from the place of direct shipment to Canada $ USD 1,405.89 (ii) Costs for construction, erection and assembly incurred after importation into Canada $ USD 160.00 (iii) Export packing $ USD 200.00	24. If not included in field 17 indicate amount: (i) Transportation charges, expenses and insurance from the place of direct shipment to Canada $ N/A (ii) Amounts for commissions other than buying commissions $ N/A (iii) Export packing $ N/A	25. Check (if applicable) (i) Royalty payments or subsequent proceeds are paid or payable by the purchaser. N/A ☐ (ii) The purchaser has supplied goods or services for use in the production of these goods. N/A ☐		

式样 11.2 加拿大海关发票

(注：原发票栏目使用英、法两种文字)

上海东旭进出口公司
Shanghai Dongxu Import & Export Company
123 Dongxu Road, Shanghai, China

To: John & Sons, Co. Ltd.,
    123 King Street
    Sydney, Australia

PRO-FORMA INVOICE
(Without engagement)

Invoice No. A10-DX0567
Date: May 8, 2014

Dear Sirs,

We are pleased to offer you the following items under the terms and conditions given below:

Commodity and Specifications	Quantity	Unit Price	Amount
		CFR SYDNEY	
Electric Rice Cooker, Art. No.6677	300 SETS	USD15.00/SET	USD4500.00

Terms and Conditions:
    Packing: each with a foam casing and packed in a cardboard box, four cookers to a normal export carton.
    Delivery: to be shipped in July
    Payment: by irrevocable sight L/C to be opened in our favour reaching us one month prior to shipment.

This invoice is supplied to enable you to apply for the necessary Import Licence; actual orders shall be subject to our final confirmation.

上海东旭进出口公司
Shanghai Dongxu Import & Export Company

书帆

(The seller)

式样 11.3　报价用的形式发票

第 11 章 发 票

上海东旭进出口公司
Shanghai Dongxu Import & Export Company
123 Dongxu Road, Shanghai, China

To: John & Sons, Co.Ltd.
123 King Street
Sydney, Australia

形式发票
PROFORMA INVOICE

Invoice No.: A10-HZ0567
Date: May 8, 2014

Commodity and Specifications	Quantity	Unit Price	Amount
GARMENT SAMPLES ST 2034, ST 2035, ST 2041, ST 2044	4 PCS	USD 10/PC	USD 40.00

SAMPLES ONLY, NO COMMERCIAL VALUE

上海东旭进出口公司
Shanghai Dongxu Import & Export Company

书帆

式样 11.4　寄样用的形式发票

上海长虹鞋厂
SHANGHAI CHANGHONG FOOTWARE FACTORY
789 Changhong Road, Shanghai, China

To:
SHANGHAI DONGXU
I/E COMPANY,
123 DONGXU RD.,
SHANGHAI, CHINA

MANUFACTURER'S INVOICE

Date: May 15, 2014

Descriptions of Goods	Quantities	Unit Price	Amount
BOY'S SPORT SHOES. ART.4892, AS PER P.O. H7820	2000 PRS	CNY 40.00/PR	CNY 80,000.00

Manufacturer:.

上海长虹鞋厂
SHANGHAI CHANGHONG FOOTWARE FACTORY

王芳

式样 11.5　制造商发票

本章小结

本章介绍了发票的缮制方法，其中以商业发票为主，同时介绍了国际贸易中常见的其他类型的发票的基本缮制方法。商业发票是货运单据中的中心单据，它反映了实际发运货物的细节。因此，本章的重点是如何按照信用证条款和相关的惯例，或其他支付方式下，按照合同相应条款来缮制发票。

关键术语

商业发票 commercial invoice	形式发票 pro-forma invoice
临时发票 provisional invoice	海关发票 customs invoice
税务发票 tax invoice	最终发票 final invoice
领事发票 consular invoice	证实发票 certified invoice
签证发票 visaed invoice	制造商发票 manufacturer's invoice
装运细节 shipping details	信头 letter head
出具人 issuer	抬头人 addressee
名称与规格 name and specifications	数量 quantity
单价 unit price	金额 amount
唛头 shipping marks	毛重 gross weight
净重 net weight	体积 measurement
运费 freight	保费 insurance premium
佣金 commission	摹本签名 facsimile signature

知识链接

国际商会. UCP600 ICC 跟单信用证统一惯例(2007年修订本). 北京：中国民主法制出版社，2006.

卓乃坚. 服装出口实务. 上海：东华大学出版社，2006.

卓乃坚，西蒙.哈罗克. The Practice of Foreign Trade in Textiles and Apparel. 上海：东华大学出版社，2008.

吴国新，李元旭. 国际贸易单证实务. 2版. 北京：清华大学出版社，2008.

卓乃坚. 国际贸易支付与结算及其单证实务. 2版. 上海：东华大学出版社，2011.

林建煌. 品读 ISBP745. 厦门：厦门大学出版社，2013.

习　　题

1. 简答题

(1) 简述商业发票的作用。

(2) 如果信用证要求提交"signed invoice in triplicate showing S/C No."，那么受益人可以提交哪些类型的发票，是否一定需要手签？

(3) 附录7信用证下的受益人如果在规定的期限内只完成了1486件风衣，他是否能照常发货，并在发票上显示数量为1486件。如不能，他应该如何发货？为什么？

2. 判断题

(1) 除非另有规定，信用证下发票的出具人必须是受益人(　　)。
(2) 信用证没有规定唛头，所以发票上不应出现唛头(　　)。
(3) 发票上如果显示含信用证未规定的货物时，必须注明是免费的(　　)。
(4) 发票上受益人公司门牌号为123号，而信用证上是132号。银行可以拒付(　　)。
(5) 除非信用证明确规定，发票可以不署名也可以不加载日期(　　)。
(6) 信用证受益人在发票下方署名时都应该同时注明受益人公司名称(　　)。
(7) 如果发票金额超过信用证金额，开证行应该拒付(　　)。
(8) 如果货物没有唛头，发票上唛头部位应该留空(　　)。

实际操作训练

请按给定的条件缮制发票，如果信用证未规定唛头，请按国际标准化组织推荐的标准设计。

1. 假设编号 TST9-01563 的信用证(附录6)下货物于4月22日装运。
2. 假设编号 CSK02-0089 的信用证(附录8)下货物 19950 套，共装 160 纸板箱于4月20日装运。
3. 假设编号 262618 的信用证(附录5)下货物于最迟装运日装运。

第12章 运输单据

本章教学要点

知识要点	掌握程度	相关知识
海运提单	重点掌握	UCP600第20条、信用证提单条款/运输条款/货物描述/附加条款、合同装运条款、提单类型
其他运输单据	了解	多式联运单据、不可转让海运单、租船合约提单、空运单据、公路/铁路和内河运输单据、快邮和邮寄收据及承运货物收据特点

本章技能要点

技能要点	掌握程度	相关知识
缮制海运提单	重点掌握	发货人、抬头人、通知人、船名/航次、收货地、装货港/卸货港、交货地、装船批注、货物描述、毛重、体积、正本份数、加注、出具日/地点、签署
缮制多式联运单据	掌握	

导入案例

A 公司按照信用证的要求发运后，制备好所有单据并且在规定的期限内通过交单行向开证行提交。开证行审单后发出了拒付通知，其理由是：①提交了货代出具的航空分运单而不是信用证要求的空运单，且信用证并未规定"能够接受货代空运单"；②信用证要求提交全套(FULL SET OF)空运单，但受益人仅提交了标有托运人留存(original for shipper)那份正本，但事实表明一共出具了三份正本。A 公司焦急万分，因为此时空运发出的货物已经被收货人凭航空公司的到货通知提走。如果你是 A 公司的有关业务员，你认为上述两个不符点是否成立？或在什么条件下成立？如果不能成立，你认为应该如何抗辩？

　　运输单据是结算中非常重要的一种单据。按运输方式不同，运输单据有许多种类。UCP600 中对多式联运单据、海运提单、不可转让海运单、租船合约提单、空运单据、公路、铁路和内河运输单据以及快邮和邮寄收据等做了许多详细的规定。ISBP 指出，当信用证要求提交这些单据的正本时，UCP 下相应的运输单据条款将适用，并且 ISBP 针对 UCP 下的多式联运单据、海运提单、租船合约提单、空运单据、公路、铁路和内河运输单据等条款应用做了许多说明和示例。因此，信用证下的运输单据必须严格按照这些条款缮制，以避免遭拒付。

　　应该注意的是，信用证下要求的运输单据通常都应该是"carrier-type"的，即它应该由对货物运输合同承担责任的承运人一方(比如，承运人、船长，或他们的代理人)签署，除非信用证同时允许提交货代(forwarder)的多式联运单、货代提单或航空分运单(此时货代可仅以货代身份签单，并且单据上无需表明承运人。不过单据其他方面的内容仍需满足 UCP600 相应运输单据条款)。当然，如果信用证未限定承运人，任何人都可以为承运人。国际商会未发表的意见 TA.581Rev 甚至曾指出，没有一条 UCP 运输单据条款带有"承运人必须是受益人以外的一方"的含义。

　　还应该注意的是，运输单据究竟遵循 UCP 或 ISBP 哪条条款，通常取决于信用证中所使用的单据名称，但如果信用证明确了运输起讫地的类型，这又决定了需要提交的单据类型以及需要遵守的 UCP 或 ISBP 条款(比如 SWIFT 信用证仅用 44E 和 44F 给出运输起讫地，那么需要按 UCP600 第 20、21 或 22 条要求处理；如果仅用 44A 和 44B，则可能可以按 UCP600 第 19、23、24 或 25 条处理；如果 44E 或 44F 和 44A 或 44B 混合使用，则只能按 UCP600 第 19 条处理)。当然实际提交的单据属哪类单据，应该按照其内容反映的实质，而不能仅仅看单据的名称。因此，如果信用证要求提交海运提单，实际提交的单据可以名称为"联合运输提单"，但单据所反映的信用证规定的运输区间细节必须符合 UCP600 第 20 条；如果信用证要求提交多式联运单据，但实际提交的常用作多式联运单的"联合运输提单"表明只涉及港至港运输，仍然不能符合要求。信用证要求提交航空运单，实际提交的单据名称为"House Air Waybill"(航空货运代理出具的航空分运单)，如果航空货代以承运人或具名承运人代理人的身份签发，它还是符合有关空运单据的要求。

　　在其他诸如托收之类结算方式下，出口人按约定提交运输单据通常也很必要。

　　尽管由于集装箱的广泛使用，国际多式联运方式在国际货物运输中的重要性日趋明显，UCP600 运输单据条款的编排顺序中已将其置于首位，但是在国际贸易中，百分之八十以上的货物涉及海洋运输。作为最重要的海洋运输单据，海运提单的缮制似乎要受更多的限

第12章 运输单据

制,并且根据国际商会处理的关于运输单据的质疑中,海运提单似乎占更大的比重。因此,本章以海运提单为重点,然后进而讨论租船合约提单和多式联运单等运输单据。另外,由于在我国的对外贸易中,还常涉及空运方式和对香港特别行政区的铁路货物运输,所以本章还对空运单据和承运货物收据进行介绍。不可转让的海运单、铁路运单、公路运单、内河水运单等用作我国对外贸易结算单据的相对较少,本书不做讨论。不过,如果结合对本书所讨论的运输单据的缮制与审核的理解,参看 UCP 和 ISBP 的相关规定,很容易理解和掌握它们的缮制方法与在信用证下的审核要求。

第一节 海运提单

一、海运提单(marine/ocean bill of lading,B/L)概述

本节的海运提单是指通过班轮公司实施的港至港海洋运输单据。承运人一方签发海运提单,表明他认可已收到货方所托运的货物,证明他和托运人之间建有运输合同。海运提单是物权凭证(document of title)。按我国的《海商法》,提单收货人凭正本提货,不是记名抬头的提单持有人可以通过转让正本提单来转让物权。

海运提单的基本关系人为承运人和托运人。承运人(carrier)是和托运人(shipper)建立运输合同的人,但他不一定是实际实施货物运输的人。如果涉及转运,和托运人签订运输合同的承运人往往只承担第一程运输,转运后的实际承运人是第二程船的承运人。这和多式联运方式下不一样,后者的契约承运人需要承担全程的运输责任。

按 UCP 的要求,承运人名称必须在提单正面出现,并表明身份。

托运人是与承运人签定运输合同的当事人,一般来说,也是把货物交付承运人运输的发货人(consignor)。当然,在 FOB 术语下,和承运人建立运输合同的是买方,而把货物交付给承运人的是卖方。提单如未经托运人授权而转让,托运人可对抗善意受让人;货提走前,托运人可要求承运人停或不交货。国际结算单据正面的"shipper"一般指的是发货人。2008 年 12 月联合国制定的关于国际海上运输公约(《鹿特丹规则》)把 shipper 定义为和承运人订立运输合同的托运人,并将托运人以外,同意在运输单据或电子运输记录中记名为"托运人"的人称为"documentary shipper",他享有托运人的权利并承担其义务。

二、托运货物并获取提单的一般程序

图 12.1 为 CFR/CIF 下卖方向承运人订舱、托运、装运以及获取提单的流程图示。从该图可知,提单一般可以由卖方从承运人处购得空白的单据后自行缮制。缮制时如发生修正或变更,按 ISBP,必须经承运人、船长,或表明为他们代理人身份的代理人(不必是出具或签署提单的代理人)证实。提单的主要信息源于托运单或订舱单(booking note),因此在订舱托运时,卖方就应该根据具体货物并严格按信用证要求(其他结算方式下,按合同要求)填写订舱单。(参见式样 12.1 和式样 12.2,后者为集装箱运输下的托运单,内容略为复杂,但基本内容是一样的。各外运公司的托运单格式不完全一样,但它们需要显示的托运信息应该是大同小异的,不少货代公司提供的托运单可以既满足件杂货,又满足集装箱货物的订舱要求。)

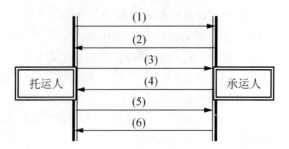

(1) 托运单，订舱位；(2) 如能配船、配舱，签发装货单(S/O)，要求把货送指定仓库；(3) 报关后 S/O 交承运人，装船；(4) 签发大副收据；(5) 缮制并提交提单，交运费；(6) 审核接受后签单。

图 12.1　CFR/CIF 下卖方获取提单的流程图示

通常，托运单上应该写明待运货物的名称、重量、体积(注意：考虑到占舱容积，托运的包装货物体积一般要求取其最大长、宽、高的乘积而非其几何体积)、包装件数、唛头、收货人以及被通知人要求，还必须写明所要求的装运期、起讫港、所需的正副本份数，运费到付还是预付，以及信用证条款(其他结算方式下，合同条款)中关于运输的特殊要求，比如，是否限制船籍、航线？是否需要承运人提供船龄、船籍等证明。托运人本身如有特殊要求，也应该一一说明。

实际操作时，承运人签发的装货单(Shipping Order，S/O)和大副收据(Mate's Receipt)也是由托运人按托运单事先缮制，然后由承运人在签发时批注必要的信息。比如，所配的船名和航次、装货单编号等。另外，承运人代表如果装船时发现货物或包装表面有缺陷，他在签发大副收据时，要做"不良批注"。所有这些信息在签发提单时都将转移到提单上。含有"不良批注"的提单为不清洁提单，银行或买方一般都会拒绝接受。

在 FOB 下，买方订舱后向卖方发"装船指示"(shipping instructions)，卖方收到后联系指定的在出口地的承运人代理，获取装货单。报关、装船后，卖方要求签发提单时不需缴纳运费。当然，签发的提单上将会标明"运费到付"(freight to collect)。

卖方如果通过货代向船公司办理运输，上述某些工作可能由货代包干完成。当然，卖方需要弄清货代提供的包干服务到底包含哪些方面，并且他也必须向货代说明自己的具体要求。

三、海运提单的类型

按提单是否表明货物已装船，可以把提单分为"已装船提单"(Shipped Bill of Lading 或 on board Bill of Lading)和"备运提单"(Received for shipment Bill of Lading)。有的提单的"承运人声明"栏已印就"shipped on board"之类字样，这样的提单就是已装船格式的提单(参见式样 12.3)，而备运提单的"承运人声明"栏中印就的是"received…"或"taken in charge…"之类字样(参见式样 12.4)。

按提单抬头人的做法，可以把提单分为"记名提单"(Straight Bill of Lading)、"不记名提单"(bearer Bill of Lading)以及"指示提单"(order Bill of Lading)。记名提单只能由记名人提货，不可转让。在有的国家，记名提单记名人凭提单副本就可以提货。不记名提单的任何持有人都可以提货。由于不记名提单的真正拥有者无法挂失以及难以采取保全措施,国际贸易中一般不采用这种抬头。指示提单又可分为空白(指示)抬头和记名指示抬头。前者如发货人已做空白背书,凭交付就可以转让,而后者必须由记名人背书后才可以转让。

按提单是否表明货物或包装表面有缺陷,可以把提单分为"不清洁提单"(unclean Bill of Lading 或 claused Bill of Lading)和"清洁提单"(Clean Bill of Lading 或 unclaused Bill of Lading)。ISBP 强调,只有载有明确表明货物及/或包装状况有缺陷批注的提单才为"不清洁提单"。提单无需显示"clean"字样,即便提单上删除了 clean 字样,仍非"不清洁提单"。信用证下银行只接受清洁提单。

按提单的效力,提单可以分为"正本提单"(Original Bill of Lading)和"副本提单"(N/N copy of B/L,即 non-negotiable copy of Bill of Lading)。正本提单一般具有物权,副本提单一般用于通知或企业存档等。

按提单背面是否印有提单条款,提单可以分为"全式提单"(Long form Bill of Lading)和"简式提单"(Short form Bill of Lading)。"简式提单"正面需要注明约束承运人和货方条款的参照出处。除非另有规定,信用证下银行可以接受简式提单。

另外,按实际运输方式,提单可以取名为"直达提单"(Direct Bill of Lading)、"转船提单"(Transhipment Bill of Lading)、"联运提单"(through Bill of Lading)、"集装箱运输提单"(container Bill of Lading)以及"港至港或联合运输提单"(port to port or combined transport bill of lading)等。

在外贸实践中,还可以见到表明货物已装舱面的"甲板货提单"(on-deck bill of lading)、货到单未到或错过交单期的"过期提单"(stale bill of lading)、将已过规定装运期的提单的装运日倒签为符合规定日期的"倒签提单"(anti-dated bill of lading)、在货物实际装船前就已签发并表明货物已装船的"预借提单"(advanced bill of lading)以及经承运人电讯通知目的港代理放货的"电放提单"(telex-released bill of lading)。

应该注意,按 UCP600,信用证中如无明确规定,银行不接受甲板货提单。另外,按 ISBP,信用证下的过期单据仅指错过交单期的单据。还应该注意,采用倒签提单和预借提单是一种不讲诚信的侵权行为,并且,签发这样的提单对承运人非常不利。因为,尽管发货人为此必须向承运人提交公司的保函,但由于两者之间的协议本身就不合法,所以承运人即使持有发货人保函,仍难以受法律保护。

电放提单现在似乎用得越来越多。近洋运输的收货人为了能够在货到后及时清关提货,可能会要求发货人凭保函向发货地承运人提出电放申请。承运人如果接受,将收回正本提单,并在正本的复印件上加盖"电放"(telex-released 或 telex-surrendered)章后发给发货人,这就是电放提单。然后,承运人发电函通知其在目的港的代理人,指示他凭发货人传真给收货人的电放提单签发提货单。无疑,这样操作对发货人会有极大的物权流失风险,如果不能充分把握风险,不应该采用。当然,电放提单已经不是可凭以提货,转让的正本提单,因此它并不是 UCP 所指的运输单据。

四、海运提单的正面内容和缮制

除简式提单外,海运提单的反面应该是约束承运人和货方的提单条款,这属于运输条款(terms and conditions of the carriage),按 UCP600 第 20 条 a.v 款,信用证下银行不审核这些条款。如果提单需要背书,应该做在提单反面,但是,银行要对背书的做法、连续性等按要求进行审核。

提单的正面一般会印就一些"承运人或单据出具人的声明",通过其中表述的"shipped on board…","received in apparent good order…"或"taken in charge …"可以识别提单是"已装船格式"还是"备运格式"。除此之外,这类"声明"可能还包括一些表明承运人权利或免责的某些内容(再参见式样 12.3 及 12.4)。国际商会意见 TA.675 中曾把这类声明中的措辞分成两类,关于货物是否装船的声明为一类;其余为另一类,属于运输条款。前者银行需要审核,以判断是否需要适当的装船批注;后者根据 UCP600 上述条款,银行不予审核。不过要注意的是,有的提单在这些声明内容中会包含"承运人如需要,可以无单放货"之类的条款,如果信用证中明确排除提单出现这类条款,那么审单人就无法"视而不见"。

提单正面的表格用来填写有关具体货物、运输以及有关当事人方面的信息,正本提单应该在正面签署。信用证下的提单应该按照信用证提单条款以及指向提单的条款(如,运输条款、货物条款以及附加条款等)要求缮制,银行对这些内容将做审核。其他结算方式下,提单正面的内容和背书应该符合合同要求。

1. 承运人及出具人(carrier 及 issuer)

按 UCP600 第 20 条,提单正面必须显示谁是承运人。一般来说,不少提单的右上角已印就承运人或出具人的名称和地址,如果没有明示身份为"承运人"(carrier),右上角的公司只能理解为出具人。出具人不一定是承运人,也不一定是署名人(Signer)。如果信用证提单条款(或其他付款方式下合同条款)中已指定,提交的提单上表明的承运人或出具人必须与指定的相符。如信用证未规定提单出具人,按 UCP600 第 14 条 1 款,任何人都可以出具运输单据。如未规定承运人,任何人都可以为承运人。

如果提交的提单是运输代理人(货代)的提单(Freight Forwarder's Bill of Lading,或 house bill of lading),除非信用证规定接受货代提单,银行仅接受签单人作为"承运人"或"具名承运人代理人"等身份签发的运输代理人出具的提单。

2. 发货人(shipper 或 consignor)

通常,信用证下提单的发货人为信用证受益人。按 UCP,除非信用证中另有规定,银行接受受益人外第三方为发货人的提单。在其他结算方式下,发货人一般应为合同的卖方。提单上通常无需显示发货人的详细地址。

3. 收货人(consignee)

提单收货人就是俗称的提单抬头人。信用证下的提单抬头一般在提单条款中用"made out to"或"consigned to"引出;其他结算方式下,双方理应事先约定。应该认识到,直接填写买方为收货人的记名提单(Straight B/L)可能会导致发货人失去对提单下物权的控制;买方如果拒付,发货人也无法背书转让。因此,除非能够把握,国际贸易中出口方一般不愿意使用记名提单。记名提单的本栏理应给出收货人的名称和详细地址。

国际贸易中常见的收货人栏缮制要求有:

(1) 做成"空白(指示)抬头"或"凭发货人指示抬头"(To Order 或 To Shipper's Order),然后交单时发货人背书。这样做成的提单,发货人空白背书后,正本受让人或持有人可以凭以提货，也可以凭交付转让。因此，这样的正本提单如直接寄买方，可能存在一定的物权流失风险。所以，信用证中如要求这样抬头的提单，并要求受益人装运后向申请人直接寄一份正本提单，受益人如想接受，必须能够把握风险，确保信用证下"相符交单"。托收下一般都采用这种抬头和背书，以便代收行在付款人付款后(或在 D/A 下承兑后)直接将提单交付给付款人。

(2) 信用证下，做成"凭开证行指示抬头"(To Order of…Bank，开证行)。这样的抬头便于开证行借以控制物权，申请人付款赎单时，开证行将提单背书给申请人。这样的提单正本如果被要求直接寄给申请人，申请人如果要提货，必须先得请开证行背书。通常，开证行在申请人做出放弃不符点承诺后，才会为申请人背书。

在托收下，如果代收行同意，可以做成"凭代收行指示"抬头(To Order of…Bank，代收行)。这样，当付款人满足交单条件后，代收行将提单背书给付款人。

要注意有的提单该栏印就的名称为"consignee or order"，这样操作起来没什么问题，但有的印就栏目名称为"To consignee's order"或类似措辞，这时如出口人接受做记名提单的话，应该要求承运人方删去"consignee's order"字样，并加更改章。

4. 货到通知人(notify party)

如果是记名提单，被通知人栏一般不需填写；如果不是记名提单，为了使承运人船到目的港后能够发出到货通知，可以如下操作：

(1) ISBP745 的 E14 段认为，提单可以显示信用证规定的被通知人外的其他被通知人。当信用证未规定被通知人细节，提单可以以任何方式显示任何被通知人细节。但此时如果申请人信息(包括地址和联络细节)填写在该栏，则该栏申请人信息不得与信用证它处给出的相矛盾。ISBP45 的 E15 段指出，如果信用证要求提单收货人为记名开证行或申请人，或为"凭开证行指示"或"凭申请人指示"，或信用证要求提单被通知人是"开证行"或"申请人"，提单应相应显示开证行或申请人名称，但无需显示信用证它处给出的开证行或申请人的地址和任何联系细节。

综上所述，信用证如果有规定，按信用证操作；如果信用证未规定，可以以任何方式填写(虽然如此，如未曾约定，出口方一般会和申请人联系，征求填写方式，或者如果确信信用证申请人就是实际进口人，则可以在提单的该栏目上，填写信用证申请人的名称、地址及电话号码(若有))。如果信用证要求通知开证行或申请人时未同时提及他们的地址或联系细节，可以只填写他们的名称。如果申请人的地址或联系细节被填写在收货人或被通知人栏，那么必须和信用证给出的不矛盾。

(2) 托收方式下，如果合同没有另做规定，卖方也可以先接洽买方，或者如果确信买方就是实际进口人，被通知栏可以填写买方的名称、地址及电话号码。当然，这些信息理应在合同磋商时就已明确。

5. 船名及航次(Vessel Name & Voyage Number)

本栏目按装货单所给出的内容填写。如果提单该栏目的船名注有(或印就)"intended"(预期)字样，则须用装船批注(On Board Notation)说明货物装船的日期和载货的船名，或划去"intended"字样，并由承运人或其代理人证实。

如果涉及转船，并且如果要求在提单上给出二程船船名，但使用的提单又不是"转船提单"(即没有相应的中转船名栏)，通常可以在提单本栏目填写头程船船名，二程船船名加注在提单货名栏空白处。比如，在货名栏空白处填写 "from Hong Kong to London by S.S. Victoria，V234"。

6. 装货港(port of lading)

提单上的装货港必须符合信用证的要求(其他结算方式下，必须符合合同要求)，并且必须是具体的港口。因此，缮制时应该按实际装货港填写。比如，信用证或合同中要求的装货港是"China Port"，本栏目通常应该填一个具体的中国港口。根据 ISBP745 的 E6 段，提单如果显示了多个装货港，无论是"已装船格式"还是"备运格式"的提单，都必须加载含装船日的在各装货港的装船批注。值得注意的是，如果信用证给出的装货港是一个地理范围，提单所加载的满足该地理范围的多个装货港的装船批注，如果没有各港装货量的暗示，货物可能被认定为在第一个装货港就完成所有货物的装运，该装船批注的日期将被用来计算交单期(如涉及提单日后定期的汇票，该日期即被作为汇票票期起算日)，而其余批注可能被视为转运的批注。反过来，如果批注表明货物在最后的港口才完成所有装运，那么最后的港口批注日期将作为交单期或提单日后定期汇票票期的起算日。

如果提单的装货港栏标有(或印就)"intended"字样时，则应用"装船标注"给出符合信用证要求的实际装货港以及装船日期，或划去"intended"字样，并由承运人或其代理人证实。

信用证规定的装货港理应在提单"装货港"栏目表明，不过它也可以出现在提单"收货地"栏，但这时可能需要用装船标注来表明货物在信用证指定的该港口装船并表明装船日期。

如果"收货地"栏填写了与信用证规定的装货港同名的集装箱货运站(container freight station，CFS)或集装箱堆场(container yard，CY)，"装货港"栏填写信用证规定的装货港(如收货地为 Hong Kong CY，装货港为 Hong Kong)，这些地点将视为同一地点，因此无需再用装船标注来表明该装货港及装船日期。

按国际商会意见 TA.701Rev，如果提单装货港(以及收货地、卸货港和交货地)栏未打上信用证提到的那些地点的国名，不能成为银行拒付的理由。因此，信用证规定的装货港为 SHANGHAI，CHINA，提单上装货港栏仅填写了 SHANGHAI，银行不应该为此拒付。不过，为了避免和过于挑剔的银行间无谓的争辩，制单时照打国名可能更省事。

7. 卸货港(port of discharge)

信用证下提单的卸货港栏应该按信用证要求填写实际具体的卸货港名称。在托收下，应该按合同要求填写实际具体的卸货港。

如果卸货港为重名港，则理应标明相应的国名甚至所在州名，如，"TRIPOLI/ LIBYA"或"TRIPOLI/ LEBANON"，以及"PORTLAND OR"或"PORTLAND ME"。当然，这些问题在建立合同，选用贸易术语、设置唛头以及开证时就应该充分加以关注。

如果规定的卸货港是选择港，则按要求填写，如，"Amsterdam/ London/ Hamburg Optional"。应该注意，根据大多数提单条款，如果卸货港是选择港，货方须在载货船只抵达第一个选择港的 48 小时前，通知船方他的最后决定。

第 12 章 运 输 单 据

"卸货港"栏目一般应填写信用证所规定的卸货港,如果填写了中转港,则信用证下的卸货港只好填写在"最终目的地"(或"交货地")栏下,此时提单上须用批注说明,该港(填写在"最终目的地"栏的)就是卸货港,如,FROM XX(填写在"目的港"栏的中转港)TO PORT OF DISCHARGE XXX(填写在"最终目的地"栏的信用证规定的卸货港)BY VESSEL,或更简单的是加注 PORT OF DISCHARGE:XXX。

如信用证规定"from…(装货港)to…(目的港)in transit to …(内陆目的地)",但使用的是 FOB、CFR 或 CIF 术语,并且要求提交的是海运提单,则将规定的装货港和目的港如上所述填写在提单相应栏目,将"in transit to…"填写在提单货名栏空白处。当然,如果信用证直接规定 44E:A 港、44F:B 港、44B:C 地,那么即使要求提交海运提单,但多式联运将要发生,受益人应该按多式联运单据操作。当然信用证此时不该再使用 CFR/CIF 术语。

如果将要在某港发生转运并且要求在提单上显示该中转港,如果所用提单不是转船提单,可用"W/T(或 via)…(中转港)"在货名栏空白处加注。如果使用印有"前段运输方式"和"收货地"栏目的可用作联运或联合运输的提单,也可以在"收货地"栏填写规定的装货港,在"前段运输方式"栏填写头程船船名及航次,在"装货港"栏填写中转港,在"船名及航次"栏填二程船船名及航次。但是,如果这样操作,必须用装船批注注明货物在规定的装货港装船的日期,以及信用证规定的装货港和在该装货港发出的船名(即"前段运输方式"中的信息)。因此,在货名栏加注的方法相对比较简单明了。

对于运往北美的货物,如信用证规定"…(卸货港)OCP…(内陆公共点)",则可以将该卸货港填写在卸货港栏,并在货名栏空白处填写"OCP…(内陆公共点)"(比如,"OCP Chicago")。OCP(overland common points),即内陆公共点,指北美落基山脉(Rocky Mountain)以东地区。按太平洋航运协会规定,货物先运至北美西海岸港口再运往内陆公共点可享受优惠的运费率。在 CFR/CIF 下如果涉及 OCP 运输,出口方只需负责到西海岸港口的运输,OCP 地名不要填写在"交货地"或"最终目的地"栏。

8. 前段运输方式(Pre-carriage by)、收货地(Place of receipt)及交货地(Place of delivery)

该三项一般出现在联合运输提单(CT B/L)、联运提单(through B/L)以及港至港或联合运输提单(port to port or combined transport bill of lading)上,它们不会出现在直运提单上。如今使用的大多数提单格式似乎都含有这三个栏目。对于信用证要求的港至港运输的提单,信用证规定的装货港和卸货港一般最好填写在提单的装货港和卸货港栏目上,将这三栏留空。否则,如果这三栏填写了不符合要求的内容,可能导致银行拒付。即使这三栏填写的内容符合信用证规定,标明"on board"之类字样,注明规定的装货港以及在该装货港装船日期的装船批注有时可能仍是必须的。

9. 装船批注(On board notation)

前文提及的装船批注或称装船标注,在提单上或以印戳的形式给出,或以填写单据上"laden on board the vessel"栏目(如有)的形式表示。装船批注最基本的内容是说明"on board"并记载装船日期,该日期将被视为装运日。装船批注的作用是为了满足 UCP600 第 20 条 a.ii 款的"表明货物已于信用证规定的装货港(当然,还得在规定的装运期限内——作者注)装上具名的运载工具"的要求。如果提单本身信息就已经明确满足 UCP600 的该款要求,提单无需装船批注,否则必须用装船批注来满足该要求。

国际商会2008年的意见Document 470/TA.665(R644)、TA.667(R645)和2009年的TA.679等都提到了装船批注问题。国际商会在2010年7月27日通过了"Recommendation of the Banking Commission in respect of the requirements for an On-board Notation"(470/1128rev号文件),从中不难理解国际商会的如下看法:

(1) 如果信用证规定的装货港填写在提单的装货港栏内,并且提单船名和装货港栏都不是"预期"(intended)的,则

① 如果提单收货地和前段运输方式栏未填,则装船格式提单无需装船批注,备运格式提单需要标明装船日的装船批注;

② 如果提单收货地和装货港栏填写相同,比如"收货地"栏填写了和装货港同名的集装箱堆场(CY)或货运站(CFS),只要提单(在"前段运输"栏,或"收货地"栏)未标明前段运输方式(前段运输方式指的是从单据上收货地至装货港的运输。下同),则装船格式提单无需装船批注,备运格式提单需要标明装船日的装船批注;

③ 如果提单收货地和装货港栏填写不同,并且标明了前段运输方式,则装船格式和备运格式的提单都需要装船批注,标明在信用证规定的装货港装上船的日期、船名;

④ 如果提单收货地与装货港填写不同,但提单未标明前段运输方式,则,

(a) 如果提单印就的"承运人声明"(该栏用于识别提单是装船格式还是备运格式的部分,不属于UCP600第20条下"银行无需审核的'运输条款'")栏含"如提单收货地为一内陆地点,提单上'已装船'之类措辞将被视为装上卡车、火车、飞机等从收货地至装货港的内陆运载工具",或提单印就的"承运人声明"含"如收货地栏已填写,本提单上'已装船'之类措辞将被视为'装上'从收货地至装货港间运输的运载工具",无论备运格式还是装船格式的提单都需要标明装船日、船名和装货港的装船批注;

(b) 如果提单未印就类似上述措辞的,装船格式提单无需装船批注,备运格式提单需要表明装船日的装船批注。

(2) 如果信用证规定的装货港填写在"收货地"栏(此时船名栏和装货港栏往往用来显示转运信息),装船格式和备运格式提单都需要装船批注,标明该信用证下的装货港和从该港发出的载货船只的船名以及装船日期。

(3) 如果提单"船名"栏及/或"装货港"栏有"intended"字样,如不删除并由承运人或其代理人证实,则装船格式和备运格式提单都需要加载装船日的装船批注说明实际的船名及/或装货港。

总之,应该使银行能够判断货物究竟何时且在何处"on board"于何运载工具,以便考量提单是否满足UCP600第20条a.ii款的"表明货物已于信用证规定的装货港装上具名的运载工具"。以上国际商会的意见也适用于UCP600第21、22以及头程为海运的第19条下的多式联运单据。它的精神现已体现在ISBP745的D7、D8段和E6段中。

10. 唛头及箱号(marks and numbers)

提单上的唛头应该按发票填写。如果涉及集装箱运输(尤其是整箱货,即FCL运输的情况下),应在唛头下标出集装箱号(container No.)及封箱号(seal No.)。ISBP允许集装箱提单上不显示唛头,仅显示集装箱号及封箱号。

有的提单格式上专门印有集装箱号及封箱号栏目。如果涉及集装箱运输,则可将集装箱号及封箱号相应填写在这些栏目上。

11. 包装种类及件数(number and kind of packages)

如果实际装运的货物为散装货，可以在该栏填写"in bulk"；如果为包装货，则在该栏填写外包装件数(小写)及称呼。如，"50 bales"或"40 CTNS"等。

如果提单有大写包装数一栏(即，Total Packages in Words)，在该栏相应填写用文字描述的包装总数及包装名称，并用"only"封尾；如提单上没有该栏目，则可以在包装种类及件数栏的小写包装数下的空白处填写大写包装数，比如，"TOTAL IN FIFTY BALES ONLY"。

如果涉及的是集装箱整箱交接(如，CY TO CY 或 D TO D 等)，大写包装数栏可以如上所述填写包装件数，也可以仅表明集装箱数以及集装箱类型，还可以同时显示两者(如，Three Hundred Cartons in one 20' container)。需要注意的是，如果提单仅标明集装箱数，但不说明集装箱内的纸板箱之类的包装数，如果发生应承运人赔付的货物灭失，一个集装箱将被视为一个理赔单位。按《维斯比规则》，承运人赔付的最高限额为每件 666.67 特别提款权，如按毛重赔付，每公斤最高赔付 2 特别提款权；按《汉堡规则》，前者为 835 特别提款权，后者为 2.5 特别提款权；按《鹿特丹规则》，分别为 875 和 3 个特别提款权。

12. 货物描述(description of goods)

提单上通常应该有商品的描述，但是一般不应该将信用证货物条款上的商品名称、规格、数量以及单价等照"搬"至提单的货物描述栏。商品的价格一般不宜在提单上反映，否则万一买方转让提单会感到不方便。商品的技术规格和计价数量与运输费用以及运输货物的交接方式一般也没有关系。通常，可以根据 UCP 关于"除发票外，单据上的货物描述可以用统称"的原则，填写运输货物的统称。当然，一般应该使用原描述的中心词(比如，信用证上为"Hand-picked, shelled Shandong Groundnuts…"，提单上可以为"Groundnuts"，但应该避免同义词"Peanuts"；信用证上如果为"Ladies Coats with fur collar"，提单上可以为"Ladies Coats"，避免填"Garments"，因为银行人士可能没办法识别这些语言上的同义词在具体专业上是否会有区别。当然，如前所述，要注意货物描述对费率的可能影响。

如果同一提单下涉及不同费率的商品，制单时应该将它们的名称、毛重和体积分别排齐统打。

13. 毛重及体积(gross weight and measurement)

大多数船公司采用公制单位计量，并按通常的计费单位保留三位小数。因此，提单上的毛重习惯用公斤(KGS)为单位，取整数(重量吨计费单位为公吨)；体积用立方米(CUM 或 CBM)为单位，保留三位小数(尺码吨计费单位为立方米)。如果同时提交的还有包装单据，则提单的毛重和体积通常应和包装单据上的毛重和体积的总和不矛盾。

提单上如果涉及两种以上包装或费率时，也应该分别列明并且对齐统打，如：

No. & Kind of Packages	Descriptions of Goods	Gross Weight	Measurement
20 bales	Cotton Poplin	2000kgs	12.000CUM
30 CTNS		3060kgs	5.640CUM
TTL 50 PKGS		5060kgs	17.640CUM

14. 运费

除非信用证(或其他结算方式下合同)规定提单必须显示运费及费用(freight and charges)，或，除非要求提交"rated B/L"，提单上不必填写详细的运费及费用。一般来说，信用证中根据交易条件，要求在提单上标明"Freight to Collect"或"Freight Prepaid"。制单时，按信用证要求相应操作即可。当然，对于具体用词，ISBP745 的 E26 段指出，提单显示的运费支付声明无需与信用证规定的等同(identical)，但不应与该单据、任何其他单据或信用证中的数据冲突。在其他支付方式下，根据合同使用的贸易术语，不难确定提单应标 "运费已付"还是"运费到付"。这些关于运费的标注通常注在提单货名栏下空白处。虽也见有标注在提单运费栏的，但相应核计运费的提单副本(通常不需提交)的这些栏目一般会用来填写运费核计的细节。

按 ISBP 原则，如果信用证规定运费之外的额外费用不可接受，则提单不得表明运费之外的费用已经或将要产生，比如，提单如标有"FI"、"FO"或"FIOS"等，将涉及装船费、卸货费或理舱费，在上述限制下这样的提单将被银行拒绝接受。

15. 签单日及签单地点

通常，已装船格式的提单的签单日就是装运日，但如果这种提单上另盖有装船批注，批注上的日期才被视为装运日。备运提单的签单日仅为承运人收货日，因此必须使用注明实际装船日的装船标注，使它"转化"为已装船提单，因为 UCP600 第 20 条 aii 款要求，提单需要表明货物在信用证规定的装货港装上具名的轮船，并运往信用证规定的卸货港。在其他支付方式下，买方在合同磋商时往往也会要求出口方提交"已装船提单"，如果这样，制单时仍需注意按上述方法操作。

提单的签单地点通常应该和装运港或收货地相符，因为，逻辑上那是承运人或他的代理人的所在地。

16. 正本份数(number of the originals)

因为提单是物权单据，提单上应该说明承运人出具的提单正本份数，以便当事人对物权的控制，这也是 ISBP 的要求。如信用证有明确要求(如"3/3 clean shipped bills of lading…")，则托运时必须按此提出，制单时必须按此填写。如信用证仅规定提交"一整套"(a full set of...)，按 UCP 原则，一份正本也可构成一套。不过，按航运公司的习惯，通常出具两份或三份正本，提单正本份数栏可以如实填写。

17. 签字(signature)

正本提单必须签署，副本提单不需签署。按 UCP600，承运人或船长可以签署海运提单，但同时，须表明其身份 as carrier 或 as master。承运人名称如果在提单正面其他地方没有表明，应该在签名处注明。船长签名时，只需注明船长身份，不必注明船长姓名，但承运人名称及身份仍需在提单正面显示。

承运人或船长的代理人也可以签署提单，但必须同时表明自己的名称和作为代理人的

第 12 章 运输单据

身份以及被代理人的身份,如"ABC Shipping Co. as agent for the carrier"。要注意的是,代理船长签名时,UCP600 无需再要求标明船长的名字。

有的提单署名处已经印就"Signed as the Master"或"Signed as the Carrier"之类的词,国际商会的意见 R770/TA.684 中认为,如果加盖的印章或标注另外表明署名人的身份,其效力优于印就的"身份"。因此,如果提单署名处印就"Signed as the agent for the carrier",而署名者加盖的章显示"ABC SHIPPING COMPANY, SIGNED AS CARRIER",则表明 ABC 公司以承运人的身份签署了提单。当然,受益人应尽量避免这种易遭口舌之争的做法。

18. 提单号(bill of lading number)

一般,提单号即为承运人签发的装货单的编号,因此,制单时,除非承运人另有说明,按装货单编号填写。

19. 特别标注(special notations)

除了上述内容,提单上往往需要按信用证要求,或按承运人要求等,加注必要的信息。比如,如果信用证规定"All documents must show the L/C No.",则制单时应该在货名栏下部空白处加注信用证编号;如果涉及集装箱运输,则应该按照实际具体的交接方式,加注"CY TO CY"或"CFS TO CY"等;集装箱整箱(full container load, FCL)发运(对应 CY TO …或 D TO …),通常由发货人自己装箱,承运人一般会要求加注"发货人装货及计数"(shipper's load and count)或在包装数或商品名称前说明"据说装有……"(said to contain…或 STC…)。有时承运人会要求注明集装箱类型,如 GP(即 Container for general purpose)或 HC(即 high cubic container)等。

有时信用证会要求提单上显示承运人在目的港的交货代理,提单上理应按要求显示。ISBP745 的 E23 段认为,当信用证要求提单显示卸货港交货代理或类似机构的名称、地址和联系细节时,提单上该地址无需位于卸货港,也无需位于卸货港所在国。无疑,此时提单上显示的交货代理的身份应该能够被识别,并且应注意的是,如果信用证明确要求的是在某地的"delivery agent",那么提单理应显示的是在该地的交货代理。

20. 背书(endorsement)

如果提单的收货人栏做成"To Order"或"To Shipper's Order",交单时必须由发货人按信用证要求背书。如果此时信用证条款中没有背书要求,则应该在交单时由发货人空白背书。应该注意的是,提单发货人不一定是信用证的受益人。其他结算方式下,如果合同没有要求,只要做成上述两种抬头中的一种,交单时同样需要空白背书。应该知道,如果收货人栏作成"凭某人指示",只有该人才有权背书。因此,"凭开证行指示"以及"凭代收行指示"等抬头的提单,交单时发货人是不应该背书的。

提单的记名背书通常注明"Delivered to the order of …(被背书人)",再由背书人签章;提单的空白背书通常由背书人在提单背面签章即可。

第二节 租船合约提单

租船合约提单(charter party Bill of Lading，CP B/L)是船方按租船合约向发货人签发的提单。根据 ISBP745 的 G2 段，含有"受租船合约约束"，或对租船合约援引，或标明运费按租船合约支付的运输单据，无论如何命名，都被视为租船合约提单，按 UCP600 第 22 条审核。ISBP745 的 G3 段进一步指出，仅仅表明为康金提单(Congenbill)或"Tanker Bill of Lading"，不表明它们一定是租船合约提单。

租船合约提单通常为简式提单，约束船方和租方的条款由租船合约体现。提单正面和一般的海运提单相似，列明货名、数量、船名、起讫港等信息。租船合约提单的关键是正面通常应该注明有关的租船合约编号或日期(以及货物装船所用的时间)，以此可识别其为租船合约提单。与海运提单不一样，根据 ISBP745 的 G21 段，租船合约提单还可以通过援引"未隔离(without segregation)"、"被混合(commingled)"或类似措辞来表明，货物仅为已装载具名船只上的大宗货物的一部分。

另外，按 UCP600，租船合约提单应该由船长(master)、船东(ship's owner)、租船人(charterer)或他们的代理人签署。船长、船东或租船人签名时必须表明其船长、船东或租船人的身份；他们的代理人签署时必须表明自己的名称和作为代理人的身份，以及被代理人的身份。如果代理船东或租船人签署，还需要标明船东或租船人的名称。应该说，从"租船"角度而言，不应纠结所谓"承运人"，仅从提单表面似乎难以确定谁是租船合约下的"承运人"，因此，UCP 没有租船合约提单表明承运人的要求。国际商会意见 TA.775rev 中认为，除信用证明确要求之外，提交承运人或其具名代理签署的租船合约提单与 UCP600 第 22 条 a.i 款要求不符。排除这样的租船合约提单是为了避免审单人不得不去确定，谁才是租船合约下的契约承运人，这可能涉及从船东到租船人及后续租船人等多个不同实体，但这也将使得审单人不得不审核租船合约提单的租船合同条款。这与 UCP600 第 22 条 b 款 "即使信用证同时要求提交租船合约，银行将不予审核该合约" 的原则相违。

租船合约提单上有关运输起讫地栏目只有装货港和卸货港。国际商会银行委员会关于 UCP 质疑的意见(R281)就曾指出，如果信用证规定的卸货港是笼统的港口，租船合约提单的卸货港也可以填写该笼统港口，而不必像海运提单那样必须填写一个具名的港口。比如，信用证规定的卸货港为"South China Port"，如果要求提交的是海运提单，提单的卸货港必须为中国华南的某个具体的港口，但如果要求提交的是租船合约提单，提单的卸货港可以填"South China Port"，当然，也可以填写具体的华南某港口。对此，UCP600 第 22 条 a(iii) 款现已有明确规定。

除上述不同点外，租船合约提单正面内容的缮制方法可以参见上一节。(参见式样 12.5)

第三节 多式联运单据

信用证下涵盖至少两种不同运输方式的多式联运单据，它们受 UCP600 第 19 条约束。在我国，一般将联合运输提单(combined transport bill of lading, CT B/L)用作多式联运单据

第12章 运输单据

(multimodal transport document，MTD)，因此，如果信用证要求提交多式联运单据，受益人可以提交联合运输提单。但必须注意，多式联运单据至少应该涉及两种或两种以上的运输方式，ISBP 也强调，多式联运单据不能表明运输仅由一种运输方式完成，但采用哪种运输方式可以不予说明。

多式联运单据正面布局和一般的海运提单相似，所以其缮制方法可以参考海运提单的制法。不过，缮制时必须结合多式联运单据的特点和 UCP600 第 19 条以及 ISBP745 的 D 部分的审核实务要求相应加以考虑。比如，多式联运单据的收货地栏及/或交货地(最终目的地)栏应该按信用证(或其他结算方式下按合同)要求填写。如果该两栏留空，仅填写了装货港栏和卸货港栏，或即使填写了但表明仅涉及船运，即使单据名称为多式联运单据，实质上只是港至港海运提单而非多式联运单据。如果信用证要求是表明"已装船"的多式联运单据，或要求的是头程(first leg)为海洋运输的多式联运单但没有 shipped on board 之类规定，单据仍必须表明货物在信用证规定的时间，在信用证指定的港口装上了具名的船只。因此，此时只要使用"备运"格式的单据，或只要单据标有前段运输方式，或只要单据的"收货地"栏填写了不同于信用证规定的装货港的地点等，单据上都需要做装船批注。

多式联运单据的承运人名称必须出现在多式联运单据的正面，并表明其作为承运人的身份。多式联运单据可以由承运人签署，也可以由他们的代理人签署。代理人签署时，必须表明其名称和作为代理人的身份，同时必须表明被代理的承运人名称(如正面其他部位没有表明)及身份。多式联运单据还可以由船长或船长的代理人签署。他们签署时的要求可以参见海运提单部分的相关内容。(参见式样 12.6)

第四节 空 运 单 据

一、空运单据的基本概况

最常见的空运单据为航空运输承运人签发的航空运单(Air Waybill，AWB)。航空运单是表明承运人已经收到了发货人所托运的货物的收据，它也可以是承运人和发货人之间的运输合同。和提单不同的是，提单上不需要托运人或他的代理人签名，而航空运单上有发货人或他的代理人的签名栏(当然，该栏不是必须签署的栏目)。另外，航空运单不是物权凭证，不可能通过背书转让。飞机飞抵目的地后，承运人通常即按随机走的正本运输通知收货人，收货人有效地表明自己身份后，即可提取货物。航空公司出具的航空运单被称为航空主运单(Master Air Waybill，MAWB)，航空货运代理出具的被称为航空分运单(House Air Waybill，HAWB)，航空分运单往往会注明其从属的航空主运单编号。按 UCP600，除非另有规定，银行仅接受航空货运代理以承运人或具名承运人代理人身份签发的航空分运单。

按《统一国际航空运输某些规则的公约》(Convention for the Unification of Certain Rules Relating to International Carriage by Air，1929，即华沙公约)，航空运单签发三份正本，一份给发货人，一份给收货人，另一份承运人留存。UCP 规定，即使信用证要求提交全套正本，仅提交签发给发货人的那份正本(Original for the Shipper)，银行也应该接受。

发货人托运前应该填写航空托运单。托运单是以后承运人缮制及签发航空运单的依据，所以填写时应该仔细地研究信用证条款，按照实际货物和信用证要求填写。当然，在收到承运人签发的航空运单后，发货人仍应该再仔细审核，以免存在与信用证(或其他结算方式下与合同)要求有出入的地方。

二、航空运单的基本内容及缮制

航空运单通常有以下栏目，有些栏目实际操作时不一定需要填写：

1. Air Waybill Number

航空运单编号。一般出现在航空运单的最上方，前三位为航空公司的代号。

2. Carrier/ Issuer

承运人或出具人，即航空公司。按 ISBP 的规定，承运人的名称必须出现在空运单据的正面，并且表明其承运人身份。ISBP745 的 H5 段 c 款明确否定了仅仅用国际航空协会(International Air Transport Association，IATA)的航空公司代码而非具体名称来表明承运人的做法。

3. Shipper's Name and Address

发货人名称和地址。信用证下，航空运单的本栏目一般应该与信用证的受益人名称、地址内容相符。托收下，一般不采用空运方式，如采用空运，本栏应该和合同卖方的名称、地址相符。

4. Shipper's Account Number

发货人账号。一般可以不填。

5. Consignee's Name and Address

收货人名称和地址。托收方式下，如果采用空运方式，应该以代收行为收货人。当然，必须事先征得它的同意，否则，按 URC522，银行没有义务处理货物。在信用证下，应该按信用证条款要求填写。信用证如果规定以开证行为收货人，对受益人比较有利。如果以申请人为收货人，要警惕货物到达后被申请人提走，但货款又因开证行以单据不符为由拒付而 "钱财两空"。虽然，受益人可以根据合同向申请人主张货款，但诉讼毕竟是费钱、费力、费时的事，何况如果申请人已经破产和逃逸，货款根本无法收回。因此，尽量避免接受信用证以申请人为收货人的要求，否则，必须把握好信用证条款，审慎制单，减少被无理拒付的可能。由于空运单据不是物权凭证，因此不应做成"凭指示"或"凭某具名实体指示"抬头。按 ISBP745 的 H13 段，如果信用证要求"凭某具名实体指示"抬头，空运单可以显示收货人为该实体，无需提及 "to order of" 字样；如果信用证要求"凭指示"抬头，未提及指示方，空运单可以以开证行或申请人为收货人，也无需提及 to order 字样。

6. Consignee's Account Number

收货人账号。一般可以不填。

7. Issuing Carrier's Agent Name and City

出具航空运单承运人的代理人的名称和城市。如果航空运单由承运人签发，本栏不填。

8. Agent's IATA Code

代理人的国际航空运输协会代号。如果涉及代理人，在本栏填写该代号。

9. Account Number

代理人账号。需要时可以填写，以便承运人和代理人之间结账。

10. Airport of Departure and Requested Routing

出发机场以及所需航线。一般仅填出发机场的名称。

11. Accounting Information

会计信息。如需要，填写和费用及结算有关的信息。

12. To/By First Carrier/Routing and Destination

转运机场/头程承运人/航线及目的地。如果涉及航空中转，填写中转机场 IATA 代码，头程承运人名称等。如果涉及多程转运，可以在后面 to 和 by 表格中相应填写中转机场代号及承运人代号。如果不涉及中转，也可以在此填写目的地机场代号及承运人名称。

13. Airport of Destination

目的地机场。填写最终目的地机场名称。按 ISBP，本栏和第 10 项的机场可以填机场名称，也可以填写其 IATA 代码(如 London Heathrow 或 LHR)。

14. Flight/ Date(for carrier use only)

(仅供承运人用的)航班和日期。供承运人记载飞机航班号以及起飞日期。按 UCP 和 ISBP，在空运单据"承运人专用栏"或类似词语的栏目中出现的航班号和日期，将不被认为是发运日期的特别批注。

15. Currency & CHG Code

货币及费用代码。填写支付货币的国际标准代码，如，USD、EUR、JPY 等。费用代码一般不填。

16. WT/ VAL & Other

运费、申报价值费及其他费用。如果这些费用是预付的，在"PPD"(prepaid)栏下填"×"；如是待付的，在"COLL"(collect)栏下填"×"。

17. Declared Value for Carriage

运输申报价值。如要申报，按发票填写货物总额。如不申报，填"NVD"(no value declared)。按《华沙公约》，如果托运时申报了价值的，货物因承运人原因灭失的，将按申报价值赔付。

18. Declared Value for Customs

海关申报价值。本栏价值供海关判断完税价值。本栏可以不填，或填"as per invoice"，即，要求海关按商业发票金额来判断完税价值。如果货物为免征税的样品，可以填写"NCV"(no commercial value)。

19. Amount for Insurance

保险金额。如果发货人根据航空运单背面条款要求保险，应在本栏填写保险金额。否则，可填"NIL"。

20. Handling Information

处理信息。可以在本栏填写需要加注的信息，比如，被通知人、随机单据、包装情况以及发货人的特别要求等。

21. No. of Pieces

件数。填写包装件数。

22. Gross Weight/ kg. /lb

毛重(公斤或磅)。以公斤或磅为单位，填写货物的毛重。

23. Rate Class

费率等级。填写运费等级代号。按规定，"M"表示"minimum charge"，即最小起运运费；"N"表示"Normal under 45kgs Rate"，即45千克以下普通货物费率；"Q"表示"Quantity over 45kgs Rate"，即45千克以上普通货物费率；"C"表示"Special Commodity Rate"，即特种货物费率；"R"表示"Reduced Class Rate Less than Normal Rate"，即折扣费率；"S"表示"Surcharged Class Rate, More than Normal Rate"，即加价费率。

24. Commodity Item No.

商品编号。按航空公司费率等级填写商品编号。在大多数情况下可以不填。

25. Chargeable Weight

计费重量。填货物实际毛重(公斤)或体积重(以6000立方厘米或366立方英寸体积折合1公斤)中较高者。如果费率等级为"M"，本栏可不填。

26. Rate/ Charge

填写计费费率。

27. Total

运费总额。按计费重量与费率的乘积，填写运费总额。

28. Nature and Quantity of Goods(incl. Dimensions or Volume)

货物名称及数量(包括尺寸(包装长宽高)或容积)。按合同或信用证中规定的货物名称、唛头、数量和实际尺码填写。

29. Weight Charge(Prepaid/ Collect)

计重运费(预付/待付)。在"预付"或"待付"栏内填写按重量计收的运费。

30. Other Charges

其他费用额。一般填写运单费、危险货物费、起运地仓储费和目的地仓储费等。如无此类费用，本栏不填。

31. Valuation Charge

价值申报费。如有，照填；如无，不填。

32. Total Other Charges Due Agent

应付代理人其他费用。一般不填。

33. Total Other Charges Due Carrier

应付承运人的其他费用。一般填"As Arranged"。

34. Total Prepaid/ Total Collect

预付或已付费用总额。按实际总额填写，或可以填"As Arranged"。

35. Signature of Shipper or His Agent

发货人或其代理人签名。

36. Executed on(date)at(place), Signature of Issuing Carrier or Its Agent

承运人或其代理人签名，签发日期和地点。航空运单可以由承运人签署，签署时必须表明自己作为承运人的身份(as carrier)。ISBP745 的 H5 段 b 款认可了承运人的具名分支机构可以为承运人签署的做法。航空运单也可以由承运人的代理人签署，签署时必须表明其代理人身份，且必须注明被代理的承运人，除非空运单据表面的其他地方已注明了承运人。除非空运单据上有专门批注说明装运日，空运单据的签发日将被认为是装运日，如此，该日期不得迟于信用证规定的装运日。

37. Original for…

一般在航空运单的下部印就"Original for Issuing Carrier"，"for Consignee"或"for Shipper"，分别表明它是给承运人存档的，或随机走给收货人的，或给发货人的正本。

第五节　承运货物收据

在对香港特别行政区的铁路货物运输中，一般使用由发货地的中国对外贸易运输公司以承运人身份签发的覆盖全程的承运货物收据(Cargo Receipt，C/R)作为结算单据。承运货物收据不是 UCP600 第 19 条至第 25 条规定的运输单据，所以，信用证下的申请人在申请开证时应该对单据的出单人、措辞、内容、交单期甚至对"装运"的定义等做明确的规定。否则，银行将按 UCP600 第 14 条审核单据。只要提交的单据与任何其他的规定提交的单据内容不冲突，只要在信用证的有效期内交单，只要符合 UCP 适用条款和国际标准银行实务的规定，银行将予以接受。

各地使用的承运货物收据的格式与项目虽不完全相同,但基本内容一致(参见式样12.8):

1．承运人及单据名称。在承运货物收据上方已印就"中国对外贸易运输公司某分公司"的名称、地址及"承运货物收据"的中英文字样。

2．有关运输编号、发票号码以及合同号。运输编号由外运公司编写,发票号及合同号由托运人提供。

3．委托人。填货物托运人的名称地址。

4．收货人和通知人。收货人栏在信用证方式下按照信用证要求填写;托收方式下,收货人栏一般应该做成"to order"或"to shipper's order"。如代收行同意,也可以做成"凭代收行指示"抬头。

通知人栏填写到货通知人的名称和地址,除非另有规定,通常填实际收货人的名称、地址。

5．起运地、过境地和目的地。按规定的起讫地填写。到香港过境都经过深圳,所以有的承运货物收据上已印就"via Shenzhen"。

6．发据/装车日期和车厢号。填写该单据签发日期或货物装车日期以及车皮号。签发单据日期和装车日一般做成同一日,并且应该在规定的最迟装运日内。

7．唛头/标记。按发票上的相应内容填写。

8．件数。件数应该和唛头上标明的相符,应该和发票或包装单据上的总件数相符。

9．货物名称。和提单一样,可以填写统称。除非另有规定,不要把单价等填上。

10．附记。如需要,填写信用证或者发货人对运输的特别要求。

11．运费缴付地。一般已按各承办外运公司所在地印就。

12．提货地点和货运代理名称。我国内地对香港特别行政区的货物出口,往往委托"香港中国旅行社有限公司"为在香港的报关提货代理。单据上一般已印就。

13．押汇银行签收。香港银行一般都办理进口押汇业务。如实际收货人想做进口押汇的,一般会和发货人约定,或在信用证中规定,承运货物收据的抬头做成凭押汇银行指示抬头。由押汇银行在此签章后,实际收货人才能够凭本承运货物收据提货。

14．收货人签收。收货人提货时必须在此签收,以示已收到货物。

15．承运人印章。承运人必须在该处签章,否则该承运货物收据无效。

必须注意的是,如今业务中还见有使用一些货代收据或货代收货证明(Forwarder's Cargo Receipt 或 Forwarder's Certificate of Receipt, FCR)。它们常用于我国到中亚的铁路运输。其版面布局和备运格式的海洋提单类似,出单人声明句通常以"received..."开头。这些单据也不能适用于 UCP 下的运输单据条款,它们只是货运代理收到货物的收据或证明,出口人不能凭以控制物权,因此使用需要谨慎。如果涉及这类单据(包括上述的承运货物收据),信用证应该对"装运"的含义以及单据内容具体要求做出明确规定(参见附录 5),否则最迟装运日以及装运日后若干天内交单的要求将无法执行。

第12章 运输单据

海运出口托运单

托运人 Shipper: _____

编号 No.: _____ 船名 S.S.: _____

目的港 For: _____

标记及号码 Marks & Nos.	件数 Quantity	货名 Description of Goods	重量公斤 Weight Kilos	
			净 Net	毛 Gross
			运费付款方式	
共计件数（大写） Total Number of Packages in Writing					

运费计算		尺码 Measurement	
备注			
抬头		可否转船	可否分批
通知		装期	效期	提单张数	
		金额			
收货人		银行编号	信用证号		

制单　　　　年　　月　　日

式样 12.1　托运单

Shipper（发货人）		D/R No.（编号）	
Consignee（收货人）		集装箱货物托运单	第一联
Notify Party（通知人）		货主留底	

Pre-carriage by（前程运输）	Place of Receipt（收货地点）		
Ocean Vessel(船名) Voy. No.(航次)	Port of Loading（装货港）		
Port of Discharge（卸货港）	Place of Delivery（交货地点）	Final Destination for the Merchant's Reference（目的地）	

Particulars Furnished by Merchants（托运人提供详细情况）

Container No.（集装箱号）	Seal No.(封志号) Marks & Nos.（标记与号码）	No.of containers or p'kgs（箱数或件数）	Kind of Packages; Description of Goods（包装种类与货名）	Gross Weight 毛重（公斤）	Measurement 尺码（立方米）

TOTAL NUMBER OF CONTAINERS OR PACKAGES (IN WORDS)
集装箱数或件数合计（大写）

FREIGHT & CHARGES（运费与附加费）	Revenue Tons(运费吨)	Rate（运费率）	Per（每）	Prepaid（预付）	Collect（到付）

Ex. Rate(兑换率)	Prepaid at（预付地点）	Payable at（到付地点）	Place of Issue（签发地点）
	Total Prepaid（预付总额）	No. of Original B(s)/L(正本提单份数)	

Service Type on Receiving □-CY □-CFS □-DOOR	Service Type on Delivery □-CY □-CFS □-DOOR	Reefer Temperature(冷藏温度) °F °C	
TYPE OF GOODS（种类）	□Ordinary（普通） □Reefer（冷藏） □Liquid（液体） □Live Animal（活动物）	□Dangerous（危险品） □Auto（裸装车辆） □Bulk（散货） □	危险品 Class: Property: IMDG Code Page: UN No.:

可否转船：	可否分批：	
装期：	效期：	
金额：		
制单日期：		

式样 12.2 集装箱托运单

第 12 章 运输单据

Shipper: SHANGHAI DONGXU I/E COMPANY, 123 DONGXU ROAD, SHANGHAI, CHINA	B/L NO.　ORA00126 **BILL OF LADING**
Consignee: 　　　　　TO ORDER	**ORIENTAL OCEAN SHIPPING COMPANY**
Notify Party 　BANK OF CHINA, OSAKA; 　UNITED GARMENT CO., B-22F NO.20, *	TLX: 56789 ORENT CN Fax: *86(021) 9545 8986 18 Ocean Road, Shanghai, China

* Pre-carriage by	* Place of Receipt	
Ocean Vessel　Vo MILD STAR V.225	Port of Loading 　　SHANGHAI	**ORIGINAL**
Port of Discharge 　YOKOHAMA	* Final destination	Freight payable at	No. of Original Bs/L　THREE
Marks & Nos.	Number & Kind of Packages; Description of goods	Gross Weight Kgs	Measurement M³
		2040KGS	12.480 CUM
UNTD GRMT S/C 14ST-003 YOKOHAMA NO.1-160	STC 160 CARTONS OF T-SHIRTS AND KNITTED PANTS		

FREIGHT PREPAID

* 7-CHOME UTSUBO HOMACHI, MISHI-KU, OSAKA, JAPAN

CONTAINER NO.:	SEAL NO.:	L/C NO.CSK02-0089	**CY TO CY**
TWCU8734342	0770024	SHIPPER'S LOAD AND COUNT	

TOTAL PACKAGES (IN WORDS) SAY ONE HUNDRED AND SIXTY CARTONS ONLY

Freight and Charges	Shipped on board the vessel named above in apparent good order and condition(unless otherwise indicated) the goods or packages specified herein and to be discharged at the above mentioned port of discharge or as near thereto as the vessel may safely get and be always afloat. The weight, measure, marks, numbers, quality, contents and value, being particulars furnished by the Shipper, are not checked by the Carrier on boarding. The Shipper, Consignee, and the Holder of the Bill of Lading In witness whereof, the Carrier or his agents has signed the Bills of Lading all of this Bill of Lading and date, one of which being accomplished, the others to stand void. Shippers are requested to note particularly the exceptions and conditions of this Bill of Lading with reference to the validity of the insurance upon their goods.

Place and date of issue: 　　SHANGHAI，APRIL 20，2014
As the carrier: 　　　ORIENTAL OCEAN SHIPPING COMPANY 　　　　　　　　　　　*Wang Fang*

*available only when document used as a through Bill of Lading

式样 12.3　已装船格式提单

1. Shipper: Insert Name, Address and Phone SHANGHAI DONGXU IMP. & EXP. CMPANY		LICENCE NO:: QRT0008
2. Consignee: Insert Name, Address and Phone TO ORDER		B/L No. ORA 5034
3. Notify Party: Insert Name, Address and Phone BANK OF CHINA, SINGAPORE; OVERSEAS TEXTILE CO., LTD.,BLDG.A, 100 COURT LANE, SINGAPORE		**ORIENTAL OCEAN SHIPPING COMPANY** TLX: 56789 ORENT CN Fax: *86(021) 9545 89 **ORIGINAL** Port -to-Port or Combined Transport **BILL OF LADING**
4. Combined Transport* Pre-carriage by	5. Combined Transport* Place of Receipt	RECEIVED in external apparent good order and condition except as otherwise noted. The total number of packages or unit stuffed in the container, the description of the goods and the weights shown in this Bill of Lading are furnished by the Merchants, and which the carrier has no reaspnable means of checking and is not a part of this Bill of Lading contract. The carrier has issued the number of Bills of Lading stated below, all of this tenor and date, one of the original Bill of Lading must be surrendered and endorsed or signed against the delivery of the shipment and whereupon any other Original Bills of Lading shall be void. The merchants agree to be bound by the terms and conditions of this Bill of Lading as of each had personally signed this Bill of Lading.
6. Ocean Vessel Voy. No. TUO HE V.144	7. Port of Loading SHANGHAI	
8. Port of Discharge SINGAPORE	9. Combined Transport* Place of Delivery	

Marks & Nos. Container / Seal No.	Number of Containers or Packages	Description of goods (If Dangerous goods, see Clause 20)	Gross Weight Kgs	Measurement M³
OVERSEAS S/C AA4567 SINGAPORE C/NO.1-420	440 CARTONS 420 CARTONS	LADIES DRESSY COATS	4200 KGS	25.000 CUM
CONTAINER NO.: OREU8292342 OREU8293541	SEAL NO.: 648248 648249			ON BOARD THE VESSEL 28TH FEB 2014
		CY TO CY **SHIPPER'S LOAD AND COUNT**	**FREIGHT PREPAID**	
		Description of contents for shipper's use only(not the part of this B/L Contract)		
10. Total Number of containers and/or packages (in words)		SAY FOUR HUNDRED AND TWENTY CARTONS IN TWO 20 FEET CONTAINERS ONLY		

11. Freight and Charges	Revenue tons	Rate	Per	Prepaid	Collect
Ex. Rate:	Prepaid at	Payable at	Place and date of issue: SHANGHAI, FEB.28, 2014		
	Total Prepaid	No. of Original B(s)/L (3)	Shanghai Jijie Shipping Forwarders 上海吉捷船运代理 as agent for the carrier, **ORIENTAL OCEAN SHIPPING COMPANY** Authorized Signature		

*available only when document used for combined transport Bill of Lading

第12章 运输单据

CODE NAME: "CONGENBILL", EDITION 1994		
Shipper:	**BILL OF LADING**	B/L No.
	TO BE USED WITH CHARTER-PARTIES	
	Reference No.2530.02.25	
Consignee	PACIFIC TRANSPORT INC.	
Notify Address	EAST SHIPPING P O BOX 234 456 WESTEN AVE. Phone: 0065-5714044 Telex: 37584 PACIF RS Fax: 0065-571044	
Vessel Port of Loading		
Port of Discharge		
Shipper's description of goods	Gross weight Measurement	

Original

(of which -0- (none) On deck at Shipper's risk; the Carrier not being responsible for loss or damage howsoever arising)

Freight payable as per CHARTER-PARTY dated _____ **FREIGHT ADVANCE.** **Received on account of freight:** _____ **Time used for loading___days ___hours**	SHIPPED at the port of loading in apparent good order and condition on board the Vessel for carriage to the Port of Discharge or so near thereto as she may safely get the goods specified above. Weight, measure, quality, quantity, condition, contents and value unknown. IN WITNESS whereof the Master or Agent of the said vessel has signed the number of Bills of Lading indicated below all of this tenor and date, anyone of which being accomplished the others shall be void. FOR CONDITIONS OF CARRIAGE SEE THE CHARTER-PARTY.
	Freight payable at	**Place and date of issue**
	Number of original Bs/L	**Signature**

式样 12.5 租船合约提单

Shipper: SHANGHAI AAA GARMENTS I/E CORP.		JIFFA	B/L No.: CACNJTC1234
Consignee: TO ORDER		MULTIMODAL TRANSPORT BILL OF LADING	
Notify Party: BRENDA CO.LTD.,88 WEST STREET, WINNIPEG, MANITOBA, CANADA		TRANCY Japan Transcity Corporation	
		Party to contact for cargo release	ORIGI
Pre-carriage by	Place of Receipt	ABC INTERNAL SHIPPING LTD., NO.22, CORYDON AVE., WINNIPEG, MANITOBA, CANADA TEL:1-204-7895638 FAX: 1-204-7896778	
Ocean Vessel Voy. No. SILVER OCEAN/V.123	Port of Loading SHANGHAI		
Port of Discharge VANCOUVER	Place of Delivery WINNIPEG,MANITOBA	Final Destination (Merchant's reference only)	
Marks & Nos. Container / Seal No.	Number of Containers or Packages	Kind of Packages; Description of goods	Gross Weight	Measurement
JOHN&GRACE S/C 14DX-C564 VANCOVER IN TRANSIT TO WINNIPEG C/N 1-60 CONTAINER NO. SEAL NO. CAXU4345662 333763	60 CARTONS	GIRLS COATS CFS TO CFS	1080KGS FREIGHT COLLECT	9.000 CUM
Total Number of containers and/or packages (in words)	SAY SIXTY CARTONS ONLY		
Merchant's Declared Value (See Clauses 18 & 23):	Note: The Marchant's attention is called to the fact that according to clauses 18 & 23 of this Bill of Lading the liability of the Carrier is, in most cases, limited in respect of loss or damage to the Goods.		
Freight and Charges	Revenue tons	Rate	Per	Prepaid	Collect
Exchange Rate:	Prepaid at	Payable at	Place and date of issue: SHANGHAI, 18 MAY 2014
	Total Prepaid in local currency	No.of Original B(s)/L TWO(2)	In witness whereof, the undersigned has signed the number of Bill(s) of Lading stated herein, all of this tenor and date, one of which being accomplished, the others to stand void.
Laden on board the vessel		As Carrier	
Vessel: Port of Loading:	Date: 18 May 2014 By: As Carrier	Japan Transcity Corporation Authorized Signature	

式样 12.6　多式联运单据

第12章 运输单据

0xx	SIG	7260 2751									0xx-7260-2751	

Shipper's Name and Address
UNIVERSAL TEXTILE CO. LTD.
BLDG. A, 100 COURT LANE
SINGAPORE

Shipper's account Number

NOT NEGOTIABLE
AIR WAYBILL
AIR CONSIGNMENT NOTE

Goldenair
Issued by: Golden Air Line Co., Ltd, Singapore
Member of IATA (International Air Transport Association)
Copies 1,2 and 3 of this Air Waybill are Originals and have the same validity

Consignee's Name and Address
IMPORT KONTOR
VIENNA

Phone: 633 7876

Consignee's Account

It is agreed that the goods described herein are accepted in apperent good order and condition (except as noted) for carriage SUBJECT TO THE CONDITIONS OF CONTRACT ON THE REVERSE HEREOF. THE SHIPPER'S ATTENTION IS DRAWN TO THE NOTICE CONCERNING CARRIERS'S LIMTAITION OF LIABILITY. Shipper may increase such limitation of liability by declaring a higer value for carriage and paying a supplemental charge if required.

Issuing Carrier's Name and City
FORWARDING LTD
BASLE

Accounting information

Agent's IATA Code 9X-4 0000
Account No.

Airport of Departure (Addr. Of the Carrier) and requested Routing
SGP - VIE

to	By first carrier	Routing and Destination	to	by	to	by	Currency	CHGS code	WT/VAL PPD COLL CC	Other PPD COLL PP	Declared Vale for Carriage	Declared Value for Customs
VIE	GOLDENAIR						USD				NVD	

Airport of Destination VIENNA
Flight/Date GA436/ 6.7.
For Carrier use only
Flight/Date
Amount of Insurance

INSURANCE: If carrier offers insurance and such insurance is requested in accordance with conditions on reverse hereof, indicate amount to be insured in figures in box marked amount of insurance.

Handling information

No.of PCS RCP	Gross Weight	kg lb	Rate Class Commodity Item No.	Chargeable Weight	Rate Charge	Total	Nature and Quantity of Goods (incl. Dimmensions or Value)
8.00	200.6	KG C	6750	201	1.90	381.90	GARMENTS NOT RESTRICTED CONTRACT No. 100-15-2
8.00	200.6						

Prepaid **Weight Charge** **Collect** 381.90 **Other Charges** AWA 15.00

Valuation Charge

Tax

Total other Charges due Agent 15.00
Total other Charges due Carrier

Shipper specifies that the particulars on the face hereof are correct and that insofar as any part of the consignment contains dangerous goods, such part is properly described by name and is in proper condition for carriage by air according to the applicable Dangerous Goods Regulations.

SINGAPORE EXPORT FORWARDING LTD.
Signature of Shipper or his Agent

Total prepaid 15.00
Total collect 381.90

Currency Conversion Rates
cc charges in Dest. Currency
Jun.07,2014   SINGAPORE
Executed on (Date)   at   (Place)

Singapore Expore Forwarding LTD
Signature of Issuing Carrier or his Agent

For Carrier's Use only at destination
Charges at Destination
Total collect Charges

0xx-72260 2750

No.3 - ORIGINAL for SHIPPER
Form 30.301

式样 12.7　航空运单

中国对外贸易运输公司上海分公司
China National Foreign Trade Transportation Corporation
Shanghai Branch

承运货物收据
CARGO RECEIPT
第一联 （凭提货物）

运编 No. ____
发票 No. ____
合约 No. ____

委托人: Shipper	收货人: Consignee
	通知: Notify

自 From 上海 SHANGHAI   至 To   经 Via 深圳 Shenzhen

发据装车 日期: 车 号: Car No.

标记 Marks & Nos.	件数 Packages	货物名称 Description of Goods	附记 Remarks

运费缴付地点 Freight payable at
全程运费在上海付讫
FREIGHT PREPAID AT SHANGHAI

请向下列地点接洽提货
For Delivery apply to:

中国对外贸易运输公司上海分公司

押汇银行签收
Bank's Endorsement

收货人签收
Consignee's Signature

式样 12.8 承运收据

第 12 章 运 输 单 据

本章小结

本章介绍了国际结算单据中常见的运输单据缮制方法。由于国际货物运输中，海运占相当大的比例，因此本章的重点是介绍海运提单应该如何缮制。在此基础上，对租船合约提单、多式联运单据、航空运单等作了相应的介绍。信用证下的提单制作首先得把握好信用证单据条款下的提单条款，从中通常可以找到正本份数、出具人、抬头人、货到通知人、运费标注等要求。信用证的运输条款和货物条款会指向提单，附加条款也可能指向提单。缮制信用证下的提单还须把握 UCP600 第 20 条以及 ISBP 的相应条款。其他结算方式下的提单制作可按照合同装运条款和货物条款，并参照信用证下提单的做法操作。

关键术语

订舱单 Booking Note	装货单 Shipping Order，S/O
大副收据 Mate's Receipt	装船指示 Shipping Instructions
已装船提单 Shipped Bill of Lading 或 on board Bill of Lading	
备运提单 received for shipment Bill of Lading	记名提单 straight Bill of Lading
不记名提单 bearer Bill of Lading	指示提单 order Bill of Lading
不清洁提单 unclean Bill of Lading 或 claused Bill of Lading	
清洁提单 clean Bill of Lading 或 unclaused Bill of Lading	
全式提单 long form Bill of Lading	简式提单 short form Bill of Lading
直达提单 direct Bill of Lading	转船提单 transhipment Bill of Lading
联运提单 through Bill of Lading	集装箱运输提单 container Bill of Lading
港至港或联合运输提单 port to port or combined transport Bill of Lading	
甲板货提单 on-deck Bill of Lading	过期提单 stale Bill of Lading
倒签提单 anti-dated Bill of Lading	预借提单 advanced Bill of Lading
电放提单 telex-released Bill of Lading	发货人 shipper
收货人 consignee	承运人 carrier
船名及航次 Vessel Name & Voyage Number	货到通知人 notify party
装货港 port of lading	卸货港 port of discharge
集装箱号 container number	封箱号 seal number
前段运输方式 pre-carriage	收货地 place of receipt
多式联运单据 multimodal transport document	交货地 place of delivery
不可转让的海运单 non-negotiable sea waybill	租船合约提单 charter party bill of lading
航空主运单 master air waybill，MAWB	航空分运单 house air waybill，HAWB
承运货物收据 Cargo Receipt，C/R	快邮收据 courier receipt
邮寄收据 post receipt	货代货物收据 Forwarder's Cargo Receipt
货代收货证明 Forwarder's Certificate of Receipt	

知识链接

李勤昌. 国际货物运输. 大连：东北财经大学出版社，2005.
卓乃坚. 服装出口实务. 上海：东华大学出版社，2006.

吴国新，李元旭. 国际贸易单证实务. 2 版. 北京：清华大学出版社，2008.

卓乃坚，西蒙·哈罗克. The Practice of Foreign Trade in Textiles and Apparel. 上海：东华大学出版社，2008.

卓乃坚. 国际贸易支付与结算及其单证实务. 2 版. 上海：东华大学出版社，2011.

林建煌. 品读 ISBP745. 厦门：厦门大学出版社，2013.

习　　题

1. 简答题

(1) 信用证下如果没有规定提单出具人，也未说明"货代提单可以接受"，如受益人欲提交货运代理出具的提单需满足什么条件？

(2) 简述海运提单什么情况下需要加盖装船批注？

(3) 什么情况下，多式联运单据也必须加盖装船批注？

2. 判断题

(1) 记名申请人的提单和凭申请人指示抬头的提单没有什么区别(　　)。

(2) 海运提单和租船合约提单正面都必须显示谁是承运人(　　)。

(3) 提单的出具人就是提单的承运人(　　)。

(4) 信用证要求提交空运单，受益人无论如何都不可提交 HAWB(　　)。

(5) TO ORDER 抬头的提单交单时必须由信用证受益人背书(　　)。

(6) 填写了"前段运输方式"栏的提单必须加注装船批注注明装货港、船名和装船日(　　)。

(7) 信用证规定的装货港为 CHINA PORT，但提单装货港必须填写一个具名的中国港口(　　)。

(8) 信用证规定的卸货港规定为 EUROPEAN MAIN PORT，租船合约提单的卸货港如也填 EUROPEAN MAIN PORT，银行可以拒付(　　)。

实际操作训练

编号 L/C No.CSK 02-0089 的信用证(附录 7)下所有货物装 160 只纸板箱(Carton)，每箱毛重 12.750 公斤，每箱体积 0.078 立方米，用一只 20 英尺集装箱装运(集装箱号为 TWCU8734342，封箱号为 0770024；交接方式为 CY TO CY)。货物于 4 月 20 日装船，船名为 S.S. Mild Star，第 225 航次。唛头请按国际标准化组织推荐的标准设计，并按承运人要求在货物名称数量前加"据称载有"字样及表明"发货人装并计数"。请按上述条件缮制提单。

第13章 保险单据

本章教学要点

知识要点	掌握程度	相关知识
保险的基本原则	熟悉	保险利益原则、补偿原则、最大诚信原则、近因原则
保险单据的内容	掌握	UCP600 第 28 条、信用证保险单据条款、合同保险条款

本章技能要点

技能要点	熟练程度	应用方向
要保单的填写和保险单据的审核	掌握	国际货物运输保险申请,单证操作

导入案例

某信用证下提交的运输单据表明，装运发生在 4 月 4 日，这点满足信用证要求。提交的保险单显示"起航/发运日：4 月 4 日"，但保险单出具日为 4 月 23 日。交单者认为，尽管保险单未注明"保险最迟于装船日生效"，但保险单注明起航日、船名、装货港和卸货港都是"按提单(as per B/L)"的，这可以理解为保险包含了装船和卸船风险。问题提交至国际商会银行委员会，委员会认为，包含保险生效的航程细节是保险单据的一般特征，但含有"起航日"并不足以说明保险在该日生效，因此应该拒绝接受这样的单据。(国际商会意见 R290 摘抄)

请思考一下，为什么保险单据的出具日一般不能迟于装运日？什么情况下可以接受出具日迟于装运日的保险单？

第一节　国际货物运输保险概述

一、国际货物运输保险的基本原则

国际货物运输中，运输路途的远近、运输方式、运输的季节、商品的性质、沿途的政治及治安等环境等，都会给货物带来难以预料的风险。为了在货物遇到风险并遭受损失时获得一定的补偿，买方或卖方应该事先办理货物运输保险。国际货物运输保险应该遵循以下基本原则。

1. 保险利益原则

如果货物在承保责任范围内灭失，被保险人或保险单据的受让人虽然拥有凭正本保险单据向保险公司提出索赔的权利，但保险公司是否赔付还取决被保险人在货物灭失时是否具有保险利益。1906 年的《英国海上保险法》(Marine Insurance Act, 1906)第 6 条就曾规定："虽然被保险人在保险契约订立时不必对标的物具有利益关系，但在标的物发生灭失时，被保险人必须享有保险利益"(The insured must be interested in the subject-matter insured at the time of the loss though he need not be interested when the insurance is effected)。2009 年版的英国协会货物保险条款(即 Institute Cargo Clauses，通常缩写为 ICC)的各险种下也都强调了"In order to recover under this insurance the Assured must have an insurable interest in the subject-matter insured at the time of the loss"。简而言之，货物灭失时，只有对货物拥有权益并且又是保险单据的被保险人或受让人，才能够向保险公司主张保险索赔权。

因此，在 FOB 或 CFR 术语下，对于自行办理货物运输保险的买方，他虽然为保险合同的被保险人，但如果货物在装运前灭失，由于风险还未转移，他不具备保险利益，或，如果装运后买方不付款，未受让单据，他仍不具备保险利益，因此保险公司将不予赔付；对于卖方，因为他不是买方订立的保险合同的被保险人，因此如果货物从他的仓库发出直至买方仓库的途中灭失，他都不可能得到赔付，除非他事先和自己所在地的保险公司以被保险人的身份也建立了保险合同(如，投保了"卖方利益险"等)。

在 CIF 术语下，卖方有义务办理运输保险。如果保险单据以卖方为被保险人，装运前货物的灭失可以使他从保险公司得到赔付，因为此时他具有保险利益；如果装运后货物灭失，并且如果买方已付款受让了所有单据，买方就具备了保险利益以及保险索赔权，因此保险公司可以对买方实施赔付。如果买方拒付，不受让单据，卖方仍具保险利益，仍是被保险人，因此他可以要求保险公司赔付。

当然，如果在 CIF 下，卖方应买方要求，投保时将买方做成被保险人，卖方在货物运输的全程将都不可能从保险公司得到赔付。如果货物灭失，买方又拒付，卖方将可能"钱财两空"。因此，出口方在建立合同以及审证制单时应该充分考虑这个问题。

2. 补偿原则

按补偿原则，保险人的赔付不应该使被保险人额外获利。对同一货物；超额投保或重复投保是不应该获得超额或重复赔付的。按国际惯例，国际货物运输保险的投保加成可以是 10%，即，如果货物在承保范围内完全灭失，保险人将赔付除了作为货物本身价值的 100%金额外，还赔付作为被保险人预期利益和前期投入费用补偿的货物价值的 10%金额。如果想要提高保险加成率，有必要事先得征得保险公司同意，以免违反补偿原则。

3. 最大诚信原则

被保险人在办理保险时必须遵循诚信原则，对于保险人为了判断风险大小而需要了解的信息不得隐瞒。如果理赔时，保险人发现被保险人提供了虚假信息，以致他没能做出正确判断，保险合同的效力就会产生缺陷。

4. 近因原则

保险人只对承保风险与保险标的物损失之间有直接因果关系的损失负赔偿责任。比如，A 事件导致了 B 事件，B 事件导致货物灭失。如果 A 事件属承保范围，保险公司应该予以赔付，但如果仅 B 事件属承保范围，保险公司将不予理赔。

二、保险单据的种类

在 CIF 或 CIP 术语下，买方通常要求卖方提供保险单。保险单(insurance policy，参见式样 13.1)是最常见的保险单据之一，它的正面记载保险当事人、保险标的物、运输方式、运载工具、保险金额、承保险别等事项；它的背面印有约束保险人和被保险人双方的保险条款。保险单是保险人和被保险人之间建有保险合同的证明。如果货物灭失，被保险人可以持保险单以及其他必要的单据向保险公司或其指定的理赔代理提出索赔。

国际贸易中有时买方允许使用保险凭证(insurance certificate)。保险凭证的正面记载了有关货物及保险的具体事项，很多保险凭证背面可能空白(此时正面应该记载约束保险双方条款的参照出处)。保险公司常常对大宗预保合同下的各批发运的货物分别出具保险凭证(参见式样 13.2。学完本章后读者可以思考，如果是信用证下出具这样的保险凭证需要关注些什么？)，以证明保险合同的存在。此时，保险凭证上通常应该注明预保单的编号。保险凭证的作用也和保险单一样，作为保险合同的证明，索赔时被保险人必须将它的正本和其他单据一起向保险人提示。

在 FOB 和 CFR 术语下，保险由买方办理。为了避免漏保，买方也往往事先与保险公司建立预保合同，由保险公司签发预保单(open policy)。预保合同一般规定了承保货物的范围、险别、费率、有效期以及明确双方权利和义务的条款。买方一般将该保险公司的通讯方法和预保单编号告知卖方，以便卖方装运后及时向指定的保险公司发出"投保声明书"(Insurance Declaration，参见第 15 章第三节)，通知有关货物装运的具体信息。大宗分批装运的 CIF 合同下，只要符合双方约定，卖方往往也可能先建立预保合同。

按 UCP600 第 28 条 d 款，银行可以接受用保险单来取代信用证所要求的预保合同下的保险凭证或保险声明书(insurance certificate or declaration under open cover)。应该指出的是，这里的保险声明书和上述投保声明书不应该是同一类单据。前者应该是保险人一方签发的，声明所发运的货物存在某预保合同下保险的单据，而后者不是由保险人一方签发，类似于"装运通知"，不应该属于"保险单据"范畴。

在保险业务中还有一种由保险经纪人(insurance broker)出具的暂保单(cover note)，它是一种表明经纪人收到投保人的投保委托及保险费的单据。由于不是保险人一方出具的单据，通常不能作为保险单据使用。UCP 下银行不接受暂保单。

三、保险单据的获取

在 CIF 或 CIP 术语下，卖方有义务按规定为货物运输办理保险，并向买方提交规定的保险单据。首先他应该按信用证(或在其他付款方式下按合同)要求填写要保单(投保申请书，参见式样 13.3)，向保险公司提出申请。如果保险公司审核后同意办理，卖方应该按费率和投保金额计算并支付保险费，保险人按要保单内容缮制并签发保险单。因此，保险单的主要内容源于要保单，所以要保单的内容首先就得严格符合要求。比如，信用证如果要求所有单据加注某个信息，或信用证要求保险不计免赔率，或信用证指定了险别和正本份数要求等等，这些信息必须在要保单上明确说明。收到保险公司签发的保险单后，卖方还必须仔细地审核以确保保险单符合规定的要求。

第二节　保险单据的内容与缮制

由于保险单通常是最终需要提交的单据，本节对它的内容与缮制要求进行详细的讨论。保险单的主要内容按照要保单填写，因此反过来，了解保险单的缮制要求，也能够更清楚地了解如何填好要保单(再参见式样 13.1 和 13.3)。

1. 保险人及出具人

保险人为承担保险责任的当事人，保险单据出具人的名称和地址一般已在保险单上部印就。按 ISBP，保险单据必须由保险公司、保险商(即，insurance underwriter。不过，2009 年版的英国协会货物保险条款已将以前版本使用的 underwriters 都统一改称为 insurers)或他们的代理人或代表出具并签署。如果保险单据在保险经纪人的信笺上出具，只要该单据是由保险公司、保险商或他们的代理人或代表签署的，银行就应该接受。信用证中如果指定了出具人，提交的保险单必须符合要求。其他支付方式下，合同保险条款如果约定保险人或保险单据出具人，出口方也应该照办。

根据ISBP745的K2段，表明名称为某保险公司可以满足要求保险单出具/签署人的要求；注明身份为"保险人"，出具/签署人名称无需显示为某保险公司。ISBP745的K6段还认为，如果保险单其他地方显示了"AA保险公司"的地址和联系细节，在署名栏可以仅显示由"AA"出具并签署。

2. 被保险人

在信用证方式下，如果信用证中未指定被保险人，本栏应该填受益人，然后受益人交单前按要求背书(如信用证中没有背书要求，则做空白背书)。如信用证中已指定，且受益人接受了信用证，则应该按照信用证要求填写。

在其他结算方式下，如果合同中未指定，本栏也应该填卖方，然后卖方交单前背书(一般为空白背书)。

按ISBP745的K20段，信用证不应要求保险单据为"来人"或"凭指示"抬头。因此，如果信用证如此规定，可以做成受益人抬头，并由受益人空白背书；如信用证要求保险单据为"凭某人指示"抬头，只要做成该人为被保险人，或表明将赔付给该人且没有禁止背书转让即可。也就是说，也可以把该人做成被背书人。

3. 发票编号、合同编号和信用证编号

这些栏目可以按照该批货物的发票、合同以及信用证编号填写，通常也可以不填。

4. 唛头

可以按发票填写具体的唛头。不过除非另有规定(如，规定"所有单据唛头栏都必须显示详细的唛头"或"除发票外，所有单据不得显示发票号")，通常可以填"as per Invoice No...."。

5. 数量

填包装种类与包装数量，如，"150 CTNS"。当然，要注意所有单据的包装数量的信息应该一致。如果为散装货，则先填货物毛重，接着填"in bulk"。

6. 保险货物

和提单一样，一般填货物的统称。

7. 投保金额

除非另有规定，按CIF或CIP值加成10%，辅币通常应进位取整。比如，加成计算结果为USD 4560.01，本栏填写USD 4561。不过ISBP745的K13段认为，保险金额不要求计算到两位以上的小数。这意味着，实际计算出的第三位小数可以四舍五入到两位小数。应该注意信用证保险单据条款中保险金额"for 110% of CIF value"及"for 110% of full invoice value"可能存在的区别。在后者的情况下，如果发票金额为含佣价下扣减后的净额，投保加成仍然应该按原含佣价计算。发票金额如存在折扣或部分已预付时，也应按原价总额加成，计算投保金额。

8. 保险费及费率

除非另有要求，本栏不必填写确切的值。一般只要填或已印就"as arranged"(按商定)。ISBP745 的 K23 段认为，保险单据上有关保费支付的任何标示，银行均不予理会。除非保险单据明示：若非保费已付则保险无效，并且保险单据显示了保费未付。

9. 运载工具

如果为海运方式，本栏填写船名及航次。如果涉及转船，应该填写"一程船船名/二程船船名"。如二程船船名在投保时还不知道，可以填"一程船船名"及"and/or steamer"，比如，VICTORIA AND/OR STEAMER。

空运方式下，一般可以填"by airplane"或"by air"；邮寄方式下，可以填"by parcel post"；铁路运输方式下，可以填"by train Wagon No....(车皮号)"。

10. 起运日期及运输路线

起运日期一般可填"AS PER B/L"，"AS PER AWB"等，当然也可按实际起航或起运日填写。

11. 承保险别

本栏内容应该和信用证(其他结算方式下和合同)规定的一致。国际商会的《国际贸易术语解释通则》中认为，如果双方没有约定保险险别的，卖方可以按照最低险别办理保险。UCP600 则规定，如果信用证对险别没有明确具体规定或使用了含义不明的词语，银行审单时对提交的保险单据上关于险别的任何描述将予以接受。按 ISBP745 的 K18 段，如果信用证要求"all risks"，则只要提交任何带有"all risks"条款或批注的保险单都应该接受，即使该单据表明不包括某些特定风险。如果信用证要求"all risks"，表明承保了 ICC(A)险，或在空运项下表明承保了 ICC(Air)的保险单也可满足(但是 ISBP 并没有允许在信用证要求 ICC(A)或 ICC(Air)险时，可以用 all risks 来替代)。除非信用证另有规定，按 UCP600 第 28 条 i 款和 j 款，银行还将接受援引除外条款及/或表明有免赔率或免赔额的保险单据。如果信用证要求保险不计免赔率，ISBP745 的 K14 段指出，此时保险单据不可显示将受免赔率或免赔额(franchise 或 excess)的约束，不过无需表明"不计免赔率"(irrespective of percentage，I.O.P.)。

12. 正本份数

按 UCP600 第 28 条 b 款规定，如果保险单据表明签发的正本超过一份，所有的正本都必须提交。国际商会意见 TA.725(ED)曾认为，如果只提交一份正本，保险单据无需标明正本份数；如果提交了两份及以上正本，保险单据必须标明所出具的正本份数。不过 2013 年

第13章 保险单据

7月国际商会的意见 TA.784rev 中认为，UCP 并不要求保险单显示所出具的正本份数。受益人应该按信用证要求份数提交正本或副本。如果信用证要求提交"全套保险单"，如果保险单显示了所出具的正本份数，受益人必须提交那些份数；如果保险单未显示正本份数，受益人所提交的正本数就可以认为是"全套"。无疑，该意见代表了国际商会现行观点，而且也是合理的。毕竟保险单和提单之类单据不一样，在单据转让或出险索赔时，保险单正本不可能脱离相关的发票、运输单据等而独立应用。

13. 理赔代理

本栏通常由保险公司签发保险单时盖戳注明。如果信用证指定具体的理赔代理，受益人一定得先征得保险公司的同意，如保险公司无法操作，那么信用证必须得修改。

14. 理赔地点及理赔货币

如果信用证(其他结算方式下合同)有规定，则按规定填写，如，"claim payable at Hamburg in US Dollars"。如没有特别规定，本栏只需填写目的地。

15. 出单日期和地点

出单地点涉及法律适用问题。出单日不可迟于装运日，因为按国际惯例关于贸易术语 CIF 或 CIP 的解释，随着货物装运，风险即从卖方转移到买方。除非保险单上注明"This cover is effective latest from the date of loading on board"或类似的文字，否则将说明出现了保险"真空"——风险已转移至买方，但保险人尚未对货物承保。需要特别注意的是，ISBP745 的 K10 段指出，保险单据显示了保险按"仓对仓"生效的条款并不意味保险单据的出具日可以迟于装运日，而之前的国际商会意见 TA709rev 却认为保险单据显示了"仓对仓"条款，出具日可以迟于装运日(该意见已正式撤销)。

16. 保险人签名

正本保险单必须有保险人签名，并且只有保险公司、保险商或他们的代理人或代表可以签署保险单。代理或代表签名时必须说明是代表保险公司还是保险商签的名。如果保险单表明由两个或以上的保险人共同承保，按 ISBP745 的 K7 段，保险单可以由一个代理人或代表代所有保险人签署或由一个保险人代所有共同保险人签署。此时，保险单无需显示每个保险人的名称或各自的承保比例。

17. 背书

背书通常做在保险单背面，记名背书一般注明"Claim, if any, payable to XXX(被背书人)"，然后背书人签章；空白背书只要背书人做签章即可。首次背书的人应该是保险单正面记载的被保险人。为了保证开证行付款后即可受让保险单上的索赔权，如果被保险人是受益人，交单前他必须按要求背书；如果背书类型未曾规定，则空白背书。

货物运输保险单
CARGO TRANSPORTATION INSURANCE POLICY

PICC 中国人民保险公司 上海市分公司
The People's Insurance Company of China, Shanghai Branch

总公司设于北京 一九四九年创立
Head Office: Beijing Established in 1949

发票号 (INVOICE NO.)
合同号 (CONTRACT NO.)
信用证号 (L/C No.)

保单号次 SHO2/PYCK200031000000748
POLICY NO.:

被保险人：
INSURED： SHANGHAI DONGXI IMPORT/EXPORT COMPANY

中国人民保险公司（以下简称本公司）根据被保险人的要求，由被保险人向本公司缴付约定的保险费，按照本保险单承保险别和背面所载条款与下列条款承保下述货物运输保险，特立本保险单。

THIS POLICY OF INSURANCE WITNESSES THAT THE PEOPLE'S INSURANCE COMPANY OF CHINA (HEREAFTER CALLED "THE COMPANY") AT THE REQUEST OF THE INSURED AND IN CONSIDERATION OF THE AGREED PREMIUM PAID TO THE COMPANY BY THE INSURED, UNDERTAKE TO INSURE THE UNDERMENTIONED GOODS IN TRANSPORTATION SUBJECT TO THE CONDITIONS OF THIS POLICY AS PER THE CLAUSES PRINTED OVERLEAF AND OTHER SPECIAL CLAUSES ATTACHED HEREON.

标记 MARKS & NOS.	包装及数量 QUANTITY	保险货物项目 DESCRIPTION OF GOODS	保险金额 AMOUNT INSURED
AS PER INVOICE NO. DX-10-46576	160 CARTONS	T-SHIRTS AND KNITTED PANTS	USD100 000.00

总保险金额： U.S.DOLLARS ONE HUNDRED THOUSAND ONLY
TOTAL AMOUNT INSURED

保费 AS ARRANGED
PREMIUM

启运日期： AS PER B/L
DATE OF COMMENCEMENT

装载运输工具： HENGHE V.248
PER CONVEYANCE

自 FROM SHANGHAI 经 VIA 至 TO YOKOHAMA

承保险别：
CONDITIONS
Covering All Risks and War Risks as per Ocean Marine Cargo Clauses and War Risks Clauses (1/1/1981) of the People's Insurance Company of China (Abbreviated as C.I.C.-All Risks & War Risk).

所保货物，如发生保险单项下可能引起索赔的损失或损坏，应立即通知本公司下述代理人查勘。如有索赔，应向本公司提交保单正本(本保险单共有 3 份正本)及有关文件。如有一份正本已用于索赔，其余正本自动失效。

IN THE ENEVT OF LOSS OR DAMAGE WHICH MAY RESULT IN A CLAIM UNDER THIS POLICY, IMMEDIATE NOTICE MUST BE GIVEN TO THE COMPANY'S AGENT AS MENTIONED HEREUNDER. CLAIMS, IF ANY, ONE OF THE ORIGINAL POLICY WHICH HAS BEEN ISSUED IN 3 ORIGINAL(S) TOGETHER WITH THE RELEVENT DOCUMENTS SHALL BE SURRENDERED TO THE COMPANY. IF ONE OF THE ORIGINAL POLICY HAS BEEN ACCOMPLISHED, THE OTHERS TO BE VOID.

THE NIPPON FIRE & MARINE INS. CO. LTD., MARINE CLAIMS DEPT.
45, SEKIGUCHI, 1 CHOME, BUNKYOU KU, YOKYO, JAPAN
TEL: 81 3 3272-8111

中国人民保险公司　上海市分公司
THE PEOPLE'S INSURANCE COMPANY OF CHINA
SHANGHAI BRANCH

赔款偿付地点
CLAIM PAYABLE AT： JAPAN IN USD

出单日期
ISSUING DATE： APRIL 20, 2014

葛昂
GENERAL MANAGER

地址：中国上海中山南路700号
ADD: 700 ZHONGSHAN ROAD(S) SHANGHAI CHINA
邮编(POST CODE):200040
经办：SF　复核：TK
电话(TEL):63243439　63563561
传真(FAX):86-21　63568811 63764678

式样 13.1 保险单

CERTIFICAT D'ASSURANCE *CERTIFICATE OF INSURANCE*	PAR DELEGATION DES ASSUREURS ORIGINAL By authority from the Insurers	
ASSURE/ Insured(or to order) CLICHY PTE LTD 58 RUE PERGOLESE 75016 PARIS, FRANCE	**CERTIFICAT** 110054328	**DATE** 10 AUG 2014
	APPLICATION A LA POLICE/Open policy No. ASSUREUR(Aperiteur)/Insurer(leader) GRY1688	
DESTINATAIRE/ Consignee SHANGHAI DONGXU I/E COMPANY 123 DONGXU ROAD SHANGHAI, CHINA	Société de courtage en assurances Département Transport et Risques Spéciaux 2 à 8 rue Ancelle 92202 Neuilly-sur-Seine edex **GRAS SAVOYE** Tel. 01 41 43 50 00	
NAVIRE ET/OU AUTRE MOYEN DE TRANSPORT *Vessel and/ or other conveyance* SANDRA AZUL	**VALEUR ASSUREE(EN LETTRES)/ Insured value(in letters)** USD SIXTY FOUR THOUSAND ONLY	
LIEU DE CHARGEMENT/ Place of loading FOS SUR MMER	**VALEUR ASSUREE(EN CHIFFRES)/ Insured value(in figures)** USD64 0000.00	
DESCRIPTION DES MARCHANDISES, QUANTITES, MARQUES, TYPES, NOMBRE DE COLIS *Description of cargo, quantities, marks, types, number of packages* TOLONATE D 2 (80 DRUMS X 215KGS) ORDER NO. 2010SHDX-023	**FACTURES No.** *Invoice Nr.* A7896012	**POIDS BRUT(kg)** *Gross weight(kg)* 19 260KGS	**CUBAGE(m³)**

PRESENTATION RESUMEE DES CONDITIONS D'ASSURANCE /*Summary presentation of insuring conditions*

COVERING AS PER OPEN POLICY NO.GRY1688 DD 15 JUNE 2014

A CLAIM SETTLING AGENT IN CHINA

En cas de PERTES ou d'A CARIES, veuillez sous peine de déchéance, noter la procedure rappelée au verso de ce certificate et requé rir l'intervention du Commissaire d'Avaries suivamt ROYAL INSURANCE CO LTD 25FL JIAYIN BUILDING, 45 SANJING RD. SHANGHAI 100220 CHINA, TEL.86-21-6888 9999	In case of Loss or Damage, please(inobservance might prejudice the claim)note the procedure indicated on the back of this certificate, and apply for survey to the following Claim's Agent(see to the left)
	POUR LES ASSUREURS/ For the insurers **ROYAL INSURANCE CO. LTD.** MARINE
LE REGLEMENT DES SINISTRES SERA EFFECTUE PAR L'INTERMEDIAIRE DE Claims to be settled through: SAME AS ABOVE	

VOIR AU DOS TRES IMPORTANT / SEE OVERLEAF VERY IMPORTANT

中国人民保险公司上海分公司
国外运输险投保单

兹将我处物资依照信用证规定拟向你处投保国外运输险计开

被保险人	（中文）	上海东旭进出口公司	过户	
	（英文）	SHANGHAI DONGXU I/E COMPANY		
标记或发票号码	件数	物资名称	保险金额	
DC-H4566	30 CTNS	BOYS COTTON T-SHIRTS	USD 9,570.00	
运输工具（及转载工具）	BY RAILWAY, WAGON NO.1234	约于	2014 年 4 月 22 日	启运前往 HONG KONG
运输路程	自上海 到 HONG KONG	转载地点		
要保险别：	OVERLAND TRANSPORTATION ALL RISKS WITH P.I.C.C. INDICATING CLAIMS PAYABLE AT DESTINATION, IRRESPECTIVE OF PERCENTAGE. WITH ONE ORIGINAL AND ONE DUPLICATE COPY.			

2014 年 4 月 16 日

式样 13.3　要保单

本章小结

本章介绍了保险基本原则、保险单据的类型以及要保单和保险单的关系等。本章还重点讨论了保险单的缮制方法。可以看到，掌握本书第 6 章下的信用证下的保险单据条款和 UCP 以及 ISBP 关于保险单据的要求对于缮制信用证下的保险单非常重要。以此为基础，相信读者不难了解并掌握其他支付方式下的保险单据。

关键术语

保险利益原则　principle of insurable interest　　补偿原则　the principle of indemnity
最大诚信原则　principle of utmost good faith
近因原则　principle of proximate cause
保险单　insurance policy　　　　　　　　　　　保险凭证　insurance certificate
预保单　open policy　　　　　　　　　　　　　投保声明书　insurance declaration
暂保单　cover note　　　　　　　　　　　　　保险人　insurer
保险公司　insurance company　　　　　　　　保险商　insurance underwriter
被保险人　insured, assured　　　　　　　　　保险经纪人　insurance broker
保险金额　amount insured　　　　　　　　　保险费　insurance premium
中国保险条款　China Insurance Clauses, C.I.C.
协会货物保险条款　Institute Cargo Clause, I.C.C.
除外责任　exclusion　　　　　　　　　　　　不计免赔率　irrespective of percentage, I.O.P.

知识链接

卓乃坚. 服装出口实务. 上海：东华大学出版社，2006.
吴国新，李元旭. 国际贸易单证实务. 2 版. 北京：清华大学出版社，2008.

卓乃坚. 国际贸易支付与结算及其单证实务. 2版. 上海：东华大学出版社，2011.
林建煌. 品读ISBP745. 厦门：厦门大学出版社，2013.

习 题

1. 简答题

(1) 简述保险单四个基本原则。说明在什么情况下，保险人的承保范围是从卖方的仓库至买方的仓库？为什么？

(2) 简述常见的保险单据及它们的作用。

(3) 保险单据上是否必须注明所出具的正本份数？

2. 判断题

(1) 如果未曾对被保险人有过规定，出口公司投保时应把自己做成被保险人，然后背书后交单(　　)。

(2) 如果受益人为被保险人，即使信用证没要求背书，他仍必须背书后方可交单(　　)。

(3) 保险单据的出具日通常不可迟于运输单据表明的货物装运日(　　)。

(4) 每批货物发运后，卖方都有义务向买方提交保险单据(　　)。

(5) 银行可以拒付援引除外责任的保险单据(　　)。

(6) 受益人可以提交保险凭证来取代信用证所要求的保险单(　　)。

(7) 保险单上的投保金额可以通过"四舍五入"方法取整(　　)。

(8) 保险单上的保险货物必须按发票描述载明货物的名称和具体的规格(　　)。

实际操作训练

编号 TST9-01563 的信用证(附录 5)下所有货物于 4 月 22 日装运，由铁路运输 (by railway)，车厢号为 Wagon No. 1234。请按上述条件填写一张要保单。

第14章 公务证明

本章教学要点

知识要点	掌握程度	相关知识
检验证书	熟悉	检验证书类别、信用证单据/货物/附加条款、合同品名品质条款、检验条款
原产地证书	熟悉	产地证类别、普惠制、自贸区协议、信用证单据条款

本章技能要点

技能要点	熟练程度	应用方向
缮制检验证书	掌握	单证操作，商检报验
缮制产地证	掌握	单证操作，产地证申领

第14章 公务证明

■ 导入案例

上海的 A 公司收到欧盟客户的信用证后，经初步审核认为可以接受，于是货物备妥后即安排办证、报关和装运。这时 A 公司经办人员遇到了麻烦：信用证要求提交"Certificate of Origin, FORM A, in duplicate"。经办人员一开始想当然，因为欧盟是对我国实施普惠制的地区。但后从公司在出入境检验检疫局注册的手签人员处得知，该信用证下有关商品并不享受欧盟的普惠制待遇，因此该批货物不可能获得 FORM A。该公司只得用"一般产地证"代替交单。结果可以想象，客户坚持要 A 公司给予相当于普惠制关税和普通关税差额的折让后，才指示银行"放弃不符点"。应该说，该客户做法没有什么道理，不过你认为 A 公司应该从中汲取什么教训？

第一节 检验证书

一、检验证书的作用和种类

由指定的检验检疫部门对商品进行检验检疫后签发的检验证书，可以为进出口商品的品质、规格、物理、化学及技术指标、交货数量或重量等提供科学的依据。海关可以据以判断是否放行，买方可以据以判断收到的货物是否符合约定要求。对于按照组成成分的含量或规格指标来定价的商品，可以根据检验证书提供的数据来确定商品的最终价格。当然，每笔交易是否需要检验证书；需要什么类型的检验证书；由谁出具等，原则上在贸易磋商和建立买卖合同时就应该明确。

对于法定检验的商品，出口方可以凭检验证书实施通关，检验检疫部门也可以按照出口方要求，出具相关的通关单或在报关单上加盖放行章。约定检验的商品经检验后一般都要求出具检验证书。此时，检验证书也可能被要求作为结算单据。

除指定的检验检疫部门出具检验证书外，在国际贸易中，用作结算单据的检验证书还可能被要求由制造商、受益人或买方出具(后者往往被称为"客检证书")。

检验证书的种类一般可以通过证书的名称判断。检验证书的名称通常在"检验证书"(Inspection Certificate, I/C)这个中心词上扩展而成。如，品质检验证书(I/C for Quality)、兽医检验证书(Veterinary I/C)、重量或数量检验证书(I/C for Weight or Quantity)、卫生检验证书(Sanitary I/C)、消毒检验证书(I/C for Disinfections)、包装检验证书(I/C for Packing)、船舱检验证书(I/C for Hold/ Tank)、集装箱检验证书(I/C on Container)以及残损检验证书(I/C on Damage or Damaged Cargo)等。也有直接用"证书"(Certificate)这个词来扩展的，如，熏蒸证书(Fumigation Certificate)及植物检疫证书(Plant Quarantine Certificate)等。瑞士日内瓦通用鉴定公司(Societe Generale De Surveillance S.A.，简称 S.G.S.)一般出具清洁报告(Clean Report of Finding)用作检验证书。

二、检验证书的内容及其缮制

出入境检验检疫局出具的检验证书的内容包括检验证书名称、发货人、收货人、货名、重量及唛头、出具日期、出证人签字以及证明内容等。该机构出具的品质证书、熏蒸/消毒证书和健康证书的内容除了证书类型本身所要求的部分外，都和检验证书相同或相似(参见式样 14.1、14.2、14.3 和 14.4)。

受益人或制造商出具的检验证书尽管不能被称为"公务证明"，但它们的内容和缮制方法和出入境检验检疫局出具的检验证书应该基本一致。受益人和制造商可以用印有自己公司信头的信纸，参照后者的格式和缮制方法来缮制自己的检验证书。制造商签署时应该表明身份"Manufacturer"。

客检证书也非"公务证明"，它的内容一般可能在信用证中明确规定，否则银行将按照 UCP600 第 14 条 f 款的原则来审核单据。为了避免被误认为是装运前的最终检验而失去索赔权，客检证书上往往规定："如果货物在目的地被发现存在缺陷，买方仍保留索赔的权利"(比如，"ABC Co.(指买方)is entitled to submit a claim should inspection at destination show faults and defects")。当然，信用证要求提交客检证书实际是一种"软条款"，受益人应该充分把握可能带来的问题。

以下先以出入境检验检疫局的检验证书为例，讨论检验证书的内容和缮制方法。

1. 出具人

一般已经印就。如果信用证(或其他结算方式下合同)中有规定，则必须符合信用证(或合同)的要求。ISBP745 的 Q4 段指出，当信用证未规定出具人名称时，证明可以由包括受益人在内的任何实体出具。

2. 检验证书名称

通常按信用证(或合同)要求确定。应该注意，ISBP745 的 Q1 段认为，当信用证要求提交此类证明时，提交的单据可以使用信用证规定的名称，或与此相似的名称，或甚至没有名称，但须通过证实所指定行为的结果来满足其应有的功能。

3. 编号

由出证机构编制。

4. 发货人名称、地址

信用证下通常填写受益人的名称和地址；其他结算方式下通常填写卖方的名称和地址。不过根据 ISBP745 的 Q10 段，检验证明上的发货人或出口商除了可以是信用证受益人，还可以是其他单据上显示的托运人以外的实体。

5. 收货人名称和地址

一般可以按发票抬头人填写。如无要求，还可以不填，或通常填一排"*"封栏。需要注意的是，ISBP745 的 Q9 段认为，检验证明如显示了收货人，其信息不应与运输单据收货人信息相矛盾。但当运输单据收货人栏为"凭指示"、"凭发货人指示"、"凭开证行(或指定银行)指示"，或记名开证行时，检验证明收货人可以是受益人以外的任何具名实体。如信用证已经转让，检验证明收货人可以显示为第一受益人。

6. 品名

可以填写商品统称。

第14章 公务证明

7. 报检数量/重量

通常按发票填写。按 ISBP745 的 Q6 段，检验证明可以显示仅检测了有关货物的样品，数量也可以多于其他单据显示的数量，或货舱数、箱柜数或槽罐数多于提单上的数量。这种现象的发生应该意味着被检验的商品包含了本批发票下发运的货物，不过如果是要求专门为本批发运货物做的检验，尤其是本批发货数量的检验证明，Q6 段关于"数量可多"的说法应该不能简单套用——至少需要通过加注发票号或提单号等方法，来标明和本批货物相关的检验结果方面的信息。

8. 标记及唛头

通常按发票填写。

9. 检验结果

检验结果应该符合信用证规定，或其他支付方式下应符合合同规定。例如，信用证规定："…Inspection Certificate certifying that the quality is as per Sample，Seal No.123"，本栏可以填"The quality is as per Sample，Seal No.123"；信用证规定："…Inspection Certificate certifying the total gross weight，total tare and the actual moisture"，本栏应该列出总毛重、总皮重和实际含水率的具体数值。如果信用证只要求提交质量检验证书，没做其他具体规定，本栏可以填："The quality of the above mentioned goods complies with the stipulations of L/C No.…(有关信用证号)"。

填写的检验结果下通常用一排"*"号封底。

还应该注意的是，根据 ISBP745 的 Q6 段，如果信用证没有规定此类证明上应显示的明确内容，只要与信用证、其他单据或 UCP600 不矛盾，证明的检查结果可以含"不适合人类消费"、"化学成分可能无法满足需要"之类的声明。无疑，如果发票显示商品为某种供人食用的食品，检验证明就不能表明为"不适合人类消费"。

10. 签发地点和日期

实际操作中，签发日期一般迟于商业发票日，早于运输单据上的装运日。

不过，ISBP745 的 A12 段 a 款提及，诸如但不限于分析证明、检验证明或熏蒸证明等单据，注明的出具日可以晚于装运日；其 b 款认为，当信用证要求单据证实装运前发生的事件时，单据应通过其名称或出具日，表明该事件(例如检验)发生在装运日或当天；其 c 款指出，当信用证要求单据，诸如但不限于"检验证明"时，并不被视为要求该单据应证实装运前发生的事件，其注明的日期无需早于装运日。ISBP745 的 Q2 段也重申了类似观点：当被证明事件与装运日有逻辑关联，那么提交的单据应该通过表明符合这种逻辑关系的出具日，或加注符合这种逻辑关系的事件日，或使用符合这种逻辑关系的单据名称等来满足。因此，如果要求提交的是发生在装运前检验的证明，如果签发日期迟于装运日，则该检验证书中必须明确用文字表明，检验是在装运前实施的；或单据名称为"装运前检验证明"(Pre-shipment Inspection Certificate)。

11. 签署

由出具人在本栏签章。

品质证书、熏蒸/消毒证书和健康证书(再参见式样 14.2、14.3 和 14.4)等的制作可以参照上述检验证明的做法，含"运载工具栏"的通常填写实际的 "运输方式"，如 by sea 或 by vessel 等。需要填写"起运地"、"到达口岸"或"到达国家及地点"的通常可以参照运输单据填写。需要注明"发货日期"的通常也应该参照运输单据所表明的"装运日"填写。可以不填写的栏目通常应该用"*"号封栏。

熏蒸/消毒证书的"药剂及浓度"和"持续时间及温度"栏可以填写实际值，如，Methyl Bromide, $45g/m^3$(溴甲烷，每立方米 45 克)和 24hours/30℃(24 小时/摄氏 30 度)等，但如果信用证或合同有规定的，必须和规定的一致。"处理方法"通常也应该填写符合规定的方法，比如"熏蒸"(fumigation)等。该证书的附加声明栏通常可以填写信用证或合同要求加注的内容，一般也应该用一排"*"号封底。

当然，ISBP745 的 Q11 段的"只要证明显示的出口商或发货人不是受益人，它就可以显示不同于其他一种或多种规定单据上注明的发票号码、发票日期和运输路线"的说法也值得关注。应该说，ISBP745 的 Q 部分下某些内容只是针对发生信用证转让或转手贸易等情况下的检验证明的审核，制单者不要混淆。

第二节 产地证明书

产地证明书也被称为原产地证书或产地证(下文都称"产地证")。它被用来证明有关货物的原产地，以便进口国海关按本国的贸易政策确定关税税率，或进行贸易统计以及控制货物从特定国输入等。

ISBP745 的 L1 段规定，当信用证要求提交产地证时，提交看似与发票下货物相关，证实货物原产地并经签署的单据即满足要求。通常缮制产地证时，虽然商品名称仍可以使用"统称"，但通常仍然应该采用发票描述的中心词为上策，避免使用其他"同义词"。应该注意到，很多格式的产地证都要求显示发票编号和日期，其目的可能也是反映产地证与发票货物的相关性。不过应该理解的是，只要产地证显示的出口商或发货人不是受益人，产地证上注明的发票号、发票日期和运输路线可能不同于其他单据，这是 ISBP745 下 L8 段的内容，这也应该是为了适应信用证转让或贸易转手等情况。

ISBP745 的 L2 段指出，如果信用证指定了特定格式的产地证(如下文所述的 FORM A、中国—巴基斯坦自贸区产地证等)，则须提交相应类型的产地证。

ISBP745 的 L3 段 a 款认为，产地证必须由信用证规定的实体出具；其 b 款认为，如果信用证未规定产地证的出具人，则任何人包括受益人出具的产地证都可以接受(不过须注意的是，按 UCP600 第 3 条的解释，如果信用证要求"第一流的"、"著名的"、"合格的"、"独立的"、"官方的"、"有法定资格的"或"当地的"词语描述单据出具人，则除受益人以外的任何人可以为出具人)；其 c 款规定，如果信用证规定产地证由受益人、出口商或厂商出具，只要证书上相应注明受益人、出口商或厂商，出具人可以是商会或诸如行业协会、经济协会、海关当局或贸易主管部门等类似机构；而当信用证要求商会出具产地证时，这些机构也可以作为出具人。

另外，ISBP745的L5段表明，产地证中的收货人信息不得与运输单据中的收货人信息矛盾，但运输单据抬头做成"凭指示"、"凭发货人指示"、"凭开证行(或指定银行)指示"或记名开证行时，产地证可以显示收货人为信用证中除受益人以外的任何具名实体。如信用证已转让，可以以第一受益人为收货人。如无其他限制，产地证可以以受益人或运输单据托运人外的人为发货人/出口人，这是ISBP745的L6段的规定。

ISBP745的L7段特别提醒，如果信用证规定了货物的原产地但未要求提交产地证，所提交的单据上如果存在对货物原产地的援引，不得与信用证规定的原产地冲突。这个提醒显然是源于ISBP的非单据化条件并非可以完全"置之不理"的规定。

需要指出的是，并不是每批出口货物出口商都得提供产地证，这主要取决于进口商进口报关的需要。还需要指出的是，产地证有多种类型，可能由不同机构出具。在含有特别优惠安排背景下，某种产地证可能只适合它所针对的特定贸易场合，就如不享受普惠制待遇的商品出口不可能获得普惠制产地证那样，千万不要把它们混淆。在建立合同或审核信用证时，出口方尤其需要关注。

常见的产地证有以下几种：

一、一般产地证

一般产地证的官方名称为"中华人民共和国非优惠原产地证书"，它适用于为实施最惠国待遇、反倾销和反补贴、保障措施、原产地标记管理、国别数量限制、关税配额等非优惠性贸易措施以及进行政府采购、贸易统计等活动中，为确定出口货物原产于中华人民共和国境内所签发的书面证明文件。

根据国家的相关规定,国家质量监督检验检疫总局(State General Administration of the People's Republic of China for Quality Supervision and Inspection and Quarantine，AQSIQ)对一般产地证的签证工作实施管理。该总局设在各地的出入境检验检疫机构(CIQ)负责这类产地证签证工作。一般产地证还可由中国国际贸易促进委员会(简称贸促会，即China Council for the Promotion of International Trade，CCPIT)及其地方分会签发。

一般产地证正本1份、副本3份。其中正本和两份副本交申领人，另一份副本及申领随附资料由签证机构存档3年。证书正本为带长城图案浅蓝色水波纹底纹。证书内容须用英文填制,其内容和缮制方法如下(参见式样14.5)：

1. 出口商

信用证下，一般可以填写受益人的名称和详细地址(包括国名或地区名)；其他结算方式下，可以填写合同卖方的名称和详细地址(包括国名或地区名)。若经其他国家或地区而且需要写转口商名称时，可在出口商后面加填英文"via"，然后再填写转口商名称、地址和国家。本栏不得留空。

2. 收货人

填写最终收货人，即，实际进口商的名称、详细地址和国名(地区)。必须注意，产地证的收货人可能不是信用证的申请人或合同的买方(比如，如果买方是转口商)。如果信用证规定所有单据收货人一栏留空，此栏应该填"TO WHOM IT MAY CONCERN"或"TO ORDER"，但不得留空。如果信用证未做此类限制，必须按上述要求填写最终收货人信息。如果要求注明转口商，也可以在收货人后，用"via"引出转口商的名称、地址和国名。

3. 运输方式和路线

用"From…(起运地)to…(目的地)by…(运输方式)"结构填写，如果涉及中转，用"via"说明中转港。如果需要说明装运期，可以用"on"或"on or about"引出运输单据上的装运日，或用"during"引出装运所在月份。比如，"From Shanghai to Hamburg on Nov. 22nd via Hong Kong by vessel"。

4. 目的港/地所在国或地区

本栏内容应该和第2栏实际进口人所在国或地区以及第3栏目的地所在国或地区一致。不能填写中间商所在国或地区的名称。

5. 签证机构专用栏

本栏为签证机构在签发后发证书、补发证书或加注其他声明时使用。证书申领单位应该将此栏留空。

6. 运输标志

应该按照商业发票填写，不得填写为"as per Invoice No.…"或"As per B/L No.…"，也不得留空。如果没有唛头，应该按发票填写"N/M"或类似表达等。

7. 商品名称、包装数量及种类

商品名称可以按提单填写统称。包装数量及种类要按具体单位填写，并说明大小写，如，"50 CTNS(FIFTY CARTONS ONLY)OF LADIES' COATS"。如果为散装货，说明毛重，并在商品名称后加注"IN BULK"，如，"1000 M/TS(ONE THOUSAND METRIC TONS ONLY)OF DATONG COAL IN BULK"。如果信用证要求其他加注，则可以加注在本栏。本栏的末行要加上一排星号封栏，以示结束，防止他人在签证后的产地证上添加。

8. 商品协调制编码

填写四位数的HS编码，该编码必须与报关单相应编码相符。本栏不得留空。

9. 量值

按计价单位填写商品的量值。如为重量，应该在该量值下用括号说明是毛重(gross weight)还是净重(net weight)。要注意本栏内容应该和含相同量值单据上的数据不矛盾。

10. 发票号码及日期

必须按货物的商业发票填写。本栏发票日期应该不迟于装运日期。月份应该用文字表示，以免误解。本栏不得留空。

11. 出口方声明

有关货物原产地为中国的声明已经印就。由申领单位在签证机构注册过的人员签字并加盖有中英文的印章，然后填写申领地点和日期，该日期不得早于第10栏的发票日期。

12. 签证机构证明

同样，证明句已经印就。由签证机构在此签字、盖章。签字和盖章不得重合，并填写签证地点和日期。该日期不得早于第10栏的发票日和第11栏的申请日。

二、普惠制产地证

普惠制产地证(Generalized System of Preference Certificate of Origin，GSP C/O)由国家质量监督检验检疫总局设在各地的出入境检验检疫机构签发，用于向普惠制(General System of Preference)下的给惠国出口受惠商品(并非所有商品)。由于它采用的是联合国统一规定的 A 格式，通常把它称为"格式 A 产地证"、"GSP 产地证"或"FORM A"。进口商进口报关时，如能够提交有效的普惠制产地证，可以享受非常优惠的普惠制关税，甚至免税。普惠制产地证的许多项目以及缮制要求和一般产地证一样，主要区别在原产地标准的说明。还需要留心的是，它的出口商声明栏和签证机构证明栏的位置正好和一般产地证相反。(参见式样 14.6)

1. 发货人(出口商名称、地址、国家)

信用证下，一般填写受益人的名称和详细地址(包括国名或地区名)；其他结算方式下，一般填写合同卖方的名称和详细地址(包括国名或地区名)。

2. 收货人(收货人名称、地址、国家)

填写给惠国的最终收货人，或信用证产地证条款中指定的给惠国的收货人。

3. 运输方式和路线

可参照一般产地证该栏的填写要求。

4. 签证机构专用栏

一般留空，参见一般产地证该栏的说明。

5. 商品项目编号

如只涉及单项商品，本栏填"1"。如涉及多项商品，分别编号，依次填写"2"、"3"、"4"等，但此时，第 5、6、7、8、9 和第 10 栏的内容应该相应分别对齐统打。

6. 标记及包装号码

即，唛头。应该按照商业发票填写，不得填写为"as per Invoice No…."或"As per B/L No…."，也不得留空。如果没有唛头，应该按发票填写"N/M"或类似表达。

7. 件数、包装种类及商品名称

商品名称可以按提单填写统称。包装数量及种类要按具体单位填写，并说明大小写，如，"500(FIVE HUNDRED)CARTONS OF APPLES"。如果为散装货，说明毛重，并在商品名称后加注"IN BULK"。如果信用证要求加注，则可以加注在本栏。本栏的末行要加上一排星号封栏。

8. 原产地标准

按背面要求填写。一般来说，完全国产，无进口成分，填"P"。含进口成分，出口日本、挪威、瑞士及欧盟填"W"，其后填明该商品的四位数 H.S.代码；对加拿大出口，如果在两个或两个以上受惠国加工制作的，填"G"，其他填"F"；出口俄罗斯、东欧的给惠国及哈萨克斯坦，填"Y"，其后填明进口成分价值占出口离岸价的百分比，如在几个受惠国加工制作的，填"PK"；对澳大利亚或新西兰出口，可不使用 FOAM A，如用，本栏空白。

9. 毛重或其他量值

一般可以按运输单据上的商品总毛重填写。

10. 发票号码及日期

按发票的号码及日期填写。本栏发票日期应该不迟于装运日期。月份应该用文字表示，以免误解。本栏不得留空。

11. 签证机构证明

证明句已经印就。由签证机构在此签字并盖章。签字和盖章不得重合，并填写签证地点和日期。该日期不得早于第 10 栏的发票日和第 12 栏的申请日。

12. 出口方声明

同样，有关货物原产地为中国的声明已经印就。在上下横线上分别填写"CHINA"和给惠国国名，并由申领单位在签证机构注册过的人员签字并加盖有中英文的公司印章，然后填写申领地点和日期，该日期不得早于第 10 栏的发票日期。

三、自由贸易区协议下的产地证

1. 现有类型

近年来，我国和一些国家分别达成了自由贸易区协议，在这些协议下可以享受优惠关税的商品(并非所有商品)如果出口到与我国建立自由贸易区的国家，进口商通常会要求我国的出口商提供相关的原产地证书，以期在进口报关时可以享受关税优惠。这类的产地证有"中国—东盟自由贸易区原产地证书"(即 Form E。中国—东盟自由贸易区英文缩写为 CAFTA)、"中国—巴基斯坦自由贸易区原产地证书"、"中国—秘鲁自由贸易区原产地证书"、"中国—智利自由贸易区原产地证书"(FORM F)、"亚太贸易协议原产地证书"、"中国—新西兰自由贸易协议原产地证书"以及"中国—新加坡自由贸易区优惠关税原产地证书"等(见式样 14.7 至 14.13)。国家质量监督检验检疫总局设在各地的出入境检验检疫机构负责审核签发这些产地证。出口商可以登录该局的官方网站，了解有关的自由贸易协议和相关原产地证书的管理和签发办法。在交易中，如果涉及这类产地证，务必分清，千万不要"张冠李戴"。并且要小心它们的签发时限，比如，亚太产地证最迟须在发运后 3 日内签发；中国新西兰产地证必须在发运前办理；中国智利产地证最迟可以在出运后 30 天内办理等。2014 年 7 月 1 日，中国—冰岛、中国—瑞士自由贸易协议正式实施，出入境检验检疫机构根据出口商申请可签发相应的自由贸易协议产地证。式样 14.14 为中国—瑞士自由贸易协议产地证，可以注意的是，除多了一个 H.S.编码栏位外，其格式和布局和 FORM A 很相似。中国—冰岛自由贸易协议产地证除证上的国名相应为 Iceland，格式和布局和中国—瑞士自由贸易协议产地证完全一样。相信将有更多的国家和我国达成自由贸易区协议，因此，外贸公司有关人员应时时关注国家质检总局网站，随时更新自己的信息。

2. 缮制方法

除以下栏目外，这些自由贸易区下的产地证可以参照一般产地证的做法填写或根据栏目标题明示要求填写。

(1) 有的产地证有"生产商"栏。该栏填写生产商合法的全称、地址(包括国家)即可。

如果生产商和出口人相同,可填 SAME。中国—智利自贸区产地证和中国—新西兰自贸区产地证甚至允许,如果不知道生产商,可填写"UNKNOWN"。如果出口人或生产商希望对该信息予以保密,中国—智利自贸区产地证可以填写"Available to competent governmental authority upon request";中国—巴基斯坦产地证可以填写"Available to Customs upon request;中国—新西兰产地证和中国—秘鲁产地证填写"Available to the authorized body upon request"。

(2) H.S.编码。亚太产地证只要求显示税则号,因此只需填写四位 H.S.编码;其他产地证则要求显示六位数 H.S.编码。

(3) 运输路线和方式。有的产地证在该栏内设置了"Departure Date"之类的小标题,按给出的小标题填写即可。没有小标题的,按一般产地证方法操作即可。

(4) 包装数量和种类,以及货物描述。可参照一般产地证填写,如果是散装货,应注明"IN BULK"。中国—智利、中国—新西兰和中国—新加坡自贸区产地证要求,商品描述末尾加上"***"或"\"封尾。通常的做法是在本栏内容结束后,在下一行添加一排"*"封底。

(5) 原产地标准。各自贸区产地证该栏的填写方法不尽相同,必要时应该查阅相关协定的原产地规则。

① 中国—智利自贸区产地证要求,如产品完全原产,填 P;含进口成分,区域价值≥40%,填 RVC;如符合协议规定的产品特定原产地标准的,填 PSR。

② 中国—东盟自贸区产地证要求,如完全原产的,填写"WO"。对在我国加工但非原产材料均来自东盟以外国家的产品,填写单一国家成分百分比;对于在我国加工但部分非原产材料来自东盟国家的产品,填写中国—东盟自由贸易区累计成分百分比;对于符合产品特定原产地标准的,填写"PSR"。

③ 亚太产地证要求,如产品完全原产,填"A"。如含进口成分并符合协定"非完全获得或者生产"规则的,填"B"和涉及非成员国原产或不明原产地的材料、零件或产物的总价值占货物 FOB 价格的百分比(如"B"50%);如果符合协定"累积原产地规则"规定的,则填"C"和在出口成员国原产成分的累计总和占出口货物的 CIF 价格的百分比(如"C"60%);如果符合协定"特殊比例标准"规定的,则填"D"。

④ 中国—巴基斯坦产地证要求,如完全原产,填"P"。如含进口非原产于成员国或无法确定原产地的原材料,其总价值不超过货物 FOB 价格的 60%,且最后生产工序在中国境内完成,填该百分比;如产品在成员国被用于生产可享受另一成员国优惠待遇的最终产品时,如这部分成分在最终产品的自由贸易区成分累计中不少于最终产品的 40%,则填写该累计成分的百分比;如符合自由贸易区原产地规则产品特定原产地标准的,填"PSR"。

⑤ 中国—新西兰自贸区产地证要求,如完全原产,填 WO;如该货物是在一方或双方境内,完全由符合原产地规则的材料生产,填 WP;如该货物是在一方或双方境内生产,所使用的非原产材料满足原产地规则规定的税则归类改变、区域价值成分、工序要求或其他要求,且该货物本身符合原产地规则的其他规定,填 PSR(如货物适用区域价值成分(RVC)要求的,应注明 RVC 的百分数数值)。

⑥ 中国—新加坡自贸区产地证要求,如完全原产,填"P";如区域价值成分≥40%的产品,填"RVC";如为特定原产地规则的产品,填"PSR"。

⑦ 中国—秘鲁自贸区产地证要求,如完全原产,填 WO;用符合协定原产地规则的材料,在中国生产的,填 WP;符合特定原产地规则的产品,填 PSR(如适用区域价值成分(RVC)要求的,应该注明百分比)。中国—瑞士自由贸易协议产地证和中国—冰岛自由贸易协议产地证的要求与此相同。

(6) 申领中国—东盟自贸区产地证可以使用第三方发票，即由驻在第三国的公司或出口方为该公司代销的出口商开具的发票。此时，第 10 栏注明第三方发票号，且货物出口商和收货人必须驻在缔约各方，同时在第 13 栏"第三方发票"前机打"√"，开具发票的公司名称及所在国等信息应在第 7 栏空白处说明。

四、输土耳其纺织品产地证、丝麻制品产地证

欧盟自 2011 年 10 月 24 日起取消了对我国输欧盟所有纺织品类别专用原产地证书的核查，我国商务部也从该日起停止签发曾使用多年的《输欧盟纺织品产地证》、《输欧盟手工制品证》、《输欧盟丝麻制品产地证》。不过，我国输土耳其的部分纺织品仍需提交《输土耳其丝麻制品产地证》、《输土耳其纺织品产地证》(式样 14.15 为《输土耳其纺织品产地证》)。这些证明将供土耳其进口商进口报关用。申领前，出口商需要先向当地商务主管部门申请电子钥匙，然后凭电子钥匙登录商务部指定的系统申领。

应该说，这些证明的栏目布局和上述产地证都差不多，如了解上述产地证，它们也并不难填写。以《输土耳其纺织品产地证》为例，除以下栏目，其余栏可以参考一般产地证或普惠制产地证操作：第 1 栏应填出口企业的全称和详细地址，包括十三位的企业代码；第 4 栏填写实际出口纺织品类别号，一份证只打一个类别号；第 7 栏填写货物最终到达的国家(即土耳其)；第 10 栏的唛头按照发票上的唛头填写。商品名称应具体，并标明协调制编码。该栏还要加注生产厂商代码(MID CODE)、名称和地址，以及加注大写的商品数量(包括计量单位)。第 11 栏填写商品净重和对应类别的计量单位数量。第 12 栏填写商品 FOB 价，小数保留两位，币别应与发票一致。《输土耳其丝麻制品产地证》的栏目及格式和《输土耳其纺织品产地证》一样，可以参照上述方法缮制。

五、出口商产地证或制造商产地证

同样，这类产地证不应该属于"公务证明"范畴，但如果信用证(或其他结算方式下，合同)要求提交出口商产地证(Exporter's Certificate of Origin)或制造商产地证(Manufacturer's Certificate of Origin)并且规定了产地证内容细节，则受益人可以按照上述产地证的思路，并且按照信用证(或，合同)规定的细节缮制产地证；如果没有规定内容细节(通常都这样)，则可以参照 ISBP 关于审核产地证的规定缮制。如果信用证没有规定所要求的产地证的出具人，受益人也可以提交自己出具的产地证。

通常可以使用自己公司信头的纸，首先按要求缮制产地证的名称，再将受益人以及进口国的实际进口商做成产地证的发货人和收货人，然后按发票内容表明实际装运的货物的统称、数量、包装、件数，并且注明："我方特此证明上述(如果证明句记载在货物说明的上方，应该相应改为'以下货物')的原产地为中华人民共和国"(We hereby certify that the origin of the above mentioned(或 below mentioned)goods is the People's Republic of China)。最后，应该注意，产地证必须签署并且通常加载签发日期。对于出口商或制作商产地证，如果使用的名称仅是"原产地证明"，那么签名上方应该相应注明"Exporter:…(出口商名称)"或"Manufacturer:…(制造商名称)"，以便审单者识别。

另外，如果信用证对所有单据都有加注要求，产地证也应该相应加注(比如，信用证附加条款中规定："All documents except the draft must show the H.S. Code"，则必须在产地证上也加注商品的协调制编码)。

第14章 公务证明

中华人民共和国出入境检验检疫
ENTRY-EXIT INSPECTION AND QUARANTINE
OF THE PEOPLE'S REPUBLIC OF CHINA

正本
ORIGINAL

共　页第　页 Page　of

检　验　证　书
INSPECTION CERTIFICATE

编号 No.

发货人名称及地址
Name and Address of Consignor _____

收货人名称及地址
Name and Address of Consignee _____

品名　　　　　　　　　　　　　　　标记及号码
Description of Goods _____ Marks & No.

报检数量/重量
Quantity/Weight Declared _____

检验结果
RESULTS OF INSPECTION:

印章　　　　　签证地点 Place of Issue _____　签证日期 Date of Issue _____

Official Stamp　授权签字人 Authorized Officer _____　签　名 Signature _____

中华人民共和国出入境检验检疫机关及其官员或代表不承担签发本证书的任何财经责任。No financial liability with respect to this certificate shall be attached to the Entry-exit inspection and quarantine administration of the People's Republic of China or to any of its officer or representatives.

式样 14.1　检验证书

中华人民共和国出入境检验检疫
ENTRY-EXIT INSPECTION AND QUARANTINE OF THE PEOPLE'S REPUBLIC OF CHINA

正本
ORIGINAL

品 质 证 书
Quality Certificate

编号 No. _____

发货人
Consignor _____

收货人
Consignee _____

品名 Description of Goods _____	标记及号码 Marks & No.
报检数量/重量 Quantity/Weight Declared _____	
包装种类及数量 Number and Type of Packages _____	
运输工具 Means of Conveyance _____	

检验结果
RESULTS OF INSPECTION:

印章　　　　签证地点 Place of Issue _____　　签证日期 Date of Issue _____
Official Stamp　　授权签字人 Authorized Officer _____　　签　名 Signature _____

中华人民共和国出入境检验检疫机关及其官员或代表不承担签发本证书的任何财经责任。No financial liability with respect to this certificate shall be attached to the Entry-exit inspection and quarantine administration of the People's Republic of China or to any of its officer or representatives.

式样 14.2　品质证书

第14章 公务证明

中华人民共和国出入境检验检疫
ENTRY-EXIT INSPECTION AND QUARANTINE
OF THE PEOPLE'S REPUBLIC OF CHINA

正本
ORIGINAL

熏蒸 / 消毒证书
FUMIGATION/ DISINFECTION CERTIFICATE

编号 No. _____

发货人名称及地址
Name and address of Consignor _____

收货人名称及地址
Name and address of Consignee _____

品名
Description of Goods _____

产地
Place of Origin _____

报检数量
Quantity Declared _____

标记及号码
Marks & No.

起运地
Place of Despatch _____

到达口岸
Place of Destination _____

运输工具
Means of Conveyance _____

杀虫和 / 或灭菌处理   DISINFESTATION AND/OR DISINFECTION TREATMENT

日期   药剂及浓度
Date _____   Chemical and Concentrition _____

处理方法   持续时间及温度
Treatment _____   Duration and Temperature _____

附加声明 ADDITIONAL DECLARATION

印章   签证地点 Place of Issue _____   签证日期 Date of Issue _____
Official Stamp   授权签字人 Authorized Officer _____   签 名 Signature _____

中华人民共和国出入境检验检疫机关及其官员或代表不承担签发本证书的任何财经责任。No financial liability with respect to this certificate shall be attached to the Entry-exit inspection and quarantine administration of the People's Republic of China or to any of its officer or representatives.

式样 14.3 熏蒸/消毒证书

中华人民共和国出入境检验检疫
ENTRY-EXIT INSPECTION AND QUARANTINE
OF THE PEOPLE'S REPUBLIC OF CHINA

正本
ORIGINAL

健康证书
HEALTH CERTIFICATE

编号 No. _____

发货人名称及地址
Name and Address of Consignor _____

收货人名称及地址
Name and Address of Consignee _____

品名
Description of Goods _____

加工种类或状态 State or Type of Processing	标记及号码 Marks & No.
报检数量/重量 Quantity/ Weight Declared	
包装种类及数量 Number and Type of Packages	
储藏和运输温度 Temperature during Storage and Transport	

加工厂名称、地址及编号（如果适用）
Name, Address and approval No. of the approved Establishment (if applicable) _____

启运地   到达国家及地点
Place of Despatch _____   Country and Place of Destination _____

运输工具   发货日期
Means of Conveyance _____   Date of Despatch _____

RESULTS OF INSPECTION

印章   签证地点 Place of Issue _____   签证日期 Date of Issue _____
Official Stamp   授权签字人 Authorized Officer _____   签 名 Signature _____

中华人民共和国出入境检验检疫机关及其官员或代表不承担签发本证书的任何财经责任。No financial liability with respect to this certificate shall be attached to the Entry-exit inspection and quarantine administration of the People's Republic of China or to any of its officer or representatives.

式样 14.4 健康证书

ORIGINAL

1. Exporter SHANGHAI AAA I/E COMPANY, 9999 DONGHUA ROAD, SHANGHAI, CHINA	Certificate No. 081082037 **CERTIFICATE OF ORIGIN** **OF** **THE PEOPLE'S REPUBLIC OF CHINA**
2. Consignee TOKYO BOKI LTD, 88-5, 2-CHOME, TOKYO, JAPAN	
3. Means of transport and route FROM SHANGHAI TO YOKOHAMA BY VESSEL	5. For certifying authority use only
4. Country/region of destination JAPAN	

6. Marks and numbers	7. Number and kind of packages; description of goods	8. H.S. Code	9. Quantity	10. Number and date of invoice
BOKI XY7/777 YOKOHAMA NO.1-25	(TWENTY-FIVE) 25 CARTONS OF PIG-LEATHER CASES ************************	42.02	100 PCS	FK08254 DATED MAY 4, 2014

11. Declaration by the exporter The undersigned hereby declares that the above details and statements are correct, that all the goods were produced in China and that they comply with the Rules of Origin of the People's Republic of China SHANGHAI, MAY 6, 2014 Place and date, signature and stamp of authorized signatory	12. Certification It is hereby certified that the declaration by the exporter is correct. SHANGHAI, MAY 7, 2014 Place and date, signature and stamp of certifying authority

AQSIQ 10456897

式样 14.5 一般产地证(待出证机构签章)

ORIGINAL

1. Goods consigned from (Exporter's business's name, address, country) SHANGHAI DONGXU I/E COMPANY, 123 DONGXU ROAD, SHANGHAI, CHINA	Reference No. **3820534** GENERALIZED SYSTEM OF PREFERENCE CERTIFICATE OF ORIGIN (Combined declaration and certificate)
2. Goods consigned to (Consignee's name, address, country) TOKYO XXX LTD, 88-5, 2-CHOME, TOKYO, JAPAN	FORM A Issued in THE PEOPLE'S REPUBLIC OF CHINA (country) See notes overleaf
3. Means of transport and route FROM SHANGHAI TO YOKOHAMA BY VESSEL	4. For official use

5. Item number	6. Marks and numbers of packages	7. Number and kind of packages; description of goods	8. Origin criterion (see Notes overleaf)	9. Gross weight or other quantity	10. Number and date of invoices
1	XXX XY7/777 YOKOHAMA NO.1-25	25 (TWENTY-FIVE) CARTONS OF PLUSH TOYS ******************	"P"	500KGS	DX08254 DATED MAY 4, 214

11. Certification It is hereby certified on the basis of control carried out, that the declaration by the exporter is correct. SHANGHAI, CHINA, MAY 7, 2014 Place and date, signature and stamp of certifying authority	12. Declaration by the exporter The undersigned hereby declares that the above details and statements are correct, that all the goods were produced in **CHINA** (country) and that they comply with the origin requirements specified for those goods in the Generalized System of Preferences for goods exported to JAPAN (importing country) SHANGHAI, CHINA, MAY 6, 2014 Place and date, signature and stamp of authorized signatory

AQSIQ 108976543

式样 14.6 普惠制产地证(待出证机构签章)

Original

1. Goods consigned from(Exporter's business name, address, Country):	Reference No.: **ASEAN-CHINA FREE TRADE AREA** **PREFERENTIAL TARIFF** **CERTIFICATE OF ORIGIN** **(Combined Declaration and Certificate)** **FORM E** Issued in The People's Republic of China__ (Country) <div align="right">See Notes Overleaf</div>
2. Goods consigned to(Consignee's name, address, country)	
3. Means of transport and route(as far as known) Departure Date Vessel's name / Aircraft etc. Port of discharge	4. For official use ☐ Preferential Treatment Given _____ ☐ Preferential Treatment Not Given(Please state reasons) _____ .... Signature of Authorized Signatory of the Importing Party

5.Item number	6. Marks and numbers on packages	7. Number and type of packages; description of goods(including quantity where appropriate and HS number of the importing Country)	8. Origin criterion (see Overleaf Notes)	9. Gross weight, or other quantity and value(FOB)	10. Number and date of invoices

11. Declaration by the exporter The undersigned hereby declares that the above details and statement are correct; that all the goods were produced in . CHINA .... (Country) and that they comply with the origin requirements specified for these products in the Rules of Origin for the ACFTA for the products exported to .... (Importing country) .... Place and date, signature of authorized signatory	12. Certification It is hereby certified, on the basis of control carried out, that the declaration by the exporter is correct.
13 ☐ Issued Retroactively ☐ Exhibition ☐ Movement Certificate ☐ Third Party Invoicing	Place and date, signature and stamp of certifying authority

CN 4135798

式样 14.7   中国东盟原产地证书

ORIGINAL

1. Exporter's Name and Address, Country	CERTIFICATE NO.
	CERTIFICATE OF ORIGIN
2. Consignee's Name and Address, Country	**CHINA-PAKISTAN FTA**
	(Combined Declaration and Certificate)
3. Producer's Name and Address, Country	Issued in THE PEOPLE'S REPUBLIC OF CHINA
	(Country)
	See Instructions Overleaf
4. Means of transport and route(as far as known) Departure Date Vessel /Flight/Train/Vehicle No. Port of loading Port of discharge	5. For Official Use Only ☐ Preferential Treatment Given Under China-Pakistan FTA Free Trade Area Preferential Tariff ☐ Preferential Treatment Not Given(Please state reason/s) .... Signature of Authorized Signatory of the Importing Country

6.Item number	7. Marks and numbers on packages; Number and kind of packages; description of goods; HS code of the importing country	8.Origin Criterion	9. Gross Weight, Quantity and FOB Value	10. Number and date of invoices	11.Remarks

12.Declaration by the exporter
The undersigned hereby declares that the above details and statement are correct; that all the goods were produced in
CHINA
....
(Country)
and that they comply with the origin requirements specified for these goods in the China-Pakistan Free Trade Area Preferential Tariff for the goods exported to
....
(Importing country)

....
Place and date, signature and stamp of authorized signatory

13. Certification
It is hereby certified, on the basis of control carried out, that the declaration by the exporter is correct.

....
Place and date, signature and stamp of certifying authority

AQSIQ 051055896

式样 14.8　中国—巴基斯坦自由贸易区原产地证书

ORIGINAL

1. Exporter's name, address, country:	Certificate No.:
2. Producer's name and address, if known:	**CERTIFICATE OF ORIGIN** Form for China-Peru FTA Issued in The People's Republic of China (see overleaf Instruction)
3. Consignee's name and address:	
4. Means of transport and route(as far as known) Departure Date Vessel /Flight/Train/Vehicle No. Port of loading Port of discharge	For Official Use Only
	5. Remarks

6. Item number (Max 20)	7. Number and kind of packages; description of goods	8. HS code (Six digit code)	9. Origin criterion	10 Gross weight, quantity(Quantity Unit)or other measures(liters,m³,etc).	11. Number and date of invoice	12. Invoiced value

13. Declaration by the exporter	14. Certification
The undersigned hereby declares that the above details and statement are correct, that all the goods were produced in ………………CHINA………………………… (Country) and that they comply with the origin requirements specified in the FTA for the goods exported to ………………………………………………… (Importing country) ………………………………………………… Place and date, signature of authorized signatory	On the basis of control carried out, it is hereby certified that the information herein is correct and that the goods described comply with the origin requirements specified in the China- Peru FTA. ………………………………………………… Place and date, signature and stamp of authorized body

AQSIQ 1000126598

式样 14.9　中国—秘鲁自由贸易区原产地证书

ORIGINAL

1. Exporter's name, address, country:	Certificate No.:
2. Producer's name and address, if known:	**CERTIFICATE OF ORIGIN** **Form F for China-Chile FTA** Issued in The People's Republic of China (see Instruction overleaf)
3. Consignee's name, address, country:	
4. Means of transport and route(as far as known) Departure Date Vessel /Flight/Train/Vehicle No. Port of loading Port of discharge	5. For Official Use Only ☐ Preferential Tariff Treatment Given Under China-Chile FTA ☐ Preferential Treatment Not Given(Please state reasons) …………………………………………………………… Signature of Authorized Signatory of the Importing Country
	6. Remarks

7. Item number (Max 20)	8. Marks and numbers on packages	9. Number and kind of packages; description of goods	10. HS code (Six digit code)	11. Origin criterion	12. Gross weight, quantity(Quantity Unit)or other measures(liters,m^3,etc.)	13. Number, date of invoice and invoiced value

14. Declaration by the exporter The undersigned hereby declares that the above details and statement are correct, that all the goods were produced in . ………………………CHINA……………………… (Country) and that they comply with the origin requirements specified in the FTA for the goods exported to ……………………………………………… (Importing country) ……………………………………………… Place and date, signature of authorized signatory	15. Certification It is hereby certified, on the basis of control carried out, that the declaration of the exporter is correct. ………………………………………………………… Place and date*, signature and stamp of certifying authority Certifying authority Tel: Fax: Address:

A Certificate of Origin under China-Chile Free Trade Agreement shall be valid for one year from the date of issue in the exporting country
AQSIQ 10265568

式样 14.10   中国—智利自由贸易区原产地证书

ORIGINAL

1. Goods consigned from: (Exporter's business name, address, country)	Reference No. **CERTIFICATE OF ORIGIN** Asia-Pacific Trade Agreement (Combined declaration and certificate) Issued in ....The People's Republic of China.... (Country)
2. Goods consigned to: (Consignee's name, address, country)	3. For Official use
4. Means of transport and route:	

5. Tariff item number:	6. Marks and number of Packages:	7. Number and kind of packages/ description of goods:	8. Origin criterion (see notes overleaf)	9. Gross weight or other quantity:	10. Number and date of invoices:

11. Declaration by the exporter : The undersigned hereby declares that the above details and statements are correct: that all the goods were produced in ....CHINA............ (Country) and that they comply with the origin requirements specified for these goods in the Asia-Pacific Trade Agreement for goods exported to .... (Importing Country) .... Place and date, signature of authorized Signatory	12. Certificate It is hereby certified on the basis of control carried out, that the declaration by the exporter is correct. .... Place and date, signature and Stamp of Certifying Authority

AQSIQ 09267890

式样 14.11 亚太贸易协议原产地证书

ORIGINAL

1. Exporter's name, address, country:	Certificate No.:
2. Producer's name and address, if known:	**CERTIFICATE OF ORIGIN** Form for the Free Trade Agreement between the Government of the People's Republic of China and the Government of New Zealand
3. Consignee's name, address, country:	Issued in the People's Republic of china (see Instruction overleaf)
4. Means of transport and route(as far as known) Departure Date Vessel /Flight/Train/Vehicle No. Port of loading Port of discharge	5. For Official Use Only ☐ Preferential Tariff Treatment Given Under _ China-New Zealand FTA___ ☐ Preferential Treatment Not Given(Please state reasons) .... Signature of Authorized Signatory of the Importing Country
	6. Remarks

7. Item number (Max 20)	8. Marks and numbers on packages	9. Number and kind of packages; description of goods	10. HS code (Six digit code)	11. Origin criterion	12. Gross weight, quantity(Quantity Unit)or other measures (liters,m³,etc.)	13. Number, date of invoice and invoiced value

14. Declaration by the exporter The undersigned hereby declares that the above details and statement are correct, that all the goods were produced in . CHINA (Country) and that they comply with the origin requirements specified in the FTA for the goods exported to NEW ZEALAND .... (Importing country) ...: Place and date, signature of authorized signatory	15. Certification On the basis of control carried out, it is hereby certified that the information herein is correct and that the goods described comply with the origin requirements specified in the Free Trade Agreement between the Government of the People's Republic of China and the Government of New Zealand. .... Place and date* signature and stamp of authorized body

AQSIQ 089987654

式样 14.12   中国—新西兰自由贸易协议原产地证书

Original

1. Goods consigned from(Exporter's business name, address, Country): SHANGHAI DONGXU I/E COMPANY 123 DONGXU ROAD SHANGHAI, CHINA	Reference No.: **CHINA-SINGAPORE FREE TRADE AREA** **PREFERENTIAL TARIFF** **CERTIFICATE OF ORIGIN** (Combined Declaration and Certificate)
2. Goods consigned to(Consignee's name, address, country) TOPWAY GARMENT COMPANY 100 ORCHARD ROAD SINGAPORE	Issued in ___The People's Republic of China___ (Country) See Notes Overleaf
3. Means of transport and route(as far as known) Departure Date 28 FEB. 2014 Vessel's name / Aircraft etc. DAHUA, V.258 Port of discharge SINGPORE	4. For official use ☐ Preferential Treatment Given Under CHINA-SINGAPORE Free Trade Area Preferential Tariff ☐ Preferential Treatment Not Given(Please state reasons) .... Signature of Authorized Signatory of the Importing Country

5. Item number	6. Marks and numbers on packages	7. Number and type of packages; description of goods(including quantity where appropriate and HS number of the importing Country)	8. Origin criterion (see Notes overleaf)	9. Gross weight, or other quantity and value(FOB)	10. Number and date of invoices
1	TOPWAY S/C DX14-2567 SINGAPORE CTN.1-100	LADIES' COATS/ H.S.6202.13 TOTAL ONE HUNDRED(100)CTNS ONLY *** *** *** *** *** *** ***	" P "	1550 KGS (2500PCS) USD 71 246.00	DX14-SG560 22 FEB.2014

11. Declaration by the exporter The undersigned hereby declares that the above details and statement are correct, that all the goods were produced in . CHINA (Country) and that they comply with the origin requirements specified for these goods in the ASEAN-CHINA Free Trade Area Preferential Tariff for the goods exported to 上海东旭进出口公司 SHANGHAI IMPORT & EXPORT COMPANY SINGAPORE .... (Importing country) SHANGHAI,23 FEB.2014 书帆 Place and date, signature of authorized signatory	15. Certification It is hereby certified, on the basis of control carried out, that the declaration by the exporter is correct. SHANGHAI, 23 FEB. 2014 .... Place and date, signature and stamp of certifying authority

AQSIQ 10234987

式样 14.13　中国新加坡自由贸易区优惠关税原产地证书(待签章)

CERTIFICATE OF ORIGIN

1.Exporter(Name, full address, country)	No.:				
	Certificate of Origin used in FTA between CHINA and SWITZERLAND see notes overleaf before completing this form				
2.Consignee(Name, full address, country)					
3.Transport details(as far as known) Departure Date Vessel /Flight/Train/Vehicle No. Port of loading Port of discharge	4.Remarks				
5.Item number (Max 20)	6.Marks and numbers	7. Number and kind of packages; description of goods	8. HS code (Six digit code)	9. Origin criterion	10 Gross mass (kg)or other measure (liters,m³,etc.)	11.Invoices (Number and date)

12. ENDORSEMENT BY THE AUTHORISED BODY It is hereby certified, on the basis of control carried out, that the declaration of the exporters is correct.	13. Declaration by the exporter The undersigned hereby declares that the above details and statement are correct, that all the goods were produced in ....CHINA................(Country) and that they comply with the origin requirements specified in the FTA for the goods exported to ....SWITZERLAND...........(Importing country)
.... Place and date , signature and stamp of authorized body	.... Place and date, signature of authorized signatory

AQSIQ 1400123398

式样 14.14   中国—瑞士自由贸易协议产地证

输土耳其纺织品产地证

1 Exporter (EID, name, full address, country) Exportateur (EID, nom, adresse complète, pays)		ORIGINAL	2 No **CN**	
		3 Year Année contingentaire		4 Category number Numéro de catégorie
5 Consignee (name, full address, country) Destinataire (nom, adresse complète, pays)		**CERTIFICATE OF ORIGIN** (Textile products) **CERTIFICAT D'ORIGINE** (produits textiles)		
		6 Country of origin Pays d'origine **CHINA**		7 Country of destination Pays de destination
8 Place and date of shipment - Means of transport Lieu et date d'embarquement - Moyen de transport		9 Supplementary details Données supplémentaires		
10 Marks and numbers - Number and kind of packages - DESCRIPTION OF GOODS Marques et numéros - Nombre et nature des colis - DÉ SIGNATION DES MARCHANDISES			11 Quantity (1) Quantité (1)	12 FOB Value (2) Valeur FOB (2)
13 CERTIFICATION BY THE COMPETENT AUTHORITY - VISA DE L'AUTORITE COMPETENTE I, the undersigned, certify that the goods described above originated in the country shown in box No 6,in accordance with the provisions in force in Turkey. Je soussigné certifie que les marchandises désignées ci - dessus sont originaires du pays figurant dans la case No 6. conformément aux dispositions en vigueur dans la Turquie.				
14 Competent authority (name, full address, country) Autorité compétente (nom, adresse complète, pays)		At-A _____ on-le _____		
		(Signature)		(Stamp-Cachet)

(1) Show net weight (kg) and also quantity in the unit prescribed for category where other than net weight-Indiquer le poids net (kg) ainsi que la quantité dans l'unité prévue pour la categorie si cette unité n'est pas le poids net
(2) In the currency of the sale contract-Dans la monnaie du contrat de vente

式样 14.15　输土耳其纺织品产地证

本章小结

本章介绍了我国对外贸易中常见的一些公务证明。以一份典型的出入境检验检疫局的检验证书入手，本章介绍了检验证书的栏目和相应的缮制方法。以一般产地证和普惠制产地证为先导，本章还介绍了自由贸易区协议下的产地证，纺织品产地证等的一般缮制方法。以公务证明中的这两类证明的缮制为基础，读者不难了解不属于公务证明的受益人或制造商等出具的检验证书和产地证应该如何操作。

关键术语

检验证书 Inspection Certificate，I/C　　品质检验证书 I/C of Quality

兽医检验证书 Veterinary I/C　　重量或数量检验证书 I/C of Weight or Quantity

卫生检验证书 Sanitary I/C　　消毒检验证书 I/C of Disinfections

包装检验证书 I/C of Packing　　船舱检验证书 I/C of Hold/ Tank

集装箱检验证书 I/C on Container　　清洁报告 Clean Report of Finding

残损检验证书 I/C on Damage or Damaged Cargo

熏蒸证书 Fumigation Certificate　　植物检疫证书 Plant Quarantine Certificate

国家质量监督检验检疫总局 State General Administration of the People's Republic of China for Quality Supervision and Inspection and Quarantine，AQSIQ

中国国际贸易促进委员会 China Council for the Promotion of International Trade，CCPIT

普惠制产地证 Generalized System of Preference Certificate of Origin，GSP C/O，FORM A

纺织品产地证 Certificate of Original for Textiles Products

自由贸易区 Free Trade Area　　优惠关税 preferential tariff

出口商产地证 Exporter's Certificate of Origin

制造商产地证 Manufacturer's Certificate of Origin

区域价值 regional value content，RVC　　产品特定原产地标准 Products specific rules，PSR

【知识链接】

http://tgws.aqsiiq.gov.cn/

http://www.mofcom.gov.cn

卓乃坚. 服装出口实务. 上海：东华大学出版社，2006.

卓乃坚，西蒙. 哈罗克. The Practice of Foreign Trade in Textiles and Apparel. 上海：东华大学出版社，2008.

卓乃坚. 国际贸易支付与结算及其单证实务(第2版). 上海：东华大学出版社，2011.

林建煌. 品读 ISBP745. 厦门：厦门大学出版社，2013.

习　题

1. 简答题

(1) 简述检验证书的作用。

(2) 简述一般产地证的作用。

(3) 简述 ISBP 对审核产地证的一般要求。

2. 判断题

(1) 对于每一批发运的货物，出口商都应该备妥产地证(　　)。
(2) 每份信用证下都应该要求受益人提交检验证书，以表明发运货物的品质(　　)。
(3) 信用证要求提交"客检证书"的要求构成"软条款"，受益人对此应该认真把握(　　)。
(4) 向给予我国普惠制待遇的国家出口商品，出口商都应该提供普惠制产地证(　　)。
(5) 纺织品产地证由各地的出入境检验检疫局签发(　　)。
(6) 信用证下的原产地证书的收货人栏都应该填写信用证的申请人(　　)。
(7) 信用证要求提交"受益人产地证"就必须由受益人出具(　　)。
(8) 除亚太产地证外，其他现有的自由贸易区产地证都需要显示货物价值(　　)。

实际操作训练

假设编号262618信用证(附录4)的货物于最迟装运日按要求装DAHUA轮第258航次，从上海运往新加坡。货物完全国产，协调制编码6202.13，共装100个纸板箱，每箱毛重15.5公斤。货物FOB价值71 246美元。发票编号DX14-SG560，出具日为2014年2月22日。请为该批货物填写一张中国—新加坡自由贸易区产地证(请按ISO标准，自行设计唛头)。

第15章 其他单据

本章教学要点

知识要点	掌握程度	相关知识
包装单据	掌握	信用证包装单据条款/附加条款，合同包装条款
受益人证明	掌握	信用证受益人证明条款
装运通知/投保声明书	掌握	信用证单据条款下相应条款、INCOTERMS
收据	了解	信用证单据条款下相应条款
承运人证明	了解	船龄证明、船籍证明、航线证明等
快邮收据	了解	信用证受益人证明条款中寄单要求

本章技能要点

技能要点	熟练程度	应用方向
缮制包装单据	掌握	单证操作
缮制受益人证明	掌握	单证操作
缮制装运通知/投保声明书	掌握	单证操作
缮制收据	掌握	单证操作
缮制承运人证明	掌握	单证操作

第15章 其他单据

导入案例

信用证要求 "beneficiary's certified copy of fax/telex to the accountee within 24 hours after shipment advising name of the vessel, date, quantity, weight and value of shipment…"。经议付行提交的单据名称为 "beneficiary's certificate"，其措辞为 "We hereby certify that we have sent full set of non-negotiable shipping documents directly to the applicant by courier service and fax within 24 hours after shipment"。开证行拒付，但议付行坚持认为交单符合信用证要求，问题最后提交至国际商会银行委员会。国际商会银行委员会认为，该单据不是开证行授权议付的单据，因此它与信用证条款要求不符，开证行拒付是正确的。(国际商会意见 R203 摘抄)

你认为该信用证下的这份单据如何做才满足"相符交单"的要求呢？

一、包装单据

显然，只有包装货物才会有包装单据。包装单据用以描述包装内的商品情况，是商业发票的附属单据。

包装单据种类繁多。一般，用重量计量的商品常用重量单(weight list)或磅码单(weight memo)，其他方式计量的商品用得较多的是装箱单(packing list)。如要求提供中性装箱单(Neutral Packing List)，则装箱单上不可显示商品产地及出口商的名称地址。

按以往的单证操作习惯，如果信用证要求某种单据，则提交的单据必须与信用证要求的单据名称一致。不过，ISBP745 的 A39 段认为，受益人提交的单据可以使用信用证规定的名称或相似的名称，或不使用名称。比如，信用证要求提交 "packing list"，无论提交的单据名为 "packing note"，或是 "packing and weight list"，或甚至没有名称，只要单据包含了装箱细节，即满足信用证要求。因此，重要的是，所提交的单据内容必须在表面上满足信用证所要求单据的功能。当然，为了避免不必要的麻烦，受益人常常尽可能按信用证要求为单据取名。

ISBP745 的 M1 段就重申了上述 "功能为上" 的关于单据名称的规定。ISBP745 的 N 部分，以和 M 部分相同的段数和相似的内容对重量单的审核做了阐述。

包装单据中装箱单用得比较多。服装出口贸易中载明各个包装内的服装颜色、数量、尺码搭配的装箱单相对比较复杂，它的基本内容和缮制方法如下(参见式样 15.1)：

1. 出具人名称

一般应该是发票的出具人。不过 ISBP745 的 M2 和 M3 段认为，装箱单应由信用证规定的实体出具，如信用证未规定，可以由任何实体出具。这样的规定满足了涉及中间商的情况，也满足有时生产商出具装箱单的习惯。

通常出具人的名称和地址在装箱单上方已经印就。

2. 发票编号、发票日期、合约号及页码

按发票填写。装箱单本身一般不记载出具日期，国际商会第 R444 号意见就曾提及，装箱单/重量单无需标注日期。不过因为它是发票的附属单据，注明发票编号(和日期)以及所属合同号可以使装箱单和具体出运货物相关联。不过，ISBP745 的 M5 段指出，只要装箱单显示的出具人不是受益人,它就可以显示不同于其他单据上注明的发票号、发票日期和运输路线。

如果一批货涉及多份装箱单,页码和页数显得非常重要。按 ISBP,"当一份单据包括不止一页时,必须能够确定这些不同页同属一份单据。"

3. 箱号

填写包装的序号。内容相同的包装可以使它们的序号相连并填写在相同的一行,如,1~3,表示第 1 号箱至第 3 号箱内容相同,记载在同一行中。

4. 箱数

填写对应于箱号栏序号的包装件数,比如,上例中,箱号 1~3,则箱数为 3。

5. 花型及色别

填写对应于箱号栏序号的包装内服装面料花型编号(如使用印花面料)或颜色色号。

6. 货号

填写对应于箱号栏序号的包装内服装款号。

7. 每箱尺码搭配

填写对应于箱号栏序号的每包装内具体尺码搭配。

8. 每箱件/套

填写对应于箱号栏序号的每包装内件数或套数。

9. 共计数量件/套

填写对应于箱号栏序号所有包装内的总服装件数或套数。

10. 每箱毛重(公斤)和每箱净重(公斤)

分别填写对应于箱号栏序号的每包装毛重和净重的公斤数。如果所有各箱毛重、净重以及下一栏目的体积都相同,习惯上只填写第一行。

11. 每箱体积(立方米)

填写对应于箱号栏序号的每包装的立方米体积。如果要求显示箱子的尺寸(dimension),可以用"长×宽×高"的形式加注。注意不要遗漏单位。

12. 总箱数、件数或套数、毛重、净重和体积

计算有关栏目的总和,并记载在表格最下方。一张发票可能会对应多张装箱单,所有装箱单的箱数总和通常应该和唛头上的件数对应,和运输单据、产地证等单据中的包装件数相符;所有装箱单的毛重、体积的总和应该和运输单据中的毛重和体积相符。

从银行审单角度看,ISBP745 的 M6 段指出,银行仅审核总量,包括但不限于总数量、总重量、总尺寸或总包装件数,以确定相关的总数量与信用证及任何其他规定单据上显示的总量不相矛盾。

第15章 其他单据

13. 加注

如果有加注其他参照号的要求(比如信用证规定 "All documents must show this Credit number"),不妨加注在单据右上角空白处。如果要求加注包装尺寸(比如 "…showing carton dimensions"),不妨直接在体积栏适当处标明(见式样15.1),当然应注意,长、宽、高的积应和标出的体积一致。

上海东旭进出口公司
Shanghai Dongxu Import/Export Company
123 Dongxu Road, Shanghai, China

装箱单
Packing List

L/C NO.:386/55089A
发票号码 Invoice No.:DX14-EU258
合约号码 S/C No.:DX14/156
页码 Page No.: 1 of 10

箱号 Carton No.	箱数 CTNs	花型/色别 Designs/ Colours	货号 Style No.	每箱尺码搭配 Size Assortment per CTN						每箱件pcs/sets per CTN	共计数件/套 TTL pcs/sets	每箱毛重(公斤) G.W. per CTN	每箱净重(公斤) N.W. per CTN	每箱体积(立方米) M³/CTN
				36	38	40	42	44	46					
1~3	3	126	50205	4	8	6	4	6	2	30	90	24	21	0.153
4~5	2	126			6	6	6							
		157		4			4	4		30	60	0.85×0.60×0.30=0.153		
6	1	621		2	6	2	9	5	6	30	30	M×M×M=CUM		
7~8	2	621		1	6	9								
		329					8	6		30	60			
9	1	126	50305	2		6								
		157			8									
		621			6			8		30	30			
10	1	126			5									
		539				8								
		621			2		2							
		157		5		8				30	30			
11~14	4	126		4	6	6	6	6	2	30	120			
15	1	126	50308		8									
		157				6								
		329		6			2							
		539			4		4			30	30			
16~18	3	126		2	8	4	6	8	2	30	90			
Total:	18										540	432	378	2.754

上海东旭进出口公司
Shanghai Dongxu Import/Export Company

书帆

式样15.1 具有颜色、尺码和数量搭配的装箱单

参照以上方法不难知道如何缮制其他类型的装箱单,式样15.2是每个包装内容不需再细分的装箱单,重量单、磅码单之类的单据通常可以参照它来操作。

Shanghai Dongxu Import/Export Company
123 Dongxu Road, Shanghai, China

Invoice No.: <u>DX14-567</u>
Packing List   Inv. Date: <u>5 May 2014</u>
S/C No. : <u>DP20-4R567</u>

Art. No.	PKG. No.	Packages	Designs Colours	Each Pkg. QNTY:	TTL Quantity	Gross Weight per Pkg(Kgs)	Net Weight per Pkg(Kgs)	Measurement per Pkg(M³)
6500	1~50	50bales	Marine	720yds	36000yds	122	120	0.238
	51~105	55bales	Apricot	720yds	39600yds			

Totally packed in one hundred and five bales only
TTL G.W.: 12810 kgs   N.W.: 12600 kgs   Measurement: 24.990 cum

上海东旭进出口公司
Shanghai Dongxu Import/Export Company
书帆

式样 15.2 普通装箱单

二、受益人证明

由于信用证下银行只处理单据，信用证中常常会要求提交受益人证明(Beneficiary's Certificate)，以证明受益人完成了申请人要求做的某件事。

ISBP74 的 P1 段认为，当信用证要求提交受益人证明时，提交的经签署的单据，表明了信用证规定的名称，或载有反映所要求证明类型的名称、或没有名称，并通过包含信用证所要求的数据和证明文句以满足其功能，即符合要求。应该注意的是，其 P4 段指出，受益人证明上的数据及证明文句，无需和信用证要求的相同(identical)，但应清楚地表明信用证规定的要求已经满足；受益人证明无需含货物描述，无需援引信用证或其他单据。

在制单实务中，受益人证明(参见式样 15.3)一般可以用印有受益人信头的信纸缮制，并且表明单据名称为 "Beneficiary's Certificate"，记载日期不得早于寄单日。比如式样 15.3 中，既然涉及装运后寄单，寄单日不会早于运输单据显示的装运日。如果同时需要提交寄单快邮收据，寄单日应该通过快邮收据反映。受益人证明日期无论如何不得迟于规定的交单日，做成中性抬头(即，"To whom it may concern")，一般可以以信用证编号为标题。使用信用证编号为标题，可以使该证明和其他单据相关联。在早期的国际商会意见中，缺乏这种关联曾被认定为不符。不过根据上述 ISBP745 的 P4 段，国际商会已经改变了这种观点。

参照信用证的证明要求缮制受益人证明的证明句是最简单有效的做法，比如："We hereby certify that …"，当然有时文字得根据具体情况做必要的调整。最后，证明须由受益人或其代表签署。如果没有使用印有受益人公司信头的信纸，或证明上方没有表明受益人的名称，署名处必须标明受益人的名称。

与此类似，如果信用证要求提交受益人确认书(Beneficiary's Confirmation)或受益人声明书(Beneficiary's Statement)，甚至受益人保函(Beneficiary's Letter of Guarantee)，一般也可以按这样的方法操作，只是需要把单据的名称相应改成所要求的名称，把证明句的证明内容

第15章 其他单据

前的动词按要求改成相应的"confirm"、"state"或"guarantee"。

Shanghai Dongxu Import/Export Company

123 Dongxu Road, Shanghai, China

Beneficiary's Certificate

July 18，2014

To whom it may concern,

<u>Re: L/C No.HX1245</u>

We hereby certify that a full set of non-negotiable shipping documents has been sent to the applicant within three days after the shipment by DHL.

RGDS

上海东旭进出口公司

Shanghai Dongxu Import/Export Company

书帆

式样 15.3　受益人证明

三、装运通知或投保声明书

　　如果使用买方自行办理保险的贸易术语,信用证中往往会要求受益人装运后立即用传真(或电传、电子邮件等)发出装运通知(Shipping Advice)或投保声明书(Insurance Declaration),并且要求受益人交单时,同时提交装运通知或投保声明书的副本,或证实副本(Certified Copy)。当然,即使是由卖方办理保险的 CIF 之类术语,按《国际贸易术语解释通则》,卖方装运后也应发装运通知(通常不一定会要求在信用证下提交),除非双方约定由指定的货代等发送或另有约定。

　　信用证中有时不一定提及装运通知或投保声明书的名称,而是要求提交有关的传真、电报、电传或电子邮件副本,或它们的证实副本。比如,信用证在单据条款中要求:"Certified copy of Beneficiary's fax dispatched to Applicant advising shipment details including this L/C No., vessel's name, name of commodity, B/L No., invoice amount, shipment date, number of packages, ETA, and agent of shipping company at destination within 3 days after the date of shipment"。这是要求受益人提交一份装运后三日内向申请人发出的传真件证实副本,传真中通知具体的装运细节,包括:信用证编号、船名、商品名、提单号、发票金额、装运日、包装件数、预计到达时间以及在目的港的船公司代理等。所谓"证实",可由受益人在单据上签章,同时也可加上证实文句(见式样15.4)。根据UCP600第3条中对"证实"的解释,证实人签字或盖章等即满足"证实"的要求。国际商会意见 R627/TA640 关于"certified"和"legalized"有何区别的看法是,如果信用证没有具体要求,应该按UCP600第3条理解,没有"certified"、"legalized"或"visaed"之类的词必须出现在单据上的要求。

　　装运通知(参见式样 15.4)可以采用便函格式,一般以受益人为发件人,以申请人为收件人,并且通常以信用证号为标题。如果信用证有规定,通知的内容必须按照规定要求缮制;如果信用证没有规定,通知的内容应该包括办理保险所需要的信息(可以参见保险单的缮制），比如，商品名称、数量、包装种类及件数、货物价值、载货船名、预计起航日期、运输起讫地及中转地(若有)。通知中也可以给出有关发票号和提单号等。

通知内容可以用简单的文句配合适当的介词或短语给出，比如，Please be informed that 5000 pcs ladies' coats(商品名称、数量)packed in 200 cartons(包装数)under Invoice No.DX14-468(发票号)to the amount of USD250 000(发票金额)were shipped on board S.S.Huangpu V.250(船名、航次)on 28th Aug. 2014(装运日)under B/L No.CR-50425(提单号)form Shanghai to Hamburg(运输起讫地)to be arrived in Hamburg around 30th Sept.(预期抵达日)

装运通知中的细节也可以用列标题的方法，逐条给出，如：

Please be informed of the following:
Name of the Goods: …   Quantity: …
No. of Packages: …   …

式样 15.4 就是装运通知的一种做法：

Shanghai Dongxu Import/Export Company
123 Dongxu Road, Shanghai, China

Shipping Advice

July 15，2014
From: Shu Fan/ Dongxu
To: K. Smidth/ ABC
Re: L/C No.HX1245

Please be informed that 150 cartons of Ladies Coats under Invoice No.DX14-HK245 to the amount of USD 45 300 were shipped per S.S. Dongfeng, sailing on or about July 15, from Shanghai to Hamburg via Hong Kong.
RGDS

We hereby certify that the above contents are true and correct
上海东旭进出口公司
Shanghai Dongxu Import/Export Company
书帆

式样 15.4　加证实的装运通知

投保声明书通常以受益人为发件人，以指定的保险公司为收件人，以申请人为副本抄送对象，以信用证编号和预保单编号为标题。投保声明书的内容如果信用证中有规定，则按信用证缮制；信用证没有规定，则如同装运通知，按保险所需信息缮制。投保声明书一般也采用便函格式(参见式样 15.5)。

其他结算方式下，类似的情况也可能发生。买方也有可能和卖方约定，由卖方装运后立即发出装运通知或投保声明书，如是后者，买方须及时提供预保单号以及保险公司名称

第15章 其他单据

及联系方式。制单时,上述例子中设定标题所用的信用证号应该用合同号或订单号替代,投保声明书的副本应抄送买方。

Shanghai Dongxu Import/Export Company
123 Dongxu Road, Shanghai, China

Insurance Declaration

July 15,2014

From: Shu Fan/ Dongxu
To: Nelson Insurance Company(Fax No. 0049-089/3556-2240)
CC: K. Smidth / ABC

Re: L/C No.HX1245/ Open Policy No.NS10-C897

Please be informed that 150 cartons of Ladies Coats under Invoice No.DX14-DE245 to the amount of USD 62 543 were shipped per S.S. Dongfeng, sailing on or about July 15, from Shanghai to Hamburg via Hong Kong.
Please insure and send your insurance acknowledgement to ABC Co.

RGDS

式样 15.5 投保声明书

四、收据(Receipt)

有的信用证会要求提交受益人出具的"收据",表明他已从银行收取某笔款项。如果信用证没有具体的规定,这类收据一般可以用受益人公司的信纸,按通常的收据格式出具。一般,注明日期和地点,说明从何人处收到多少款项以及款项的用途等,然后署名。金额应该说明货币币种,并应有大小写(参见式样15.6)。

Shanghai Dongxu Import/Export Company
123 Dongxu Road, Shanghai, China

Receipt

Shanghai, April 3,2014

Received from the Bank of China, Shanghai, the sum of USD 32,000(US Dollars Thirty Two Thousand Only)being the advances to pay for the purchase of the merchandise under the XYZ Bank's Credit No. X14-9876 dated March 28, 2014.

上海东旭进出口公司
Shanghai Dongxu Import/Export Company
书帆

式样 15.6 收据

五、承运人证明(Carrier's Certificate)

比较常见的承运人证明一般包括由承运人、承运人代表或他们的代理人出具的关于船籍、船龄、船级、航线以及关于收到随船传递的单据等方面的证明。在海运方式下，一般被称为船籍证明、船龄证明、船级证明等，或统称为船公司证明。类似的单据还包括由货运代理出具的关于上述事宜的证明。

承运人证明如果由承运人亲自出具并签署，受益人在办理托运时必须将信用证的有关要求正确无误地传递给承运人，并且在收到承运人签发的证明后，必须仔细地加以审核，以确保符合信用证要求。

承运人证明也可以由受益人缮制后，交承运人审核并签署。如果没有特别的要求，完全可以按照缮制受益人证明的方式缮制。单据的名称应该按信用证要求相应调整(如"Carrier's Certificate")。当然，不可使用受益人信头的信纸。不过，如果使用空白纸缮制，在证明上预留给承运人签署的地方，必须注明承运人的名称(承运人名称必须和运输单据上记载的一致)，并且，如果单据名称不能反映出具者的承运人身份，还有必要表明其身份，比如"Carrier：East Pacific Shipping Co."。如果使用的是承运人提供的印有他信头的信纸，署名处可以不再记载承运人名称。

按国际商会意见 TA670final，如果信用证要求 Vessel Certificate issued by shipping company or their agents，只需由提单上的承运人或他们代理人出具即可，无需注明"shipping company"字样。

承运人证明通常都加载出具日。ISBP745 在关于证明或证明句是否需要加载日期的 A4 段认为，这取决于证明的类型、所需措辞及出现在单据内的文字描述。该段以信用证要求提交承运人或其代理的船龄不超过 25 年的证明为例，它认为如果证明显示了船于何年或何日建造，并且该年或该日在装运发生之日或发生之年前不超过 25 年，该证明即无须出具日；或者如果证明按信用证规定措辞，那么需要出具日，以此证实至证明书出具之日船龄不超过 25 年。

六、快邮收据或邮包收据

如果信用证要求受益人装运后通过快邮(快递)向申请人寄单，信用证一般除了要求提交表明受益人已经按要求实施寄单的受益人证明外，还会要求同时提交快邮收据。如果信用证要求受益人装运前邮寄货样，信用证也会要求提交相应受益人证明和有关的邮包收据。当然，如果涉及货量不大，信用证下货物也会要求由快邮或邮包发出，或信用证要求如果存在小量短装，受益人须以快邮补发货物尾数。这时的快邮或邮包收据就是货物的运输单据。必须清楚，信用证下的快邮数据或邮包收据如果作为运输单据应该遵从 UCP600 第 25 条，而信用证下寄送样品或单据的快邮收据或邮包收据却不适用 UCP 第 25 条。对于后者，银行只要按照 UCP 第 14 条 d 款的"不冲突"与 f 款"满足功能"的原则审核即可，这也是 ISBP745 下 A10 段的精神。

需要注意的是，现在外贸公司很多使用快递服务，即使在同一笔交易下，向客户寄参考样品、对等样品、船样、单据等，都可能涉及快递，因此交单时千万不要将收据搞错。收据上必须有收件日期和收件人签名，应该注明寄送的是"单据"还是"样品"，并且必须和信用证规定的受益人寄送时间不冲突。

另外，按 UCP600 第 25 条 a(ii)款，快递收据须标明快递公司名称和信用证规定的地点，并由快递公司签名或盖章。不过国际商会意见 TA668 中却提及，没有签名栏以及未经快递公司签署但含有条形码(barcode)的快递收据也是能够接受的。应该说，条形码本身根本不能构成证实，因此无论如何，如果快递收据上有收件人签名栏，理应由签名。

 本章小结

本章介绍了装箱单、受益人证明、装运通知、投保声明书、收据、承运人证明以及快邮收据的作用以及对它们的具体要求。本章较详细地介绍了除快邮收据外的其余单据的缮制方法。这些单据可能是结算单据中不可少的单据，读者有必要了解和掌握它们的做法。

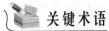

装箱单 packing list　　　　　　　　　重量单 weight list
磅码单 weight memo　　　　　　　　中性装箱单 neutral packing list
颜色、数量、尺码搭配 colour/ quantity/ size assortment
受益人证明 beneficiary's certificate　　　受益人确认书 beneficiary's confirmation
受益人声明书 beneficiary's statement　　装运通知 shipping advice
投保声明书 insurance declaration　　　 证实副本 certified copy
收据 receipt　　　　　　　　　　　　承运人证明 carrier's certificate
快邮收据 courier receipt

卓乃坚. 服装出口实务. 上海：东华大学出版社，2006.
吴国新，李元旭. 国际贸易单证实务. 2 版. 北京：清华大学出版社，2008.
卓乃坚. 国际贸易支付与结算及其单证实务. 2 版. 上海：东华大学出版社，2011.
林建煌. 品读 ISBP745. 厦门：厦门大学出版社，2013.

习　　题

1. 简答题

(1) 简述信用证下受益人证明的作用。
(2) 通常什么情况下会涉及投保声明书？投保声明书通常设置什么样的标题？
(3) 如果信用证要求提交承运人的船龄证明，受益人一般应该何时提出？

2. 判断题

(1) 信用证要求的单据可以没有名称，但提交的单据必须能够满足它应有的功能(　　)。
(2) "中性装箱单"指装箱单的抬头人不能是买方或卖方(　　)。
(3) 如没有规定，装运通知的内容通常按照投保所需的信息制作(　　)。
(4) "…showing carton dimensions"的要求就是需要注明纸板箱体积(　　)。

(5) 受益人证明的出具日不得迟于交单日(　　)。
(6) 受益人在受益人证明下方署名时必须注明其公司名称(　　)。
(7) 信用证要求 packing list，受益人如提交名为 packing note 的单据，银行可以以"单证不符"为由拒付(　　)。
(8) 信用证下的受益人证明必须显示与同批货物单据关联(　　)。

实际操作训练

1. 假设编号 TST9-01563 的信用证(附录 5)下货物于 4 月 22 日装运，请为受益人缮制一份受益人证明。

2. 假设合同 S/C DX10-MA2067 下的 890 件阿拉伯长袍(Arabian robes)装 30 个纸板箱，于 2014 年 9 月 20 日由 JIJIE 轮 169 航次从上海发往埃及亚历山大港(Alexandria)，提单号 CS-5620。货物的发票号为 DX14-HJY26，价值 4 567 美元。合同的卖方为上海东旭进出口公司，地址为中国上海东旭路 123 号；买方为 ALI MOHAMMED & CO., P.O.BOX NO.3456，ALEXANDRIA，EGYPT。合同的支付条款为即期付款交单，价格术语为 CFR Alexandria。合同约定由卖方装运后 3 日内立即用传真向买方指定的保险公司 Egyptian First Insurance 发出投保声明书。该保险公司的传真号是 0020-03-678923，买方提供的预保单号为 E-CN1002356。请为卖方缮制一份投保声明书传真件。

第16章 审单

本章教学要点

知识要点	掌握程度	相关知识
出口企业审单	掌握	信用证条款/UCP适用条款/国际标准银行实务，合同条款
银行审单	掌握	信用证条款/UCP适用条款/国际标准银行实务
进口企业审单	掌握	信用证条款/UCP适用条款/国际标准银行实务、欺诈、止付令，合同条款

本章技能要点

技能要点	熟练程度	应用方向
审单	掌握	单证操作

导入案例

上海的 A 公司与国外的 B 公司建立了进口合同，合同要求用信用证方式支付。由于 B 公司是新客户，A 公司实际尚无法把握他的信用和信誉。因此 A 公司在建立合同以及随后开立信用证时，理应采用适当的条款和方式来保护自己，但因为能够获利较丰厚，且所涉及的商品又正是国内市场紧俏商品，A 公司忽略了这些问题，也未采取其他防范措施。果然后来 B 公司虚构了不存在的船名及航次，通过假单据在信用证下顺利取走了货款，然后不知所踪。那么对于 A 公司，在单证环节到底可以采用一些什么方法来避免这种"钱财两空"的窘境呢？

第一节　出口企业审单

出口企业在向银行交单前，必须仔细地审核单据，以确保能够及时结汇，避免被拒付。信用证下，审单人员应该在理解和把握 UCP 条款和国际标准银行实务要求的基础上，仔细对照信用证的要求进行审核。在其他的结算方式下，审单人员应该仔细对照合同要求进行审核。有的买卖合同中可能不设立单据条款，但在建立合同时，买卖双方理应对以后的单证事宜进行磋商，达成一致，如果必要，仍应以合同条款予以明确，或将有关往来函电妥善存档，以免日后发生不必要的信用证修改，或在其他支付方式下产生无谓的争议并且诉讼无依据。

一、单据审核要求

1. 审单应全面

通俗地说，出口企业在信用证下审核单据应该确保单证相符、单单相符及单货相符。

(1) 单证相符，即要求待提交的单据的种类、正副本份数、内容必须符合信用证要求。单据的种类一般从单据名称反映，尽管 ISBP 关于单据名称的规定，允许受益人在内容满足功能的前提下，提交的单据名称可以与信用证不完全相同，或甚至没有名称。为了减少麻烦，通常受益人还是尽可能取和信用证要求一致的单据名称。正本和副本的份数和单据的内容应该严格按信用证单据条款以及指向单据的条款来审核。判断信用证中哪些条款指向单据需要格外仔细，因为在实践中，这往往是导致信用证争议的主要内容之一。

(2) 单单相符，即要求信用证下同时提交的单据之间的内容不得相互冲突，比如，包装单据的毛重和体积的总和一般应与运输单据上的毛重和体积不矛盾(不矛盾应该是逻辑上数据不冲突并不是指数据完全相同。比如，对于包装(比如装纸板箱)货物，外贸公司习惯按纸板箱六边长宽高计算体积，而承运方却偏向于按包装货物长宽高的最大值计算货物体积)；各单据的出具日期应该符合它们逻辑上出现的先后关系等。不要机械地认为，单单相符就是要求各单据中的相关内容绝对同一。UCP600 第 14 条 d 款指出，在对照信用证、单据本身以及国际标准银行实务审读时，单据中的数据内容无须与该单据本身中的数据内容以及其他规定的单据或信用证中的数据内容同一(identical)，但不得相冲突(not conflict)。这种 need not be identical to …but is not to conflict with…的表述在 ISBP745 中多次引用。其

第16章 审 单

关于发票货物描述的 C4 段，也强调了 UCP 即使对一致性要求最严格的发票货物描述并没有"镜面反射"(mirror image)那样的要求。因此，一份单据上货物的重量为"5 metric tons(5 公吨)"，而同时提交的另一份单据上可以标为"5000kilos(5000 公斤)"。国际商会也曾指出，装箱单毛重含三位小数，而提单毛重四舍五入而不含小数不可认为是单单不符(R218)。

按 ISBP745 的 A34 段 b 款，某些单据的唛头显示了信用证规定的唛头外的额外信息，诸如货物种类、易碎货物的警告、货物净重及/或毛重等，而其他单据未显示，这不构成 UCP600 第 14 条 d 款的数据冲突。按 ISBP，银行不应该因不会导致歧义的缮打错误而拒付。不过受益人审单时发现这类错误，在可能的情况下最好还是及时更正，并注意需要证实的，应该按 ISBP 要求证实。另外，在单证实践中，操作规则往往也会要求单据和单据存在某些不一致的情况，比如，提单收货人栏为"To Order"而产地证明书的收货人栏通常往往为实际进口人的名称和地址。再比如，各单据上出现的受益人的授权签名人也可能会不一样。国际商会的意见中也曾认为，他们所了解的任何国际银行实务或 UCP 中都没有所有受益人出具的单据需要由同一个人签署的要求(R417)。通常，发票及/或汇票上的受益人方签署人可能是买卖合同的签署人(如公司的总经理)，而原产地证书或出口许可证等的签署人必须是申领单位在签证机构注册过的业务人员。广义的"单证相符"包含了"单单相符"。

(3) 单货相符，即要求单据上表明的信息至少应该在表面上与实际货物相符。尽管单货不相符，在信用证结算时有时不会带来什么问题，因为银行只处理单据，不处理货物，但是结算单据中的某些单据，比如商业发票、装箱单等同时也是基本报关单据，因此，单货不符在海关验关时可能会带来问题。出口贸易中有时会发生这样的情况：受益人按迟到的信用证上规定的唛头制单，但因货物包装上已经刷好的唛头与信用证规定的不符，无法通关出口。即使有时能够顺利出口(比如使用和结算单据不同的单据报关)、顺利结算，但难保进口人凭结算单据能顺利进口清关。如果这样，势必导致贸易争议。当然，如果货物与单据记载间有实质性不符，还有可能被买方以欺诈提起仲裁或诉讼。

需要注意的是，UCP600 下的"相符交单"要求受益人的交单和信用证条款、UCP 适用条款和国际标准银行实务的要求相一致。尽管这里的国际标准银行实务不仅仅指国际商会制订的 ISBP，但显然，在信用证条款没有明确规定的情况下，制单和审单仍须时刻注意那些 UCP 和 ISBP 的制约条款。比如，ISBP745 的 A21 段下规定，当信用证规定了提交单据所应使用的语言，单据上信用证或 UCP 所要求的数据应以该语言显示；信用证对单据没做语言限制，单据可以以任何语言出具；银行不审核信用证要求或允许外的语言填写的数据；单据上个人或实体的名称、印戳、法定化认证、背书、预先印就的文字仍可以用信用证要求之外的语言显示。这些规定与 ISBP681 相应规定不同，因此，熟悉 UCP 和 ISBP 条款是制单、审单人员应该具备的基本素质。

其他诸如托收等支付方式下，除了审核单单是否相符以及单货是否相符外，确保单据符合合同要求非常必要。除非另有约定，单据内容须和合同条款相符，比如，发票的货物名称、规格和数量应该和合同的品名、品质条款和数量条款规定相符；发票上的价格应该和合同的价格条款一致；单据上显示的实际装运、发货情况应该和合同的运输条款一致；如果涉及出口方保险，保险单显示的险别、投保金额等应该和合同的保险条款规定的一致。提交单据的名称类型应该和合同所用的贸易术语相适应，比如，一般应该提交发票，以说明实际发货的商品细节；提交运输单据，以说明货物已经按要求提交给承运方；在 CIF 和

237

CIP 术语下提交保险单据,以说明货物已按要求办理了保险;等等。提交的单据类型还应该符合通常的操作要求,比如包装货物通常应该有装箱单、磅码单等。另外,提交的单据一般还应包括进口方需要凭以进口报关的单据,比如是否需要原产地证书(如需,是普惠制产地证、一般产地证、纺织品产地证还是自由贸易区产地证等)、出口许可证、海关发票、领事发票。当然,很多细节需要仔细斟酌,事先约定,最好记入合同,这对于出口方尤其重要(特别当买方是新客户时)。在凭商业信用支付的情况下,合适的合同条款恐怕是能够约束还不愿公开丧失商业信用信誉的当事人的最好依据。除此之外,如需出具商业汇票,我国的出口商需要审核自己的出票记载是否符合《中华人民共和国票据法》。

2. 审单应及时

及时制单,及时审单,才可以及早交单。在信用证下,如果在规定的交单期以及信用证有效期内及早交单,万一指定银行审核单据发现问题,受益人可能还有时间换单或设法补救。当然,不管哪种结算方式,早交单就能早结汇,出口人利息的损失可以相对减少。

为了能够及时审单,有必要健全和完善公司的单证管理制度,落实专人负责。应该按照单据制作的先后规律和预计所需要的时间,认真排好计划。信用证支付方式下及时催证、审证,及时分析单据要求,及时制单,做好单证的存档保管等。对于获取时间较长的单据,比如要求进口国领事签证的发票,应该尽早制妥寄出,并设专人跟单;对于某些装运后才能签出的单据,如有副本,审单人员可以先对副本预审。总之,合理计划和专人负责制单可能是做好及时审单和搞好单证工作的关键。

二、审单程序或方法

出口公司可以按照自己的规模大小、目标市场分布情况等采用不同的审单程序或方法。但不管采用哪种程序或方法,通常大多数公司最后都会将单据汇总到贸易管理部门专职把关审单的人员手中做最后的核查。专职把关人员必须具有良好的业务素质和高度的责任感,他必须熟悉有关国际惯例和相关法律,熟悉有关贸易业务,并应该具有相当的单证工作经验。通常的审单程序有"纵横审单"或"两道审单"。

1. 纵横审单

纵横审单中的"纵"向审单指的是,审单人员先按照信用证条款要求审核制好的单据,要做到确保单证相符;"横"向审单指的是,审单人员在保证单证相符的基础上,再以发票为中心审核其他需要同时提交的各份单据,以确保做到单单相符。

2. 两道审单

两道审单指的是,单据先交各有关业务部门初审。初审如果没有问题,再将单据集中交专人复审。

对于规模以及业务范围和业务流量都比较大的公司,还可以根据公司的具体情况,采用分地区审单、分航线审单等方法,这样一定程度上可以避免不同地区、不同航线等对单据的不同习惯或要求导致的争议。

第二节 银行审单

托收方式下银行只需按照托收申请书或托收指示书清点单据的名称和份数并且传递单据，银行没有义务审核单据的具体内容。在信用证方式下，议付行和所有参加承付的银行都应该在收到单据后，认真审核单据。不过，按照 UCP 或 URC，他们对单据的真实性以及法律效力等都是免责的。议付行虽然拥有议付后的追索权，但如果经它提交的单据确实存在它没能够审核出来的实质性不符点，它的声誉会受到影响。所有参加承付的银行，如保兑行、付款行、承兑行或开证行，如果承付前没能够审核出单据上的实质性不符点，它将可能受到严重的经济损失。

银行审单人员必须得具备相当的单证操作能力，理解熟悉 UCP 和 ISBP 各个条款，关注国际商会关于信用证及托收等问题所提出的各种意见(opinion)。这些都是银行拒付或抗辩的必要依据。贸易公司审单人员面对的业务和客户必尽有限，而银行审单人员面临的单据、所涉及的业务范围和客户群体类型要比贸易公司多得多。不同业务下涉及的单据要求可能有所不同，不同客户的单据格式和制单习惯也可能不同，因此，银行审单人员必须严格按照国际惯例以及相关法律(如涉及)来审核单据。为此，把握相符交单的准则从而把握"不符"是"实质性"的还是"非实质性"的非常重要。

纵观 UCP 和 ISBP 条款以及近年国际商会银行委员会的意见，银行应该仅对"实质性"不符而拒付。国际商会意见 TA.658final 针对"提交的提单上加注的信用证编号的末两位后缀字母打错是否属不符？"的看法是"单据上加注的信用证号只是为了万一单据发错时有助于查寻，既然开证行已经收到单据，提单上信用证号打错不构成拒付的理由"；在意见 TA.660rev 中针对"提交的其他单据上毛重和净重缮打正确，但产地证上毛重和净重数值填写错位而遭拒付"的情况，国际商会结论是"净重不可能大于毛重，并且开证行拒付说明他们也清楚地知道这是错位，因此单据应该是能够接受的。"

在审核信用证下单据时，我国银行遵循的往往是"进口从宽、出口从严"的原则。"进口从宽"指的是，当作为开证行进口审单时，力求把握 UCP/ISBP 和国际商会做出的种种相关意见，只要不影响实务操作，尽量把单据上的"表面不符"判断为"非实质性不符"或尽量说服申请人放弃不符点。当然，这需要银行相关工作人员很好熟悉、把握 UCP/ISBP 和国际商会的相关意见，尽可能了解为之服务的国际贸易相关业务环节及其要求。"出口从严"指的是，当作为指定银行出口审单时，力求从严把握单据，尽可能说服受益人做到"严格相符"，以避免被某些信誉不好或业务素质不高的国外银行随意拒付而做无休止的"抗辩"。当然，此时银行相关工作人员能够很好熟悉、把握 UCP/ISBP 和国际商会的相关意见仍极其重要，因为这可以帮助我国的出口人实施有效的抗辩。

按 UCP600，银行审单必须在收到单据后的翌日起最多五个工作日内完成。如果发现不符点，必须在上述期限内，按 UCP600 第 16 条 c 款一次性发出拒付通知。拒付通知必须明确声明单据被拒付，列明所有不符点，说明单据将如何处理。不满足上述要求的拒付通知视为无效通知，发通知者将可能失去声称不符而拒付的权利。国内的开证行通常在审核单据后，一般会立即先向申请人发出"进口信用证到单通知书"，注明审单意见，如存在不符点，则还应列明不符点。该类通知还常常规定期限，征求申请人意见，并且声明，如果逾期未复，若单证相符的，则视为申请人同意付款或承兑；若单证不符的，视为同意拒付。开证行这样操作主要是为了减少自己的操作风险。当然，按 UCP 开证行独立审单的原则，开证行在发现不符点后应该自行决断是否拒付，在发出拒付通知的同时可以征询申请人是否放弃不符点。即使申请人愿意放弃不符点，开证行仍可坚持自己拒付的决定。

第三节　进口企业审单

　　如上所述，通常在信用证下，国内银行收到单据并审单后，即向作为申请人的进口公司发出"到单通知"，如有不符点，该通知会列明不符点并征求进口公司的意见。进口公司可以参照银行列出的不符点，根据和出口方的往来关系、后续销售链的要求和实务上的可操作性，考虑是否放弃不符点。当然，这不排除进口公司自己对单据的审核以及发现另有实质性不符而拒绝付款赎单的权利。托收下，银行核对单据名称及份数后即向作为付款人的进口公司发出"进口托收单据通知书"(Inward Documents for Collection)。

　　其实在合同建立后，进口企业就应该设立专人跟单，越早发现问题，损失就越小。尤其是如果用信用证方式支付，根据信用证"纯单据业务"性质以及 UCP600 第 34 条银行对单据的真实性、有效性及合法性等免责，及早发现出口方是否存在欺诈行为非常必要。虽然，进口公司的审单人员可以在到单后，按照信用证条款或合同条款对单据进行审核。为了防止出口方利用单据"表面相符"诈骗，不管采用哪种贸易术语，进口方都可以要求出口方装运后立即发出装运通知，以此，进口方如有必要可以通过有关航运网络系统提供的服务，及时对船货实施全程监控，以防出口方有诈。进口方还可以要求出口方在装运后立即通过快递寄一套单据复印件，或立即用传真或电子邮件将单据复印件发来，以便能够提早审单并且及早地获取有关货物的比较详细的信息。要求自己办理运输或要求使用自己指定的货代等，也都是进口人试图把握这类风险的常用手段。

　　信用证下，进口方如果在开证行付款前及时发现出口方确实存有欺诈行为，并且如果能找出单据上的不符点，他可以要求开证行拒付，以避免经济损失。如果无法找出不符点，进口人可以要求当地法院向银行下"止付令"(injunction)。不过，司法干预信用证业务的条件是：①进口方必须能够举证出口方存在重大欺诈；②止付不会损害善意第三者的利益；③冻结信用证款项作为唯一可采取的财产保全方法。因此，法院一般不会轻易颁发止付令，除非申请人能够提供出口方确实存有欺诈行为的证据，并且除非信用证下指定的银行还未按信用证要求善意承付或议付。一般来说，法院在申请人提交了可靠、充足的担保后，可以应申请人诉求，先下达临时止付令，要求开证行中止支付。待法院最终裁决后，才颁发永久止付令，终止信用证下的付款。不过，如果止付令最终撤销，进口方必须连同利息一起支付。因此，对于进口人来说，在信用证方式下，重要的还是切实把握出口人的信誉。

本章小结

　　本章介绍了出口企业、银行以及进口企业审单的一般做法。对出口企业审单作了较大篇幅的介绍。把握信用证条款、UCP 适用条款以及国际标准银行实务是信用证下各类审单人员必须重视的内容。如有可能，读者应该回顾本书全文，相信这样能够更好地把握本章要点。

第16章 审　单

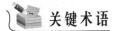　关键术语

审核单据 document examination　　相符交单 complying presentation
相符 compliance　　冲突 conflict
不符点 discrepancy　　止付令 injunction

知识链接

国际商会. UCP600 ICC 跟单信用证统一惯例(2007 年修订本). 北京：中国民主法制出版社，2006.
国际商会中国委员会. UCP600 评述-Commentary on UCP600(ICC680). 北京：中国民主法制出版社，2009.
Gary Collyer，等. 国际商会银行委员会意见汇编 2005-2008，ICC697. 北京：中国民主法制出版社，2009.
卓乃坚. 国际贸易支付与结算及其单证实务. 2 版. 上海：东华大学出版社，2011.
Gary Collyer and Ron Katz. ICC Banking Commission Opinions 2009-2011, ICC732. Paris: International Chamber of Commerce, 2012.
林建煌. 品读 ISBP745. 厦门：厦门大学出版社，2013.

习　题

1. 简答题

(1) 简述信用证下出口企业审单的基本要求。
(2) 信用证下审单的基本依据是什么？
(3) 银行在跟单托收业务中需要对单据做何审核？

2. 判断题

(1) 信用证下服装款号为 ST2567，单据却显示 ST2657，银行可以因此拒付(　　)。
(2) 信用证下商品名称为 machine，制单时错打成 mashine，银行可因此拒付(　　)。
(3) 发票上受益人署名为"张三"，产地证上受益人署名为"李四"，银行可拒付(　　)。
(4) 如果保兑行已经付款，申请人即使能举证受益人欺诈，法院也不应下止付令(　　)。
(5) 信用证下只有开证行及保兑行(如有)必须审单，其他银行无义务审单(　　)。
(6) 申请人要求受益人装运后立即寄送全套副本单据可以尽早了解发运的货物详情(　　)。
(7) 受益人头次交单因不符而被拒付。除非信用证另有规定，只要时间允许，他可以寻求替换单据后再次交单(　　)。
(8) 申请人可以因受益人所发货物品质不符合合同约定，向法院申请对信用证未付金额下止付令(　　)。

实际操作训练

1. 假设编号 CSK02-0089 的信用证(附录 7)下货物所有货物共装 160 纸板箱于 4 月 15 日发运。提单表明载货船只为 HENGHE 轮 246 航次。受益人为这批货物缮制的发票编号为 DX-10-46576,提交的保险单如第 13 章式样 13.1 所示,请审核该保险单,如有不符点,请列出。

2. 假设编号 LC0357967 信用证(附录 6)下所有货物在最迟装运日按要求装运 SILVER OCEAN 轮,第 123 航次。货物装纸板箱,每箱毛重 18 公斤,体积 0.15 立方米,以集装箱拼箱方式发运。第 12 章式样 12.6 就是受益人提交的运输单据,请审核该份单据。

某些 SWIFT 电文格式

以下表格中 M(Mandatory)为必要项目，O(Optional)为可选择项目；Value date 起息日；16x 表示"最多 16 个字符"；3*35x 表示"3 行每行最多 35 个字符"；3!a 表示"必须 3 个字母"；15d 表示"15 个数字"；6 个数字的年月日格式必须为 YYMMDD；货币必须是 3 个字母的 ISO4217 代码；50a 中选项 A 为账号及 SWIFT 银行代码(BIC)，选项 F 为客户识别代码(Party Identifier)及其名称、地址(name & address)，选项 K 为账号及名称和地址；52a 至 57a 中，选项 A 为国家银行清算系统识别代码及 SWIFT 银行代码(BIC)，选项 B 为国家银行清算系统识别代码及地点(location)，选项 C 为国家银行清算系统识别代码，选项 D 为国家银行清算系统识别代码及名称和地址。

1. MT 103 Single Customer Credit Transfer

本类型电文由汇款客户的银行或代表该银行的银行直接或通过往来行发给收款客户的银行。它用以传递划款指示，从发电文的银行角度，该指示中的汇款人及/或收款人是非银行机构。该电文仅可用作单纯的付款指示，不可用于通知汇款行支付诸如支票等的光票托收，也不可用于为通过诸如 MT400(用于代收行向托收行发出交付所收取款项的通知)另行通知交割完毕的那种交易提供面函。

Status	Tag	Field Name	Content/Options
M	20	Sender's Reference	16x
O	13C	Time Indication	/8c/4!n1!x4!n
M	23B	Bank Operation Code	4!c
O	23E	Instruction Code	4!c[/30x]
O	26T	Transaction Type Code	3!c
M	32A	Value Date/Currency/Interbank Settled Amount	6!n3!a15d
O	33B	Currency/Instructed Amount	3!a15d
O	36	Exchange Rate	12d
M	50a	Ordering Customer	A, F, or K
O	51A	Sending Institution	[/1!a][/34x] 4!a2!a2!c[3!c]
O	52a	Ordering Institution	A or D
O	53a	Sender's Correspondent	A, B or D
O	54a	Receiver's Cottespondednt	A, B or D
O	55a	Third Reimbursement Institution	A, B or D
O	56a	Intermediary Institution	A, C or D
O	57a	Account With Institution	A, B, C or D
M	59a	Beneficiary Customer	A or no letter option
O	70	Remittance Information	4*35x
M	71A	Details of Charges	3!a
O	71F	Sender's Charges	3!a15d
O	71G	Receiver's Charges	3!a15d
O	72	Sender to Receiver Information	6*35x
O	77B	Regulatory Reporting	3*35x
O	77T	Envelope Contents	9000z

2. MT 202 General Financial Institution Transfer

本电文由指示行直接或通过往来行发给收款银行。它用以指示资金向收款行移动。本电文也可以发给为发电文的银行提供多个账户服务的银行，使资金在这些账户间移动。此外，它还可以发给某个银行，指示将发电文银行在收电文银行账户上的资金扣除，并记入在 57a 栏所指定的银行的发电文银行账户上。

Status	Tag	Field Name	Content/Options
M	20	Transaction Reference Number	16x
M	21	Related Reference	16x
O	13C	Time Indication	/8c/4!n1!x4!n
M	32A	Value Date, Currency Code, Amount	6!n3!a15d
O	52a	Ordering Institution	A or D
O	53a	Sender's Correspondent	A, B or D
O	54a	Receiver's Correspondent	A, B or D
O	56a	Intermediary	A or D
O	57a	Account With Institution	A, B or D
M	58a	Beneficiary Institution	A or D
O	72	Sender to Receiver Information	6*35x

3. MT 205 Financial Institution Transfer Execution

本电文由第2类划款电文(即 MT 200, 201, 202, 203 or 205 等)的接收行直接或通过往来行发给另一个和发电文银行位于同一国家的银行。它用于在国内进一步传递划款指示。

Status	Tag	Field Name	Content/Options
M	20	Transaction Reference Number	16x
M	21	Related Reference	16x
O	13C	Time Indication	/8c/4!n1!x4!n
M	32A	Value Date, Currency Code, Amount	6!n3!a15d
M	52a	Ordering Institution	A or D
O	53a	Sender's Correspondent	A, B or D
O	56a	Intermediary	A or D
O	57a	Account With Institution	A, B or D
M	58a	Beneficiary Institution	A or D
O	72	Sender to Receiver Information	6*35x

4. MT 700 Issue of a Documentary Credit

本电文由开证行发给通知行。它用以表明已由发函人(开证行)开立的跟单信用证条款。其中，39A 和 39B 以及 44C 和 44D 不可同时出现，而 42C 和 42a 应该同时出现。如不含 31C，发电文日即为开证日。40A 必须选 IRREVOCABLE, REVOCABLE, IRREVOCABLE TRANSFERABLE, REVOCABLE TRANSFERABLE, IRREVOCABLE STANDBY, REVOCABLE STANDBY 和 IRREVOC TRANS STANDBY 中的一个代码。40E 必须选 EUCP LATEST VERSION, EUCPURR LATEST VERSION, ISP LATEST VERSION, OTHR, UCP LATEST VERSION 和 UCPURR LATEST VERSION 中的一个。42a 必须是银行，如要求申请人为付款人的汇票，应该在 46A 输入。如涉及第二通知行，在 57a 栏输入。

Status	Tag	Field Name	Content/Options	No.
M	27	Sequence of Total	1!n/1!n	1
M	40A	Form of Documentary Credit	24x	2
M	20	Documentary Credit Number	16x	3
O	23	Reference to Pre-Advice	16x	4
O	31C	Date of Issue	6!n	5
M	40E	Applicable Rules	30x[/35x]	6
M	31D	Date and Place of Expiry	6!n29x	7
O	51a	Applicant Bank	A or D	8
M	50	Applicant	4*35x	9

Status	Tag	Field Name	Content/Options	
M	59	Beneficiary	[/34x]4*35x	10
M	32B	Currency Code, Amount	3!a15d	11
O	39A	Percentage Credit Amount Tolerance	2n/2n	12
O	39B	Maximum Credit Amount	13x	13
O	39C	Additional Amounts Covered	4*35x	14
M	41a	Available With ... By ...	A or D	15
O	42C	Drafts at ...	3*35x	16
O	42a	Drawee	A or D	17
O	42M	Mixed Payment Details	4*35x	18
O	42P	Deferred Payment Details	4*35x	19
O	43P	Partial Shipments	1*35x	20
O	43T	Transhipment	1*35x	21
O	44A	Place of Taking in Charge/Dispatch from.../Place of Receipt	1*65x	22
O	44E	Port of Loading/Airport of Departure	1*65x	23
O	44F	Port of Discharge/Airport of Destination	1*65x	24
O	44B	Place of Final Destination/For Transportation to.../Place of Delivery	1*65x	25
O	44C	Latest Date of Shipment	6!n	26
O	44D	Shipment Period	6*65x	27
O	45A	Description of Goods and/or Services	100*65x	28
O	46A	Documents Required	100*65x	29
O	47A	Additional Conditions	100*65x	30
O	71B	Charges	6*35x	31
O	48	Period for Presentation	4*35x	32
M	49	Confirmation Instructions	7!x	33
O	53a	Reimbursing Bank	A or D	34
O	78	Instructions to the Paying/Accepting/Negotiating Bank	12*65x	35
O	57a	'Advise Through' Bank	A, B or D	36
O	72	Sender to Receiver Information	6*35x	37

5. MT 701 Issue of a Documentary Credit

本电文由开证行发给通知行。它用以表明开证行制定的跟单信用证条款。本电文在跟单信用证信息超过 MT700 格式的 10000 个字符的最大输入信息长度时发出,以补充 MT700 开立的信用证。无论如何组合,一封信用证中代号 45、46 和 47 只能各出现一次,比如,不能同时出现 MT700 的 45A 和 MT701 的 45B。因此,最大组合应为一则不含这三项的 MT700 电文和三则分别含 45B、46B 或 47B 的 MT701 电文。

Status	Tag	Field Name	Content/Options
M	27	Sequence of Total	1!n/1!n
M	20	Documentary Credit Number	16x

附录1 某些SWIFT电文格式

O	45B	Description of Goods and/or Services	100*65x
O	46B	Documents Required	100*65x
O	47B	Additional Conditions	100*65x

6. MT 707 Amendment to a Documentary Credit

本电文由开证行发给通知行，也可以由通知行发给另外一个通知行，或由转让行发给通知行。它用以通知接收电文的银行关于发电文银行或第三家银行开立的信用证的条款更改。该更改被视为跟单信用证的一个部分，除非该MT707电文只是详情后告的信用证更改的简电通知。

Status	Tag	Field Name	Content/Options
M	20	Sender's Reference	16x
M	21	Receiver's Reference	16x
O	23	Issuing Bank's Reference	16x
O	52a	Issuing Bank	A or D
O	31C	Date of Issue	6!n
O	30	Date of Amendment	6!n
O	26E	Number of Amendment	2n
M	59	Beneficiary (before this amendment)	[/34x]4*35x
O	31E	New Date of Expiry	6!n
O	32B	Increase of Documentary Credit Amount	3!a15d
O	33B	Decrease of Documentary Credit Amount	3!a15d
O	34B	New Documentary Credit Amount After Amendment	3!a15d
O	39A	Percentage Credit Amount Tolerance	2n/2n
O	39B	Maximum Credit Amount	13x
O	39C	Additional Amounts Covered	4*35x
O	44A	Place of Taking in Charge/Dispatch from.../Place of Receipt	1*65x
O	44E	Port of Loading/Airport of Departure	1*65x
O	44F	Port of Discharge/Airport of Destination	1*65x
O	44B	Place of Final Destination/For Transportation to.../Place of Delivery	1*65x
O	44C	Latest Date of Shipment	6!n
O	44D	Shipment Period	6*65x
O	79	Narrative	35*50x
O	72	Sender to Receiver Information	6*35x

7. MT 900 Confirmation of Debit

本类型电文由提供账户服务的银行发给账户拥有者，用以通知账户拥有者资金已从其账户扣除。该出入账目将由银行结单进一步确认。

Status	Tag	Field Name	Content/Options
M	20	Transaction Reference Number	16x
M	21	Related Reference	16x
M	25	Account Identification	35x
M	32A	Value Date, Currency Code, Amount	6!n3!a15d
O	52a	Ordering Institution	A or D
O	72	Sender to Receiver Information	6*35x

8. MT 910 Confirmation of Credit

本类型电文由提供账户服务的银行发给账户拥有者,用以通知账户拥有者资金已记入其账户。该出入账目将由银行结单进一步确认。

Status	Tag	Field Name	Content/Options
M	20	Transaction Reference Number	16x
M	21	Related Reference	16x
M	25	Account Identification	35x
M	32A	Value Date, Currency Code, Amount	6!n3!a15d
O	50a	Ordering Customer	A ,For K
O	52a	Ordering Institution	A or D
O	56a	Intermediary	A or D
O	72	Sender to Receiver Information	6*35x

附录 2

了解 UCP600 和 ISBP745

通过互联网搜索 UCP600 和 ISBP745 并仔细阅读它们的条款,完成以下的判断题(做出 True 或 False 判断),并且尽可能在 UCP600 或 ISBP745 中找到相应依据。附录 3 给出本书作者对以下这些问题的解析,可供参考。

1. 关于 UCP600 的判断题

(1) 信用证可以做出和 UCP 不同的规定。如果受益人接受了信用证,他必须按照信用证的规定操作。

(2) 如果信用证明确规定"Article 30 of UCP600 is excluded(或 not applicable)",UCP600 该条款将对该信用证当事人无约束。

(3) 由指定银行议付的信用证,汇票不能以议付行为汇票付款人。

(4) 不明确说明是"可撤销的"信用证一般就是不可撤销的信用证。

(5) 对单据的签署可以手签、摹本签名、以打孔字签名、盖章、注符号,或用任何电子或机械方法证实。

(6) 信用证下的中国银行上海分行和中国银行大阪分行应该视为同一家银行。

(7) 如果信用证要求"certificate of origin from a local chamber of commerce",必须提交由'受益人所在地'商会出具的产地证才能够满足。

(8) 信用证规定的装运期为"before end of May",指的是货物必须在 5 月 31 日前装运。

(9) 如果远期信用证下的申请人收到的货物和买卖合同中的严重不符,申请人可以要求承兑行拒绝到期付款。

(10) 开证行应该劝阻申请人把交易的基础合同、形式发票或类似文件作为信用证整体的一部分的企图。

(11) 信用证下银行只处理单据而非可能和单据相关的货物、服务或行为。

(12) 开证行在信用证中指定由上海的汇丰银行议付，所以受益人不得直接向开证行交单。

(13) 不说明兑用方式是即期付款、延期付款、承兑还是议付的信用证不可接受。

(14) 信用证下不得要求提交以申请人为付款人的汇票。

(15) 信用证中的承付或议付到期日被视作交单到期日，并且兑用信用证的银行所在地即为交单地点。

(16) 付款信用证下如果指定的银行不愿承付，在相符交单下开证行必须承付。

(17) 开证行承诺偿付指定银行的条件是该指定银行已经对"相符交单"实施了承付或议付并向开证行转寄了这些单据。

(18) 开证行对指定银行偿付的承诺独立于开证行对受益人的承诺。

(19) 保兑行只有在开证行失去支付能力的情况下才对信用证实施承付。

(20) 既然议付行是可以追索的，那么保兑行对议付信用证的议付也应该可以追索。

(21) 如果受指示要求对某信用证加具保兑的银行不打算保兑，它必须立即通知开证行并且可以不加具保兑而通知该信用证。

(22) 如果通知行不是保兑行，在通知信用证或其修改书时，它无须承诺承付或议付。

(23) 通知行通知信用证或其修改书行为的本身，表明了它已经认可了信用证和信用证修改的表面真实性。

(24) A 银行开证后通过 B 银行通知信用证，以后若发生信用证修改，A 也必须通过 B 通知该修改。

(25) 如果某银行被请求通知信用证或其修改书，但它不打算接受，它必须立即告知向它寄来信用证、信用证修改书或有关通知书的银行。

(26) 保兑信用证经修改后，保兑行的保兑责任自动扩展到信用证的修改。

(27) 尽管信用证做了修改，受益人未表示接受且按修改前的信用证交单，这将使银行无法操作。

(28) 受益人部分接受信用证的修改将被视作拒绝接受修改。

(29) 开证行应该在信用证修改通知书中规定"除非受益人在某时间段内拒受，信用证的修改将生效"以约束受益人及早表态。

(30) 只要没有"详情后告"或"以随后邮寄的确认书为准"之类声明的信用证或其修改书的电开本被视作有效的信用证或修改。

(31) 既然信用证预通知不是正式有效的不可撤销的信用证，开证行随后不一定需要开立有效的信用证。

(32) 接受指定作为延期付款信用证的付款行在发出延期付款承诺时对受益人提供融资受 UCP600 保护。

(33) 如果指定的银行不是保兑行，它收取、检查及转寄单据并不意味它需要承担承付或议付的义务，也不构成它对信用证下单据的承付或议付。

(34) 信用证下银行间的偿付必须遵守国际商会的《银行间偿付统一规则》约束，信用证无需明确说明。

(35) 信用证不应要求索偿行向偿付行提交单据与信用证条款相符的证明。

(36) 决定按指定行事的指定银行必须仔细审核信用证下所提交的单据是否表面能够构成符合要求的交单。

(37) 交单因节假日顺延了两日,银行审单时限将相应由 5 天缩短为 3 天。

(38) 信用证要求向银行提交的提单仅为副本,尽管未规定交单期,受益人的交单最迟不得超过装运后的 21 天。

(39) 提交的发票上商品为 1000 码长(符合信用证货物条款描述),但产地证上数量却为914.4 米,对此银行可以拒付。

(40) 信用证要求 "packing list in 3 copies",提交的装箱单虽然给出了每个包装的服装数量,但没有给出通常服装装箱单应有的具体颜色、尺码和数量搭配,银行可以拒付。

(41) 信用证附加条款中规定"载货船只船龄必须在15年以下",但单据条款中又未规定相应的船龄证明之类单据,提交的单据上没有与此相矛盾的表述,银行对这样的规定可以不予理会。

(42) 提交的提单装运日居然早于开证日,银行显然应该拒绝接受此类单据。

(43) 信用证中受益人地址为"中国上海东旭路 123 号",发票中受益人地址却为"中国杭州中山路 456 号",银行应该拒付。

(44) 提交的提单被通知人栏中的申请人门牌号和信用证中申请人门牌号不一致,银行应该拒付。

(45) 银行应该拒绝接受发货人不是信用证受益人的提单,因为这无法保证货物的真实性。

(46) 虽然信用证未做规定,提单的出具人竟然是受益人本人,银行应该拒付。

(47) 开证行发现受益人交单不符后,必须征得申请人意见后方可发"拒付通知"。

(48) 对同一批单据,开证行以后发出的补充列明其他不符点的拒付通知是无效的。

(49) 开证行的拒付通知可以通过邮政以信件方法寄出,这毕竟可以省去使用电讯而花费的较高费用。

(50) 信用证要求提交受益人证明但未说明份数要求,受益人提交一份正本即满足要求。

(51) 议付行议付的单据中发票金额超过信用证金额,但汇票金额未超过,开证行可以因此拒付。

(52) 提交的从上海船运至马赛,再转铁路至巴黎的多式联运单签发日为 5 月 4 日,装船批注日期为 5 月 5 日,5 月 5 日被视为装运日。

(53) 信用证要求多式联运单但禁止转运,受益人理应要求改证。若提交的单据显示转运,银行应拒付。

(54) 提单出具人和署名人都是某船公司,虽未明确标明它为承运人,银行也应接受。因为船公司不是货代,它就是负责运输的。

(55) 海运提单的装运日应该是货物在指定装货港的装船日,提单出具日不一定是装船日。

(56) 提单的卸货港为信用证规定的卸货港 X,虽提单的交货地填写了信用证未规定的 X 附近的另一地点 Y,银行不应因此拒付。

(57) 信用证要求提交海运提单,提交的单据却名为"多式联运提单"。只要该单据满足 UCP600 第 20 条,银行仍应接受。

(58) 信用证要求提单并禁止转运，提交的集装箱提单却显示集装箱货物将在香港转运，银行应拒付。

(59) 租船合约提单可以由承租人或其代理人签署。

(60) 信用证规定的卸货港为"欧洲主要港口"，提交的租船合约提单的卸货港也可填"欧洲主要港口"。

(61) 如果信用证要求提 CP B/L 时还要求交租船合约，银行将不得不审核它，以确定是否存在交单不符。

(62) 空运单的签发日一般将被视为装运日。

(63) 信用证要求提交"全套"空运单，受益人只要接受信用证就必须提交空运单表明的所有正本。

(64) 信用证要求提交空运单且禁止转运，受益人提交的空运单不可显示将发生转运。

(65) 提交的铁路运单上虽盖有铁路公司的印戳，但还得明确标明该铁路公司为承运人。

(66) 公路、铁路或内河运输单据不是物权单据，无论是否注明正本，都可以作为正本接受。

(67) 公路、铁路或内河运输单据如果运输单据未表明签发的正本份数，银行将把所提交的份数视为全套正本。

(68) 信用证下的快件收据必须表明快件公司名称并经该具名的快件公司在信用证规定的货物装运地盖章或签署，还需表明收取货物的日期。

(69) 表明货物已经或将要装舱面的提单是不可接受的。

(70) 提单包装件数和货物描述栏中注有"发货人装并计数"和"内容据发货人称……"，这是不可接受的。因为银行无法判断受益人的实际发货情况。

(71) 加载"货物可能不适合海洋运输"批注的提单构成不清洁提单。

(72) 保险单据必须提交已出具的所有正本。

(73) 如果信用证未表明所需的投保金额，保险金额必须至少为货物 CIF 或 CIP 价值的 110%。

(74) 除非信用证允许，银行将拒绝接受含有任何除外条款说明的保险单据。

(75) 信用证没有保险免赔率的规定，提交的保险单如表明含免赔率，银行将拒付。

(76) 最迟交单日恰逢地震，银行停止营业。受益人可以顺延至地震平息后的第一个银行工作日交单。

(77) 最迟装运日恰遇港区装卸工人因国定假日不上班，装运可顺延至假日后第一个工作日进行。

(78) 信用证金额为 5000 美元，数量 about 5 metric tons，单价每公吨 1000 美元，不可分批装运，受益人可以发货的范围应该从 4.5 公吨至 5 公吨。

(79) 信用证金额为 5000 美元，数量 5 metric tons，单价每公吨 1000 美元，不可分批装运，受益人可以发货的范围应该从 4.75 公吨至 5 公吨。

(80) 信用证不允许分批装运，如果已按信用证规定的数量全部装运并且如果信用证规定了单价，单价没有减少，允许支取金额有少于信用证金额 5%的容差。

(81) 信用证未限制分批装运不等于允许分批装运。

(82) 货物在青岛装一部分，同船同航次抵上海再装一部分，都发往汉堡，这不属于分批装运。

(83) 货物由两辆卡车装运，即使它们同日出发，驶往同一目的地，这已构成分批装运。

(84) 信用证要求 5 月发 1000 件，6 月发 1500 件，禁止分批。如果 5 月份只能完成 990 件，受益人不能在信用证下正常发货，5 月份的信用证无法使用，6 月 1500 件的信用证也将无法再使用。

(85) 信用证要求 5 月发 1000 件，6 月发 1500 件，未规定是否可分批。如果 5 月份只能完成 990 件，受益人 5 月份发出 990 件可以正常收汇，但 6 月 1500 件的信用证将无法再使用。

(86) 信用证要求 5 月发 10 公吨，6 月发 15 公吨。如果受益人 5 月只备齐 9.5 公吨，他可先发 9.5 公吨。6 月 15 公吨的信用证仍然有效。

(87) 信用证要求货物 20 公吨，5 月和 6 月各发 10 公吨，信用证金额允许 5% 的增减。如果受益人 5 月发了 9.5 公吨，则 6 月最多可发 11.5 公吨。

(88) 涉及分期索偿的备用信用证如果表明遵守 UCP600，理应排除 UCP600 第 32 条。

(89) 申请人付款赎单后发现获得的提单是受益人伪造的，他有权要求开证行退回款项。

(90) 指定议付行收到并审核单据后，未做议付，只是按信用证要求将单据寄开证行。如果单据邮寄途中丢失，未做议付的银行不能免责，因为他没有"按指定行事"议付单据。

(91) 因指定银行寄送的声称相符的单据在途中丢失，开证行即解除信用证下承付的责任。

(92) 如受益人因不能按信用证要求发货，拒绝支付通知行费用，开证行有义务先支付通知行。

(93) 可转让信用证的开证行本身可以作为转让行。

(94) 由于已转让信用证中未做相应规定，转让行可以向第一受益人收取因转让给第二受益人发生的相关费用。

(95) 只要是可转让信用证，第一受益人可以将信用证的权利分别转让给多个第二受益人。

(96) 如果一份转让给一个以上第二受益人的信用证发生了修改，只要一个第二受益人拒绝接受修改，意味信用证的修改无法生效。

(97) 在被转让的信用证中，信用证金额、单价、到期日、交单期、最迟装运日或装运期可以减少或缩短，保险的投保加成率可以增加。

(98) 可转让信用证的第一受益人有权用自己的发票和汇票(如使用)替换第二受益人的发票和汇票，但金额不可超过信用证规定金额。

(99) 如果第一受益人提交的发票存在不符点，而第二受益人单据不存在该类不符点，并且第一受益人在得到转让行第一次告知时未能修改，转让行有权向开证行提交第二受益人处获得的单据。

(100) 转让信用证的第二受益人或代第二受益人交单者必须向指定的转让行提交单据。

2. 关于 ISBP745 的判断题

(1) 申请人申请开立的不可分批装运的信用证上，卸货港为 OSAKA/ YOKOHAMA。开证申请书并无明确的说明，开证行开证时可以自行决定将卸货港定为 OSAKA OR YOKOHAMA。

(2) 信用证上计量单位为 metric tons，但单据上做成"MTS"，挑剔的银行可以因此拒付。

(3) 信用证上受益人名称为 Shanghai Dongxu Company Ltd.，受益人制单时可以做成 SHDX，因为他们自己习惯上在电文中这样称呼自己。

(4) 在缮制受益人出具并证实的发票时，如果发票已签名并有出单日，证明句"we hereby certify that the above contents are correct and true"下受益人可以不再签名。

(5) 提交的商业发票上显示存在数据更改，银行可以以受益人未加更改章而拒收单据。

(6) 经合法化(legalized)、签证(vizaed)或类似手续的商业发票上的修改和变更，必须由对单据做合法化或签证的人证实。

(7) 由承运人出具并签署的提单上的更正没有经签单的承运人证实，而是由注明为承运人代理人的某具名实体证实，银行可以以该单据未由出具并签署提单的承运人证实而提不符点。

(8) 商业发票上信用证要求显示的商品 H.S.编码是手写方式加上去的，未见更改证实，银行可拒付。

(9) 银行可以因汇票、运输单据或保险单据未注明出具日期而拒付。

(10) 承运人的船龄证明无论措辞如何，必须有出具日。

(11) 装运前检验证明只要出单日迟于装运日，无论如何行文，银行都可以拒付。

(12) 装运日 4 月 1 日，"within 2 days of shipment"表示 4 月 2 日和 3 日这一段时间。

(13) 提交的提单显示装运日 14 DEC,2014，提交的发票和汇票上的日期却都为 141112，银行完全可以因此拒付。

(14) 信用证要求提交的是 Delivery Order，未要求其他 UCP 下的运输单据。UCP600 第 14 条 c 款的"21 天交单期"的规定将不适用。

(15) 虽然信用证下关于运输的单据只要求提单副本，但信用证"装运后 10 日内交单"的规定仍必须得遵从。

(16) 信用证下要求提交受益人寄单证明和相应的快递收据，银行无需按 UCP600 第 25 条审核该快递收据。

(17) 信用证下的"Shipping Documents"指的就是承运人一方签发的运输单据。

(18) 银行可以对受益人提交的由船长出具的"船公司证明"拒付，因为"船长"并不是"船公司"。

(19) 由于信用证规定了"Third party documents acceptable"，发票可以由任何实体出具。

(20) 如果信用证规定了"Third party documents not acceptable"，所有单据都不得不由受益人出具了。

(21) 信用证规定了"documents acceptable as presented"，因此银行对所提交的单据无需审核。

(22) 信用证要求提供 ABC 公司出具的检验证明，只要证明上方印有 ABC 公司的信头，即使其他部位未显示 ABC 公司即能满足信用证的出具人要求。

(23) 信用证规定所有单据用英语出具，即使提交的提单背面条款都是德语，开证行不可因此拒付。

(24) 虽然用英语开立的信用证未规定单据所使用的语言，提交的受益人出具的单据必须使用英语。

(25) 同批提交的装箱单有 5 张，申请人赎单时发现几张装箱单毛重计算总和应该是 12345 公斤，而不是发票、产地证、提单甚至装箱单本身都显示的"TTL GROSS WEIGHT: 12354 公斤"，申请人可以拒绝赎单，开证行应承担责任。

(26) 提交的发票上将信用证规定的 garment 打成 garmant，银行理应以"单证不符"拒付。

(27) 当装箱单不止一页时，必须使人能够确定这些不同页的装箱单同属一份单据。

(28) 标明为 duplicate 的提单即使表面符合 UCP600 第 20 条，不能被视作正本。

(29) 信用证要求 Invoice in 1 copy，受益人应该提交一份副本发票。

(30) 信用证要求提交全套公路运单，受益人虽然仅提交了一份已签署但注明 original for shipper 的公路运单，银行也应该接受。

(31) 信用证要求提交 2/3 Bill of Lading plus one N/N copy…，另要求提交 beneficiary certifying that 1/3 original B/L and one copy of invoice have been sent to applicant…，信用证没有不允许用正本替代副本的规定。受益人提交银行的提单可以为三份正本。

(32) 信用证要求提交 copy of clean shipped B/L…，另指示 full set of B/L must be sent to applicant within 5 days after shipment and beneficiary's certificate to this effect is required，受益人就不得向银行提交任何正本提单。

(33) 集装箱运输提单上只显示了集装箱号及封箱号，未显示发票上显示的唛头，银行应该拒绝接受。

(34) 信用证要求提交受益人证明，但没有署名的规定，提交的受益人证明可以不签署。

(35) 受益人提交的空运单上"发货人或其代理签名"栏没有签名，银行应该对此拒付。

(36) 保险单上含副签栏，并印有"未经投保人副签，保单不能生效"字样，该栏必须由投保人加载自己公司名称并签名。

(37) 信用证要求承运人证明 signed and stamped，承运人只是在用自己公司信头的纸缮制的承运人证明落款处打上公司名称并签了名，但没有盖章。这不符合信用证要求。

(38) 受益人提交的保险单上保险公司授权人签名是预先印就的，这不符合对保险单签名的要求。

(39) 出口地商会出具的产地证上没有签名，但印就了"本单据以电子方式缮制且不要求签名"，银行将不予接受这样的单据。

(40) 出口地商会出具的产地证上没有签名，但印就的文字注明了可以证实该单据的网址，银行应该接受这样的单据，但无需通过访问该网址来核实。

(41) 信用证要求 signed commercial invoice，提交的发票做在受益人信头的纸上，受益人的授权人在下方手签但未注明受益人公司名称，银行可以以不能识别该签字为受益人所为而拒付。

(42) 提单由总部在北京的承运人 A 公司出具，但签名者却表明是 A 公司上海分公司的授权人，这样的提单不能接受。

(43) 信用证要求提交"制造商检验证书"，提交的单据必须使用相同的名称。

(44) 信用证要求一份装箱单和一份重量单，受益人可以提交一份能同时表明装箱和重量细节的装箱和重量联合单据的正本。

(45) 信用证规定汇票票期为"提单日后 30 天",汇票只要在票期栏填"提单日后 30 天"即能够满足要求。

(46) 如果信用证规定的票期为"60 days from(或 after) bill of lading date",并且装运港为 European port,如果提交的提单上有两个装船批注,第一个表明货物于 8 月 16 日在 Dublin 装上 A 船,第二个表明货物于 8 月 18 日在 Rotterdam 装上 B 船,汇票的到期日应该为 8 月 16 日后的第 60 天。

(47) 如果信用证规定的票期为"60 days from(或 after) bill of lading date",并且装运港为 European port,如果提交的提单上有两个装船批注,第一个表明部分货物于 8 月 16 日在 Dublin 装上 A 船,第二个表明剩余货物于 8 月 18 日在 Rotterdam 装上 A 船,汇票的到期日应该为 8 月 16 日后的第 60 天。

(48) 如果信用证规定的票期为"60 days from (或 after) bill of lading date",而一张汇票项下提交了一套青岛装船的提单和一套同船随后上海装船的提单,汇票到期日应该是上海装船的提单日后第 60 天。

(49) 如果信用证规定的票期为"60 days from AWB date",如空运单没有专门的装运日或航班日的批注,票期以空运单出具日计算。

(50) 如果票期为"见票后 60 天"付款,如果付款行接受单据,到期日应为付款行收到单据后的第 60 天。

(51) 汇票票期为"见票后 60 天"付款,单据因交单不符被拒付,后因申请人愿意放弃不符点且开证行也同意,到期日应为开证行接受申请人放弃不符点之日后的第 60 天。

(52) 汇票票期为"见票后 60 天"付款,所交单据虽含不符,但开证行未在审单期限内发拒付通知。开证行理应付款,汇票到期日应为开证行收到单据后的第 60 天。

(53) 信用证下提交的汇票大小写金额如不一致,应该以大写金额为准。

(54) SWIFT 信用证中 42a 域为付款行的 BIC 代码,出汇票时付款人必须是该行的名称而非 BIC 代码。

(55) 信用证指定 A 银行作为承兑行及汇票的受票人,交单时 A 行因其非保兑行决定不按指定行事,受益人可以要求 A 行将单据原样转递开证行。

(56) 非保兑信用证要求汇票受票人为指定银行 A,交单时 A 行决定不按指定行事,受益人将汇票受票人做成开证行并要求 A 行将该汇票和其他单据转递开证行。

(57) 如果信用证要求"invoice"而受益人提交的单据名为"Customs Invoice",银行应该拒付。

(58) 发票必须表明所装运的货物的价值,必须显示与信用证一致的单价、币种和贸易术语。

(59) 信用证上的贸易术语是 FOB Shanghai,发票上不得做成 FOB Shanghai Incoterms 2010。

(60) 信用证上的贸易术语是 FOB Shanghai Incoterms,发票上不得做成 FOB Shanghai Incoterms 2000,因为 Incoterms 现行版本是 2010 版。

(61) 发票上不得显示信用证未规定的与预付款或折扣有关的扣减额。

(62) 信用证要求的货物为 10 公吨,发票显示 11 公吨,但受益人仅支取 10 公吨的钱,银行可以付款。

(63) 信用证要求的货物为 10 公吨，发票显示 10.2 公吨，如受益人仅支取 10 公吨的钱，银行可以付款。

(64) 银行可以拒绝接受受益人提交的额外显示了信用证未规定的免费试用物品的发票。

(65) 除非信用证有规定，发票可以不签名但必须加载出具日期。

(66) 信用证货物描述为 coats，提交的发票上却为 Ladies' coats，但银行不能以此拒付。

(67) 多式联运单据必须涉及两种或两种以上的运输方式，但具体运输方式可以不说明。

(68) 提交的多式联运单据必须注明所出具的正本份数。

(69) 如信用证允许提交货代的多式联运单据，提交的 A 公司信头单据无需表明承运人名称和签名人 A 公司的货代身份。

(70) 信用证 44E 上海/44F 汉堡/44B 不来梅，提交的备运格式多式联运单需要装船批注。

(71) 信用证规定多式联运单据的收货地为 SHANGHAI,CHINA，制单时收货地栏上 CHINA 不得遗漏。

(72) 信用证规定的卸货港必须出现在多式联运单据的卸货港栏，不可出现在最终目的地栏。

(73) 如信用证规定的目的港是 "European Ports"，多式联运单据的目的港必须是某一具体的欧洲港口，"European Ports" 字样无需显示。

(74) 信用证规定多式联运单据 notifying applicant，提交的单据被通知人栏可以只显示申请人名称，无需显示申请人地址和联系方式。

(75) 提交的多式联运单据上曾打上 "clean" 字样，后又被删去，这表明它是不清洁运输单据。

(76) 信用证要求多式联运单据上显示目的地交货代理人，提交的单据上显示的交货代理的地址必须在该目的地。

(77) 正本多式联运单据上的更改可以由不同于出具或签署多式联运单据的承运人代理人证实，副本上也必须有相应更改，但无需证实。

(78) 如果信用证不接受运费之外的额外费用，则标有 FIO 的多式联运单据将被拒付。

(79) 信用证要求提单显示 freight payable at destination，但提交的提单相应栏目未做填写，只标明了 freight collect，银行可因此拒付。

(80) 如果船长在提单上签名，提单上仍需注明承运人的名称和身份。

(81) 信用证规定的提单装货港为 "上海"，则 "上海" 不得显示在所提交的提单 "收货地" 栏目中。

(82) 注明受租船合约约束的运输单据即为受 UCP600 第 22 条制约的租船合约提单。

(83) 提单上印就的 "freight payable as per charter party dated ____" 栏未经填写，因此不视为租船合约提单，应按 UCP600 第 20 条审核。

(84) 信用证规定货物从 PUDONG AIRPORT，SHANGHAI，CHINA 空运至日本大阪，但提交的空运单未显示上海浦东机场的具体名称，也没有 CHINA 字样，只有 IATA 的代码 PVG，银行应该拒付。

(85) 信用证规定空运单的抬头为 "凭申请人指示"，提交的空运单抬头不可记名申请人，即不可没有 "指示"(To Order) 之类字样。

(86) 如果信用证要求提交正本铁路运输单据，提交的铁路运单未注明为正本，也将作为正本接受。

(87) 提交的铁路运单虽然为拓印副本联，但因加盖了发货地火车站的印章，可以视为正本。

(88) 即使信用证已经明确列明险别，保险单上仍可以有除外责任的参照规定。

(89) 信用证保险单据条款没有对保险单背书的要求，因此提交的保险单都无需背书。

(90) 信用证要求提交空白背书的保险单，受益人提交来人抬头的保险单，银行应以此拒付。

(91) 信用证要求保险单的被保险人为信用证申请人 ABC，受益人 XYZ 公司在保险单被保险人栏可以填写 XYZ held to the order of ABC，无需背书。

(92) 如果信用证要求原产地证书但未规定具体内容，提交看似与所开发票的货物相关联，证实货物原产地，并经签署的单据即能满足要求。

(93) 虽然信用证要求由受益人出具产地证，所提交的由商会出具且注明受益人的产地证亦可接受。

(94) 信用证要求由出口地商会出具的产地证，银行可以拒收出口地的行业协会出具的产地证。

(95) 原产地证书上可以没有货物描述，但应通过援引相应发票号等方法和发票下所发运的货物关联。

(96) 信用证下提交的产地证的发货人必须是信用证受益人，收货人必须是信用证申请人。

(97) 即使信用证未做规定，提交的装箱单仍必须由受益人出具。

(98) 装箱单显示了与同批提交的发票不同的发票号，并且出具人并不是受益人，银行可以以此拒付。

(99) 只要信用证没有要求，提交的受益人证明无需显示信用证上的货物描述或其统称。

(100) 受益人提交的检验证明可以表明所检验的并非所有有关货物而仅检验了它们的样品。

附录 3 "了解 UCP600 和 ISBP745"的参考解析

1. 关于 UCP600 的判断题解析

(1) T。UCP600 第 1 条强调,当信用证明示受制于 UCP 时,UCP 将对当事人有约束力,除非信用证做出和 UCP 不同的规定或排除了 UCP 某些条款的适用。国际商会意见 TA.789rev 还指出,信用证修改 UCP 某规则无需专门说明其被修改,而排除 UCP 某规则则须用明文排除。

(2) T。同上。ISBP 的"先期问题"vi 段中也曾提醒信用证申请人和开证行,"……应充分了解 UCP600 的内容,……对术语的界定方式可能产生预料之外的结果。例如,在多数情况下,信用证要求提单并且禁止转运时必须排除 UCP600 第 20 条 c 款,才能使禁止转运发生效力"。不过应该清楚地知道,UCP 某些条款的随意排除可能会导致信用证无法操作。因此,如果希望信用证业务能够顺利进行,如有必要,在排除的同时可能需要在信用证中添加新的明确条件。

(3) T。UCP60 第 2 条关于"议付"的定义,是指信用证指定的银行(议付行)通过预付或承诺预付的方式,在"相符交单"条件下"买"下以其他银行为付款人的汇票及/或单据的行为。议付行议付的汇票不能以议付行自己为付款人,否则按票据法,付款人付款是终局性的,不可能有什么"追索"。

(4) T。UCP600 第 2 条关于信用证的定义认为,"无论如何称呼或描述,信用证是一种不可撤销的安排,构成了开证行对符合要求的交单承付的确定承诺"。UCP600 第 3 条也指出"信用证是不可撤销的,即使未如此表明"。因此,只有明确声明 revocable,做出不同于 UCP 这些规定的信用证才是"可撤销"信用证。

(5) T。UCP600 第 3 条认为,对单据的签署可以手签、摹本签名、以打孔字签名、盖章、注符号,或用任何电子或机械方法证实(当然,如果信用证要求手签,则必须手签。不过,在国际商会银行委员会关于确定正本单据的政策声明中明确,摹本签名将等同于手签(所谓摹本签名最常见的是指加盖按签名者的笔迹刻制的印章。美国各州的"公共官员摹本签名统一法案"(*Uniform Facsimile Signature of Public Officials Act*)曾定义,摹本签名指通过雕刻、压印、印戳或其他方法复制的经授权的官员的手工签名("Facsimile Signature" means a reproduction by engraving, imprinting, stamping, or other means of the manual signature of an authorized officer)。ISBP745 的 A35 段 a 款所示例的摹本签名包括预先印就的或扫描的签名)。

(6) F。UCP600 第 3 条释义中规定,一家银行在不同国家的分行被视为另一家银行。

(7) F。UCP600 第 3 条规定,如要求"一流的"、"知名的"、"合格的"、"独立的"、"正式的"、"有资格的"和"当地的"单据出具人,则除受益人外的任何人作为单据的出具人都能够满足要求。在答复"如果信用证要求'certificate of origin from a local chamber of commerce','local'到底针对'货物原产地'、'受益人所在地'还是'装运地'"问题时,国际商会的意见 R626/TA.652rev 中就明确指出,任何商会出具的产地证都能够满足这样的要求。

(8) F。在对于一些时间表达进行释义时,UCP600 第 3 条规定,除非单据内需要使用(比如所要求的受益人证明文句中含有),否则使用"及时"、"立即"和"尽快"之类笼统的表达可以不予理会;"on or about 某日"为首尾日子在内的该日的前五日起至该日的后五日止;某月上半月和下半月(如 The first half of May 和 the second half of May)分别指该月 1 至 15 日和 16 日至月末日;某月上、中、下三旬(如 the beginning of May, the Middle of May 和 the end of May)分别指该月 1 至 10 日、11 至 20 日和 21 日至月末日。当用以表示装运期时,"to、until、till、from 或 between 某日"的表达中,该日将包括在内,而使用"before 或 after 某日"则该日不包括在内。可以看到,除了 before 和 between,这些对于装运期的规定和 UCP500 第 46 条 b 款及第 47 条关于装运期的规定中是一致的。应该注意的是,上述关于"to、until、till、from、between、before 和 after 某日"的释义中,UCP600 的本条款强调了它们适用于装运期,而至于其他时间诠释 UCP600 并未将它们限用于装运期的描述。还要注意的是,UCP600 强调,当用来描述汇票到期日时,"from 某日"和"after 某日",该日均不包括在内。ISBP745 的 A15 段将这个原则延伸到交单期。

(9) F。UCP600 第 4 条 a 款强调了信用证是独立于其他合同的交易。即使信用证要求参照那些合同,银行决不受它们约束。因此申请人因他和开证行或他和受益人产生的索赔和抗辩不能约束银行履行信用证下的承付、议付和其他义务。这意味着,如果申请人收到的货物和买卖合同中的严重不符,申请人可以在买卖合同下向受益人主张自己的权利,但他不能以此在信用证下抗辩;远期信用证下的承兑行不可依据申请人的抗辩而拒绝到期付款。同样,该款还指出,受益人在任何情况下也不可利用银行间的或开证行与申请人间的契约关系。因此,即使如果申请人在开证申请时和开证行已有约定"申请人需接受开证行已经接受的单据",受益人在单证不符的情况下也无权以此要求开证行接受单据。

(10) T。UCP600 第 4 条 b 款反映了 UCP500 第 5 条关于"开立/修改信用证指示"中"劝阻在信用证或其任何修改中加列过多细节"的精神。UCP600 在此指出,开证行应该劝阻申请人把交易的基础合同、形式发票或类似文件作为信用证整体的一部分的企图。应该说,作为提供结算服务的银行不可能去了解和把握银行业务外的其他商业、运输或保险合同下的专业细节，也不应该被卷入那些可能发生的基础合同下的纠纷中，何况银行并不是那些合同建立时的当事人。因此，如果受益人接受了信用证，银行和信用证下其他当事人将受信用证约束而非那些基础合同约束，即使信用证规定"参照某某合同"或要求提交某合同副本。UCP600 该款规定只是希望开证行能够提醒申请人避免提出有违该条且没有意义的要求。

(11) T。UCP600 第 5 条强调了银行只处理单据而非可能和单据相关的货物、服务或行为。体现在该条的"信用证为纯单据业务"的规定和 UCP500 第 4 条规定一致，只是不再使用"all parties concerned"之类的容易混淆的表达。

(12) F。UCP600 第 6 条 a 款指出，信用证必须说明该证可以在哪家银行兑用，或是否可在任何银行兑用。该款还规定，在指定银行兑用的信用证也可以在开证行兑用。因此，这里实际认可了受益人直接向开证行交单的行为。所以，限制议付情况下，受益人将单据提交给局外行(非信用证指定银行)而非指定议付行的行为本身并不违反 UCP 的规定，这相当受益人委托局外行直接向开证行交单。当然，局外行无法享受 UCP 下的免责，并且单据必须在规定的时限内寄达开证行。

(13) T。UCP600 第 6 条 b 款强调，信用证还必须说明它是即期付款、延期付款、承兑还是议付信用证。

(14) F。UCP600 第 6 条 c 款的规定是，信用证不得凭申请人为付款人的汇票承付。该规定实际强调了信用证下"银行第一性付款"的责任。ISBP745 的 B18 段重申了该观点，并且进一步指出，如果信用证要求这样的汇票作为一种规定的单据时，银行仅在信用证明确规定的范围审核，其他方面将按 UCP600 第 14 条 f 款的规定审核。UCP600 第 6 条并未禁止信用证要求提交以申请人为付款人的汇票，只是强调了信用证的承付必须由银行实施。这样的汇票在 SWIFT 信用证下只能在 46 域或偶尔在 47 域给出，不得在 42 域规定。

(15) T。UCP600 第 6 条 d 款指出，信用证必须说明交单到期日，并且强调了信用证中的承付或议付到期日被视作交单到期日，并且兑用信用证的银行所在地即为交单地点(当然，如果信用证规定与此不符，比如议付信用证要求到期地点在开证行，受益人如不能把握，可以以本款为据要求修改，否则必须按信用证操作)。信用证"到期日"(expiry date)就是信用证的有效期(validity)，不可与"交单期"(period for presentation)混为一谈。过了有效期交单，银行已没有义务再在信用证下提供"议付"、承兑汇票或做付款承诺；过了交单期交单，只是未做到"相符交单"，如果申请人接受，银行仍会议付或承付。显然，一份接受单据两年后付款的延期付款信用证的有效期不必在两年期的付款后终止，该信用证的有效期只要能够用以限定信用证下受益人最后交单的一个时限即可。另外 UCP600 原文该条该款 ii 条似乎有些拗口，它的意思应该是，除规定的交单地点外，开证行所在地也是交单地点。因此，除 29 条 a 款的"交单期可因节假日顺延"的规定外，受益人或代受益人交单者(非信用证指定银行)不得在信用证到期日之后实施交单。

(16) T。UCP600 第 7 条 a 款指出，如若信用证规定的单据提交到指定银行或提交到开证行，并且如若交单符合要求，开证行在下述情况下必须承付：①规定由开证行即期付款、延期付款或承兑；②规定由指定银行即期付款但其未付；③规定由指定银行延期付款但该行不做出延期付款承诺，或已出承诺但到期不付；④规定由指定银行承兑但该行不承兑以他为受票人的汇票，或已承兑但到期不付；⑤规定由指定银行议付但该行不议付。

(17) T。UCP600第7条c款首先给出了开证行承诺偿付指定银行的条件是该指定银行已经对"相符交单"实施了承付或议付并向开证行转寄了这些单据。其次它指出,开证行对于承兑或延期付款信用证的偿付将在汇票或延期付款的到期日,无论指定银行是否已在该到期日前提供了预付或买单融资。这意味着,虽然UCP600第12条b款中规定"开证行指定某银行承兑汇票或做出延期付款的承诺,即意味着开证行授权该银行在汇票承兑后或延期付款承诺下预付或买单",但开证行的偿付仍将在到期日实施。

(18) T。UCP600第7条c款强调,"开证行对指定银行偿付的承诺独立于开证行对受益人的承诺"。可见,在存在受益人欺诈的情况下,即使开证行能够凭法院止付令以受益人欺诈为由取消自己的承付承诺,但如果已有指定银行按信用证指示行事并在信用证下实施了议付或承付,法院就不应该出具止付令而开证行就不能以受益人欺诈为由取消对指定行的偿付承诺。

(19) F。UCP600第8条a款规定,如若规定的单据提交到指定银行或提交到保兑行,并且如若交单符合要求,保兑行在下述情况下必须承付:①规定由保兑行即期付款、延期付款或承兑;②规定由指定银行即期付款但其未付;③规定由指定银行延期付款但该行不做出延期付款承诺,或已出承诺但到期不付;④规定由指定银行承兑但该行不承兑以他为受票人的汇票,或已承兑但到期不付;⑤规定由指定银行议付但该行不议付。

(20) F。UCP600上述条款同时规定,保兑行可以议付,但是保兑行的议付是不能追索的。

(21) T。UCP600第8条d款规定,如果开证行授权某银行对某信用证加具保兑但该银行却不打算保兑,它必须立即通知开证行并且可以不加具保兑而通知该信用证。

(22) T。UCP600第9条a款指出,信用证和信用证的修改可以由通知行通知受益人。当然,在一般信用证实务中,信用证总是通过通知行通知受益人,这样通知行可以审核信用证真伪。另外,该条指出,如果通知行不是保兑行,在通知信用证或信用证的修改时,它无须承诺承付或议付。

(23) T。UCP600第9条b款中明确指出,通知行通知信用证和信用证修改的行为本身,表明了通知行已经认可了信用证和信用证修改的表面真实性,并且,通知行发出的通知需要准确地反映了它所收到的信用证或信用证修改的条款。

(24) T。UCP600第9条d款规定,某银行利用通知行或第二通知行的服务来通知信用证,它必须利用相同的银行通知该信用证下的修改。

(25) T。UCP600第9条f款规定,如某银行被请求通知信用证或信用证的修改,但它不打算接受,它必须立即告知向它寄来信用证、信用证修改或有关通知书的银行。

(26) F。UCP600第10条b款规定,开证行一旦做出信用证修改即不可撤销地受之约束。保兑行可以将保兑扩展到修改的信用证,若此,一旦它通知了信用证的修改即不可撤销地受之约束。当然保兑行可以选择对信用证的修改只通知但不保兑,若此,它必须立即告知开证行并在它的通知书中告知受益人。

(27) F。按UCP600第10条c款,原证(或含曾已接受的修改条款的前信用证)条款在受益人向通知信用证修改的银行表示接受前仍然有效。如果受益人虽未做出接受修改的表示但是如果他提交了满足修改后的信用证的单据即可认为他接受了信用证修改,至此可以认为信用证已被修改。

(28) T。UCP600 第 10 条 e 款不允许仅对信用证修改做部分接受,并认为,部分接受修改将被视作拒绝接受修改。

(29) F。按 UCP600 第 10 条 f 款,如果信用证修改通知单中含有关于"除非受益人在某时间段内拒受,信用证的修改将生效"之类的条款可以不予理会。也就是说,UCP600 不允许为受益人接受修改设立时限。

(30) T。按 UCP600 第 11 条 a 款,经证实的信用证或修改书的电开本被视作有效的信用证或修改书,任何随后的邮件确认将不应予以理会。如果电讯件声明"详情后告"(或类似意思的措辞),或声明邮寄的确认书将被视作有效的信用证或修改书,那么,该电讯件将不能被视作有效的信用证或修改书,但是开证行必须随即开出条款与电讯件相符的有效的信用证或修改书。一般,正式的银行电讯件本来就会用密押方式加密,收件银行的核押、解押可以视作对该电讯件的证实。因此,该条该款的规定实际强调了预通知必须载有"详情后告"之类的表述,并且预通知中的条款必须和后续正式文件中相符。

(31) F。UCP600 第 11 条 b 款规定,开证行只有打算开立有效的信用证或信用证修改书时,才可以发出信用证或修改书的预通知。发出预通知的开证行应该不可撤销地承诺立即开立与预通知中条款相符的有效的信用证或修改书。

(32) T。UCP600 第 12 条 b 款规定,"开证行指定某银行承兑汇票或做出延期付款的承诺,即意味着开证行授权该银行在汇票承兑后或延期付款承诺下预付或买单"。因此,开证行以外的远期信用证承付行或议付行,即延期付款信用证的付款行、承兑信用证的承兑行及远期议付信用证的议付行,只要它们接受指定,即意味着开证行允许它们在 UCP600 下提供融资。由此可见,诸如承兑信用证下承兑行对已承兑的远期汇票自行贴现的行为应受 UCP600 保护。在评论"指定银行收到相符单据后仅寄单而暂不做付款承诺,待收到开证行接受单据的通知后再发付款承诺"的做法时,国际商会意见 R722/TA.690 rev4 认为,指定银行可以在到期日前的任何时间发出承兑或延期付款承诺的通知以构成"按指定行事",这样它在预期的开证行到期偿付前任何时候都可以对受益人实施预付。当然,提供融资的银行一般仍会高度关注融资风险。"允许提供融资"毕竟不是"必须提供融资"。不过应该指出,本款规定对于申请人可能是个风险。如果提供融资的银行是在 UCP 条款下向受益人提供的融资,如果受益人"交单相符"下提供的实际是假货而且受益人在获得融资后破产且资不抵债,按本惯例第 7 条 c 款,开证行到期仍须向指定银行偿付;按 UCP600 第 37 条 a 款,申请人最终可能不得不承担相应的风险——如果银行不存在过失的话。当然,信用证下申请人本该能够把握受益人的信用和信誉。

(33) T。UCP600 第 12 条 c 款规定,如果指定的银行不是保兑行,它提供的收取、检查及转寄单据的服务并不意味它需要承担承付或议付的义务,也不构成它对信用证下单据的承付或议付。因此,付款信用证和承兑信用证下的交单行(注:非承兑行或付款行。注意和上述 b 款的区别。)并不需要提供承付或议付,如果它对受益人提供了预付之类融资服务,这仅仅与它和受益人间的协议有关,与开证行无关。同样,即使是延期付款信用证下的指定付款行,如果不是保兑行,它收到单据后,表示接受单据并向开证行转寄单据的行为不一定表明它已承担了到期付款的责任,除非它已经向交单人发出了明确的到期付款承诺。国际商会的意见 TA.655rev 中指出,"非保兑行的指定承付行在收到延期付款信用证下的单据后发出的通知:"Please be informed that the documents are accepted by us for maturity date

June 05, 2008. At maturity date we will revert to the matter of payment of proceeds"只表明它认可了交单相符,但并不表明它做出的是到期付款的承诺"。因此,交单人正确判断银行是否做出付款承诺非常重要。(当然,如果是"…your drafts are accepted by us…",则意味该行承兑了汇票。作为承兑人,汇票到期必须付款。)

(34) F。"偿付"在 UCP 下指的是银行间的款项划拨。UCP600 第 13 条 a 款规定,"如果信用证规定指定银行(索偿行)向另一银行(偿付行)索偿以获得偿付受在开证日仍生效的国际商会的《银行间偿付统一规则》约束,信用证必须说明"。众所周知,如果开证行和索偿行间没有直接账户关系,开证行往往会指定它和索偿行的共同账户行或"碰头行"提供偿付服务。这里的《银行间偿付统一规则》指的是国际商会的《跟单信用证项下银行间偿付统一规则》(URR),现行版本是 URR725。

(35) T。UCP600 第 13 条 b 款指出,如果信用证未声明偿付要受制于国际商会的《银行间偿付规则》,银行间的偿付则将遵循以下条款:

a. 开证行必须向偿付行发出和信用证兑用方式相符的偿付授权书。授权书不应该有到期日。

b. 不应要求索偿行向偿付行提交单据和信用证条款相符的证明。

c. 若偿付行不能按信用证条款在第一次索偿请求时做出偿付,开证行必须对由此产生的索偿行的任何利息损失和费用负责。

d. 偿付行的费用由开证行承担,不过,如该费用由受益人承担,开证行有责任在信用证及偿付授权书中表明。并且,如果偿付行费用由受益人承担,该费用应该在偿付时划拨给索偿行的款项中扣除。如果偿付未能实施,开证行仍有义务支付偿付行的费用。

(36) T。UCP600 第 14 条 a 款规定,决定按指定行事的指定银行、保兑行(如有)和开证行本身都必须以单据为对象,仔细审核信用证下所提交的单据是否表面能够构成符合要求的交单。该款实际强调了指定银行如果接受开证行的指定,必须审核单据。当然,按对 UCP600 第 2 条的解析,既然偿付行并不属于 UCP600 下的指定银行,它当然没有必要审单。UCP600 该款规定实际重申了信用证"纯单据"业务的特点。

(37) F。按 UCP600 第 14 条 b 款,按指定行事的指定银行、保兑行(如有)和开证行在单据提交日后翌日起最多各有五个银行工作日确定交单是否符合要求。并且,这五个银行工作日的时间段不因交单发生在到期日或交单期的最迟交单日,或发生在它们之后(如交单日和到期日被顺延,或银行愿意接受过期单据)而受影响被缩短。

(38) F。按 UCP600 第 14 条 c 款,如果信用证要求提交 UCP 下的运输单据正本,则受益人的交单最迟不得超过装运后的 21 个阳历日,并且,不得迟于信用证到到期日。也就是说,如果信用证要求的并非 UCP600 下的运输单据(即,第 19 条的"多式运输单据"、第 20 条的"海运提单"、第 21 条的"不可转让的海运单"、第 22 条的"租船合约提单"、第 23 条的"航空运输单据"、第 24 条的"公路、铁路、内河运输单据"以及第 25 条的"快件收据、邮寄收据或邮寄证明")或即使信用证要求的是 UCP600 下的那些运输单据,但不要求提交正本,如果信用证没有给出交单期,则交单只要在信用证有效期内完成即可,不必受该 21 个阳历日的交单期约束。

(39) F。按 UCP600 第 14 条 d 款给出的单据中内容审核的原则,即,审单时应该参照信用证、单据本身以及国际标准银行实务条文,一份单据中的内容无需与该单据本身中的内容、信用证所要求的其他单据中的内容或信用证中的内容同一，但不得相矛盾。1000 码等于 914.4 米，出口许可证按协议单位做成米长并无不妥。

(40) F。按 UCP600 第 14 条 f 款，如信用证要求提交运输单据、保险单据或商业发票外的单据但未规定出具人和内容要求，只要所提交的单据表面满足该要求的单据功能并和第 14 条 d 款相符即可。要注意的是，如果信用证排除该条款的适用，又不给出那些单据的具体要求，信用证将无法操作。本例信用证应该要求"Packing list in 3 copies showing detailes of colour, size and quantity assortment"或类似表述，这样受益人的装箱单才必须显示具体的颜色、尺码和数量搭配的信息。

(41) T。按 UCP600 第 14 条 h 款，银行对于不能够指向单据的条件将置之不理。当然，怎么才算指向单据？这可能需要单证操作人员非常清楚常见单据的内容要求。通常的货运单据，比如，提单、发票、箱单、产地证等都没有船龄栏目以及显示船龄的要求。另比如，信用证的附加条款中要求受益人必须提交装运的细节似乎不能属于非单据条款，因为信用证下通常要求提交的发票和运输单据一般总能够反映"装运细节"。当然，如果申请人对所谓的"装运细节"心里另有所指，他有必要说明具体的细目和需要显示的单据。再比如，如果信用证附加条款要求货物的原产地必须是中国，如果信用证没要求提交产地证，这样的要求将无法指向单据，应该属于非单据条款，除非提交的单据显示了另外的原产地；如果这样的条件出现在信用证"货物条款"下，因为货物条款下的内容必须要出现在发票上，所以不能算真正的非单据条款。

(42) F。按 UCP600 第 14 条 i 款，单据日期可以早于信用证开证日但不得迟于其交单日。当然，正常情况下，单据按信用证制作，因此单据日期往往迟于信用证开证日。在极少数情况下，比如，已制备好单据的货物由于种种原因另售他人，某些不能重做的单据日期将早于新合同下的信用证开证日。

(43) F。按 UCP600 第 14 条 j 款，单据中的受益人和申请人的地址无需和信用证或任何其他所要求的单据所述地址相同，但必须和信用证提及的相应地址在同一国家。并且，作为受益人或申请人地址一部分的用于联系的细节(传真、电话、电子邮箱之类)将不予理会。应该说，UCP600 这样的规定不无道理。在回答关于"位于同一国家的银行分行是否理解为同一银行"问题时(R387)，国际商会银行委员会的专家们就认为，它们应该被认定为同一银行。如果某信用证规定信用证在 Z 国 X 银行的 Y 分行兑用，单据可以向该特定银行提交，也可以向 Z 国的 X 银行的其他分行提交。对于商业公司也可能会是这样，他们的总部和部门机构也可能会位于不同地址。

(44) T。UCP600 第 14 条 j 款规定，当申请人的地址和联系细节作为 UCP600 第 19、20、21、22、23、24 或 25 条下的运输单据中的收货人或通知人一部分时，它们必须和信用证所述一致。

(45) F。按 UCP600 第 14 条 k 款，任何单据所示的发货人或托运人无需是信用证的受益人。应该说，UCP 这样的规定是非常合理的。比如，作为信用证受益人的上海某出口公司如果在东北组织的货源，一般不会把货物运回上海再装船，它很有可能直接委托在东北的代理人或货代在大连装船发货。当然，如果信用证排除该款的适用，运输单据的发货人必须是信用证的受益人。

(46) F。按 UCP600 第 14 条 1 款，只要运输单据能够满足 UCP600 第 19、20、21、22、23 或 24 条的要求，它的出具人可以是承运人、船东、船长或租船人外的任何人。当然，如果申请人不愿意接受诸如租船人或他无法设想的"任何人"出具的运输单据，他理应在信用证中明确说明，或在开立信用证时，明确排除 UCP 这一条款。不过，千万不要混淆单据的"出具人"(issuer)和"署名人"。前者一般在单据上方"信头"(letterhead)处显示，后者一般在单据下方签章。

(47) F。按 UCP600 第 16 条 b 款，当开证行确定交单不符，他可独自决定联系申请人放弃不符点，但这不能延伸 14 条 b 款提及的审单期限。因此，是否联系申请人放弃不符点是开证行的权利，但如果联系，以后申请人又确定拒付，开证行仍必须在收到单据的翌日起到 5 个银行工作日内发出拒付通知。

(48) T。根据 UCP600 第 16 条 c 款，当执行指示的指定银行、保兑行(如有)或开证行决定拒绝承付或议付，他必须向交单者发出单份通知(a single notice)。通知必须说明该行拒绝承付或议付，列明每一个不符点，并且说明单据的处理方法。单据处理方法可以有四种：其一是告知交单人，该行正持有单据等候交单人进一步指示；其二是告知交单人，开证行正持有单据直到收到申请人的放弃不符点并同意接受，或正持有单据，直到在同意接受放弃前收到交单人的进一步指示；其三告知，单据即被退回；其四是告知交单人，该行正按交单人之前发出的指示行事。需要注意的是，第二种做法和国际商会在 UCP500 下做出的《不符单据、放弃及通知》(Discrepant Documents, Waiver and Notice，Document470/952rev2)的规定不同，按该规定，一旦开证行做出拒付选择，单据的所有权便应回归交单者所有，开证行无权再擅自处理，即使开证申请人随后同意接受不符点并愿意付款，开证行也要先征得交单行及受益人的同意后，才能向开证申请人放单。而按照 UCP600 规定，在交单人发出进一步指示前，如果申请人放弃不符点，开证行即可放单付款。除非交单行在寄单面函中已经另外规定了万一拒付后的单据处理指示。

(49) F。按第 16 条 d 款规定，拒付通知必须以电讯方法发出，如无可能，由其他快速的方法在不迟于交单后五日内发出。

(50) T。按 UCP600 第 17 条 a 款，信用证规定的单据至少必须提交一份正本。这意味着如果信用证仅说明要求提交某单据但未说明正、副本及份数要求，则受益人必须至少提交一份正本。

(51) F。按 UCP600 第 18 条 b 款，按指定行事的指定银行、保兑行(如有)或开证行可以接受金额超过信用证允许金额的发票，只要该行承付或议付金额未超过信用证允许金额，它的决定将约束所有当事人。

(52) T。按 UCP600 第 19 条，多式联运单据的签发日将被视作发运、接受监管或装船日，即装运日；这也可以用标明货物已发运、接受监管或装船日期的印戳或标注表明，印戳或标注上的日期将被视作装运日。必须注意，如果头程(first leg of carriage)为海运(信用证往往也会要求提交"已装船的"多式联运单)，这实际就是要求头程按照 UCP600 第 20 条 a(iii)款操作，以表明货物在信用证规定的装货港被装上具名的船只。绝大多数多式联运单据预先印就的承运人声明句都是用"Received…"或"Taken in charge…"引出，如果头程为海运，单据上加盖表明实际装船日的装船批注将属必须。同样，如果头程是海运，且如果船名或装货港栏注明 intended，或如果"收货地"栏不得不填写了信用证规定的装货港之外的地点，或注明了"前段运输方式"时，则相应的装船批注都不可免。国际商会回复关于 UCP600 下质疑的 R641/TA.650 rev 意见和国际商会关于装船批注的建议书对此曾有明确阐述。

(53) F。按 UCP600 第 19 条 c 款，信用证没有禁止转运就是允许转运，即使信用证禁止转运，表明转运将要或可能要发生的多式联运单据是可接受的。当然，国际结算下的运输单据必须同一单据包括全程。

(54) F。按 UCP600 第 20 条 a 款 i 条，提单必须标明承运人的名称。提单可以表明承运人名称并经承运人或作为其代理或代表的具名代理人签署，或经船长或作为其代理或代表的具名代理人签署。签名者必须表明其身份是承运人、船长或代理人，而代理人签署时必须表明其被代理人是承运人还是船长。UCP600 不再要求代理人签署时，必须显示被代理人的名称(只要承运人名称和身份已经表明)。这样的规定应该是合理的，既然最终可能需要承担运输责任的承运人名称已经按要求标明，代理人签署时无需再显示承运人或船长的名称，除非提单它处未曾显示承运人的名称。这时在签署处将不得不标明承运人名称。

(55) T。按 UCP600 第 20 条 a 款 ii 条，货物必须在信用证规定的装货港被装上具名的船只。也就是说，第一，对于海运方式，UCP 坚持要求受益人以"装船"来完成"装运"(shipment)，"装船"可以用预先印就的"shipped on board"之类文字(这样的提单被称为"装船格式"提单)来表明，或使用标明已装船日期的装船标注来说明。对于"装船格式"提单，提单的签发日将被视作装运日，除非提单含有表明装运日的装船标注。此时，装船标注所示的日期被视作装运日。第二，提单必须明确，"on board"发生在信用证指定的装货港而非它处。第三，提单上的船名必须是明确具体的，如果提单在船名处含有"预期船只"之类的批注，提单需有表明装运日和实际船名的装船标注。

(56) T。按 UCP600 第 20 条 a 款 iii 条，提单需表明货物从信用证规定的装货港运至规定的目的港。按照该款行文，UCP600 下似乎提单只要表明了货物运输是从信用证规定的装货港至规定的目的港即能满足本处要求。信用证规定的卸货港如果填写在"交货地"栏，需要用批注说明该栏的港口就是卸货港。不过，UCP 未对提单"卸货港栏"显示了信用证规定的卸货港后，"最终交货地或目的地栏"的填写做出限制。从表面上看，这似乎不够合理，不过根据国际航运惯例，承运人在运输合同下有义务将货物运往指定目的港，或在万一被该港拒绝进入时运往最近的方便停靠的港口。当然，如果信用证要求货物从西雅图运往上海，即使该信用证下的提单的装货港为"西雅图"，卸货港为"上海"，但如果该提单的最终目的地栏又填写了"苏州"，这一来似乎改变了海运提单的实质(成了多式联运)，二来如果收货人原打算将货物从上海运往杭州，且不增加很多麻烦？虽然从费用角度这样的情况不大会发生，但万一受益人的过失却会使申请人承担不必要的费用。不过应该说，UCP 不是万能的，这样的问题似乎需要买卖双方在合同下解决了。

(57) T。按 UCP 对于运输单据的"无论如何命名"的务实原则，提交的单据只要满足 UCP600 第 20 条，银行就认为它满足了"提单"的要求(不过千万得注意，UCP 的"无论如何命名"原则只是说明银行审单时注重对是单据的实质和它的实际功能。信用证中如果明确了运输起讫地类型，或明确货物装货港、卸货港及内陆交货目的地，实际上就规定了制单、审单时所应遵循的 UCP600 相应条款。

(58) F。按 UCP600 第 20 条 b 款和 c 款，货物在信用证规定的装货港至卸货港运输期间，从一艘船卸下再装上另一艘船定义为转运；如没有禁止，提单可以表明货物将要或可能要转运，只要同一份提单包括全程运输；即使信用证禁止转运，如果提单表明货物由集装箱、拖车或子母船装运，表明转运将要或可能要发生的提单是可接受的。

(59) T。按 UCP600 第 22 条 a 款 i 条，租船合约提单可经船长、船东、承租人或他们的具名代理人签署。签署者必须表明身份，代理人签署必须表明被代理人身份。代理人作为船东或承租人的代理或代表签署时必须表明船东或承租人的名称。允许承租人(charterer)或其代理人签名是不同于 UCP500 的新规定。

(60) T。按 UCP600 第 22 条 a 款 iii 条，租船合约提单需表明货物从信用证规定的装货港运至规定的目的港。卸货港可以是信用证所规定的笼统港口或某个地理区域。应该注意的是，UCP 下其他运输单据上的起讫地都规定必须是具名地点或港口，即使信用证规定的是 China Ports 或 European Main Ports 之类笼统地点或港口。

(61) F。按 UCP600 第 22 条 b 款，即使信用证条款要求提交租船合约文本，银行将不予审核。这实际又一次强调了 UCP600 第 4 条"信用证独立于基础合同"的原则。

(62) T。按 UCP600 第 23 条 a 款 iii 条，空运单的签发日将被视作装运日，除非另含有单独的关于具体实际装运日的批注。此时，批注所示日期被视作装运日。在"UCP500 时代"只有信用证要求这类批注的情况下，批注日期才被视为装运日。不过，出现在航空运输单据上关于航班号及其日期的其他任何标注(尤其在"承运人专用栏")将不用于确定装运日。

(63) F。按 UCP600 第 23 条 a 款 v 条，受益人提交的空运单应是签发给托运人或发货人的正本，即使信用证要求提交全套正本。航空运单通常签发三份正本，背后均印有承运条款。其中一份承运人留存，一份随飞机走，只有一份注明"original for shipper"是给发货人的，因此受益人只可能提交该份航空运单。

(64) F。UCP600 第 23 条 c 款规定，在同一份航空运输单据包括全程的条件下，如果信用证没有禁止转运，航空运输单据可以表明货物将要或可能要转运；如果信用证禁止转运，银行仍得接受表明转运将要或可能要发生的航空运输单据。

(65) F。按 UCP600 第 24 条 a 款 i 条，如果铁路运输单据不显示承运人，铁路公司的任何签署或印戳将被认定为单据已被承运人签署的证据。

(66) F。UCP600 第 24 条 b 款是关于公路、铁路或内河运输单据的正本要求。它分别规定，公路运输单据表明看来必须为签发给托运人或发货人的正本，或不载有表明单据为谁出具的标注；铁路运输单据的正本可以不标明为正本，也可以用标有"第二联"的单据作为正本；内河运输单据的正本也可以不标明为正本。可以注意到，和 UCP500 和 ISBP645 相应规定不同，UCP600 将公路运输单据排除在"无论是否注明为正本"的规定之外。

(67) T。按 UCP600 第 24 条 c 款，如果运输单据未表明签发的正本份数，银行将把所提交的份数视为全套正本。应该说，关于该类运输单据的"全套"正本的定义和多式联运、海运和空运单据有所不同，那些单据都需要标明所出具的正本份数。公路、铁路和内河运输单据上可能会标明所出具的正本份数，这时标明的份数构成"全套"正本；也可能不标明，这时按提交的份数来认定"全套"正本。

(68) T。按 UCP600 第 25 条 a 款，要求快件收据无论如何命名，表明货物已收讫待运，并且必须表明：a)快件公司名称并经该具名的快件公司在信用证规定的货物装运地盖章或签署；b)收取货物的日期。该日期将被视作装运日。国际商会意见 TA.654rev 对快件收据没有收取日及快件公司签名而被拒付的情况评论道，信用证要求受益人装运后 3 日内用快件寄出副本货运单据，这需要快件收据上收取日期来证明，另外因为提交的是正本快件收据，上面快件公司签名栏必须签署，而如信用证要求提交副本则可不签署。因此这样的快件收据存在不符。不过，国际商会后来的另一则意见 TA.668rev 针对信用证下提交的快件收据因没有签名栏而缺少快件公司签名，但快件收据上有快件公司条形码的情况评论道，虽然按意见 R637/TA.654rev，正本快件收据应该签名，但现在该收据本身无签名栏。快件收据结构非 UCP 可制约，如快件公司收据无需签名，国际商会也不能强制。该条形码反映了特定快件公司快件收据的独有特征，该快件收据能够接受。

(69) T。UCP600 第 26 条 a 款指出，运输单据不可表明货物已经或将要装舱面，但运输单据上说明货物可能装舱面的条款是可以接受的。应该说装载舱面的货物在运输中会承受更大的风险，在国际贸易中，除货物为活的牲畜、易燃易爆品等不得不装舱面外，一般买方不会接受货装舱面的运输单据。不过单据的运输条款中"货物可能装舱面"之类的承运人保留条款常见于海运单据中，按 UCP600 第 20 条 a 款 v 条银行不审核运输条款(国际商会的意见 TA.680rev 中就曾明确指出，不要求银行检查提单正面和反面的运输条款)；因此只要单据不是特别注明货物已装或将装舱面，银行都应该接受。

(70) F。按 UCP600 第 26 条 b 款，含有"发货人装并计数"(shipper's load and count)和"内容据发货人称"(said by shipper to contain)条款的运输单据是可以接受的。在集装箱运输下，尤其是整箱货(FCL)运输，货物常常是由发货人在自己的厂区装箱，承运人一般不可能对集装箱内的货物清点计数，他通常只能保证集装箱铅封没有破坏，提单中表明的封箱号没有改变。因此，在那种情况下，要求在提单上加上这类表述实际已经成为国际航运惯例。

(71) F。按 UCP600 第 27 条，银行将仅接受清洁运输单据。未载有明确声明货物或其包装有缺陷的条款或批注的运输单据为清洁运输单据。另外该条款还体现了之前的 ISBP645 的相应规定：即使信用证要求"清洁并已装上运载工具(clean on board)"的运输单据，"清洁(clean)"字样不需在运输单据上出现。国际商会意见 TA.788rev 曾对开证行将租船合约提单上显示的"船已于某日被扣"(vessel under arrest …)的批注视为"不清洁"批注而拒付的做法不予认可，认为提单没有表明货物或包装有缺陷，如单据相符，必须承付。船被扣押及导致的后续的义务与责任是 UCP 外的法律问题，船被扣的批注并不构成租船合约提单不清洁，开证行必须接受所交提单。

(72) T。按 UCP600 第 28 条 b 款，如保险单据本身表明已出具了多份正本，所有正本必须提交。众所周知，保险单正本具有保险索赔权，虽然和提单之类可以单独用以提货或转让的物权单据不同，凭正本保险单索赔时得同时提交相应的运输单据、发票等副本及一些必要的文件，但是付款行仍然需要控制所有正本。应该注意的是，和提单或多式联运单据不一样，ISBP 并未要求保险单据必须显示所出具的正本份数。

(73) T。按 UCP600 第 28 条 f 款，保险单据上的货币必须和信用证所用货币相同，保险单据必须表明保险金额。如果信用证未表明所需的投保金额，保险金额必须至少为货物

CIF 或 CIP 价值的 110%。当该 CIF 或 CIP 价值不能由单据确定时，保险金额必须按所需承付或议付的金额，或按发票所示的货物毛额为基础计算，以两者中较高者为准。

(74) F。按 UCP600 第 28 条 i 款，"保险单据可含有任何除外条款的说明"。ISBP745 的 K17 段 b 款也明确说明：即使信用证可能明确规定了应承保的险别，保险单据也可以援引除外条款。本来，无论 C.I.C.还是 I.C.C.保险条款，设置的险别一般都存在除外责任规定。尤其"9.11"事件后，国外大多数保险公司的保险单据上都将"恐怖事件"列为除外责任。2009 年版的 I.C.C.保险条款也已将"为意图用武力或暴力推翻或影响无论是否合法的政府的任何组织行事的任何人员的恐怖主义行为，以及因政治、意识形态或宗教动机行事的人员造成的损失和费用"列为 A、B 和 C 险的除外责任(7.3 和 7.4 条)。UCP600 该条款对于银行是比较合理的，它避免了银行不得不去详细了解各种保险条款下各种险别的具体除外责任。不过，对于申请人来说，如果他认为某些除外责任条款对他不利，理应在合同磋商中明确，并且在信用证中明确规定哪些责任不得排除。应该注意，如果在信用证中简单地排除 UCP 这款规则的适用，可能会导致信用证实际无法操作，这对受益人非常不利。

(75) F。按 UCP600 第 28 条 j 款，保险单据可以显示保险含扣减免赔率或绝对免赔率。所以，申请人如果不愿保险含有免赔率，他理应在信用证中提出保险单上标明"不计免赔率"(irrespective of percentage, I.O.P.)之类的要求。

(76) F。地震属于不可抗力。UCP600 第 29 条 a 款规定，信用证到期日或最迟交单日可以因接受交单的银行除不可抗力原因外未营业而顺延至下一银行工作日。按该条 b 款，如单据在该下一银行工作日提交，指定银行必须在寄单面函中向开证行或保兑行说明，单据是在按 UCP600 第 29 条 a 款顺延的期限内提交的。UCP600 第 36 条明确规定了银行在不可抗力下的免责。

(77) F。UCP600 第 29 条 c 款规定，最迟装运日不可因第 29 条 a 款的"国定节假日"原因顺延。

(78) T。按 UCP600 第 30 条 a 款，如果信用证金额、数量或单价中使用了"大约"(about)或"近似"(approximately)被认作有关的量允许有 10%的上下容差。要注意的是，"约"在哪个量上，哪个量才允许有 10%的容差。因此，如果数量前有"about"但信用证金额前没有，数量不应多装。

(79) T。按 UCP600 第 30 条 b 款，只要信用证未说明数量是按包装数或单件数计量，只要支取的金额不超过信用证金额，货物的数量允许有 5%的上下容差。因此，按长度"米"、"码"计量的商品，按重量"公斤"、"磅"、"公吨"等计量的商品，在信用证下将享有 5%的容差，但条件是"支取金额不得超过信用证金额"。

(80) T。按 UCP600 第 30 条 c 款，如果信用证规定了货物数量，只要货物全部装运并且如果信用证规定了单价，单价没有减少，如果第 30 条 b 款不适用(这强调了 b 款和 c 款的 5%容差不得重复使用)，即使信用证不允许分批装运，允许支取金额有少于信用证金额 5%的容差。但，如信用证规定了具体的容差或使用了本条 a 款所示的表达，该容差将不适用。本款常适用于按暂定数量或暂定价格建立的合同开立的信用证业务中。显然不管在什么情况下，如果不允许分批装运，对于受益人，收到信用证后有必要核算单价与数量的乘积和信用证总额的关系。

(81) F。按 UCP600 第 31 条 a 款，信用证下可以分批支款或装运。如果不允许，信用证必须明文禁止。

(82) T。按 UCP600 第 31 条 b 款，提交数套表明货物以同一运载工具装运并且该运载工具做同一航程运输的运输单据，只要表明相同的目的地，将不视作分批装运，即使这些运输单据显示了不同的装运日或不同的装运港、接受监管地或发货地。如果提交一套以上的运输单据，这些运输单据所表明的最迟的一个装运日将被视作装运日。ISBP 在提及这类问题时还强调了，这些不同的装运港、接受监管地或发货地必须在信用证规定的地理范围内。按此规定，如果同一艘船在青岛装上 10 公吨大米，接着驶至上海港再装 15 公吨大米，然后驶往汉堡。这样的装运不属于"分批装运"，但在上海装船的时间必须满足信用证对于装运期的规定并且信用证规定的装运港不能仅为青岛或上海(可以为"China Ports")。

(83) T。按 UCP600 第 31 条 b 款，同批提交一套或多套运输单据，表明货物由一件以上运载工具装运，这将被视作分批装运，即使这些运载工具同一日出发，驶往同一目的地。

(84) T。按 UCP600 第 32 条，如果信用证规定在指定的时期内分期支款或装运，任何一期未按期支款或未按期装运，信用证将对该期及以后各期均告失效。

(85) T。参见(81)和(84)的解析。

(86) T。参见(79)及(81)、(84)的解析。

(87) F。虽按 UCP600 第 30 条 b 款，按"公吨"计量的商品只要支取金额允许，可以有 5%的增减容差，但对于分期装运者，各期应该是独立的，因此本例中，5 和 6 月允许装运的量都为 9.5 至 10.5 公吨。从国际商会意见 R238 可以看到，虽然信用证总量和总额允许增减容差，但要求分期装运者，以及涉及分别说明单价和数量的多款商品，该容差应该分别针对各期货物，或者各款商品计算。

(88) T。备用信用证和商业信用证的使用不一样，索偿通常是在申请人违约下才会实施。如果允许分期索偿但未排除 UCP600 的适用，申请人前期未违约，则受益人不索偿，即不支款，将导致后期备用证失效。

(89) F。按 P600 第 34 条，银行对任何单据的形式、充分性、准确性、真实性、虚假性和法律效果以及对单据所规定的或附加的一般条款或特殊条件，概不负责；它对单据所代表的货物、服务或其他行为的描述、数量、重量、质量、状况、包装、交货、价值或是否存在，或对托运人、承运人、货代、收货人、保险人或其他任何人的诚信或作为或不作为、清偿能力、行为能力或资信状况也概不负责。

(90) F。UCP600 第 35 条款规定了银行对任何信息传递或信件或单据递交中的延误、丢失、残缺或其他过失不承担义务和责任，但 UCP600 强调了这种免责的条件是，这样的传递或寄出是按照信用证指示要求操作的，但如果信用证没有这类指示，银行则可以自动选择递交方式并且因此对上述事故后果免责。可见，如果信用证给议付行的指示(instructions to negotiating bank)规定："Documents to be dispatched to us in two lots by registered mail"，但议付行议付后通过普通快件分两批寄出，或用挂号邮件一批寄出，都不能满足"免责"要求，需要承担单据万一丢失等带来的后果。需要注意的是，限制议付情况下如果通过"局外行议付"，开证行将不对局外行寄单过程中单据的丢失承担责任，因为它并非指定的银行。

值得注意的是，UCP600 特别指出，如果被指定的银行认为交单者交单符合要求，并向开证行或保兑行传递了单据，即使单据在被指定的银行和开证行或保兑行间，或保兑行和开证行间传递时已经丢失,无论该被指定的银行是否已经承付或议付,开证行或保兑行必须或承付,或议付,或偿付被指定的银行。当然,还值得注意的是,实务操作中,如果此类非被指定银行过失造成的遗失事件发生,并且如果信用证未曾要求分批寄单,开证行往往会要求寄单行重新提交有关单据的复印件以核实是否真正交单相符,因此留存所寄出的单据的复印件对于寄单行非常重要。在国际贸易中,操作者应该养成寄出信件或单据的同时留存它们复印件的良好习惯。

(91) F。见上面对UCP600第35条的分析。

(92) T。UCP600第37条下强调了一个原则:指示他人提供服务的一方应该承担该项服务产生的风险和费用。因此第37条a款规定,为了执行申请人的指示利用另一银行服务的银行的行为所产生的风险和费用应由申请人承担。第37条b款规定,如果开证行或通知行向另一银行传递的指示未被执行,他们并不因此而承担义务和责任,即使那家银行是他们主动选择的。第37条c款规定,指示另一家银行提供服务的银行对那家银行执行指示所发生的任何费用和开支负责。因此,如果信用证规定某项费用由受益人承担,但如果该项费用不能收取或从款项中扣除,开证行有责任支付该项费用。基于上述原则,该条c款强调,信用证或信用证修改书上不应该规定通知行或第二通知行在收到受益人支付的通知费用后再通知受益人。最后,第37条d款规定,申请人受外国法律或惯例强加给银行的义务和责任约束,并承担对银行的赔偿责任。总而言之,信用证业务最初起于申请人的指示,因此他最终将承担各级被指示方执行指示时可能产生的风险和未能收取的费用。

(93) T。UCP600第38条b款规定,开证行本身可以作为转让行。

(94) T。UCP600第38条c款规定,除非转让时另有规定,与转让有关的一切费用必须由第一受益人支付。

(95) F。UCP600第38条d款规定,只有在允许分批支款或装运的情况下,被转让的信用证才可以分别转让给一个以上的第二受益人(即,俗称的"可以水平转让")。被转让的信用证不能应第二受益人的要求转让给任何的其后的受益人(即,俗称的"不可垂直转让"),但第二受益人可以因需要将已受让的权利转还给第一受益人。

(96) F。按UCP600第38条f款,如果一份信用证转让给一个以上的第二受益人,并且如果信用证发生了修改,一个或多个第二受益人拒绝接受信用证的修改并不意味其他第二受益人对信用证修改的接受失效。对于愿意接受的第二受益人,已转让的信用证已经相应修改,而对于拒绝接受修改的那些第二受益人,已转让信用证的条款将保持不变。这意味着在存在多个第二受益人的情况下,同一份信用证会有不同的修改,从而导致不同的交单。

(97) T。按UCPUCP600第38条g款,在被转让的信用证中,信用证金额、单价、到期日、交单期、最迟装运日或装运期可以减少或缩短,保险的投保加成率可以增加。不过,被转让的信用证必须准确地反映信用证的其他条款和条件,其中包括保兑(如原证已被保兑)。通常,转让时,第一受益人可能会按照他和第二受益人的合同减少原证的金额和单价,以便赚取差价,除非他和第二受益人的合同约定,按佣金获利。如果单价和金额下调,在CIF或CIP之类涉及受益人代办保险的情况下,投保加成率当然需要上调以满足原证的投保金额的要求。转让时,第一受益人可能会提前或缩短信用证的到期日和交单期,以便自己在原证的期限内交单。第一受益人还可以在原证的装运期限内根据第二受益人的具体情况来调整装运期。另外,第一受益人在转让时可以要求将自己的名字替代原信用证申请人的名字。这样的规定主要是方便其保守商业秘密,避免第二受益人有可能从中获知实际买家,并且绕过中间商和实际买家交易。但如果原证专门要求申请人的名字在发票外的任何单据上显示,第一受益人必须注意,他不得不将这样的要求反映到被转让的信用证中,以便第二受益人按此办理,保证在原证下的相符交单。国际商会意见 R489 曾指出,开证行须理解,第一受益人替换发票后,原必须由第二受益人提供的某些单据上的信息会与该发票上的不一致,如产地证及/或出口许可证上的发票号、FOB 值等,对此开证行必须接受,交单行也无需提供证明。

(98) T。UCP600 第 38 条 h 款的规定。

(99) T。按 UCP600 第 38 条 i 款,如果第一受益人要求提交自己的发票和汇票(如使用),但在转让行第一次提示时未能做出替换,或第一受益人提交的发票存在不符点,而第二受益人单据不存在该类不符点,并且第一受益人在得到第一次告知时未能修改,转让行有权向开证行提交第二受益人处获得的单据,对第一受益人不再负责。

(100) T。按 UCP600 第 38 条 k 款,第二受益人或代第二受益人交单者必须向转让行提交单据。该规定无疑避免了第二受益人绕过第一受益人向开证行直接交单的可能性。

2. 关于 ISBP745 判断题的解析

(1) T。这是 ISBP745 中第 V 段的规定:除非申请人申请时作出明确的说明,开证行可以以必要或合适的方式来补充或细化申请人的指示,以便使得信用证可以得以使用。"/"的含义是多意的,在本案中既然不允许分批,又未明确说明在大阪和横滨各卸下多少货,该 "/" 明确做成 OR, 即两港选一为妥。

(2) F。按 ISBP745 的 A1 段,普遍接受(generally accepted)的缩略语可以在单据上替代其全称,或用全称代替这类缩略语。应该指出,虽然 ISBP 并未解释什么叫 "普遍接受的",但按一般常理,通常词典中能够查找到的一定可以被认为是 "普遍接受的"。同理,除非通过上下文能够解读,用通常英文单词或词组简化方法自行生成的简化词最好避免使用。

(3) F。见上,SHDX 并非 "普遍接受" 的缩略词。即使买卖双方电文中这样使用,但所有当事银行不可能知道,如拒付符合情理。

(4) T。按 ISBP745 的 A5 段,当载有证明(certificate,certification)、申明(declaration)或声明(statement)的单据已经签署并注明日期时,只要该证明、申明或声明看似由出具并签署单据的同一实体做出,无需单独的签字或日期。因此可以这样理解:在缮制受益人出具的证实发票(certified invoice)时,如果发票已签名并有出单日,如有证实句,它无需再签名;如果信用证未要求签署的发票(signed invoice),并且受益人制发票时也未签署,则证实句下必须签署;如发票未注明出单日,该证实句根据所证实的内容可能还需要注明日期;如果信用证要求 "发票由贸促会证实",则发票上的证实句必须由贸促会签署,不管发票上是否有受益人署名。

(5) F。按 ISBP745 的 A7 段 a.i 款,除汇票外,受益人出具的单据上数据的任何更正均无需证实。按 UCP600 第 18 条商业发票须由受益人出具。

(6) T。ISBP745 的 A7 段 a.ii 款规定,"当受益人出具的单据已经合法化(legalized)、签证(vizaed)或证实(certified),数据的任何更正应由实施合法化、签证或证实等的至少一个实体进行证实。该更正证实应以含有更正证实人名称的印戳,或以额外加注更正证实人名称的方式来表明更正证实的实体并包括其签字或小签。"显然,合格的证实必须显示谁是证实人并且包含证实人的签名或小签,当然按 UCP600 第 3 条的释义,证实实体的印章也构成签名。仅仅用印戳来证实,应有必要使印戳上证实人的名称/身份对于审单人是清晰可辨的。在对外贸易中,"合法化"或"签证"一般指的是由国家指定机构或主管当局签发、或证实某文件具有法律效力的行为,比如由商务部签发出口许可证或由质量监督检验检疫局签发普惠制产地证等。国际贸易中的领事签证发票也是这样一种经合法化的,或经签证的单据。缮制这一类须进口国驻出口国的领事签证的单据应该格外小心。本来单据签证一般就耗时较长,如果经签证后又不得不做更改,再交进口方领事证实,信用证下的交单期可能早过。

(7) F。按 ISBP745 的 A7 段 b.i 款,除受益人出具的单据外,单据上数据的任何更正应看似由单据出具人或作为其代理人或代表的实体证实。该更正证实应以含有更正证实的实体名称的印戳,或以额外加注证实实体名称的方式来表明证实实体并包括其签名或小签。当代理人或代表进行证实时,应注明其作为出具人的代理人或代表行事的身份。既然某实体已经在证实更改时表明了其作为承运人代理人的身份,并显示了自己的名称和签署,银行没有理由提不符。对照上述该段 a.ii 款可知,经合法化等手续的单据只能由做合法化手续的人证实,不能由表明他的代理人的实体证实。

(8) F。ISBP745 的 A9 段规定,"同一份单据上使用多种字体、字号或手写,其本身并不意味更正"。该规定非常务实,也这大大方便了受益人。交单时,如果他发现单据上遗漏了什么信息,可以利用手头现有的任何设备,甚至用手写,做必要的添加。当然,这可能为信誉不好的受益人在他人出具和签署的单据上做假提供了一定的方便。不过,由于信用证"纯单据业务"的性质,申请人存在的最大风险之一就是信誉不佳的受益人提供虚假的单据,因此把握受益人的信誉本来就是申请人接受用信用证作为支付方式前必须考虑的问题。另外,本题所涉的商业发票是受益人出具的,因此即便属于更正,也无需证实。当然要区分"更改"和"添加"。

(9) T。按 ISBP745 的 A11 段 a 款,汇票、运输单据和保险单据应注明日期(to be dated)。需要注意,按该款规定,除汇票外"注明日期"并不仅指出具日。保险单据还可以用注明保险生效日,或虽缺出具日或没注明生效日但含副签日,来"注明日期";UCP600 第 19 至 25 条下的正本运输单据,可以相应显示出具日、装船批注日、装运日、收妥待运日、发送或运送日、接受监管日、取件日或收件日等来"注明日期"。

(10) F。虽然证明或声明等作为单独的单据宜注明日期,但是否必须有出具日取决于这些证明或声明的类型以及其措辞。ISBP745 的 A4 段认为:"证明(certificate,certification)、申明(declaration)或声明(statement)是否需要注明日期,取决于所要求的证明、申明或声明的类型、其所要求的措辞和单据上显示的措辞。例如,当信用证要求提交由承运人或其代理人出具的'船龄不超过 25 年'的证明时,可以如下做来表明相符:a. 显示船舶建造日期或年份,且该日期或年份在装运日期或装运所发生的年份之前不超过 25 年;b. 显示信用证规定的措辞,此时要求显示出具日期,以证实至证明出具之日船龄不超过 25 年。"当然,从制单的角度来说,加载出具日通常总是不错的。比如,信用证要求提交货代证明,证明已经收到受益人交来的正本原产地证书及一套副本发票和装箱单。这样的证明最好注明出具日期,否则一般需要说明是哪一天收到那些单据的。

(11) F。UCP600 第 14 条 i 款规定，单据的出具日允许早于开证日，但不得迟于信用证规定的交单期；UCP600 第 28 条 e 款允许保险单的出单日迟于装运日，但保险单上必须表明，保险责任最迟在装运日生效。ISBP745 的 A12 段认为："a. 单据，诸如但不限于分析证明、检验证明或熏蒸证明，注明的出具日可以晚于装运日"；"b. 当信用证要求单据证实装运前发生的事件(例如，'装运前检验证明')时，该单据应通过其名称或内容或出具日期表明该事件(比如检验)发生在装运日之前或当天。"因此，该证明名称为装运前检验证明(pre-shipment inspection certificate)，或证明的出单日如果早于装运日，逻辑上已满足说明检验在装运前发生的要求；如果出单日迟于装运日并且未取名为"装运前检验证明"，则单据上必须用文句表明检验是在装运日当天或之前发生的。

(12) F。按 ISBP745 的 A14 段 b.i 款："就计算一段时间而言，'在……之内(within)'一词与某个日期或事件关联使用时将排除该日期或该事件日期。例如，'在(日期或事件)的 2 天之内(within 2 days of(date or event))'指 5 天时间段，开始于该日或该事件发生的前 2 天，直至该日或事件发生后的 2 天。"因此，本题应该指 3 月 30 日至 4 月 3 日的 5 天时间段。

(13) F。ISBP745 的 A16 段认为，只要从单据或同一交单中的其他单据上能够确定该单据上试图表明的日期，该日期就可以用任何格式表示。众所周知，英式日期顺序为日/月/年，美式日期顺序为月/日/年，而中式或日式日期顺序为年/月/日。因此为了避免混淆，ISBP 仍建议，日期中的月份用文字表示。制单时通常应尽量避免用数字简写式。SWIFT 文件中使用 140706 这样的数字简写式来表示 2014 年 7 月 6 日，因为 SWIFT 格式中对此已经做了相应的定义；其他信用证中也见有使用 06/07/14 的，但一般在日期后会有相应 DD/MM/YY 的标注，以免误解。

(14) T。ISBP745 的 A18 段列举了一些 UCP600 第 19 条至 25 条外的一些和运输有关的单据，比如提货单(Delivery Order)、运输行收货证明(Forwarder's Certificate of Receipt)、运输行装运证明(Forwarder's Certificate of Shipment)、运输行运输证明(Forwarder's Certificate of Transport)、运输行承运货物收据(Forwarder's Cargo Receipt)和大副收据(Mate's Receipt)等，它们不能适用 UCP600 第 14 条 c 款的"21 天交单期"的规定，审单时应按信用证明确规定的范围以及 UCP600 第 14 条 f 款来审核。信用证规定的交单期对这些单据也不适用，只要不迟于信用证到期日交单即可。

(15) F。ISBP745 的 A6 段也规定，运输单据的副本也不属于 UCP600 第 19 条至 25 条以及第 14 条 c 款所指的运输单据，只需按信用证明确规定的范围和 UCP600 第 14 条 f 款审核，也不受最长 21 天的交单期限制。该段 c 款还指出，除非信用证明确规定确定交单期的依据，UCP600 第 19 至 25 条运输单据的副本，不适用 UCP600 第 14 条 c 款规定的 21 个日历日的默认交单期，或信用证规定的任何交单期限。因此，如果信用证要求向银行提交的是副本而不是正本，并且如果申请人对这些副本的细节或交单期有要求，申请信用证时必须做出明确规定。

(16) T。按 ISBP745 的 A10 段，用以证实寄送单据、通知等的快递收据、邮政收据或邮寄证明不适用于 UCP600 第 25 条，应仅在信用证明确规定的范围内审核，其他按 UCP600 第 14 条 f 款审核。

(17) F。ISBP745 的 A19 段，对一些容易造成不同理解的常见词汇和表达做了释义：如果信用证未做规定，"Shipping Documents"指的是信用证下列出的除汇票、电讯传送报告、证实单据寄送的快递收据、邮政收据或邮寄证明外的所有单据;"Stale documents acceptable"指的是在信用证有效期内、在装运日 21 天以后提交的单据可以接受。(在外贸实务中,"stale bill of lading"(过期提单)除了指过交单期未交的提单,有时还指船到单未到的提单。不过,后一说法显然和 UCP 下的银行没有关系);"Third party documents acceptable"指的是信用证或 UCP600 未规定出具人的所有单据,除汇票外,都可以由受益人以外的一方出具;"Third party documents not acceptable"没有任何含义,将不予理会。(该释义可能为了避免人们会根据上述"第三方单据可以接受"的释义,反向推导出"信用证和 UCP 未规定出具人的单据都必须由受益人出具");"export country"指的是受益人住地所在国、货物原产国、承运人接受货物地所在国、装运地或发货地所在国;"shipping company"作为与运输单据有关的证明书或证明、申明或声明的出具人时,可以是指:承运人、船长,或租船合约提单下的船长、船东或租船人,或表明作为上述任何一方代理人身份的实体,不管其是否出具或签署所提交的运输单据;"documents acceptable as presented"指交单可以包括一份或多份规定的单据,只要其在信用证的到期日之内且金额在信用证的可兑用范围内。单据的其他方面,包括是否提交所要求的正、副本份数,将不会根据信用证或 UCP600 进行审核以确定其是否相符。

(18) F。见上述 ISBP 条款。

(19) F。见上述 ISBP 条款。UCP600 第 18 条明确规定了发票必须由受益人出具(除 38 条规定的外)。

(20) F。见上述 ISBP 条款。

(21) F。见上述 ISBP 条款。银行仍需确定交单未过信用证到期日,支款金额在信用证允许范围内。

(22) T。按 ISBP745 的 A20 段,当信用证要求单据由具名个人或实体出具时,单据看似由该具名个人或实体使用印有其信头的纸出具,或当没有信头时,单据看似已由该具名个人或实体或其代表完成或签署,即能满足要求。

(23) T。按 ISBP745 的 A21 段 a 款,当信用证规定提交的单据所应使用的语言时,信用证或 UCP600 要求的数据应以该语言显示。提单背面的条款内容并非信用证或 UCP600 所要求的数据,故不受规定语言限制。国际商会意见 R564 号也曾指出,即使信用证要求单据必须用英语出具,并不排除单据上盖的章使用另一种语言。这样的观点很合情理,签名的印章其实只是一种特殊"符号"而已。

(24) F。ISBP745 的 A21 段 b 款规定,当信用证对提交的单据所应使用的语言未作规定时,单据可以任何语言出具。ISBP745 的这个规定和 ISBP681 有些不同。ISBP681 认为,此时受益人出具的单据应该使用信用证所使用的语言。

(25) F。按 ISBP745 的 A22 段,当提交的单据显示数学计算时,银行仅确定所显示的如金额、数量、重量或包装数的总量,与信用证及其他规定的单据不相矛盾即可。必须注意,这样的规定实际上是银行对申请人的一种免责,但对于受益人,制单时仍有必要力保计算细节无误,因为该条款并没有限制银行审核计算细节的权利。如果开证行查出计算细节有误,它不能对抗已经按指定行事的指定银行,但它没有理由不能对抗受益人。

(26) F。按 ISBP745 的 A23 段,如果拼写或打字错误并不影响单词或其所在句子的含义,则不构成单据不符。没有 garmant 这个单词,根据上下文很容易识别那是 garment。这规定反映了 ISBP 灵活务实的原则。不过 Model 321 打成 Model 123 即属不符，这显然会被理解为两种不同的型号。

(27) T。ISBP745 的 A24 段规定，当单据包含不止一页时，必须能够确定这些不同页同属同一单据。除非单据本身另有规定，无论它的名称或标题如何，多页装订在一起、按序编号或含内部交叉援引即满足要求，并将被作为同一单据审核，即便有些页作为附件或附文。因此单据多页时，最简单的恐怕是将它们装订在一起，其他常见的做法似乎是使用页脚，同时标明页码和总页数，如 1 of 3，2 of 3，3 of 3 等，或者使用页眉，每页都显示相同的单据名称(及参照编号)。在服装出口贸易中常常一张商业发票下常涉及多张装箱单，一般这些装箱单上都注明同一发票编号，以此来表明，它们是信用证下要求的同一"份"单据。

(28) F。ISBP745 的 A28 段认为，单据出具一份以上正本时，可以标注为"正本(original)"、"第二联(duplicate)"、"第三联(triplicate)"、"第一份正本"(first original)""、"第二份正本"(second original)等。任何这些标注并不使单据失去其正本资格。应该注意的是，在单证操作中"duplicate"和"triplicate"常用来表示套打单据的第二、三联，也可以作为副本。如果作为运输单据、保险单据正本，应该还得按 UCP 要求签署。

(29) F。copy 在英语中可以作"副本"解，也可以和基数词连用做量词"份数"解，因此必须根据信用证上下文及国际惯例仔细判断。ISBP745 的 A29 段 d 款对它做了不少示例："invoice"、"one invoice"、"invoice in 1 copy"或"invoice—1 copy"将被理解为要求一份正本发票；"invoice in 4 copies"或"invoice in 4 fold"，提交至少一份正本，其余用副本来满足；"photocopy of invoice"或"copy of invoice"，提交一份发票复印件或一份副本发票，或在未禁止时，提交一份正本发票即符合要求；"photocopy of a signed invoice"，提交一份看似已签署的正本发票的复印件或副本，或在未禁止时，提交一份已签署的正本发票即符合要求。要注意的是，ISBP681 中"one copy of invoice"可以理解为"一份发票副本"，或"一份正本"的说法在 ISBP745 中不再出现。因此，本题的 copy 只是量词，应该提交一份正本。

(30) T。ISBP 745 的 A29 段 a 款规定，"提交的正本单据的份数必须至少为信用证或 UCP600 要求的份数"；该段 b 款认为，在信用证要求提交全套运输单据下，除空运单据、公路运输单据可以仅提交给发货人的正本或铁路运输单据可以仅提交第二联外，"当运输单据或保险单据注明已出具的正本数，注明的正本数均需提交"；可见该段 b 款"单据注明的正本数均需提交"的规定是不适用公路运单的，受益人仅提交给发货人的那份正本是满足要求的。

(31) F。按 ISBP 的 A29 段 c 款，"当信用证要求提交少于全套的正本运输单据(例如'2/3 正本提单')，但未规定对剩余正本的任何处置指示，交单可以包括 3/3 全套正本提单。"本题要求交银行 2/3 正本提单和一份副本，另外要提交的受益人证明限定了 1/3 正本提单去向，这时当然不能向银行提交 3 份正本提单。

(32) T。ISBP 指出，如果不允许用正本来代替副本提交，信用证上必须做出明确规定。ISBP745 的 A30 段 b 款特别指出：当信用证要求提交一份运输单据的副本并且规定了所有正本的处置指示，交单不应包括该运输单据的任何正本。既然本题信用证已经要求所有正本提单寄申请人，受益人当然不得再提交任何正本。

(33) F。按 ISBP745 的 A34 段 a 款精神，如果涉及集装箱运输单据，该单据的唛头栏仅显示集装箱号，而其他单据显示了详细的唛头，这不属于不符。

(34) F。ISBP745 的 A3 段规定，当信用证要求证明书、证明、申明或声明时，该单据必须签署。ISBP745 的 P2 段也明确了，受益人证明应由受益人或其代表签署。

(35) F。ISBP745 的 A17 段就认为，单据上留有填写数据的方框、栏位或空白处的事实，并不表示该方框、栏位或空白处应填写内容。ISBP745 的 A37 段指出，单据上留有签字的方框、栏位或空白处的事实，其本身并不表示该方框、栏位或空白处中应载有签字。UCP600 第 23 条关于航空运单的规定，并没有发货人及其代理署名的要求。国际商会意见 R463 也曾认为，如果信用证没有航空运单发货人签名的要求，缺少这类署名不属不符。

(36) T。按 ISBP745 的 A38 段，当单据含有诸如 "本单据无效，除非由(个人或实体名称)副签(或签署)" 或类似措辞时，相应的方框、栏位或空白处应载有副签单据的该个人或实体的签字和名称。

(37) F。按 ISBP745 的 A35 段，"a.……签字无需手写。单据签署也可以使用摹本签名(例如预先印就或扫描的签字)、穿孔签字、印戳(stamp)、符号(例如印章(chop)或任何机械或电子的证实方式；b. 当要求单据 signed and stamped 或类似措辞时，单据载有 A35 段 a 款的签字，并以打字、印戳、手写、预先印就或扫描等方式显示签署实体的名称，即符合要求。"

(38) F。见上述 A35 的 a 款，预先印就的签名属于摹本签名的一种，可视同手签。

(39) T。ISBP745 的 A35 段 c 款认为，"单据上声明诸如 '本单据已经电子证实' 或 '本单据以电子方式缮制且不要求签字' 或类似措辞，根据 UCP600 第 3 条的签字要求，其本身不表示一种电子证实方式。"

(40) T。ISBP745 的 A35 段 d 款认为，"单据上声明证实可以通过明确提及的网址确认或获得，根据 UCP600 第 3 条的签字要求，这将被视为一种电子证实方式。银行将不访问该网址以确认或获得该证实。"

(41) F。按 ISBP745 的 A36 段 a 款，"除非另有说明，在具名个人或实体信头的信纸上签字，将被视为该具名个人或实体的签字。在签字旁无需重复该具名个人或实体的名称。"

(42) F。ISBP745 的 A36 段 b 款规定，"当单据的签署人表明其代表出具人的分支机构签署时，该签字将被视为由出具人做出。" 从商法上说，分公司和总公司属于同一法人。

(43) F。按 ISBP745 的 A39 段，单据可以使用信用证要求的名称或相似的名称，甚至不使用名称，但单据内容必须看似满足所要求单据的功能。本题单据名称如仅为 "检验证书" 但签名处如表明是制造商签名即可。

(44) F。ISBP745 的 A40 段指出，信用证要求的单据应该作为单独的单据提交。如果信用证要求一份正本装箱单和一份正本重量单，那么可以提交两份正本装箱和重量联合单据，只要它能同时表明装箱和重量细节。

(45) F。按 ISBP745 的 B2 段，汇票显示的票期应与信用证条款一致。如果不是见票即付或见票后定期付款的汇票，汇票的到期日必须能够从汇票自身数据确定。显然，ISBP 这条规定有利于跟单汇票脱离单据后的流通转让。对此该段示例，信用证要求提单日后 60 天付款的汇票，实际提单日为 2013 年 5 月 14 日，可以将票期做成 "提单日 2013 年 5 月 14

日后 60 天"；或直接将票期做成"2013 年 5 月 14 日后 60 天"；或将票期做成"提单日后 60 天"，然后在汇票正面其他地方标明"提单日 2013 年 5 月 14 日"；或将提单日做成出票日，将票期做成"出票日后 60 天"；或直接将票期做成 2013 年 7 月 13 日(即提单日后 60 天)。该段 c 款特别强调，在涉及汇票票期时提单日指的是装船日而不一定是提单签发日。

(46) T。按 ISBP745 的 B2 段 e.i 款，如果提交的提单显示货物从一艘船卸下后再装上另一艘船，提单上有多个装船批注表明每一装运均在信用证允许的地理区域或港口范围内，则最早的装船批注上的日期用以计算汇票到期日。这样的规定是因为货物在最早的装船批注日就完成了 UCP 意义下的装运。

(47) F。按 ISBP745 的 B2 段 e.ii 款，如果提交的提单上有多个装船批注，显示货物从信用证允许的地理区域的多个港口装上同一艘船，最迟的装船批注上的日期用以计算汇票到期日。这样的规定是因为货物直至在最后的装船批注日才完成了满足 UCP 意义下的装运。

(48) T。按 ISBP745 的 B2 段 e.iii 款，如果一张汇票项下提交了多套提单(这常见于 UCP600 第 31 条 b 款下的"同一运输工具、同一航次、同一目的地的不同装运日和装运港"的运输)，最晚的装船日将被用以计算汇票到期日。这显然也是因为货物在最晚的那套提单装船日才完成 UCP 意义下的装运。

(49) T。ISBP745 的 B3 段指出，B2 段 e.i 至 e.iii 款的原则适用于任何情况下对票期的确定。这当然表明这些原则适用 UCP 下所有的运输单据，并以完成满足 UCP 下装运的日期为计算付款到期日的基准。

(50) T。按 ISBP745 的 B5 段 a 款，对于"见票后 60 天"付款的汇票，在相符交单下，付款到期日为向受票行，即开证行、保兑行或同意按指定行的指定银行(付款行)交单之日后的 60 天。

(51) T。按 ISBP745 的 B5 段 b 款，对于"见票后 60 天"付款的汇票，在交单不符下，如果付款行未发拒付通知，付款到期日为向其交单之日后 60 天；当该付款行为开证行且其已发出拒付通知，付款到期日最迟为开证行接受申请人放弃不符点之日后 60 天；当该付款行是开证行以外的一家银行且其已发出拒付通知时，付款到期日最迟为开证行的接受通知书日期后 60 天。当该付款行不同意按照开证行的接受通知书行事时，开证行应承担在到期日承付的责任。

(52) T。见上述 B5 段 a 款。银行未在审单期限内发拒付通知，无权再拒付。这意味银行接受了单据。

(53) T。按 ISBP745 的 B14 段，汇票同时显示大、小写金额时，大写金额应该准确反映小写金额，且应注明信用证规定的币种。当大、小写金额不一致时，大写金额作为支款金额予以审核。应该注意的是，"以大写为准"的说法在 ISBP681 里没有的。

(54) F。ISBP745 的 B9 段指出，当信用证仅以银行的 SWIFT 代码表示汇票付款人时，汇票付款人可以显示相同的 SWIFT 代码或该行的全名。

(55) T。按 ISBP745 的 B12 段，"当信用证适用于由以下银行承兑：a.由指定银行或任何银行承兑，且规定汇票付款人做成该指定银行(其不是保兑行)，但该指定银行决定不按指定行事时，受益人可以选择：i.如有保兑行，以保兑行为汇票付款人，或要求将单据按照交单原样转递给保兑行；ii.将单据交给同意承兑以其为付款人的汇票并按指定行事的另一家银行(仅适用于自由兑用信用证)；或 iii.要求将单据按交单原样转递给开证行，无论是否随附以开证行为付款人的汇票。"

(56) T。将上述 B12 段 a 款 iii 项。"无论是否"包含了"是"。

(57) F。按 ISBP745 的 C1 段，"如果信用证要求 'invoice' 而未做进一步的描述，提交任何类型的发票(如 'Commercial Invoice'、'Customs Invoice'、'Tax Invoice'、'Final Invoice' 或 'Consular Invoice' 等)即符合要求，但是发票不得表明为 'Provisional Invoice' (临时发票)或 'Pro-forma Invoice' (预开发票或称形式发票)或类似类型。"这可能是因为，临时发票和预开发票上显示的细节一般不是实际发运货物的细节。另外，该段还规定，"当信用证要求提交 'Commercial Invoice'，提交名为 "Invoice" 的单据也符合要求，即便该单据含有供税务使用的声明"。

(58) T。按 ISBP745 的 C6 段，发票应当显示：a.所装运或交付的货物、所提供的服务或履约行为的价值；b.单价(当信用证有规定时)；c.信用证中表明的相同币种；d. 信用证要求的任何折扣或扣减。按 ISBP745 的 C8 段，当信用证规定贸易术语为货物描述的一部分时，发票应显示该贸易术语；当信用证规定了贸易术语的出处时，发票应显示贸易术语的相同出处……当信用证规定贸易术语为"CIF Singapore"或"CIF Singapore Incoterms"时，发票也可以显示贸易术语为"CIF Singapore Incoterms 2010"或任何其他版本。

(59) F。见上述 C8 段的规定。

(60) F。见上述 C8 段规定。

(61) F。按 ISBP745 的 C7 段，发票可以显示信用证未规定的预付款或折扣等的扣减。

(62) F。按 ISBP745 的 C12 段，"发票不应显示，a.超装(UCP600 第 30 条 b 款规定除外)；b.信用证未规定的货物、服务及履约行为。当发票包含信用证所规定货物、服务或履约行为的额外数量，或样品和广告材料，且注明为免费时，这仍适用"。因此，任何信用证或 UCP 允许的容差外的溢装是不允许的，即使支取金额在信用证允许的范围内或溢装部分注明为免费。

(63) T。见上述 C12 段 a 款。因为这是 UCP 允许的容差，应适用于 UCP600 第 18 条 b 款。

(64) T。见上述 C12 段 b 款。

(65) F。UCP600 第 18 条 a 款已做出"如无要求，发票无需签字"的规定。ISBP745 的 C10 段更进一步明确，"发票无需签署或注明日期"。当然，如果信用证要求 signed invoice 或 dated invoice，发票签署或加载日期将是必须的。

(66) T。ISBP745 的 C5 段规定，"发票显示与信用证规定相符的货物、服务或履约行为描述的同时，也可以显示与货物、服务或履约行为相关的额外数据，只要这些数据看似不会指向货物、服务或履约行为的不同性质、等级或类别"。本题额外的 Ladies'只是对原描述的细化，并没有改变原描述的性质、等级或类别。如果原描述是"men's coats"却被做成"ladies' coats"，或被加注 secondhand，则当属不符。如果查 H.S.编码也可以发现它们属于不同的类别。

(67) T。按 ISBP745 的 D1 段 b.i 款规定，多式联运单据不可表明货物仅以一种运输方式装运或发送，但就所使用的某些或全部运输方式可以不予说明。

(68) T。ISBP745 的 D15 段规定，"多式联运单上应注明所出具的正本份数"。ISBP 对于提单、不可转让海运单和租船合约提单都有标明正本数的要求。对多式联运单据、提单和租船合约提单需标明正本数的要求比较容易理解，因为它们都可做成物权单据。对不可转让海运单的要求似乎只能从为了迎合 UCP600 第 21 条 a.iv 款的规定来理解了。

(69) T。ISBP745 的 D3 段指出，当信用证规定运输行的多式联运单据可以接受，多式联运单据可以由出具人签署，且无需注明签署身份和承运人名称。ISBP745 对提单、不可转让海运单和空运单据均有类似规定。

(70) T。按 ISBP745 的 D7 段，首程为海运的多式联运单据应显示注明日期的装船批注。关于提单的 E6 段"该批注日被视为装船日"在此也适用。国际商会之前的意见 R.641/TA.650rev 中就认为，如果信用证要求提交"已装船"的联合运输提单，或，信用证要求的多式联运单头程是海运时，多式运输单据须用预先印就"已装船"或加载装船批注来满足信用证的要求。另外应该注意，国际商会意见 R341 强调，除非信用证另有规定，装船批注无需证实或签名。

(71) F。按 ISBP745 的 D9 和 D13 段，信用证给出收货地、装货港、卸货港或目的地等时，如还表明了它们的所在国，多式联运单据无需注明这些国别名称。地点栏"无需显示国名"的规定适用于所有运输单据。

(72) F。按 ISBP745 的 D12 段，该具名卸货港可出现在"最终目的地"栏，但需有批注说明卸货港是"最终目的地"栏的港口。

(73) T。按 ISBP745 的 D14 段，信用证规定目的地、卸货港或目的地机场为地理区域内的笼统地点时，多式联运单据必须注明在该地理区域内的具体目的地、卸货港或目的地机场，无需显示该地理区域。

(74) T。ISBP745 的 D19 段规定，当信用证要求多式联运单据表明收货人为开证行或申请人，或凭开证行指示或凭申请人指示，或被通知人为开证行或申请人时，该多式联运单据应相应显示开证行或申请人的名称，但无需显示信用证可能规定的其地址或任何联系细节。可见，如需申请人地址也显示，那么信用证必须明确说明。可以注意的是，国际商会意见 R637/TA.654rev 中曾指出，当信用证要求"International Consignment note(CMR)showing goods consigned to the applicant marked freight prepaid and notify applicant"，而承运人提交的国际公路货物运输合同公约下运单的"被通知人"栏只显示了申请人名称但未给出地址。只要"收货人"栏已有申请人名称和地址，不能构成不符点。从该意见似乎会使人联想，如果信用证要求的运输单据抬头人不是申请人但要求通知申请人，"被通知人"栏的申请人名称、地址和电话(如已给出)应该填写。须关注的是，D19 段的精神在 ISBP745 下反映在所有运输单据的规定中，当信用证要求收货人或被通知人为开证行、申请人或凭他们指示时，运输单据的相应栏目都可以只显示开证行或申请人，无需显示信用证可能规定的他们的地址或联系方法。

(75) F。ISBP745 的 D25 段 b 款规定，删除多式联运单据上的"清洁"字样，并非明确声明货物或包装有缺陷。其实 UCP600 第 27 条就已经规定，清洁运输单据无需出现"清洁"字样。ISBP745 下所有运输单据都有这个规定。

(76) F。按 ISBP745 的 D27 段，当信用证要求多式联运单据显示最终目的地或卸货港的交货代理人或类似机构的名称、地址和联系细节，其地址无需位于最终目的地或卸货港，也无需位于最终目的地或卸货港所在的同一国家。ISBP745 下提单和海运单也都有这样的规定。

(77) T。按 ISBP745 的 D28 段，正本多式联运单据上的更改应看似由承运人、船长、或他们的代理人证实。做更改证实的代理人可以不同于出具或签署多式联运单据的代理人，只要其证实时表明作为承运人或船长的代理人身份。D29 段进而指出，不可转让的多式联运单据副本(non-negotiable copy)上无需含有其正本上对任何更正可能做过的证实。ISBP 对所有运输单据都有相同的规定。要注意的是，在国际商会关于提单更改的意见 R452 认为，如信用证要求同时提交正本和副本提单，如正本更改过，银行将要求副本上也出现"不需证实的"这种更改。

(78) T。ISBP745 的 D31 段规定，当信用证规定运费之外的费用不可接受，多式联运单据上不得表示运费之外的其他费用已经或将要产生，比如，在多式联运单据上标有"Free In"(FI，装货费用在运费外支付)，或"Free Out"(FO，卸货费用在运费外支付)等。但是，由于延迟卸货或者卸货后延误，比如延迟归还集装箱产生的费用等，不属于这里所指的额外费用。除公路、铁路或内陆水运单据，ISBP 下其他运输单据都有相同的规定。

(79) F。按 ISBP745 的 D30 段，多式联运单据显示的运费支付声明，无需与信用证规定的等同一致，但不应与该单据、任何其他规定的单据或信用证中的数据相矛盾。例如，当信用证要求多式联运单据标注"freight payable at destination"，它可以标注为"freight collect"。ISBP 下的所有运输单据都有此规定，可以注意的是，公路、铁路和内陆水运单据的示例是，信用证要求"freight collect"，单据上可以标注"freight payable at destination"。

(80) T。国际商会早期意见 R222 号就强调，即使是船长签名，提单的正面仍必须显示承运人的名字。按 ISBP745 的 E5 段，提单应按 UCP600 第 20 条 a 款 i 项规定的方式签署，并注明承运人及表明持有人身份。其实国际商会关于运输单据签名的一些意见值得关注，比如现在船长的代理人签署就无需表明船长的名称；再比如过去国际商会 R354 号意见不认可运输单据签单人在签署时未将印就的"Signed for the master/ for the carrier as agent"划去其中一个被代理者身份的做法；国际商会关于运输单据签名处印就的签单人身份和实际加盖的印章表明的签单人身份不同的意见 R770/TA.684 认为，只要满足 UCP 相应的运输条款，这样的单据是可接受的。加盖的章应该优于印就的文字；R674/TA.625rev2 还认为对提单署名处显示同一公司既是承运人又是该承运人代理人的拒付是没有理由的。

(81) F。ISBP745 的 E6 段认为，信用证规定的装货港应该在提单的装货港一栏显示，但只要有注明日期的装船批注表明货物是在"收货地"栏或类似栏位中的港口装上具名船只，该具名装货港就也可以出现在提单"收货地"或类似栏位中。国际商会意见 R.648/TA.635rev 和国际商会关于装船批注的建议书都指出，当收货地为与装货港同名地点集装箱堆场，比如收货地为 Hong Kong CY，装货港为信用证所要求的 Hong Kong，只要提单未标明任何"前段运输方式"，它们可以被视为同一地点，不需装船批注。

(82) T。只有在信用证许可的情况下，受益人才可提交租船合约提单，并且该类提单上要表示受租船合约约束。众所周知，程租船提单常采用"波罗的海国际航运公会"(The Baltic and International Maritime Council(BIMCO))制定的"Congenbill"或"Gencon"格式。国际商会意见 R.648/TA.635rev 还曾指出，提单上标明"Congenbill 1978(或 1994)"且同时表明"Bill of Lading to be used with Charter Parties"可视为适用 UCP600 第 22 条的租船合约提单。如果仅标明"Congenbill 1978(或 1994)"还不足以表明该单据可适用 UCP600 第 22 条。ISBP745 的 G2 段认为，"a.运输单据包含其受租船合约约束的任何标示，或其对租船合约的任何援引，无论如何命名，将被视为租船合约提单；b.运输单据标明'freight payable as per charter party dated…(显示或不显示日期)'或'freight payable as per charter party'，无论如何命名，都表示受租船合约约束"。

(83) F。见上述 G2 段 b 款。

(84) F。ISBP745 的 H9 段规定，空运单据应显示信用证规定的出发地机场和目的地机场。当信用证规定这些机场时还表明了该机场所在国，空运单据无需显示该国别名称。H10 段规定，这些机场也可以使用国际航空协会(IATA)代码来表示。其实，航空运单上如今常用 IATA 代码来表示出发地机场或目的地机场，比如 PEK(北京首都机场)，SHA(上海虹桥机场)，PVG(上海浦东机场)等。

(85) F。ISBP745 的 H13 段规定，"a.当信用证要求空运单据表明收货人为'凭(具名实体)指示'时，可以显示收货人为该实体，无需 to order of 字样。当信用证要求空运单据表明收货人为 to order，未提及指示方名称，空运单据应显示收货人为开证行或申请人，无需 to order 字样。"其实道理很简单，空运单据不是物权凭证，因此不应做成指示抬头。ISBP 对于公路、铁路和内河运输单据也有相同规定。

(86) T。按 ISBP745 的 J7 段 a 款，无论是否标注为正本，铁路或内陆水路运输单据都应当被视为正本。不按该段 b 款，公路运输单据应表明为出具给发货人的正本，或不表明出具给谁。该段 c 款还规定，即使信用证要求提交全套单据，提交出具给发货人的公路运输单据正本或铁路运输单据第二联，即满足要求。该段 d 款特别指出，加盖铁路公司或出发地火车站签字或盖章证实的，通常是拓印副本(carbon copy)的铁路运输单据"第二联"(duplicate)，应当被视为正本。

(87) T。见上述 J7 段 d 款。

(88) T。按 ISBP745 的 K17 段，保险单应显示投保了信用证规定的险别。即使信用证可能明确规定了承保险别，保险单上可以援引除外条款。

(89) F。按 ISBP745 的 K19 段，保险单据应该做成信用证所要求的形式，如有必要，还应当由有权索赔的实体背书。总之，除非信用证明确要求，保险单据应该做成或背书成，当银行接受保险单据的同时能够拥有索赔权利。对此，国际商会意见 R778/ TA.688rev 值得一看：①如果信用证要求保险单空白背书，可以接受被保险人为 to bearer 但未背书的保险单；②如果信用证要求保险单空白背书，不可接受未背书且被保险人为 ABC Exporting Co. Ltd, to bearer 的保险单。保险单需要由 ABC 公司背书，这可排除 ABC 公司和 to bearer 的矛盾。添加的 to bearer 并没改变 ABC 公司为被保险人的事实；③如果信用证要求保险单空白背书，可接受未背书且被保险人为 to order 的保险单。to order 和 to bearer 实际相同；④如果信用证要求保险单空白背书，不可接受未背书且被保险人为 ABC Exporting Co. Ltd, to order 的保险单。保险单需要由 ABC 公司背书。添加的 to order 并没改变 ABC 公司为被保险人的事实；⑤如果信用证要求保险单被保险人为 to order of XYZ Bank Ltd，可接受未背书且被保险人为 To order of XYZ Bank Ltd 提交的保险单，因为这就是信用证所要求的；⑥如果信用证要求保险单被保险人为 to order of XYZ Bank Ltd，不可接受未背书且被保险人为 ABC Exporting Co Ltd, To order of XYZ Bank Ltd 的保险单。保险单需要由 ABC 公司背书。添加 to order of XYZ Bank Ltd 并没改变 ABC 公司为被保险人的事实。该意见最后指出,保险单不应表明或要求表明被保险人为 to order 或 to bearer。ISBP745 的 K20 段 a 款明确了这个观点。ISBP681 的保险单 "to bearer" 抬头可以与空白背书的要求相互替换的观点在 ISBP745 中并未出现,可能这只是为了呼应 K20 段 a 款不赞成将非物权运输单据的保险单做成 to order 或 to bearer 之类抬头的规定,因为这并不是一种良好的实务做法。

(90) F。见上述分析。

(91) F。见 K19 段和上述国际商会意见。

(92) T。这是 ISBP745 的 L1 段的规定。ISBP681 对产地证加载日期的要求在 ISBP745 中不再提起。

(93) T。按 ISBP745 的 L3 段,原产地证书应由信用证规定的实体出具;当信用证未规定出具人名称,产地证可以由任何实体出具;当信用证要求由受益人、出口商或生产商出具,只要单据上注明受益人、出口商或生产商,便可以由商会或类似机构(如行业协会、经济协会、海关或贸易部门等)出具;如果信用证规定由商会出具,可以由那些类似机构出具。

(94) F。见上述 L3 段的规定。

(95) T。按 ISBP745 的 L4 段,产地证应看似与发票货物相关联,或显示信用证规定的货物描述,或显示与信用证规定的货物描述不矛盾的统称,或通过援引参照与其他单据关联。

(96) F。按 ISBP745 的 L5 段,当产地证收货人信息不应与运输单据收货人信息相矛盾。当信用证要求运输单据收货人为"凭指示"、"凭发货人指示"、"凭开证行指示"、"凭指定银行指示"或记名开证行时,产地证可以显示收货人为受益人以外的任何实体。如信用证已转让,产地证收货人可以是第一受益人。按 L6 段,产地证可以显示信用证受益人或其他规定单据上显示的发货人以外的实体作为发货人或出口商。可见,ISBP 考虑到了转让或涉及中间商的情况。

(97) F。ISBP745 的 M3 段认为,当信用证未规定出具人名称时,装箱单可以由任何实体出具。

(98) F。承上述 ISBP745 的 M3 段的规定,并按 ISBP745 的 M5 段,只要装箱单显示的出具人不是受益人,就可以显示不同于其他规定单据上标明的发票号、发票日期和运输路线。

(99) T。ISBP745 的 P4 段 b 款认为,受益人证明上提及的数据或证明句无需包括货物描述,或对信用证或其他单据的任何其他援引。

(100) T。按 ISBP745 的 Q6 段 a 款,检验证明可以显示仅测试、分析或检验所要求货物的样品。

附录 4

标准表格式信开信用证

XYZ INTERNATIONAL BANK, LTD. 18 Park Street, Singapore TELEGRAPHIC ADDRESS:"XYZINTL" TELEX NO 25647 XYZSIG RS	Irrevocable Documentary Credit	Number 262618

Date of Issue: 20/01/2014 (D/M/Y)	**Expiry Date and Place for Presentation:**
Applicant: Topway Garment Co., 100 Orchard Road, Singapore	**Expiry Date:** 15/03/2014 (D/M/Y) **Place for Presentation:** Shanghai
	Beneficiary: Shanghai Dongxu I/E Company, 123 Dongxu Rd., Shanghai, China
Advising Bank: Reference No. 220002 Bank of China, Shanghai	**Amount:** USD 76,000.00 (United States Dollars Seventy Six Thousand Only)
Partial Shipments ☐ allowed ☒ not allowed **Transhipment** ☐ allowed ☒ not allowed	**Credit available with Nominated Bank:** ☐ by payment at sight ☐ by deferred payment at ☐ by acceptance of drafts at
☐ Insurance covered by buyers	☒ by negotiation
Shipments as defined in UCP 600 **From** Shanghai **For transportation to** Singapore **Not later than** 28/02/2014 (D/M/Y)	**Against the documents detailed herein** ☒ and Beneficiary's draft(s) drawn on us at sight

Documents required (in three-fold unless otherwise specified):
1. Signed commercial invoice
2. Packing list showing details of colour/size/quantity assortment.
3. Insurance Policy endorsed in blank, covering All Risks and War Risk as per CIC
4. Full set clean on board Bill(s) of lading made out to order and endorsed in blank, marked Freight Prepaid and notifying us and applicant.
5. China-Singapore Free Trade Area Preferential Tariff Certificate of Origin, 1 in original.

Evidencing shipment of:
Ladies Coats, St 20855 500pcs at USD25.00/pc; St20858 1500pcs at USD32.50/pc; St20756 500 pcs at USD29.50/pc; CIF Singapore.
As per Sales Confirmation No. DX14-2567. Packing: each in a polybag, about 25pcs to a normal export carton.

Other conditions:
1. All documents must be presented to Bank of China for negotiation.
2. Bank Charges out of Singapore are for beneficiary's account.

Documents to be presented within 15 days after shipment but within the validity of the Credit

We hereby issue the Irrevocable Documentary Credit in your favour. It is subject to the Uniform Customs and Practice for Documentary Credit (2007 Revision, International Chamber of Commerce, Paris, France, Publication No. 600), and engaged us in accordance with the terms thereof. The number and the date of the Credit and the name of our bank must be quoted on all drafts required. If the Credit is available by negotiation, each presentation must be noted on the reverse side of this advice by the bank where the Credit is available.

INSTRUCTION TO THE NEGOTIATION BANK:
In reimbursement, we shall reimburse you in accordance with your instructions.

Yours faithfully
XYZ International Bank, Ltd.

This Document consists of 1 **page(s)**

附录 5

自由格式信开信用证

XYZ INTN'L

XYZ INTERNATIONAL BANK, LTD.
25 Central Park Street, Hongkong

IRREVOCABLE CREDIT No: TST9-01563   14 Feb. 2014

Tlx.:12345 XYZHK HX   To be quoted on all drafts and correspondence

Beneficiary(ies)	Advised through:
Shanghai Dongxu Import/ Export Company, 123 Dongxu Road, Shanghai, China	Bank of China, Shanghai, 23 Zhongshan East 1 Rd., Shanghai, China **Advising Bank's reference No.:**
Applicant's Name: Grand Enterprises Co., 2205 B-C, Victoria Comm'l Bldg., 45-47 Chin Swee Road, Hongkong	To be completed only if applicable **Our teletransmission of** N/A **Advised through**

Dear Sir(s),
In accordance with instructions received from the applicant
we hereby issue in your favour a Documentary Credit for upto USD 8,700.00
(say) UNITED STATES DOLLARS EIGHT THOUSAND SEVEN HUNDRED ONLY
available by your draft drawn on   US   at 60 DAYS SIGHT.
for 100%---------- invoice value, accompanied by the following documents: -
1. Signed Invoice in triplicate.
2. Packing List in triplicate showing gross/nett weight and measurement of each carton or case.
3. Clean Railway Cargo Receipt marked "Freight Prepaid" and consigned to the order of XYZ International Bank,Ltd.,Hongkong, and notify the applicant with full address & Tel. No. 00852-23053950 and indicating this credit number.
4. Insurance Policy or Certificate (in duplicate) endorsed in blank for the 110% invoice value covering overland Transportation All Risks with P.I.C.C. indicating claims payable at destination irrespective of percentage.
5. Certificate of Origin.

Special Instructions:-
1. Shipping Marks: 14HKMK3033/HONGKONG/NO. 1-UP
2. The issuing date of the Cargo Receipt is deemed to be the date of the shipment.

> Documents must be presented for negotiation not later than 14 days after date of shipment.

Covering the following goods:-
1500 dozen of Boys' Cotton T-shirts, Art. No.668, Size: 20,22,24 equally assorted. Colour: white only. Brand: Swan. Packing: each piece in a 'Swan' polybag, 1 dozen per 'Swan' inner box, 50 dozen to a carton. Unit Price: USD 5.80/dozen CIP Hongkong. All details as per S/C No.14HKMK3033 & phone confirmation dated 13/2/2014

To be shipped from   Shanghai   to   Hongkong
not later than   30 April, 2014
Partial shipments   prohibited   Transhipment   prohibited
This credit is available for   negotiation   until   30 April, 2014

Directions to Negotiating Bank:-
1. Documents to be sent by registered airmail to us in one lot.
2. Upon receipt of all documents in strict conformity with the credit terms, we shall reimburse the negotiating bank as per their instructions.

Drafts drawn hereunder must be marked "Drawn under XYZ INTERNATIONAL BANK,LTD., Hongkong" and Credit Number TST9-01563

This Credit is subject to the Uniform Customs and Practice for Documentary Credits (2007 Revision, International Chamber of Commerce, Paris, France. Publication No. 600) and engages us in accordance with the terms thereof.

> Beneficiary's Certificate certifying that one set of N/N shipping documents has been sent to the applicant by registered post immediately after shipment.

Yours Faithfully
Grace Chen
Signed (Signature No. BE516)

附录 6

SWIFT 电开信用证

```
                                                              Pinter-78965-000001
                                              ----- Instance Type and Transmission-----
           Original received from SWIFT
           Priority              : Normal
           Message Output Reference     :1657 140428BKCHCNBJA300XXX551271792
           Correspondent Input Reference :1757 140428ABCBKHKKKAXXX1691190293
                                                          --------Message Header---------
           Swift Output             :FIN 700 Issue of a Documentary Credit
           Sender        : ABCBKHKKKAXXX
                    ABC BANK
                    HONG KONG
           Receiver         :BKCHCNBJA300XXX
                    BANK OF CHINA
                    SHANGHAI CN
           MUR: S20140428M0096
                                                          --------Message Text--------
     27   : Sequence of Total
            1/1
     40A  : Form of Doc. Credit
            IRREVOCABLE
     20   : Doc. Credit Number
            LC0357967
     31C  : Date of Issue
            140428
     40E  : Applicable Rules
            UCP LATEST VERSION
     31D  : Date and Place of Expiry
            140528/ CHINA
     50   : Applicant
            JOHN & GRACE CO.
            RM888, PO HING CENTRE,
            18 WANG CHIU ROAD, KOWLOON BAY,
            HONG KONG
     59   : Beneficiary
            SHANGHAI AAA GARMENT I/E CORP,
            8888 CHANGNING ROAD,
            SHANGHAI, CHINA
     32B  : Currency Code, Amount
            Currency  : USD (US DOLLAR)
            Amount    : #7,500.00#
     41D  : Available with/by
            ANY BANK
            BY NEGOTIATION
     42C  : Drafts at
            30 DAYS AFTER BILL OF LADING DATE
     42D  : Drawee
            ISSUING BANK
```

43P : Partial Shipments
ALLOWED
43T : Transhipment
ALLOWED
44E : Port of Loading/ Airport of Dep.
PORT OF CHINA
44B : Place of Final Des./For Transportation to/Place of Delivery
WINNIPEG, MANITOBA, CANADA
44C : Latest Date of Ship.
140518
45A : Descript. of Goods
1500 PCS OF GIRLS 100PCT NYLON WOVEN COATS LINED WITH 100PCT NYLON PADDED WITH 3/6 OZ SOFT POLY-FILL,STYLE NO. 56325 AT USD5.00/UNIT AS PER S/C NBR.14DX-C564. PACKING: EACH IN A POLYBAG AND 25 PCS TO A CARTON. CM PORT OF CHINA
46A : Documents Required
+ SIGNED COMMERCIAL INVOICE IN QUADRUPLICATE
+ SIGNED PACKING LIST IN QUADRUPLICATE SHOWING DETAILS OF SHIPPED SIZE, COLOUR, AND CARTON DIMENSION
+ SIGNED CANADA CUSTOMS INVOICE IN QUADRUPLICATE SHOWING TRANSACTION VALUE I.E. SELLING PRICE AND SHOWING INLAND FREIGHT CHARGES SEPARATELY IN BOX 23
+ COPY OF CLEAN ON BOARD INT'L FREIGHT BRIDGE COMBINED TRANSPORT BILL OF LADING CONSIGNED "TO THE ORDER OF THE ROYAL BANK OF CANADA", MARKED "FREIGHT COLLECT" AND NOTIFY"BRENDA CO.LTD.,88 WEST STREET, WINNIPEG, MANITOBA, CANADA"
+ FAX COPY OF INSPECTION CERTIFICATE ISSUED BY APPLICANT
+ BENEFICIARY'S CERTIFICATE WITH THE RELATIVE DHL RECEIPT ATTACHED CERTIFYING THAT ONE SET OF N/N SHPG DOCUMENTS AND FULL SET (3/3)ORIGINAL B/L HAVE BEEN SENT TO APPLICANT BY DHL WITHIN 3 DAYS AFTER SHIPMENT
47A : Additional Cond.
+ DRAFT DRAWN HEREUNDER MUST SHOW THE L/C NUMBER, DATE OF ISSUE AND NAME OF THE ISSUING BANK OF THIS CREDIT
+ A USD60.00 (OR EQUIVALENT) FEE SHOULD BE DEDUCTED FROM REIMBURSEMENT CLAIM FOR EACH PRESENTATION OF DISCREPANT DOCUMENTS UNDER THIS L/C AND SHALL BE FOR THE ACCOUNT OF BENEFICIARY
+ INSURANCE TO BE COVERED BY ULTIMATE BUYER
+ ALL DOCUMENTS (EXCEPT COMMERCIAL INVOICE, CANADA CUSTOMS INVOICE AND DRAFT) MUST NOT INDICATE INVOICE PRICE,VALUE OF GOODS, INVOICE NO. AND NAME OF L/C ISSUING BANK AND THIS L/C NUMBER
+ ALL DOCUMENTS EXCEPT COMMERCIAL INVOICE MUST NOT INDICATE THE S/C NO.14DX-C564
71B : Charges
ALL BANKING CHARGES OUTSIDE HONGKONG ARE FOR ACCOUNT OF BENEFICIARY
48 : Period of Presentation
WITHIN 10 DAYS AFTER SHIPMENT BUT WITHIN THE VALIDATY OF THIS CREDIT
49 : Confirmation Instructions
WITHOUT
78 : Instructions
+ ALL DOCUMENTS MUST BE SENT TO US IN ONE LOT
+ IN REIMBURSEMENT WE SHALL COVER THE NEGOTIATING BANK LESS OUR CABLE CHARGES IN ACCORDANCE WITH THEIR INSTRUCTIONS UPON RECEIPT OF DOCUMENTS IN ORDER
--------Message Trailer------

{MAC: 7AFTDFIF}
{CHK:1605F44F6BA0}

附录 7

普通电传式电开信用证

TELEX INCOMING RECEIPT
FILE NUMBER C0000 FILE MANE 13542958
INCOMING TELEX REFERENCE NUMBER: SWT/0339
02.03 13:39
33062 BOCSH C CN
5222588 BOCOS J
TO BANK OF CHINA, SHANGHAI BR.
FM BANK OF CHINA, OSAKA BR.
TEST ~~XXXXXXXX~~
WE HEREBY ISSUE OUR IRREVOCABLE DOCUMENTARY CREDIT NO.CSK02-0089 AT THE REQUEST OF UNITED GARMENT CO., B-22F NO.20, 7-CHOME UTSUBO HOMACHI MISHI-KU, OSAKA, JAPAN FOR AMOUNT OF USD 100,000.00 VALID IN CHINA UNTIL APR 30, 2014
IN FAVOUR OF SHANGHAI DONGXU I/E COMPANY, 123 DONGXU ROAD, SHANGHAI, CHINA AVAILABLE BY PAYMENT WITH OURSELVES AGAINST PRESENTATION OF THE DOCUMENTS DETAILED BELOW AND OF BENEFICIARY'S DRAFT(S) AT SIGHT FOR 100% INVOICE VALUE ON US MARKED AS DRAWN UNDER THIS CREDIT:
1. HAND SIGNED COMMERCIAL INVOICE IN 3 COPIES INDICATING S/C NO.14ST-003
2. 2/3 SET OF CLEAN ON BOARD OCEAN BILLS OF LADING MADE OUT TO ORDER AND BLANKLY ENDORSED AND MARKED " FREIGHT PREPAID" AND NOTIFYING US AND THE APPLICANT.
3. INSURANCE POLICY OR CERTIFICATE IN DUPLICATE, ENDORSED IN BLANK FOR 110PCT OF INVOICE VALUE COVERING THE INSTITUTE CARGO CLAUSES(A),THE INSTITUTE WAR CLAUSE, INDICATING THAT CLAIMS ARE TO BE PAYABLE IN JAPAN IN THE CURRENCY OF THE DRAFT.
4. PACKING LIST IN 3 COPIES.
5. 2 CERTIFICATE OF ORIGIN, FORM A, IN COPY.
SHIPMENT OF GOODS:
T-SHIRTS AND KNITTED PANTS QUANTITY:20000 SETS,UNIT PRICE: USD5.00/SET CIF YOKOHAMA
SHIPMENT FROM CHINA TO YOKOHAMA NOT LATER THAN APR. 20, 2014
SPECIAL INSTRUCTIONS:
1. BENEFICIARY'S CERTIFICATE CERTIFYING THAT 1/3 ORIGINAL B/L, ORIGINAL CERTIFICATE OF ORIGIN G.S.P. FORM A AND ONE COPY OF INVOICE HAVE BEEN SENT TO APPLICANT BY AIR WITHIN 3 DAYS AFTER SHIPMENT DATE.
2. THIRD PARTY DOCUMENTS ACCEPTABLE.
3. PRESENTATION OF DOCUMENTS UNDER THIS L/C IS RESTRICTED TO BANK OF CHINA.
4. DOCUMENTS MUST BE PRESENTED TO PRESENTING BANK WITHIN 15 DAYS AFTER B/L DATE BUT WITHIN THE VALIDITY OF THIS L/C.
5. ALL BANKING CHARGES OUTSIDE JAPAN ARE FOR ACCOUNT OF BENEFICIARY.
6. ALL DOCUMENTS MUST SHOW THIS L/C NUMBER.
    IN REIMBURSEMENT WE WILL REMIT THE PROCEEDS AS DESIGNATED BY THE PRESENTING BANK UPON RECEIPT OF DOCUMENTS IN COMPLIANCE WITH THE TERMS AND CONDITIONS OF THIS L/C.THIS ADVICE IS AN OPERATIVE CREDIT INSTRUMENT AND SUBJECT TO ICC UCP600.
NO MAIL CONFIRMATION WILL FOLLOW.
PLS ADVISE THE BENEFICIARY.
33062 BOCSH C CN
    TELEX RECEIVED ON 2-MAR-14 AT 13:51 FROM LINE W

信用证案例

案例 1

外方开来的保兑信用证中规定:"shipment from Beijing to Hamburg, covering two different modes of transport (multimodal transport). Partial shipments and transhipment are prohibited"。保兑行收到受益人提交的单据后,提起拒付,理由是:虽然提交的多式联运单据覆盖了全程的运输,但单据上明确表明货物将在香港转船,这显然和信用证"不许转运"的规定不符;货物用集装箱卡车运至天津新港上船,转运无疑也已经发生。受益人抗辩道,信用证规定涉及两种运输方式,转运实际根本无法避免。保兑行认为,在信用证下,银行必须按照信用证条款操作,如果受益人无法操作,理应事先提出修改。如果接受了信用证,则必须严格按信用证条款操作。最后受益人无奈只能和申请人商量,后来以一定的折扣为代价,请申请人指示开证行放弃不符点。请分析受益人的做法。

案例 2

外方开来的信用证要求"Full set of clean on board ocean Bills of Lading, made out to order and endorsed in blank, marked 'freight payable as per Charter Party No.3764 dated 12 March, 2010', notifying accountee. Charter party bills of lading are acceptable"。信用证的受益人为ABC进出口公司(ABC Import and Export Corporation),目的港为"European Port"。

受益人装运后通过议付行交单,提交的提单上表明受某租船合约约束,但5月2日议付行收到开证行拒付通知,拒付理由为:提交的提单上的发货人为"ABC 公司"(ABC Corporation)而不是"ABC 进出口公司"(ABC Import and Export Corporation),并且提单正面没有表明谁是承运人。另外,提单的目的港也是"European Port",这不是具体的港口。

受益人于5月9日抗辩道,按照UCP600第14条k款,提单的发货人无需为信用证的受益人。ABC 公司是另外一所公司(实际是受益人制单时不慎漏打"I/E",进出口字样),

所以开证行不能够以此拒付。至于提单目的港的填写是严格"单证一致"的。另外，受益人指出，该交易是 FOB 交易，申请人理应知道自己找的承运人名称，因此提单上不必显示承运人名称。

开证行对于发货人问题不再坚持，但它仍坚持认为，提单是物权凭证，按 UCP600 第 20 条 a(i)款，银行有理由不接受没显示承运人名称的提单。而且，提单的目的港应该是具体的港口。

最后，考虑到提单上确实没有表明承运人，受益人只能给予申请人 15%的折扣，使其放弃不符点。请分析，受益人在此案中应该接受什么教训？

案例 3

信用证规定货物由集装箱装运，要求提交全套正本海运提单。受益人交单后遭开证行拒付，其理由为：提交的提单上注明"shipper's load and count"和"The packing may not sufficient for sea journey"，因此开证行认为这是不清洁提单。

同时，受益人也收到了申请人的电传，声称：由于货物表明是由发货人自己装、自己计数的，承运人无法知道集装箱内究竟有多少什么货物，并且由于包装可能不能适合海运，申请人不能接受这样的提单。

受益人抗辩道，根据 UCP600 第 26 条 b 款，银行应该接受标有"shipper's load and count"或类似词语的提单，并且根据 ISBP745 的 E20 段，只要提单上没有明示货物及/或包装有缺陷，不能构成不符。

开证行对此无法反驳，但它又发现所提交的发票上的唛头有一字打错，因此它以此为由不付款。受益人核查了存档的发票发现确实唛头有误，因此只得和申请人联系，以折让了结了本案。请分析本案。

案例 4

信用证中规定"Full set of original Air Waybill for goods consigned to XYZ Trading Co. and quoting our Credit Number"。受益人交单后，单据被开证行拒付。开证行指出，所提交的空运单表明出具了三份正本，但受益人只提交了一份正本。

受益人抗辩道，根据《华沙公约》，空运单的确都应该出具三份正本，但一份给承运人留底，一份随机走并交收货人，只有一份是给发货人的，因此受益人只能提交给发货人的那份正本。

开证行反驳道，信用证业务下，银行只受 UCP 制约而不是受《华沙公约》制约。按照 UCP600 第 14 条 d 款，单据和信用证条款不得相冲突。如果受益人无法按信用证条款操作，他理应要求修改信用证。

由于空运货物不需凭发货人提交的正本空运单提货，货物到达后立即被申请人提走。无奈，受益人多方设法联系申请人，以 20%折让了结了本案。请分析本案。

案例 5

信用证要求提交"Full set of clean ocean bills of lading made out to our order, marked freight prepaid, notifying applicant"，并规定货物从上海运往悉尼，允许在香港转船。受益人按规定的时间备齐货物，装运后及时提交了单据，其中包括全套已装船格式的提单。单据后来却被开证行拒绝接受，理由为：所提交的提单的收货地栏为上海，装货港栏为香港，卸货港栏为悉尼，但信用证要求装货港为上海，这是交单不符。

同时，受益人收到申请人电函，告知：他们发现出口方运来的货物品质存在较严重的缺陷，经组织人员连夜挑选后，发现 30%的货物已经变质，因此申请人要求受益人必须给予 30%的折扣，否则，将不予接受含不符点的单据。

如果你是受益人，你将如何处理此案？

案例 6

受益人收到信用证后经审核发现，按合同规定，货物 20 公吨，分 5 月和 6 月两期各发 10 公吨，不许分批装运，但信用证仅规定 5 月份发 20 公吨，不许分批。受益人担心不能在 5 月份备足货物，因此要求申请人指示开证行按合同修改信用证。开证行按要求发来信用证更改书，同时规定，如受益人收到后 5 天内未反馈是否接受，将被视为接受，而受益人却并未做任何答复。后因该货行情骤变，为防意外，受益人于 5 月份将所能够备齐的 19.2 公吨货物发出。受益人交单后，开证行拒绝付款，理由为装运数量与信用证规定不符。开证行认为，分期装运的修改要求是受益人提出，且其未按要求在规定时间内对信用证更改书作反馈，应视为接受了修改。请评论开证行这样做是否有理？

附录 9

各章附题的参考提示

第1章

1. 简答题(1)参看第 1 章第一节二；(2)参看第二节二的最后两段；(3)参看第一节三第一段；(4)参看第一节二的第三段。比如出票人为服装生产供应商，付款人为服装购买商，收款人为面料供应商，被背书人为纱线供应商等。

2. 判断题(1)F，比如可以对抗有直接基础合同关系且履约产生缺陷的前手；(2)F，可以从票据的"流通性"理解；(3)F，比如某些银行汇票上印就的一年时效；(4)T；(5)F，货运单据上的 NEGOTIABLE 指的是可以转让的正本；(6)F，可主张"利益返还"；(7)T，应受中国票据法调整，故不得空白背书；(8)T，A 不是票据关系人。

第2章

1. 简答题(1)参看第 2 章第二节第一段；(2)参看第三节二的第三、四段；(3)参看第三节二的第三段，六的第一段。

2. 判断题(1)F；(2)F，比如《英国票据法》无此要求；(3)T；(4)F；(5)F；(6)F，未记载票期视为即期，该汇票时效为出票日起 1 年；(7)F，参看第三节六的第二、三段；(8)T。

第3章

1. 简答题(1)参看第 3 章最后一段和第二节六的第二段；(2)参看第一节三和第二节七。

2. 判断题(1)F，本票无需承兑；(2)F，比如买方提供的是"空头支票"；(3)F，本票不可止付；(4)F，比如未划线支票出票时可以加上划线用以转账；(5)T；(6)F，那可称为"空白支票"；(7)T；(8)F，出票适用出票地法律。

第4章

1. 简答题(1)参看第 4 章第三节二的最后两段；(2)参看第三节一的第一段；(3)参看附录 1 的 5，MT701 格式表上方的注释。

2. 判断题(1)T；(2)F；(3)T；(4)T，关于汇票的 42C 和 42a 都是 OPTIONAL 的；(5)F，关于单据条款的 46A 或 46B 都是 OPTIONAL 的，缺此域的信用证为"光票信用证"；(6)T；(7)T；(8)T。

实际操作训练(1)(a)BKCHCNBJA300； ABOCCNBJ； (b)PUSAN BANK, PUSAN, KOREA(韩国釜山银行)； BANK OF TOKYO-MITSUBISHI UFJ,LTD.,THE OSACA, JAPAN(日本东京三菱 UFJ 银行)； (c)可以在 www.swift.com 的 Standard 菜单下查询。

(2) 登录 www.safe.gov.cn，在"政策法规"菜单下可以了解到很多这类信息，它们可能会不断更新，请自行查阅。

第 5 章

1. 简答题(1)参看第 5 章第一节一下的图 5.1、5.2，以及该节一的第八段；(2)参看第二节二下的 2 及图 5.3 至 5.5；(3)参看第二节三下 1 的倒数第四段。

2. 判断题(1)F，汇付的风险很大程度取决于结算时间，比如赊购下汇付，出口人风险极大；(2)T；(3)F，凭 T/R 借单应发生在 D/P AFTER SIGHT；(4)F；(5)T；(6)F，但如果指定银行不是托收行往来行，将被做成提示行；(7)F，参看第二节三下 1 的倒数第二段；(8)T。

实际操作训练：交单日期逻辑上不要过分迟于装运日。将买方名称、地址填入付款人栏，将出口公司名称填入委托人栏，托收金额栏填上给定的金额，注明大写。交单条件栏填 D/P AT SIGHT，汇票日期不要迟于交单日，票期栏填 AT SIGHT。按所给单据及正副本数填入表格，未涉及的单据栏可以留空或划去。备注栏可填：THE COMMISSION ANG CHARGES OF THE COLLECTING BANK, IF ANY, ARE FOR DRAWEE'S ACCOUNT。不可加注 NO WAIVING 之类的表述。

第 6 章

1. 简答题(1)参看第 6 章第一节的第二、三、四段；(2)参看第三节及图 6.1；(3)参看第五节六下 2 的 2)中第二段。

2. 判断题(1)F，信用证到期日指的是议付或承付的交单到期日；(2)F，信用证下如需要汇票，仍使用商业汇票；(3)F；(4)F，只有在允许分批装运的条件下才可以；(5)F，除非要求偿付行发偿付承诺，且偿付行发出了偿付承诺；(6)F，但这是局外议付；(7)F，保兑行的议付是不可追索的；(8)T。

实际操作训练：(1)参看附录 3；

(2) 附录 4 至附录 7 的信用证分析参考提示：

编号 262618 的信用证：a)注意事项：限制议付、银行费用等。需确认所涉商品是否可申领中国新加坡自贸区产地证；

b) 兑用方式：即期议付信用证；

c) 交银行单据：汇票 2 正、商业发票 1 正 2 副、装箱单 1 正 2 副、保险单 1 正 2 副(假设单据显示只签发 1 份正本。如已出具了 3 份正本，则为 3 正；如已出具两份正本，则为 2 正 1 副)、海运提单 3 正(假设共签发 3 份正本)；中国新加坡自贸区产地证 1 正。

编号 TST9－05163 的信用证：a)注意事项：受益人证明要求的印戳、交单期印戳、双到期、信用证对 date of shipment 的定义。

b) 兑用方式：远期议付信用证；

c) 交银行单据：汇票2正、发票1正2副、装箱单1正2副、保险单1正1副(假设单据显示只签发1份正本。如已出具两份正本，则为2正；如已出具了3份正本，则为3正)、承运收据1正、产地证1正、受益人证明1正；寄申请人单据：发票1副、装箱单1副、保险单1副、承运收据1副、产地证1副(参见以下编号LC0357967信用证"寄申请人单据"的说明)。

编号LC0357967的信用证：a)注意事项：显然是一对背信用证，注意，LC字样包括在信用证号内，全套正本提单直寄申请人的风险，需要提交客检证书以及支付不符点费和开证地以外的银行费用等问题。另外注意，除商业发票、海关发票及汇票不许显示发票价格、货物价值、发票编号、开证行名及信用证号。除发票外的所有单据不得显示指定合同号，因此如设计唛头也不得显示该合同号，等等；

b) 远期议付信用证；

c) 交银行单据：汇票2正、商业发票1正3副、装箱单1正3副、加拿大海关发票1正3副、联合运输提单1副、客检证书传真副本1份、受益人证明1正、DHL收据1正。寄申请人单据：联合运输提单3正、发票1副、装箱单1副、加拿大海关发票1副、提单1副(注：虽然按ISBP，"shipping documents"应为信用证下除汇票、证明寄单的快递数据或邮政数据外的所有单据。不过在本例中"shipping documents"是直接寄申请人的，申请人自己出具的检验证书以及关于寄单的受益人证明副本(当然可以将其复印件随寄，作为面函，但出具日应该和寄单日相同。)一般可以不需再随信寄给申请人。应该注意的是，如果"shipping documents"副本是要求交银行或交货代转递，那么应该严格按ISBP定义操作为妥)。

编号CSK02－0089的信用证：a)空白抬头、空白背书的正本提单直寄申请人的风险；限制了交单行；接受第三方单据；银行费用；所有单据加注信用证号；等等。另外，虽然交单期15天，但如在最迟装运日装运，按到期日，只能在装运后10日内交单。事先也应该确认所涉商品是否普惠制下受惠商品，等等；

b) 兑用方式：即期付款信用证；

c) 交银行单据：汇票2正、商业发票1正2副、装箱单1正2副、保险单1正1副(假设单据显示只出具了1份正本，否则需提交所有正本)、海运提单2正、GSP产地证2副，受益人证明1正。寄申请人单据：GSP产地证1正、提单1正、发票1副。

(3) 附录8案例参考提示：

案例1：受益人应该根据UCP600第19条c.ii款抗辩。

案例2：注明受租船合约约束的提单即为租船合约提单，信用证也允许提交租船合约提单，因此受益人应该根据UCP600第22条a.i和a.iii款及ISBP745的G9段抗辩。熟悉国际惯例对单证工作者极其重要。

案例3：受益人应该根据UCP600第16条c款和f款抗辩，开证行不能够"二次拒付"。

案例4：受益人应该根据UCP600第23条a.v款或ISBP745的H12段抗辩。

案例5：按UCP600第20条a.iii款及ISBP745的E6段e款，如这样制单必须用装船批注说明货物在符合信用证规定的实际装船日，在上海装上船。因此，不符点成立。但从申请人电函可知，全套"凭开证行指示"抬头的正本提单如果仍在开证行手中并且开证行未做背书，申请人是无法提货并得知货物详情的。显然，开证行已经放单。按UCP600第

16条f款，开证行已经失去了拒付权。受益人可以此抗辩。

案例6：按UCP600第10条f款，信用证更改通知书中设定受益人拒绝期限可不予理会。按同条c款，虽然受益人应该通知通知行是否接受对信用证的修改，但如果他未做通知且按修改前的信用证交单，即表明他不接受修改。如此，根据UCP600第30条b款，发出的19.2公吨满足不许分批下的信用证数量要求。开证行无理由对此拒付。当然，受益人的做法也值得商榷，这势必会影响他的声誉。

第7章

1. 简答题(1)参看第7章第一节二及图7.1和7.2；(2)参看第一节第二段；(3)参考第一节三的第一段及式样7.1。

2. 判断题(1)T；(2)T；(3)T；(4)T；(5)T；(6)T；(7)T；(8)T。

第8章

1. 简答题(1)参看第8章的二；(2)参看第8章三和四、五及六下2的有关内容；(3)参看六下1的4)及图8.2；(4)参看六下2的第三、四和五段。

2. 判断题(1)T；(2)T；(3)F；(4)T；(5)F；(6)T；(7)T；(8)T。

第9章

1. 简答题(1)参看第9章第一节，UCP对商业发票、运输单据、保险单据做了具体规范，ISBP745除了那些单据(不包括UCP第25条下的快邮收据、邮政收据和投邮证明)外，还对汇票、产地证、装箱单、重量单、受益人证明、检验证明的审核做了明确的阐述；(2)参看第三节四的第二、三、四段及ISBP745的A7、A8和A9段，以及D28、D29、E24、E25、F22、F23、G22、G23、H23、H24、J18和J19段；(3)参看第三节四的最后一段。

2. 判断题(1)F，如单据经他人证实，须证实实体做更改证实；(2)F，光加注名称不构成证实，比如还应有一定形式的签名；(3)F；(4)F；(5)F；(6)F，比如信用证下的单据；(7)T；(8)F。

第10章

1. 简答题(1)参看第10章第一节第一段和第二节第三段；(2)两套汇票，分别按该章第一节和第二节不难确定各栏目的做法，每套汇票金额按发运货款的50%确定。(3)参看第一节七的第三、四段。

2. 判断题(1)F，取决于合同或信用证规定的支款方式；(2)F，通常出现在附加条款或开证行责任文句中；(3)T；(4)F，跟单托收下一般是买方；(5)F，应指提单显示的装船日；(6)F，应该是不得迟于信用证到期日和交单日；(7)T；(8)T。

实际操作训练：1.参看第2章式样2.3；2.参看第10章式样10.1。3.参看第10章式样10.2。

第11章

1. 简答题(1)参看第11章第一节第一、二、三、四段；(2)参看第一节一下2的第二段及三的第一段；(3)不可，虽允许分批装运，但每箱要求装25件，所以可以发1475件，否则装箱单将不符。参看第一节二的4下2)。

2. 判断题(1)T；(2)F；(3)F；(4)F；(5)T；(6)F，除非发票上没有受益人公司的信头(通常都有)；(7)F，只要支取金额未超过信用证允许金额，且议付行或指定银行已经承付，开证行不得拒付；(8)F，通常应该在该处填写N/M或类似词汇。

实际操作训练：1.参看第11章式样11.1；2.&3.可以按式样11.1格式并参照第11章

第一节介绍缮制。缮制编号262618的信用证的发票要注意，三款服装的款号、数量、单价和金额纵向对齐，单价和金额保留小数两位，小数点分别纵向对齐。各款数据横向对齐。三款金额下标出发票总额TOTAL USD76 000.00，小数点也要纵向对齐三款金额的小数点。编号CSK02-0089的信用证的发票应该按实际装运数量制单，发票金额为USD99 750.00，发票上注明信用证编号、指定的合同号14ST-003。两张发票都需要签署，后者需要手签。

第12章

1．简答题(1)参看第12章前文部分第二、三段；(2)参看第一节四下6的第三段及四下的8和9；(3)参看第三节第二段。

2．判断题(1)F，后者可以经背书转让；(2)F，租船合约提单无此规定；(3)F；(4)F；(5)F，应该是发货人背书，受益人不一定是发货人；(6)T；(7)T；(8)F。

实际操作训练：参看第十二章式样12.3。

第13章

1．简答题(1)参看第13章第一节的一；(2)参看第一节的二；(3)参看第二节的12。

2．判断题(1)T；(2)T；(3)T；(4)F；(5)F；(6)F；(7)F，如"舍"将不满足"至少加成10%"的要求。通常应该总是"进位取整"；(8)F，不是"必须"，统称即可。

实际操作训练：参看第13章式样13.3。

第14章

1．简答题(1)参看第14章第一节一的第一、二段；(2)参看第二节前文的第一段及一的第一段；(3)参看第二节前文部分。

2．判断题(1)F，并非所有的交易都需要提交产地证；(2)F；(3)T；(4)F，如不是受惠商品，不签发普惠制产地证；(5)F，经当地商务主管部门向商务部申领签发；(6)F，信用证下的申请人是合同的买方，但不一定是进口商；(7)F，可由商会出具，注明受益人即可；(8)F，中国—冰岛/中国—瑞士自贸区产地证也无此要求。

实际操作训练：参看第14章式样14.13。

第15章

1．简答题(1)参看第15章二的第一段；(2)参看第13章第一节二的第三段及第15章三的相关部分；(3)参看第12章第一节二的第二段及第15章五的第二段。

2．判断题(1)T；(2)F；(3)T；(4)F；(5)T；(6)F，如信头已显示，可以不再注明；(7)F，只要单据能够满足装箱单的功能，如果不满足，即使名为PACKING LIST，银行也应该拒付；(8)F，通常会这么做，但不是"必须"，参见本章二的第二段和ISBP745的P4段。

实际操作训练：1.可参照第15章式样15.3自行缮制。证明内容应该和信用证要求相符，比如，WE HEREBY CERTIFY THAT ONE SET OF N/N SHIPPING DOCUMENTS HAS BEEN SENT TO THE APPLICANT BY REGISTERED POST IMMEDIATELY AFTER SHIPMENT。出具日通常不宜过分迟于装运日，无论如何不能迟于交单日。标题取信用证编号"TST9-01563"。2.可参看第15章的三以及式样15.5来缮制。用合同号和预保单号为标题，副本抄送买方。

第16章

1．简答题(1)参看第16章第一节的一；(2)参看第一节一(3)段后的第一段；(3)参看第二节第一段和URC522第12条。

2．判断题(1)T；(2)F；(3)F；(4)T；(5)F，信用证下受指定参与议付或承付的银行都必须审单，以此来确定受益人是否"交单相符"；(6)T；(7)T；(8)F，卖方交货品质与合同不符属于违约，一般不能构成欺诈。

实际操作训练：

1．存在如下不符点：(a)受益人公司名称错，应为DONGXU；(b)投保金额未按要求加成10%(大小写)；(c)载货船只航次应该为246，不是248；(d)险别不符合信用证要求，应为ICC(A)险和ICC战争险；(e)保险单出具日迟于题目给出的装运日，但没有"保险最迟于装运日生效"之类的表述；(f)未按信用证显示信用证编号。

2．单据名称和信用证给出的不一样，但不属不符。存在如下不符点：(a)出具人不符合信用证要求，应该是INTERNATIONAL FREIGHT BRIDGE公司的单据；(b)抬头不符，应该做成"凭加拿大皇家银行指示"；(c)唛头不合适，收货人不应是信用证申请人，他只是中间商。信用证附加条款规定除发票外其他单据不许显示合同号，所以唛头上不可显示合同号。实际操作中，应该沟通申请人，落实唛头的具体做法；(d)按信用证，正本应该出三份而不是两份。

北京大学出版社本科财经管理类实用规划教材（已出版）

财务会计类

序号	书　名	标准书号	主编	定价	序号	书　名	标准书号	主编	定价
1	基础会计（第2版）	7-301-17478-4	李秀莲	38.00	26	财务管理理论与实务（第2版）	7-301-20407-8	张思强	42.00
2	基础会计学	7-301-19403-4	窦亚芹	33.00	27	公司理财原理与实务	7-81117-800-5	廖东声	36.00
3	会计学	7-81117-533-2	马丽莹	44.00	28	审计学	7-81117-828-9	王翠琳	46.00
4	会计学原理（第2版）	7-301-18515-5	刘爱香	30.00	29	审计学	7-301-20906-6	赵晓波	38.00
5	会计学原理习题与实验（第2版）	7-301-19449-2	王保忠	30.00	30	审计理论与实务	7-81117-955-2	宋传联	36.00
6	会计学原理与实务（第2版）	7-301-18653-4	周慧滨	33.00	31	会计综合实训模拟教程	7-301-20730-7	章洁倩	33.00
7	会计学原理与实务模拟实验教程	7-5038-5013-4	周慧滨	20.00	32	财务分析学	7-301-20275-3	张献英	30.00
8	会计实务	7-81117-677-3	王远利	40.00	33	银行会计	7-301-21155-7	宗国恩	40.00
9	高级财务会计	7-81117-545-5	程明娥	46.00	34	税收筹划	7-301-21238-7	都新英	38.00
10	高级财务会计	7-5655-0061-9	王奇杰	44.00	35	基础会计学	7-301-16308-5	晋晓琴	39.00
11	成本会计学	7-301-19400-3	杨尚军	38.00	36	公司财务管理	7-301-21423-7	胡振兴	48.00
12	成本会计学	7-5655-0482-2	张红漫	30.00	37	财务管理学实用教程（第2版）	7-301-21060-4	骆永菊	42.00
13	成本会计学	7-301-20473-3	刘建中	38.00	38	政府与非营利组织会计	7-301-21504-3	张　丹	40.00
14	管理会计	7-81117-943-9	齐殿伟	27.00	39	预算会计	7-301-22203-4	王筱萍	32.00
15	管理会计	7-301-21057-4	肜芳珍	36.00	40	统计学实验教程	7-301-22450-2	裴雨明	24.00
16	会计规范专题	7-81117-887-6	谢万健	35.00	41	基础会计实验与习题	7-301-22387-1	左　旭	30.00
17	企业财务会计模拟实习教程	7-5655-0404-4	董晓平	25.00	42	基础会计	7-301-23109-8	田凤彩	39.00
18	税法与税务会计	7-81117-497-7	吕孝侠	45.00	43	财务会计学	7-301-23190-6	李柏生	39.00
19	初级财务管理	7-301-20019-3	胡淑姣	42.00	44	会计电算化	7-301-23565-2	童　伟	49.00
20	财务管理学原理与实务	7-81117-544-8	严复海	40.00	45	中级财务会计	7-301-23772-4	吴海燕	49.00
21	财务管理学	7-5038-4897-1	盛均全	34.00	46	会计规范专题(第2版)	7-301-23797-7	谢万健	35.00
22	财务管理学	7-301-21887-7	陈　玮	44.00	47	基础会计	7-301-24366-4	孟　铁	35.00
23	基础会计学学习指导与习题集	7-301-16309-2	裴　玉	28.00	48	信息化会计实务	7-301-24730-3	杜天宇	35.00
24	财务管理理论与实务	7-301-20042-1	成　兵	40.00	49	会计学原理	7-301-24872-0	郭松克	38.00
25	税法与税务会计实用教程（第2版）	7-301-21422-0	张巧良	45.00	50	现代审计学	7-301-25365-6	杨　茁	39.00

工商管理、市场营销、人力资源管理、服务营销类

序号	书　名	标准书号	主编	定价	序号	书　名	标准书号	主编	定价
1	管理学基础	7-5038-4872-8	于千千	35.00	29	市场营销学：理论、案例与实训	7-301-21165-6	袁连升	42.00
2	管理学基础学习指南与习题集	7-5038-4891-9	王　珍	26.00	30	市场营销学	7-5655-0064-0	王槐林	33.00
3	管理学	7-81117-494-6	曾　旗	44.00	31	国际市场营销学	7-301-21888-4	董　飞	45.00
4	管理学	7-301-21167-0	陈文汉	35.00	32	市场营销学（第2版）	7-301-19855-1	陈　阳	45.00
5	管理学	7-301-17452-4	王慧娟	42.00	33	市场营销学	7-301-21166-3	杨　楠	40.00
6	管理学原理	7-5655-0078-7	尹少华	42.00	34	国际市场营销学	7-5038-5021-9	范应仁	38.00
7	管理学原理与实务（第2版）	7-301-18536-0	陈嘉莉	42.00	35	现代市场营销学	7-81117-599-8	邓德胜	40.00
8	管理学实用教程	7-5655-0063-3	邵喜武	37.00	36	市场营销学新论	7-5038-4879-7	郑玉香	40.00
9	管理学实用教程	7-301-21059-8	高爱霞	42.00	37	市场营销理论与实务（第2版）	7-301-20628-7	那　薇	40.00
10	管理学实用教程	7-301-22218-8	张润兴	43.00	38	市场营销学实用教程	7-5655-0081-7	李晨耘	40.00
11	通用管理知识概论	7-5038-4997-8	王丽平	36.00	39	市场营销学	7-81117-676-6	戴秀英	32.00
12	管理学教程	7-301-21178-6	雷金荣	39.00	40	消费者行为学	7-81117-824-1	付喈琴	35.00
13	管理运筹学（第2版）	7-301-19351-8	关文忠	39.00	41	商务谈判（第2版）	7-301-20048-3	郭秀君	49.00
14	统计学原理	7-301-21061-1	韩　宇	38.00	42	商务谈判实用教程	7-81117-597-4	陈建明	24.00
15	统计学原理	7-5038-4888-9	刘晓利	28.00	43	消费者行为学	7-5655-0057-2	肖　立	37.00
16	统计学	7-5038-4898-8	曲　岩	42.00	44	客户关系管理实务	7-01-09956-8	周贺来	44.00
17	应用统计学（第2版）	7-301-19295-5	王淑芬	48.00	45	公共关系学	7-5038-5022-6	于朝晖	45.00
18	统计学原理与实务	7-5655-0505-8	徐静霞	40.00	46	非营利组织	7-301-20726-0	王智慧	33.00
19	管理定量分析方法	7-301-13552-5	赵光华	28.00	47	公共关系理论与实务	7-5038-4889-6	王　玫	32.00
20	新编市场营销学	7-81117-972-9	刘丽霞	30.00	48	公共关系学实用教程（第2版）	7-301-25557-5	周　华	42.00
21	公共关系理论与实务	7-5655-0155-5	李泓欣	45.00	49	跨文化管理	7-301-20027-8	晏　雄	35.00
22	质量管理（第2版）	7-301-24632-0	陈国华	39.00	50	企业战略管理	7-5655-0370-2	代海涛	36.00
23	企业文化理论与实务	7-81117-663-6	王水嫩	30.00	51	员工招聘	7-301-20089-6	王　挺	30.00
24	企业战略管理	7-81117-801-2	陈英梅	34.00	52	服务营销理论与实务	7-81117-826-5	何喈华	39.00
25	企业战略管理实用教程	7-81117-853-1	刘松先	35.00	53	服务企业经营管理学	7-5038-4890-2	于千千	36.00
26	产品与品牌管理	7-81117-492-2	胡　梅	35.00	54	服务营销	7-301-15834-0	周　明	40.00
27	东方哲学与企业文化	7-5655-0433-4	刘峰涛	34.00	55	运营管理	7-5038-4878-0	冯根尧	35.00
28	市场营销学	7-301-21056-7	马慧敏	42.00	56	生产运作管理（第2版）	7-301-18934-4	李全喜	48.00

序号	书名	标准书号	主编	定价	序号	书名	标准书号	主编	定价
57	运作管理	7-5655-0472-3	周建亨	25.00	79	企业经营ERP沙盘应用教程	7-301-20728-4	董红杰	32.00
58	组织行为学	7-5038-5014-1	安世民	33.00	80	项目管理	7-301-21448-0	程敏	39.00
59	组织设计与发展	7-301-23385-6	李春波	36.00	81	公司治理学	7-301-22568-4	蔡锐	35.00
60	组织行为学实用教程	7-301-20466-5	冀鸿	32.00	82	管理学原理	7-301-22980-4	陈阳	48.00
61	现代组织理论	7-5655-0077-0	岳澎	32.00	83	管理学	7-301-23023-7	申文青	40.00
62	人力资源管理（第2版）	7-301-19098-2	颜爱民	60.00	84	人力资源管理实验教程	7-301-23078-7	畅铁民	40.00
63	人力资源管理经济分析	7-301-16084-8	颜爱民	38.00	85	社交礼仪	7-301-23418-1	李霞	29.00
64	人力资源管理原理与实务	7-81117-496-0	邹华	32.00	86	营销策划	7-301-23204-0	杨楠	42.00
65	人力资源管理实用教程（第2版）	7-301-20281-4	吴宝华	45.00	87	企业战略管理	7-301-23419-8	顾桥	46.00
66	人力资源管理：理论、实务与艺术	7-5655-0193-7	李长江	48.00	88	兼并与收购	7-301-22567-7	陶启智	32.00
67	人力资源管理教程	7-301-24615-3	夏兆敢	36.00	89	统计学（第2版）	7-301-23854-7	阮红伟	35.00
68	政府与非营利组织会计	7-301-21504-3	张丹	40.00	90	广告策划与管理：原理、案例与项目实训	7-301-23827-1	杨佐飞	48.00
69	会展服务管理	7-301-16661-1	许传宏	36.00	91	客户关系管理理论与实务	7-301-23911-7	徐伟	40.00
70	现代服务业管理原理、方法与案例	7-301-17817-1	马勇	49.00	92	市场营销学（第2版）	7-301-24328-2	王槐林	39.00
71	服务性企业战略管理	7-301-20043-8	黄த新	28.00	93	创业基础：理论应用与实训实练	7-301-24465-4	郭占元	38.00
72	服务型政府管理概论	7-301-20099-5	于千千	32.00	94	生产运作管理（第3版）	7-301-24502-6	李全喜	54.00
73	新编现代企业管理	7-301-21121-2	姚丽娜	48.00	95	统计学	7-301-24750-1	李付梅	39.00
74	创业学	7-301-15915-6	刘沁玲	38.00	96	企业文化理论与实务(第2版)	7-301-24445-6	王水嫩	35.00
75	公共关系学实用教程	7-301-17472-2	任焕琴	42.00	97	项目管理	7-301-24823-2	康乐	39.00
76	现场管理	7-301-21528-9	陈国华	38.00	98	统计学	7-301-25180-5	邓正林	42.00
77	现代企业管理理论与应用（第2版）	7-301-21603-3	邱彦彪	38.00	99	统计学原理（第2版）	7-301-25114-0	刘晓利	36.00
78	服务营销	7-301-21889-1	熊凯	45.00	100	人力资源管理原理与实务（第2版）	7-301-25511-7	邹华	39.00

经济、国贸、金融类

序号	书名	标准书号	主编	定价	序号	书名	标准书号	主编	定价
1	宏观经济学原理与实务（第2版）	7-301-18787-6	崔东红	57.00	25	东南亚南亚商务环境概论	7-81117-956-9	韩越	38.00
2	宏观经济学（第2版）	7-301-19038-8	蹇令香	39.00	26	证券投资学	7-301-19967-1	陈汉平	45.00
3	微观经济学原理与实务	7-81117-818-0	崔东红	48.00	27	证券投资学	7-301-21236-3	王毅	45.00
4	微观经济学	7-81117-568-4	梁瑞华	35.00	28	货币银行学	7-301-15062-7	杜小伟	38.00
5	西方经济学实用教程	7-5038-4886-5	陈孝胜	40.00	29	货币银行学	7-301-21345-2	李冰	42.00
6	西方经济学理论	7-5655-0302-3	杨仁发	49.00	30	国际结算（第2版）	7-301-17420-3	张晓芳	35.00
7	西方经济学	7-81117-851-7	于丽敏	40.00	31	国际结算	7-301-21092-5	张慧	42.00
8	现代经济学基础	7-81117-549-3	张士军	25.00	32	金融风险管理	7-301-20090-2	朱淑珍	38.00
9	国际经济学	7-81117-594-3	吴红梅	39.00	33	金融工程学	7-301-18273-4	李淑锦	30.00
10	发展经济学	7-81117-674-2	赵邦宏	48.00	34	国际贸易理论、政策与案例分析	7-301-20978-3	冯跃	42.00
11	管理经济学	7-81117-536-3	姜保雨	34.00	35	金融工程学理论与实务（第2版）	7-301-21280-6	谭春枝	42.00
12	计量经济学	7-5038-3915-3	刘艳春	28.00	36	金融学理论与实务	7-5655-0405-1	战玉峰	42.00
13	外贸函电（第2版）	7-301-18786-9	王妍	30.00	37	国际金融实用教程	7-81117-593-6	周影	32.00
14	国际贸易理论与实务（第2版）	7-301-18798-2	缪东玲	54.00	38	跨国公司经营与管理（第2版）	7-301-21333-9	冯雷鸣	35.00
15	国际贸易（第2版）	7-301-19404-1	朱廷珺	45.00	39	国际金融	7-5038-4893-3	韩博印	30.00
16	国际商务（第2版）	7-301-20486-3	夏合群	45.00	40	国际商务函电	7-301-22388-8	金泽虎	35.00
17	国际贸易结算及其单证实务	7-5655-0268-2	卓乃坚	35.00	41	国际金融	7-301-23351-6	宋树民	48.00
18	政治经济学原理与实务（第2版）	7-301-22204-1	沈爱华	31.00	42	国际贸易实训教程	7-301-23730-4	王茜	28.00
19	国际商务（第2版）	7-301-25366-3	安占然	39.00	43	财政学	7-301-23814-1	何育静	45.00
20	国际贸易实务	7-301-20919-6	张肃	28.00	44	保险学	7-301-23819-6	李春蓉	41.00
21	国际贸易规则与进出口业务操作实务（第2版）	7-301-19384-6	李平	54.00	45	中国对外贸易概论	7-301-23884-4	翟士军	42.00
22	金融市场学	7-81117-595-0	黄解宇	24.00	46	国际经贸英语阅读教程	7-301-23876-9	李晓娣	25.00
23	财政学	7-5038-4965-7	盖锐	34.00	47	管理经济学（第2版）	7-301-24786-0	姜保雨	42.00
24	保险学原理与实务	7-5038-4871-1	曹时军	37.00	48	矿业经济学	7-301-24988-8	李创	38.00

法律类

序号	书名	标准书号	主编	定价	序号	书名	标准书号	主编	定价
1	经济法原理与实务(第2版)	7-301-21527-2	杨士富	39.00	6	金融法学理论与实务	7-81117-958-3	战玉锋	34.00
2	经济法实用教程	7-81117-547-9	陈亚平	44.00	7	国际商法	7-301-20071-1	丁孟春	37.00
3	国际商法理论与实务	7-81117-852-4	杨士富	38.00	8	商法学	7-301-21478-7	周龙杰	43.00
4	商法总论	7-5038-4887-2	任先行	40.00	9	经济法	7-301-24697-9	王成林	35.00
5	劳动法和社会保障法（第2版）	7-301-21206-6	李瑞	38.00	10	政治经济学	7-301-24891-1	巨荣良	38.00

电子商务与信息管理类

序号	书名	标准书号	主编	定价	序号	书名	标准书号	主编	定价
1	网络营销	7-301-12349-2	谷宝华	30.00	4	电子商务案例分析	7-301-16596-6	曹彩杰	28.00
2	数据库技术及应用教程（SQL Server版）	7-301-12351-5	郭建校	34.00	5	管理信息系统	7-301-12348-5	张彩虹	36.00
3	网络信息采集与编辑	7-301-16557-7	范生万	24.00	6	电子商务概论	7-301-13633-1	李洪心	30.00

序号	书名	标准书号	主编	定价	序号	书名	标准书号	主编	定价
7	管理信息系统实用教程	7-301-12323-2	李松	35.00	25	网络营销	7-301-22125-9	程虹	38.00
8	电子商务概论（第2版）	7-301-17475-3	庞大莲	42.00	26	电子证券与投资分析	7-301-22122-8	张德存	38.00
9	网络营销（第2版）	7-301-23803-5	王宏伟	36.00	27	数字图书馆	7-301-22118-1	奉加和	30.00
10	电子商务概论	7-301-16717-5	杨雪雁	32.00	28	电子化国际贸易	7-301-17246-9	李辉作	28.00
11	电子商务英语	7-301-05364-5	覃正	30.00	29	商务智能与数据挖掘	7-301-17671-9	张公让	38.00
12	网络支付与结算	7-301-16911-7	徐勇	34.00	30	管理信息系统教程	7-301-19472-0	赵天唯	42.00
13	网上支付与安全	7-301-17044-1	帅青红	32.00	31	电子政务	7-301-15163-1	原忠虎	38.00
14	企业信息化实务	7-301-16621-5	张志荣	42.00	32	商务智能	7-301-19899-5	汪楠	40.00
15	电子商务法	7-301-14306-3	李瑞	26.00	33	电子商务与现代企业管理	7-301-19978-7	吴菊华	40.00
16	数据仓库与数据挖掘	7-301-14313-1	廖开际	28.00	34	电子商务物流管理	7-301-20098-8	王小宁	42.00
17	电子商务模拟与实验	7-301-12350-8	喻光继	22.00	35	管理信息系统实用教程	7-301-20485-6	周贺来	42.00
18	ERP原理与应用教程	7-301-14455-8	温雅丽	34.00	36	电子商务概论	7-301-21044-4	苗森	28.00
19	电子商务原理及应用	7-301-14080-2	孙睿	36.00	37	管理信息系统实务教程	7-301-21245-5	魏厚清	34.00
20	管理信息系统理论与应用	7-301-15212-6	吴忠	30.00	38	电子商务安全	7-301-22350-5	蔡志文	49.00
21	网络营销实务	7-301-15284-3	李蔚田	42.00	39	电子商务法	7-301-22121-1	郭鹏	38.00
22	电子商务实务	7-301-15474-8	仲岩	28.00	40	ERP沙盘模拟教程	7-301-22393-2	周菁	26.00
23	电子商务网站建设	7-301-15480-9	臧良运	32.00	41	移动商务理论与实践	7-301-22779-4	柯林	43.00
24	网络金融与电子支付	7-301-15694-0	李蔚田	30.00	42	电子商务项目教程	7-301-23071-8	芦阳	45.00

物流类

序号	书名	书号	编著者	定价	序号	书名	书号	编著者	定价
1	物流工程	7-301-15045-0	林丽华	30.00	34	逆向物流	7-301-19809-4	甘卫华	33.00
2	现代物流决策技术	7-301-15868-5	王道平	30.00	35	供应链设计理论与方法	7-301-20018-6	王道平	32.00
3	物流管理信息系统	7-301-16564-5	杜彦华	33.00	36	物流管理概论	7-301-20095-7	李传荣	44.00
4	物流信息管理	7-301-16699-4	王汉新	38.00	37	供应链管理	7-301-20094-0	高举红	38.00
5	现代物流学	7-301-16662-8	吴健	42.00	38	企业物流管理	7-301-20818-2	孔继利	45.00
6	物流英语	7-301-16807-3	阚功俭	28.00	39	物流项目管理	7-301-20851-9	王道平	30.00
7	第三方物流	7-301-16663-5	张旭辉	35.00	40	供应链管理	7-301-20901-1	王道平	35.00
8	物流运作管理	7-301-16913-1	董千里	28.00	41	现代仓储管理与实务	7-301-21043-7	周兴建	45.00
9	采购管理与库存控制	7-301-16921-6	张浩	30.00	42	物流学概论	7-301-21098-7	李创	44.00
10	现代物流基础	7-301-16906-3	李蔚田	36.00	43	航空物流管理	7-301-21118-2	刘元洪	32.00
11	供应链管理	7-301-16714-4	曹翠珍	40.00	44	物流管理实验教程	7-301-21094-9	李晓龙	25.00
12	物流技术装备	7-301-16808-0	于英	38.00	45	物流系统仿真案例	7-301-21072-7	赵宁	25.00
13	现代物流信息技术(第2版)	7-301-23848-6	王道平	35.00	46	物流与供应链金融	7-301-21135-9	李向文	30.00
14	现代物流仿真技术	7-301-17571-2	王道平	34.00	47	物流信息系统	7-301-20989-9	王道平	28.00
15	物流信息系统应用实例教程	7-301-17581-1	徐琪	32.00	48	物料学	7-301-17476-0	肖生苓	44.00
16	物流项目招投标管理	7-301-17615-3	孟祥茹	30.00	49	智能物流	7-301-22036-8	李蔚田	45.00
17	物流运筹学实用教程	7-301-17610-8	赵丽君	33.00	50	物流项目管理	7-301-21676-7	张旭辉	38.00
18	现代物流基础	7-301-17611-5	王侃	37.00	51	新物流概论	7-301-22114-3	李向文	34.00
19	现代企业物流管理实用教程	7-301-17612-2	乔志强	40.00	52	物流决策技术	7-301-21965-2	王道平	38.00
20	现代物流管理学	7-301-17672-6	丁小龙	42.00	53	物流系统优化建模与求解	7-301-22115-0	李向文	32.00
21	物流运筹学	7-301-17674-0	郝海	36.00	54	集装箱运输实务	7-301-16644-8	孙家庆	34.00
22	供应链库存管理与控制	7-301-17929-1	王道平	28.00	55	库存管理	7-301-22389-5	张旭凤	25.00
23	物流信息系统	7-301-18500-1	修桂华	32.00	56	运输组织学	7-301-22744-2	王小霞	30.00
24	城市物流	7-301-18523-0	张潜	24.00	57	物流金融	7-301-22699-5	李蔚田	39.00
25	营销物流管理	7-301-18658-9	李学工	45.00	58	物流系统集成技术	7-301-22800-5	杜彦华	40.00
26	物流信息技术概论	7-301-18671-1	张磊	28.00	59	商品学	7-301-23067-1	王海刚	33.00
27	物流配送中心运作管理	7-301-18671-8	陈虎	40.00	60	项目采购管理	7-301-23100-5	杨丽	38.00
28	物流项目管理	7-301-18801-9	周晓晔	35.00	61	电子商务与现代物流	7-301-23356-6	吴健	48.00
29	物流工程与管理	7-301-18960-3	高举红	39.00	62	国际海上运输	7-301-23486-0	张良卫	45.00
30	交通运输工程学	7-301-19405-8	于英	43.00	63	物流配送中心规划与设计	7-301-23847-9	孔继利	49.00
31	国际物流管理	7-301-19431-7	柴庆春	40.00	64	运输组织学	7-301-23885-1	孟祥茹	48.00
32	商品检验与质量认证	7-301-10563-4	陈红丽	32.00	65	物流管理	7-301-22161-7	张佺举	49.00
33	供应链管理	7-301-19734-9	刘永胜	49.00					

如您需要更多教学资源如电子课件、电子样章、习题答案等，请登录北京大学出版社第六事业部官网 www.pup6.cn 搜索下载。

如您需要浏览更多专业教材，请扫下面的二维码，关注北京大学出版社第六事业部官方微信（微信号：pup6book），随时查询专业教材、浏览教材目录、内容简介等信息，并可在线申请纸质样书用于教学。

感谢您使用我们的教材，欢迎您随时与我们联系，我们将及时做好全方位的服务。联系方式：010-62750667，wangxc02@163.com，pup_6@163.com，lihu80@163.com，欢迎来电来信。客户服务QQ号：1292552107，欢迎随时咨询。